KB090074

The Art and Science of Dance/Movement Therapy

무용동작치료의 예술과 과학

Sharon Chaiklin | Hilda Wengrower 지음

류분순 | 신금옥 | 김향숙 | 박혜주 | 이예승 옮김

Σ 시그마프레스

무용동작치료의 예술과 과학

발행일 | 2014년 8월 11일 1쇄 발행
저자 | Sharon Chaiklin, Hilda Wengrower
역자 | 류분순, 신금옥, 김향숙, 박혜주, 이예승
발행인 | 강학경
발행처 | (주)시그마프레스
디자인 | 이상화
편집 | 문수진

등록번호 | 제10-2642호
주소 | 서울시 영등포구 양평로 22길 21 선유도코오롱디지털타워 A401~403호
전자우편 | sigma@spress.co.kr
홈페이지 | http://www.sigmapress.co.kr
전화 | (02)323-4845, (02)2062-5184~8
팩스 | (02)323-4197

ISBN | 978-89-6866-190-7

The Art and Science of Dance/Movement Therapy: Life is Dance

이 도서의 국립중앙도서관 출판예정도서목록(CIP)은 서지정보유통지원시스템 홈페이지
(http://seoji.nl.go.kr)와 국가자료공동목록시스템(http://www.nl.go.kr/kolisnet)에서 이
용하실 수 있습니다.(CIP제어번호: CIP2014022711)

역자 서문

"삶은 춤이다."

한국에서 무용/동작치료가 직업으로 조직화된 지 20년이 넘었고, 세계적으로도 이 분야는 빠르게 성장하고 있다. 이 책의 저자들 대부분은 역자와 같은 미국무용치료협회(ADTA) 소속 미국무용치료 전문가(BC-DMT) 동료들로 자신들의 전문영역에 조예가 깊은 학자들이다. 저자들 대부분이 그동안 한국의 (사)한국댄스테라피협회(KDTA) 국제 워크숍에서 강의를 진행했고, 한국의 무용/동작치료사들과 임상에 대한 슈퍼비전 시간을 가졌다. 그래서 이 책의 출간은 더욱 의미가 있다.

무용/동작치료는 문화인류학, 심리학, 신경운동과학, 창의적 예술심리를 통해 움직임을 심리치료적으로 사용하면서 축적된 지식으로 계속 진화하고 있다. 무용치료사는 인간의 정서적 움직임, 춤의 리듬, 정신의학, 심리학 등의 통합된 지식과 동작관찰 시스템 등의 독자적인 훈련법으로 태어나며 대상에 따라 치료를 계획하고 평가한다.

오늘날 정신의학과 심리학의 연관학문은 광범위하고 무용/동작치료가 주요 심리치료법으로 사용됨에 따라 정신건강 전문가로서 무용/동작치료사의 역할이 점점 중요해지고 있다.

창조적이고 자발적이며 치유적인 삶을 위한 무용/동작치료는 신체, 정신, 마음이 감정과 상관관계가 있다. 신체는 감정의 정보를 저장하고 있고, 개인의 자세, 몸짓, 공간과 무게 사용, 정서적 움직임의 질적인 면은 자기이해와 심리치료적 변화를 가능하게 한다. 즉 춤이 갖는 창의적 과정의 치료적 잠재력은 인간 표현 속에 내포된 창조적 활동의 출구를 통하여 심리적 갈등을 정화하고 자기치유 능력을 높이는 것이다.

이 책은 오랜 임상 경험을 쌓은 세계 각국의 치료사들이 자신의 전문영역의 이론과 실제에 대한 다양한 정보를 담고 있으며, 임상의 적용을 돕고자 임상사례를 제시하여 설명하고 있다. 제1부에서는 무용치료의 역사와 다른 신체 치료와의 차이, 창의적 과정과 예술 활동, 무용치료와 관련된 다양한 심리적 측면을 설명한다. 또한 치료적 관계와 무용/동작치료 실행에 관해 다루고 정신역동적 심리치료와 신경심리학 연구를 설명하고 있다.

제2부는 정신건강 세팅에서의 DMT와 의료 세팅에서의 DMT 두 부분으로 나뉜다. 기본적인 DMT 적용으로 시설에 있는 정신과 환자와의 작업, 신경증 환자 치료, 식사 장애 환자를 위한 DMT, 움직임 관찰 지침을 포함한 체계론적 가족치료, 전반적 발달 장애 아동과 암 병동 입원환자와의 작업을 다루고 있으며, 치매 노인, 폐쇄성 뇌손상 환자 치료와 회복을 위한 가능성에 대해 다룬다.

제3부에서는 라반(Rudolph Laban)의 움직임 관찰과 정신분석 이론과 관련된 케스텐버그 동작 프로파일(Kestenberg Movement Profile, KMP) 관찰 도구가 소개된다. 또한 이스라엘과 독일에서 사용되고 있는 움직임 표현 관찰 패러다임의 도구도 다루고 있다.

이 책이 건강관련 분야 전문가와 무용/동작치료사들의 지혜를 넓히고, 임상현장에서 치료사-내담자 관계에 도움이 되길 바란다.

역자대표
류분순

추천의 글

독자들은 이 책을 읽으면서 독특한 지적 경험을 하게 될 것이며 전 세계 무용치료 관련 학계는 이 책을 진심으로 환영해줄 것이다. 스페인어를 사용하는 지역에서 무용치료가 급속도로 성장하고 있음에도 스페인어 무용치료 안내서가 없다는 점을 알게 된 저자는 스페인어로 이 책을 출간했으며, 이후 영문판으로도 출간하였다.

이 책이 가진 고유한 특징 중 하나는 기고자들의 출신 국가가 미국, 호주, 스페인, 아르헨티나, 이스라엘 등 다양하다는 점이다. 덕분에 이 책에는 중요한 문화 간 관점이 가미되었다. 과거에 무용치료에 관한 연구 및 적용은 거의 대부분 미국을 중심으로 이루어졌지만 근래에는 전 세계에서 이 분야의 혁신적인 방법과 이론들이 제시되면서 여러 면에서 강한 영향력을 발휘하고 있다.

이 책의 또 다른 특징은 각 장의 내용이 모두 상당한 깊이가 있다는 점이다. 그러한 깊이는 현재 무용치료에 관한 최신의 그리고 최고의 자료들로 독자들을 이끌 것이다. 그 내용은 우리가 일반적인 책에서 접할 수 있는 연구 수준을 넘어선다. 기고자들은 모두 특정 분야의 전문가이자 선두 주자이며 자신이 가진 생각을 포괄적이고 명확하게 제시할 수 있었다. 그 결과 이 책은 경험이 많은 임상가와 연구자는 물론 협력 분야 종사자에게도 많은 도움이 될 것이다.

이 책이 추구하고자 했던 포괄적인 입장은 기본 개념, 다양한 그룹에 적용되는 이론, 평가 방법, 연구라는 이 책의 구성 및 그 주제들에 반영되어 있다. 즉 이 책은 무용치료라는 학문의 모든 측면과 다양한 영역을 다루었다.

이 책의 가장 강력한 특징은 **무용동작치료의 예술과 과학**이라는 제목에 나타나 있을 것이다. 예술과 과학은 몇 개의 공통점을 갖고 있으며 그중 가장 분명한 것은 패턴, 즉 시간, 공간, 움직임의 패턴을 탐구한다는 점이다. 또한 예술과 과학 모두 패턴의 발견과 창작을 통해 의미를 이해하려고 시도한다. 저자 모두는 무용치료가 가진 이러한 가장 중요하면서도 이 분야에 지속적으로 풍부한 이론과 실천의 여지를 제공하는 이 2개의 초점을 각자의 방식으로 표현하고 있다. 우리는 이 책에서 그러한 풍부함이 반영되도록 노력해준 기고자들과 편집자들에게 감사드린다.

Miriam Roskin Berger, BC-DMT, LCAT

ADTA 국제패널 의장

ADTA 전임 회장

뉴욕대학 무용교육 프로그램 전임 이사

서문

지식의 한 분야인 정신건강은 현재 이론과 기술의 복잡한 조합으로 그리고 여러 학문 분야의 경험이 적용되는 분야로 발전하고 있다. 이에 따라 새로운 인식론적 시각이 도입되고 있으며 이러한 시각 역시 다학제 간 영역으로 조직화된다. 지난 수십 년간 변증법적 상호작용의 역학은 변혁의 과정이 전개되도록 이끌었으며, 그 과정에서 전체적이며 지배적인 학문으로서의 정신의학은 정신건강 및 정신질환에 관한 여러 학문과 이론의 융합 및 확장을 촉진하는 시각들로 대체되고 있다.

이러한 전개 과정은 정신건강 분야에서 예방, 치료, 재활을 강화하기 위해 서로를 전략적으로 보완하는 다양한 전문지식의 적용을 촉진한다. 상호 자극적 요소들은 또한 전문 분야 자원을 좀 더 명확하고 풍부하게 해주며, 정신건강 관리를 위한 계획 및 프로그램의 적용 그리고 관련 정책의 정의에서 효과적인 변혁을 달성한다. 하지만 이러한 복잡한 다학제 간 구조는 개념 간의 충돌을 발생시켜 새로운 지식의 생성 및 그에 상응하는 실천을 더욱 어렵게 만들 수도 있다는 것 또한 사실이다.

이와 같은 관점에서 볼 때, 정신건강 및 정신질환 문제에 대한 합리적이고 효과적인 치료를 연구하고 조사하며 관련된 해답을 제시하는 데는 실질적으로 다학제 간 팀이 필수적 자원이다.

이 책은 이러한 개념적 틀을 유지하고 지역사회 정신건강에 대한 사상적이고 실용적인 관점을 토대로 다양한 내용을 통해 무용/동작치료(DMT)를 탐구하며, 또한 우수한 이론적, 기술적 참고문헌들을 근거로 하여 일관된 메시지를 전달한다. 이를 통해 보건의료 및 정신건강의 다각적 네트워크 내에서 DMT 분야가 다학제 간 팀으로 좀 더 용이하게 통합될 수 있도록 해준다.

이 책은 이 서문에서 제시되는 전제들을 중심으로 구성되었으며, 수년에 걸쳐 체클린(Sharon Chaiklin), 웬그로어(Hilda Wengrower)를 비롯해 여러 기고자가 수행한 창의적인 응용 임상 활동, 연구 활동, 조사 활동을 바탕으로 열정적으로 만들어졌다. 나는 이 책이 이 분야의 지식과 정보에 매우 귀중한 기여를 하고 있으며 DMT를 다루는 대학 및 여러 학교는 물론 보건의료 및 정신건강 치료 시스템과 서비스 분야에서 좋은 참고 자료로 이용될 수 있을 것이라고 확신한다.

Valentín Barenblit, M.D.
정신과 의사, 정신분석가
스페인 바르셀로나 정신분석연구센터(iPsi) 소장
아르헨티나 부에노스아이레스대학 명예 교수

도입

지난 몇 년간 '심신(bodymind)'의 상관성과 그것이 인간 행동에 심리적, 신체적, 사회적으로 미치는 영향의 중요성이 점차 인식되어 왔다. 체화(embodiment)와 조율(attunement)이라는 개념은 다양한 심리치료 문헌과 관련 분야에서 일상적인 용어가 되었다. 신체적 · 정신적 질환이 어떻게 감정의 영향을 받는지 이해하게 되었다. 신체는 근육, 근육계, 생리 체계에 저장되어 있는 감정의 역사인 정보를 전달한다. 정보는 개인의 자세, 몸짓, 공간의 사용, 움직임의 크기에 드러난다. 치유 과정에서 우리가 비유적이건 상징적이건 정보의 원천으로서의 신체를 버리거나 무시할 수 없음이 분명해졌다. 하나의 실체로서 '심신'은 신체 표현 수단으로서 창의성의 역할과 함께 춤과 관련된 많은 이들에게 분명해졌다.

무용/동작치료는 1950년대 초반에 이러한 이해로부터 진화하였다. 춤과 즉흥적인 움직임을 통해 일어나는 창의적 과정의 치료적 잠재력이 공식화되기 시작했다. 움직임은 이제 관객을 위한 공연이 아니라 감정과 관심사의 표현으로 인식되었다. 여러 전문 분야로 이루어진 세팅 안에서 무용/동작치료가 부가적인 치료 또는 주요 심리치료법으로 사용됨에 따라 정신건강 전문가로서 무용/동작치료사의 역할이 점점 중요해졌다. 치료적 관계와 동작 표현의 통합을 통해 느낌, 감정의 역사, 사고가 긍정적인 변화의 가능성과 함께 드러난다.

무용/동작치료는 독자적인 훈련법을 갖고 있으면서도 움직임 및 춤의 예술과 심리학의 과학이 통합되어 발전한 융합 분야이다. 무용/동작치료는 시대, 문화인류학, 정신역동 이론, 신경운동과학, 예술의 심리학, 창의적 과정을 통해 춤을 치료적 · 영적으로 사용하면서 얻은 지식의 융합을 토대로 계속 진화한다.

춤은 무용/동작치료가 성장한 중심이자 뿌리이다. 수많은 논의와 대안적 제안을 거쳐 '춤'은 우리의 직업적 정체성의 필수적인 부분으로 남게 되었다. 춤은 사람들에게 많은 의미가 있다. 불행히도 공연 또는 기술적인 기량과 같이 춤의 부분적인 의미만을 함축하는 경우도 있다. 무용/동작치료사는 보다 근본적인 춤의 의의와 춤이 삶, 성장, 변화와 어떻게 관련되는지를 설명할 수 있어야 한다.

춤은 신체 움직임의 가장 넓은 의미로 사용된다. 움직임은 작은 몸짓일 수도 있고 몸 전체를 사용하는 움직임일 수도 있다. 움직임은 짧은 순간이라도 시간을 두고 지속되며 리듬을 사용할 수도 있고 그렇지 않을 수도 있다. 공간을 확장하여 움직일 수도 있고 개인공간만 사용할 수도 있다. 그러나 모든 경우에 움직임은 내부 감각 또는 지각된 외부 자극에 반응하여 개인으로부터 나오는 운동 행위이다. 심지어 먹기, 목욕하기와 같은 일상적인 활동으로 사용되는 운동 행위에도 한 사람의 심리사회적 측면을 나타내는 특정한 성질이 있다.

인간은 태어나기 이전부터 움직이고자 하는 충동을 경험한다. 발달적으로 우리는 언어를 사용하기 이전에 소통하기 위해 움직임에 의지한다. 모든 치료가 토대로 하는 기본 가정은 인간은 생물적 욕구뿐만 아니라 심리사회적 욕구도 갖고 있다는 것이다. 한 존재의 생각과 느낌을 다른 사람들과 공유할 수 있고 그들에게 이해받을 수 있다는 것이 인간성을 정의해주는 것 같다. 관계에서의 어려움, 자신과 세상에서의 불편함, 심각한 외상 경험이 어떤 치료 상황에서건 치료 작업의 원천이다.

미국에서 무용/동작치료가 직업으로 조직화된 지 40년이 넘었고, 세계 여러 나라에서 급성장하고 있다. 따라서 여러 글을 모아 수록한 이 책이 무용/동작치료를 배우는 학생과 치료사는 물론 여타 정신건강 관련 직업인에게 중요한 정보원 역할을 할 수 있기를 희망한다. 이 책은 숙련된 치료사들이 자신의 전문 영역에 대해 쓴 광범위한 정보를 담고 있다. 이 책의 저자들은 스페인, 북미와 남미, 이스라엘, 호주 등 몇몇 국가의 문화에서 왔다. 문화의 일부 차이를 인정하더라도, 무용/동작치료의 기본 이론은 똑같이 중심을 이룬다. 그 정의된 개념은 전 인류의 경험을 토대로 하기 때문이다. 반복하자면 다음과 같다.

1. 인간은 심신 통합체이며 무용/동작은 그것의 발현이다.
2. 몸짓, 자세, 움직임은 그 사람을 표현하며 자기이해와 심리치료적 변화를 가능하

게 한다.

3. 창의적 과정의 치료적 효과를 인정한다.

4. 춤과 동작은 무의식에 이르는 도구이자 건강과 안녕의 다른 측면의 촉매제로서 사용된다.

5. 예술가 또는 무용 교사와 하는 작업과 치료사의 작업 사이에는 차이가 있다. 무용/동작치료사에게 춤은 건강과 변화를 촉진하는 것을 임무로 한다.

6. 무용치료사는 움직임, 춤, 심리치료에 관한 통합된 지식을 가지고 접촉하고 치료를 계획하고 평가한다.

인간이 직면하는 여러 문제와 그 문제를 이론적으로 이해하는 여러 가능성과 그에 반응하는 여러 방법이 있다. 자신의 전문성을 아낌없이 기여해준 기고자들이 공유한 경험과 지식을 통해 독자들이 그중 몇 가지 대안을 분명히 이해할 수 있기를 바란다. 모든 의미에서 춤에 대한 깊은 애정과 춤이 얼마나 깊이 우리 삶에 영향을 미쳤는지에 대한 이해가 모든 기고자를 하나로 묶어주는 공통 줄기이다.

이 책은 세 부분으로 구성되어 있다. 제1부는 무용/동작치료의 기본 개념과 관련된 내용을 다룬다. 제2부는 무용/동작치료 이론을 몇 개의 다른 그룹에 적용한 실제를 다루고 있으며, 제3부는 관찰과 전문적인 고려사항 및 관련된 중요한 지식과 구조를 다루고 있다. 저자들은 이론적 배경과 더불어 제공된 정보의 이해와 실제 적용을 돕고자 임상 사례를 제시하여 설명한다.

제1부에서는 춤, 무용치료 및 무용치료 발달의 개략적인 역사 그리고 무용/동작치료와 다른 신체 치료의 차이를 다룬다. 제2장에서는 창의적 과정과 예술 활동, 특히 무용치료와 관련된 활동의 다양한 심리적 측면을 설명한다. 제3장에서는 치료적 관계와 무용/동작치료에서 치료적 관계의 실행에 관해 다룬다. 저자는 무용치료 선구자들이 만든 개념을 현대 정신역동적 심리치료와 신경심리학 연구를 엮어서 설명한다. 감정, 상상, 움직임은 정신적 삶의 주요 측면으로 간주되며, 또한 놀이와 호기심을 통해 기쁨과 흥미에 의해 조절되고 변형될 때 영적 발달을 위한 잠재성을 갖는다.

제2부는 이론을 실제에 적용하는 것에 초점을 두고 있다. 제2부는 정신건강 세팅에서의 DMT와 의료 세팅에서의 DMT 두 부분으로 나뉜다. 기본적인 DMT 작업은 시설에 있는 정신과 환자와의 작업과 관련된 장에서 충분히 설명된다. 여기에는 무용치료

가 세션 내에서 왜, 어떻게 진화하는지가 포함되어 있다. 또 다른 장에서는 건강 증진 수단으로 무용치료를 선택한 신경증 환자 치료에서 은유의 사용에 대해 묘사한다. 이어서 식사장애 환자를 위한 무용/동작치료의 사용에 대해 설명한다. 그다음 장에서는 한 사람 이상을 대상으로 하는 작업을 위한 움직임 관찰 지침을 포함한 체계론적 가족 치료가 소개된다. 제2부의 마지막 장에서는 전반적 발달장애 아동과 암 병동 입원 환자와의 작업이 상세하게 소개된다. 또한 제2부에서는 인본주의 관점을 적용한 치매 노인과의 작업에 관한 설명과 함께 계속 의료적 초점을 다룬다. 다음 장은 폐쇄성 뇌손상 환자의 치료와 치료의 어려움, 회복을 위한 가능성에 대해 다룬다.

제3부에서는 무용치료에서 아주 중요한 다양한 형태의 움직임 관찰과 기타 전문적 고려사항에 대해 연구한다. 무용치료와 관련된 루돌프 라반(Rudolph Laban)의 작업이 움직임 관찰의 한 가지 수단으로 소개된다. 라반의 체계는 미국, 유럽, 라틴 아메리카의 일부 국가에서 널리 사용되고 있으며 기고자 몇 명도 이를 언급하고 있다. 이어서 라반의 작업에서 진화하고 정신분석 이론과 관련된 케스텐버그 움직임 프로파일(Kestenberg Movement Profile, KMP)이 또 다른 관찰 도구로 소개된다. 다양한 훈련을 받은 전문가들이 KMP 관련 참고자료를 인용하였다. 또한 요나 샤하르-레비(Yona Shahar-Levy)가 고안한 패러다임이 움직임 표현을 관찰하는 도구로 제시된다. 이 패러다임은 주로 이스라엘과 독일에서 사용되고 있다.

관찰 체계와 더불어 무용치료 분야에 중요한 전문적 이슈가 있다. 예를 들어 치료사와 내담자 사이의 문화적 차이와 관련된 문제 등이 이러한 이슈의 일부로 논의된다. 다른 문화들 사이에 존재하는 비언어적 다양성에 대한 자각은 다른 사람을 이해하는 데 필수적이다. 끝으로 우리의 지식 기반을 지속적으로 이해하고 구축하기 위하여 연구 영역을 고려하는 것이 시급하다. 임상가들은 연구를 이질적인 사고행동 방식으로 생각하는 경우가 많지만, 사실 연구는 임상 작업을 수행하는 것과 동떨어진 것이 아니며 전문능력의 성장에 필수적인 부분이다.

이 책이 무용/동작치료사가 되는 과정에 있는 사람들과 이미 현장에서 일하며 지식을 심화하고자 하는 치료사들을 훈련하는 데 도움이 되기를 희망한다. 또한 관련 분야 전문가들이 무용과 동작의 의미를 보다 잘 이해하도록 돕고 개인적으로 무용/동작치료를 이용하는 데 관심이 있는 개인을 위해 이 정보를 공유하고자 한다.

기고자 소개

Cynthia Berrol(Ph.D.)　캘리포니아주립대학(헤이워드 캠퍼스)의 명예교수이다. 많은 학회에서 머리의 폐쇄 부상을 주제로 발표했으며, 신경학상 손상을 겪고 있는 개별 노인들의 무용/동작치료의 실험적인 연구 과제에 사용된 평가도구를 개발했다. *Dance/movement therapists in action: A working guide to research*(무용/동작치료사 연구를 위한 지침서)의 공동 편집자이다.

Patricia P. Capello(MA, BC-DMT, NCCP, LCAT)　무용/동작치료 전문가이며, 뉴욕 브루클린에 위치한 마이모니데스(Maimonides)의학센터의 정신의학 부서에서 27년 이상 팀의 리더로 활동하고 있다. 또한 뉴욕대학에서 무용과 무용교육 프로그램을 임상 수련자에게 지도하고 있으며, 무용/동작치료사 훈련을 위해 영국, 대만, 그리스에서 강의를 하기도 했다.

Sharon Chaiklin(BC-DMT)　미국무용치료학회의 설립위원이자 초기 회장이다. 마리안 체이스의 제자이자 미국의 첫 번째 무용치료사 중 한 사람인 그녀는 정신의학 병원과 개인 연구소에서 34년 이상 일했다. 또한 이스라엘, 일본, 한국, 스페인, 아르헨티나에 무용/치료 강의자로 초대되었다. 현재 그녀는 ADTA 마리안체이스재단(Marian Chace Foundation of the American Dance Therapy Association) 회장이다.

Meg Chang(Ed.D. BC-DMT)　정신의학기관, 여성·폭력 피해자 쉼터, 병원과 감옥에서 일했다. 레슬리대학과 프랫 인스티튜트(Pratt Institute), 뉴욕 시에 있는 뉴스쿨(The New School)에서 DMT 과정을 수료하였다. 한국과 대만에 대한 연구를 통해 치료사 훈련 개발과 DMT에서 문화 간의 이슈에 대한 책을 출간했으며, 스트레스 완화에 기반을 둔 마음챙김(Mindfulness Based Stress Reduction, MBSR)을 연구했다.

Joan Chodorow(Ph.D., BC-DMT, 융 심리분석가) 초기 ADTA의 회장이자 *Dance Therapy and depth psychology: The moving imagination*(심층심리학과 무용치료 : 움직이는 상상력)의 저자이고, *Jung on active imagination*(능동적 상상력에 관한 융)의 편집자이다. 그녀의 초기 저작으로는 *Authentic movement: Essays by Mary Starks Whitehouse, Janet Adler and Joan Chodorow*라는 에세이가 있다.

Verda Dascal 텔아비브대학 교수이자 가족치료 DMT 선구자이다. 그녀는 브라질, 멕시코, 미국, 호주, 독일, 네덜란드, 슬로베니아, 스페인, 프랑스, 이탈리아, 이스라엘에서 전문가 교육을 해왔다. 정서와 인지 간의 상호작용, 움직임 은유와 임상적 도구로서 그것의 사용, 표현 의사소통에서의 문화 간 변인을 연구하였다. 또한 지중해 지역의 문화와 평화 정치를 향한 그녀의 업적으로 2008년에 르누아르 상(Renoir Prize)를 수상했다.

Dianne Dulicai(Ph.D., BC-DMT) ADTA와 미국의 전문기관의 주요 인물이다. 그녀는 런던의 라반센터와 하네만대학(미국 필라델피아 소재)에서 석사학위 프로그램을 발전시키고 운영했다. 또한 라반 분석으로 아동들과 함께 가족 안에서의 움직임 진단을 해왔다.

Diana Fischman(Ph.D., BC-DMT) 부에노스아이레스 DMT 훈련기관의 교수이다. 아르헨티나 무용치료협회의 설립자이기도 한 그녀는 의료 분야 종사자들과 함께 공감의 주창 속에서 무용치료에 기여했다.

Lenore Hervey(Ph.D., BC-DMT) *Artistic inquiry in dance/movement therapy*(무용치료에서의 예술연구)의 저자이자 콜롬비아대학 교수이다.

Heather Hill(Ph.D.) 호주무용치료협회의 회원이다. 그녀는 *Invitation to the dance: Dance for people with dementia and their carers*(무용으로의 초대 : 치매 환자들과 간병인들을 위한 춤)을 썼다. 그녀는 호주 멜번인스티튜트에서 창의적 예술치료, 체험 위주의 강의를 하고 있다.

Susan Kleinman(MA, BC-DMT, NCC) 플로리다 렌프루센터의 무용치료사이

다. 클라인만은 마리안체이스재단 이사를 역임했다. 또한 미국무용치료협회 회장, National Coalition for Creative Art Therapies 의장으로도 활동했다. 그녀는 *Journal of Creativity in Mental Health*의 편집인이기도 하다.

Susan Loman(MA, BC-DMT, NCC, KMP 분석가) 뉴잉글랜드 안티오크대학 응용심리학과 교수로, 이 학교에서 KMP와 DMT 강의를 하고 있다. 그녀는 *The meaning of movement: Developmental and clinical perspectives of the Kestenberg Movement Profile*(움직임의 의미 : KMP의 발달적 · 임상적 양상)의 공동 저자이다.

Yona Shahar-Levy(DMT) 이스라엘 창의적치료협회의 전 회장으로, 관찰과 움직임 평가를 위한 이모토릭스(Emotorics) 시스템을 창안하였다. 그녀는 *The visible body reveals the secrets of the mind*(눈에 보이는 신체는 마음의 비밀을 드러낸다)의 저자이다.

K. Mark Sossin(Ph.D.) 페이스대학 교수이자 임상심리학자, 심리분석자, KMP 분석가이다. 뉴욕 프로이트학파와 국제심리분석협회의 일원이기도 한 그는 *The meaning of movement: Developmental and clinical perspectives Kestenberg Movement Profile*(움직임의 의미 : KMP의 발달적 · 임상적 양상)을 공동 집필하였다.

Susan Tortora(Ph.D) 무용치료 심리전문가이자 비언어 의사소통 분석가이다. 자폐아동을 위한 Ways of Seeing 프로그램 감독이기도 한 그녀는 *The dancing dialogue: Using the communicative power of movement with young children*을 집필하였다.

Hilda Wengrower(Ph.D., DMT) 바르셀로나 IL3대학의 DMT 석사과정 지도교수이며, 히브리대학 연극학과에서 강의를 하고 있다. 그녀는 교육현장, 이주민, 질적 연구와 예술치료, DMT와 관련된 주제의 논문을 출간하였다.

Elissa Queyquep White(BC-DMT, CMA, LCAT) 그녀는 마리안 체이스에게 무용치료를 배웠으며 1967년부터 브롱스정신의학센터(Bronx Psychiatric Center)에서 임상 활동을 하였다. 그녀는 헌터대학 무용동작치료 석사과정의 공동 설립자이자 교수이다. 또한 미국무용치료협회의 창립 위원이며 회장을 역임하였다. 현재는 프랫 인스티튜트와 뉴욕의 뉴스쿨대학에서 강의 중이다.

차례

제1부

무용/동작치료의 기본 개념

제1장

우리는 발을 땅에 내딛는 순간부터 춤을 춘다

Sharon Chaiklin

이 장에서는 원시사회부터 지금까지 무용/동작치료의 발달 과정을 설명하고 있다. 무용/동작치료는 무용의 예술성을 바탕으로 한 직업이며 인간의 핵심적 과정들을 포괄하는 심리학 이론에 의해 확장되었다.

삶의 시작을 의미하는 동작과 호흡은 언어 및 사고보다 앞서며 이러한 몸짓은 의사소통을 위한 인간의 욕구를 표현하는 수단으로서 즉각적으로 나타난다. 이러한 현상은 인류역사에 걸쳐 드러나고 있다. 해블록 엘리스(Havelock Ellis)는 "우리가 만약 춤에 무관심하다면 물리적 삶에 대한 최고의 표현뿐만 아니라 영적인 삶의 궁극적인 상징 또한 이해하지 못하는 것이다."(Ellis, 1923, p. 36)라고 말하고 있다.

초기 부족사회에서 춤은 자연에 대한 여러 표현이거나 또는 자기에 대한 표현 및 세상 안에서 우주의 리듬을 이해하는 하나의 연결 고리로 여겨졌다. 비 또는 성공적인 사냥을 기원하는 춤이나 풍년에 대한 감사를 나타내는 춤은 춤이 신에게 영향을 미치는 방식으로 여겨짐을 보여주는 예이다. 춤은 각각의 문화 안에서 다른 형태를 갖게 되었다. 때때로 여러 동작 패턴은 사람들을 엑스터시 상태로 이끌어 강력한 기분을 느

3

끼게 하고 인내력과 힘을 통한 놀라운 기능을 행할 수 있게 했다(de Mille, 1963). 행위에 의한 리듬, 인간에게 이롭도록 자연을 형상화하는 데 이용된 리듬, 삶의 리듬은 모든 원시 시대 사람들 사이에서 협력적 공동체와 기본적 구조, 그리고 오늘날 민속사회를 형성하는 리듬이었다. 또한 춤은 자신이 한 부족의 일원임을 느끼게 할 수 있었고 출생, 사춘기, 결혼 그리고 죽음과 관련된 필수적인 의식을 행할 수 있는 구조를 제공했다.

문화적 · 종교적 영향

우리는 지리적 위치 및 삶의 방식과 관련해 진화한 고유한 동작들과 각각의 무용을 통해 다양한 문화 그룹을 파악할 수 있다. 이런 그룹들은 영국 메이폴 무용, 아이티 부두 무용, 또는 하와이안 훌라춤과 같은 여러 형태를 띤다. 우리가 극동이라고 부르는 곳에서의 무용은 늘 사람들에게 종교적이고 영적인 삶의 일부였다. 무용가들은 특정한 동작, 이야기, 신화 그리고 그들 문화의 상징을 배우도록 훈련을 받았다. 사람들은 단지 오락적인 측면에서 춤을 구경만 하는 것이 아니라 깨달음을 얻고 종교적 경험을 하기 위해 찾아왔다. 서양에서도 예술은 삶에 필요한 부분이고 춤을 추는 동안 그 안에 마법의 힘이 있다는 비슷한 믿음을 지니고 있었다. 고대 그리스에서는 모든 형태의 예술은 신을 만족시키는 것이 목적이었다. 그리스인은 춤의 신을 테르프시코레(Terpsichore)라고 불렀고(de Mille, 1963), 이 이름은 오늘날에도 여전히 사용되고 있다. 중세 후반기에 무용은 소박한 민속 무용과 관객에게 즐거움을 주기 위해 훈련받은 무용가들이 추는 무용으로 나뉘었다. 춤은 더 이상 종교적 경험으로 간주되지 않았고 중세 무도병 이후 가톨릭교회에 의해 결국 금지되었다. 전염병이 유럽을 휩쓰는 동안 성 비투스 춤 또는 태런티즘(Highwater, 1978)이라는 무도병이 유행하며 사람들을 쉬지 않고 춤에 몰입하게 했다. 모든 사람이 서로를 쫓아 과잉 흥분에 휩싸였다. 그들은 자신에게 엄습해오고 있는 죽음에 대한 반응으로서 그룹행동을 하는 듯했다. 교회는 그런 영혼들이 악령에 홀렸다고 생각했다.

샤먼 또는 주술사 같이 치료를 목적으로 춤을 처음 사용한 사람들은 신체-마음-정신의 연관성을 이용한 것이 분명했다. 서양세계는 정신에서 신체를 분리함으로써 일부 능력을 상실했는데 이는 중세 시대에一기독교적 종교 신앙이 출현할 당시와 이후 17

세기 데카르트의 합리주의 철학에서 — 신체를 불결하거나 중요하지 않은 것으로 보는 경향에서 알 수 있다. 데카르트는 몸과 마음의 관계를 무시했고 신체와 마음을 명백한 독립체로 보았으며 정신을 진정한 자신이라고 보았다.

치료적 뿌리로서의 무용

무용/동작치료의 철학적 입장은 다르다. 무용의 신체적, 감정적, 정신적 요소 때문에 무용을 자연적 치료법으로 본다. 사람들은 춤출 때 공동체 의식을 나누는데, 이 때문에 그들은 공공장소로 나가서 음악에 맞춰 춤을 춘다.

예술에서의 창의성, 예를 들어 무용은 무언가 설명하기 어려운 것을 표현하기 위한 구조를 찾는 것이다. 무용/동작치료는 그룹 내에서 자신의 충동과 욕구를 표현할 수 있다는 인식과 함께 춤을 통해 각자 크고 작은 부분으로서 역할을 하며 공동체의 한 구성원으로 연결되어 있다는 것을 기본으로 한다. 거기에는 다른 사람과 함께 있을 때 공유되는 에너지와 힘이 있다. 이것은 우리의 개인적 한계나 염려를 넘어서게 해주며 함께 움직이는 기쁨 속에서 우리 자신의 가치를 확인할 뿐만 아니라 개인의 문제를 인식하게 된다.

20세기 초에, 이사도라 덩컨(Isadora Duncan) 같은 혁신자는 발레의 격식을 거부했고 다른 어떤 인물도 아닌 그녀 자신으로서 맨발로 춤을 췄다. 현대 무용이 정착되면서 사람들은 새로운 형태들을 자유롭게 창조했고 거리낌 없이 신체를 이용하게 되었다. 이러한 무용가들은 자신의 동작이 될 때까지 낯선 방식의 동작을 탐구했다.

독일의 마리 비그만(Mary Wigman)은 또 다른 영향력 있는 예술가였다. 즉흥적이고 의례적인 동작을 사용하고 악보보다는 리듬에 의존하는 그녀의 방식은 그녀와 함께 작업했던 많은 사람에게 지침이 되었다. 그녀의 제자와 추종자들은 현대 무용/동작치료의 주요 선구자이며 오늘날의 무용/동작치료에 영향을 미치고 있다. 이러한 다양한 학습 방법으로 인해 공연 예술가가 되기 위한 규율과 준비 과정이 사라지지 않았으며 무용의 예술적 의미를 창조했다.

마음-신체 개념은 변화를 거쳐 제자리로 돌아왔다. 인간의 모든 성분과 요소는 연관성 있는 체계이다. 인간의 기본적인 구성요소들은 유기적인 체계이다. 마음은 사실 신체의 일부이며 신체는 마음에 영향을 준다. 현재 많은 연구가 그러한 연관성을 연구하는 신경생리학자 및 과학자들에 의해 이루어지고 있다. 우리는 신체에 대해서 말할 때 동작의 기능적 측면에서만 설명하지 않고 우리의 생각에 의해 우리의 마음과 감정이 어떻게 영향을 받는지, 그리고 어떻게 동작 자체가 그들 사이에서 변화를 불러일으키는지를 설명한다.

현재 과학적 연구는 무용/동작치료에 수년간 종사한 사람들에 의해서 직관적 수준으로 알려진 바를 뒷받침한다. 무용과 치료를 연결하기 위해서는 무용가들이 예술을 깊이 있게 이해하는 것이 우선이다. 그런 후 자신들의 입장에서 춤의 개인적인 의미를 탐구한다. 어떤 예술의 창의적인 측면과 그 사람의 개인적인 측면을 분리하는 것은 불가능하기 때문이다. 이것이 작품 창작의 뿌리이다. 춤은 단지 성취해야 할 운동이 아니라 오히려 각자의 감정과 에너지의 상태이자 내부로부터 무언가를 표면화하려는 욕구로 무용을 창작할 때 다른 사람과 소통하기 위해 필요한 개념이며 현실적 또는 추상적인 것을 바탕으로 한다. 자신의 자아통합을 향한 탐색 과정에서, 이러한 이해는 그룹뿐만 아니라 개인을 위한 무용/동작치료로도 이어졌다.

선구자

수년간의 공연, 안무, 교육을 한 후 몇몇 무용가는 그들과 함께 공부하기 위해 온 다른 이들을 더 면밀히 관찰하기 시작했다. 이들 중 일부(주로 여성들)는 그 시대의 정신의학치료 형태였던 정신분석을 경험한 사람들이었다. 그들 모두가 정신과 감정이 어떻게 연관되는지에 대한 이야기를 하는 프로이트 시대와 그 이후에 나타난 정신의학 이론가에 익숙했다. 주위의 영향과 개인적인 성향 때문에, 몇몇은 정신분석적 사고를 더 배웠고 몇몇은 심리학자 중에서 설리번(H. S. Sullivan), 융(Jung), 아들러(Adler)의 업적 연구를 시작했다. 이런 심리학적 배경을 통해 그들은 인간 발달과 행동을 이해하게 되었고 사람들의 움직임 행동을 관찰하기 위해 사용하기 시작했다. 처음 치료에 무용을 사용하도록 한 그들은 스스로를 위한 움직임의 힘이 그들 삶 속에서 지닌 의의에 대해 이해하기 시작했다. 그들은 이것이 어떻게 다른 이들에게 영향을 주었는지, 그리고 각자 개인의 춤을 통해서 자신을 찾아나가기 위해 무엇을 배울 수 있는지에 대해 호기심을 갖고 있었다.

마리안 체이스(Marian Chace)는 1930년대에 루스 데니스(Ruth St. Denis)와 테드 숀

(Ted Shawn)과 함께 연출 및 공연을 했으며 후에 워싱턴 D.C.에 있는 자신의 스튜디오에서 가르치기 시작했다. 그녀는 전문가가 되고 싶지 않은 학생들이 왜 무용 수업을 들으러 오는지 의구심을 가졌다. 그녀는 학생들이 각각 어떻게 움직이는지 관찰했고 서서히 개인들의 욕구에 초점을 맞춘 수업을 진행했다. 그녀는 자아의 조화를 가능하게 하는 움직임과 신체가 통합될 수 있도록 이끌었던 수업 내용을 학생들을 위해 체계화했다. 1942년에 그녀의 연구가 정신보건 전문가들에게 알려지면서, 제2차 세계대전 후 많은 병사들이 있던 대형 연방 시설인 세인트엘리자베스병원(St. Elizabeths Hospital)에서 일하도록 요청받았다. 그룹치료는 이 시대의 많은 이들의 요구로 시작되었다. 무용/동작치료는 이 새로운 형태의 치료적 중재에 꼭 들어맞았다. 체이스는 자신의 치료 개념을 개발했고, 향정신성 약물의 출현 이전에 정신분열증과 정신병 환자들을 대상으로 작업했다(Sandel et al., 1993). 그녀는 많은 사람을 훈련시켰고 후에 미국무용치료협회(American Dance Therapy Association, ADTA)에서 1966년부터 1968년까지 첫 회장직을 역임했다. 나는 세인트엘리자베스병원에서 1964~1965년에 체이스와 인턴을 했던 사람 중 하나로, 운 좋게도 그녀의 퇴행성 환자들과의 연구를 관찰하고 지도 교육 하에 실습을 시작하라는 초청을 받았다.

마리안 체이스는 아주 신중하고 주의 깊게 작업했다. 그녀의 학생이었던 나는 커다란 녹음기를 든 채 대부분 잠겨 있던 넓은 병동 구역 쪽으로 그녀를 따라다녔다. 이것은 테이프와 CD가 출현하기 전의 일이다. 문을 열거나, 둘러보거나, 상대에게 인사하거나 목례만 하더라도 그 순간 사람들의 시선을 끌었다. 우리가 모든 사람이 사용하는 공동 휴게실에 들어가면 체이스는 분위기, 긴장감, 그룹의 형성, 또는 그들의 결핍을 알아챘으며 어떻게 세션을 시작할지 결정하기 시작했다. 환자들이 모이면 그녀는 그들 각자에게 인사하고 자신이 누구인지, 왜 거기 있는지를 설명했다. 그녀는 보통 세션을 시작하기 위해 중립적인 왈츠를 선택했고, 그녀가 언급한 것처럼 많은 기억과 연관되어 있지 않은 음악을 골랐다. 몇몇 사람은 즉시 그녀가 서서히 만든 원 안으로 합류했고 다른 이들은 기다렸다. 체이스는 그들이 세션에 참여할 수 있도록 기다려주었다. 어떤 사람은 원 안에 전혀 합류하지 않았지만 그럼에도 불구하고 어디에 앉을지 생각했기 때문에 그들 또한 자신의 방식으로 참여를 한 것이다. 치료 세션은 서로 다른 정도의 에너지, 강도, 친밀함, 웃음, 나눔으로 나타날 수 있다. 감정의 범위는 동작이나 언어를 통해 표현되었을 것이다. 환자들은 세션 전에 고립되어 있던 것과 달리 다른 사람들과 연결되어 있다는 확실한 느낌과 자아에 대한 명확한 느낌을 간직한 채 자리를 떠났다. 이것은 모두 제시되고 확인과 반응이 이루어졌던, 상징적인 동작 표현들에 대한 섬세한 인식을 통해 일어났다(Sandel et al., 1993).

마리 화이트하우스(Mary Whitehouse)는 또 다른 주요 인물이다. 그녀는 1959년대에 자신만의 작업 방식을 발달시켰으며 그녀의 접근법은 마리 비그만과 함께한 무용 연구와 융 분석연구 배경에서 기인했다. 그녀는 주로 보호시설 환경에서 일한 체이스와 달리 보다 기능이 높고 자아강도가 강한 사람들과 작업했다. 그녀는 융의 적극적 상상 개념을 자신의 작업 토대로 사용했다. 개인은 내면의 근감(kinesthetic sensation)으로부터 일어나는 자발적인 신체 움직임을 이용해 소통의 상징적인 본성을 인식하게 되고, 그 후에 자기인식과 변화의 문을 열게 된다. 그녀는 자신의 연구를 심층적 움직임(Movement in Depth)라고 불렀다. 이것은 후에 그녀의 추종자들을 통해 진정한 움직임(Authentic Movement)이라고 불렸다.

마리 화이트하우스처럼 캘리포니아에서 살았던 트루디 스쿱(Trudi Schoop)은 제2차 세계대전 이전 유럽 전역에서 잘 알려진 무용가 겸 마임 공연가였다. 미국에 자리 잡을 당시, 그녀는 입원한 환자들을 대상으로 작업하기 시작했으며 자신의 사고방식대로 작업을 발전시켰다. 창의적 탐구와 자연스러움, 놀이성을 활용해 환상과 신체지각으로 움직임을 표현하고 변화하는 자세를 이끌었다.

이 밖에 무용/동작치료에 관한 지식인으로는 블랑쉐 이반(Blanche Evan), 릴리안 에스페냑(Liljan Espenak), 알마 호킨스(Alma Hawkins)와 엄가드 바르테니에프(Irmgard Bartenieff)가 있다. 노마 캐너(Norma Canner)와 엘리자베스 포크(Elizabeth Polk) 같은 몇몇은 주로 아이를 대상으로 연구했다. 처음부터 많은 이들이 새롭고 다양한 환경에서 새로운 발상과 작업 방식에 지속적으로 기여하면서 배우고 일했다. 정신병원, 기관, 개인 수업뿐만 아니라 치유를 필요로 하는 어떤 환경에서든 일했다. 알츠하이머 환자를 포함해 노인, 교육적 환경(자폐증, 특수한 요구, 발달지체), 감옥, 외래 환자와 같은 여러 환경에서 이루어질 수 있다. 치료사들은 실명, 난청, 만성 통증, 거식증, 폐쇄성 두부 손상, 파킨슨병 같은 신체장애를 가진 사람들을 대상으로 일하며 종양학 같은 급성 질환이 있는 곳에서도 일한다. 또한 마약 중독자와 알코올 중독자를 대상으로 일하며 가정 폭력 등과 같은 다양한 상황의 트라우마와 학대로부터 살아남은 사람들이 있는 곳에서도 일한다. 무용/동작치료사는 자기검증, 과거 트라우마의 해결, 그리고 다른 사람들과 더 나은 관계를 맺을 수 있는 방법과 긍정적인 상호작용을 배우려는 내담자들을 위해 기술과 지식을 사용한다.

간략한 사례연구

개인치료실에서 무용/동작치료를 할 당시 나는 대인관계의 어려움 때문에 찾아온 건장한 중년 남성을 만났다. 그는 공간 안에서 자유롭게 움직이기 어려워했으며 힘들어하는 감정을 제약 없이 마음껏 춤으로 표출할 수 없다는 점을 우리 두 사람 모두 잘 알고 있었다. 그의 동작은 긴장과 중단을 보여주었고 흐름 또는 리듬적인 연속성이 결여되어 있었으며 바닥 위에 있는 어떤 한 장소에 붙어 있는 것처럼 보였다. 가족, 낮은 자존감, 시작하다가 주저하는 모습을 다루던 치료 과정을 거쳐 마침내 어느 날, 간략한 대화를 나눈 후 그가 공간 밖으로 나와 지금껏 본 것 중에서 가장 아름다운 춤을 추기 시작했다. 그 아름다움은 그의 신체와 움직임, 그리고 자신 안에 있는 무언가를 표현하려는 의지의 전체적인 통합으로부터 나왔다. 이것은 사전에 계획된 것이 아니라 그 시점에 완벽하고 온전한 모습으로 나타났다. 내가 치료사로서 이해한 것처럼 그는 자신에게 무슨 일이 일어났는지 이해했다. 서로 그것에 대해 상의할 필요는 없었다. 그는 자기 자신은 물론 자신의 감정까지 받아들였고 그것들을 표현하기를 주저하지 않았다. 이것은 완전하고 만족스러운 순간이었고 치료가 거의 끝나 가고 있음을 시사했다.

치료가 그룹으로 이루어질 때는 다른 이들과 관계를 맺는 것에 대한 투사와 불안이 나타나며 이를 다룰 필요가 있다. 개인은 각자의 문제, 고통, 드러날 수 있는 감정에 대해 그룹의 지지를 받을 수 있다. 더불어 다른 사람들도 비슷한 문제를 갖고 있다는 깨달음을 통해 사람들은 건강을 향한 여정에서 고독함을 덜 느끼게 된다. 예를 들면 분노는 가끔 표현하기 어렵거나 다른 사람이 받아들이기 힘든 감정이다. 강한 공격적인 행동을 격려하면서도 억제하는 동작을 구조화고 다양한 방법의 수용과 반응 방식을 모형화하면 그런 감정과 함께 나타나는 두려움을 감소시킬 수 있다. 이와 유사하게, 상실과 슬픔의 표현은 보편적인 경험으로 서로 공유할 수 있다. 몇몇 환경에서의 무용/동작치료 실습에 관한 추가적인 논의는 이후에 이어지는 장에서 찾아볼 수 있다.

직업적 체계

1966년 미국무용치료협회(ADTA)의 설립 과정에 활동한 나는 마리안 체이스가 회장이었을 때 첫 부회장으로 근무했으며 이후 차기 회장이 되었다. 이 장의 일부분은 내가 협회에서 어떤 역할을 했는지와 무엇을 관찰하였는지에 근거를 두고 있다. 처음에는 아주 고립된 상황 속에서 소수의 사람이 일했으며 치료에서 무용이 얼마나 중요한지에 대해 이해하려고 노력했다. 서서히 나를 포함한 그들은 배우기 위해서 그리고 생각과 질문을 서로 공유하기 위해 첫 선구자들을 찾았다. 체이스의 몇몇 학생은 소통과 지속적인 공부를 하기 위해 단체를 조직하는 것이 중요함을 확신했다. 2년 동안 준비하며 그 분야에 관심 있는 이들을 찾고, 단체의 임무를 정한 뒤 ADTA는 1966년에 비영리 단체로 조직이 형성되었다. ADTA는 75명의 창립 멤버가 있으며, 그들 가운데 일부는 아직도 활동하고 있다. 서로 함께 소통하기 위해 회보, 회원 책자, 연례 학회와 전문 학술지가 있었다. 시간이 지남에 따라 무용/동작치료사가 되기 위해서 어떠한 지식이 필요한지에 대한 기준과 어떤 윤리가 수반되어야 하는지에 대한 내용이 갖추어졌고 전문 종사자가 늘어남에 따라 치료 기회와 지식이 계속 축적되었다. 대학원 프로그램이 소개되면서 ADTA는 공식적으로 인식되기 시작했으며 특정한 기준에 맞는 프로그램을 승인하기 시작했다. 이와 유사하게, 개인들에게는 전문가가 되기 위해 각자의 성과가 인증되는 등록소 또는 인증 과정에 지원을 하도록 했다. 더불어 대중이나 다른 전문가에게 무용/동작치료를 교육하기 위해 봉사를 했고 지금도 여전히 활동하고 있다.

춤이 한 사람의 삶의 일부라는 점을 이해하고 수용하는 것과 별개로, 무용/동작치료사가 되는 일과 관련해 배울 것이 많다. 무용/동작치료의 이론과 실습, 인간 발달과 행동, 삶의 과정에서의 이슈, 움직임 관찰 그리고 그룹 과정은 대학에서 석사 과정으로 이어지는 대학원 과정에서 다루는 몇 가지 과목이다. 학위 과정이 없는 곳에서는 무용/동작 과목이 제공되고 있다. 미국 내 무용/동작치료와 ADTA는 전 세계 각국에서 무용/동작치료를 배우고 지지하며 발전시키는 모델이 되었다. 상급(senior) 치료사들은 다른 나라에서 프로그램 또는 의뢰된 워크숍을 통해 가르치기 시작했다. 학생들은 학위 과정을 이수하거나 워크숍에 참석하기 위해 미국으로 왔다. 이러한 방법으로 1980년에 이스라엘에서 하나의 프로그램이 시작되었으며 그때부터 다른 것들도 서서히 발전했다. 오늘날 미국 이외에도 세계 33개 국가에 프로그램, 협회 또는 무용/동작치료사가 있다(www.adta.org). 무용/동작치료가 다양한 나라에서 발전함에 따라 그들의 독특한 문화적인 영향과 신체, 무용, 동작과 인간관계에 대한 독자적인 해석에 대해 고려할 필요가 있을 것이다.

지난 몇 년간 신체와 관련된 치료법이 증가하면서 펠덴크라이스 기법(Feldenkrais technique), 알렉산더 기법(Alexander technic), 레이키(Reiki), 마사지 치료 등 많은 기법과 무용/동작치료를 구분하는 것이 도움이 된다. 이것들은 모두 가치가 있으나 이해해야 할 몇 가지 근본적인 차이점이 있다.

무용/동작치료의 경우 신체와 자세 그리고 그것이 감각적인 접촉의 활용, 숨을 쉬거나 보류하는 호흡에 대한 자극, 느낌이나 행동을 억제할 수 있는 신체 안에서 이루어지는 자각과 긴장에 영향을 미치는 방식에 주의를 기울인다. 중요한 것은 그것이 무용의 예술적 형태와 관련이 있다는 점이며, 이는 활동적인 방식으로 신체와 자신을 이용하는 공간 및 시간의 활용을 통해 창의성을 장려하고 지원하는 것이다. 즉흥적인 동작과 몸짓은 내면의 충동으로부터 나와 자연스럽게 무용수에게 리듬으로 연결이 되고 그것은 의식적으로 이해하든 안 하든 자기표현으로 이어지지만 그럼에도 불구하고 그 사람의 삶에 의미를 갖는다. 즉흥적인 것은 대부분 자발적이며 무의식이나 전의식으로부터 오고 춤의 동작은 상징적인 의미를 갖는다. 이 양식들은 반복될 수 있으며 행동의 연관성과 발견되지 않은 관계들에 관한 새로운 방법의 움직임이 나오게 될지도 모른다. 이러한 소재는 변화를 일으킬 수 있는 과정의 일부이다. 또한 언어적인 상호작용을 이용해 명료화하고 질문과 지지를 해줄 수 있다.

결론

현대는 고대의 작고 국한된 부족사회보다 사회적으로나 문화적으로 더 복잡해졌지만 인간의 삶에 근본적이었던 것은 여전히 바탕을 이루고 있다. 사람은 사람 사이에서 융화감을 느끼며 공동체의 일부분이어야 한다. 춤을 활용하는 것은 이를 가능하게 하는 한 방법으로, 무용/동작치료는 단절을 극복하고 새로운 연관성을 향상시켰다. 우리는 인간 행동의 지식과 지지 그룹을 경험하는 동안 어떻게 개인 욕구에 반응하는지에 관한 지식을 확장해왔다. 우리는 더 이상 주술사가 아니라 무용/동작치료사라 불린다.

de Mille, A. (1963) *The book of the dance*. New York: Golden Press.

Ellis, H. (1923) *The dance of life*. Cambridge: Houghton Mifflin Co.

Hanna, J. L. (1979) *To dance is human: A theory of nonverbal communication.* Austin: University of Texas Press.

Highwater, J. (1978) *Dance: Rituals of experience.* New York: Alfred van der Marck Editions.

Levy, F. J. (1992) *Dance movement therapy: A healing art.* Reston, VA: National Dance Association of AAHPERD.

Sandel, S., Chaiklin, S., Ohn, A. (Ed) (1993) *Foundations of dance/movement therapy: The life and work of Marian Chace.* Columbia, MD: Marian Chace Memorial Fund.

Schoop, T. with Mitchell, P. (1974) *Won't you join the dance? A dancer's essay into the treatment of psychosis.* Palo Alto, CA: National Press Books.

Schoop, T., (2000) Motion and emotion. *American Journal of Dance Therapy,* 22 (2), 91–101.

Wallock, S. (1983) An interview with Trudi Schoop. *American Journal of Dance Therapy* (6), 5–16.

Whitehouse, M. (1970) Reflections on metamorphosis. *IMPULSE* (suppl.) 62–64.

Whitehouse, M. (1977) The transference and dance therapy. *American Journal of Dance Therapy* 1 (1) 3–7.

Whitehouse, M. (1986) Jung and dance therapy: Two major principles, in P. Lewis (Ed.) *Theoretical approaches in dance/movement therapy* Vol. I. Dubuque, IA: Kendall/Hunt.

The Power of Movement (1982) Columbia MD: American Dance Therapy Association. Web site: www.adta.org.

제2장

무용/동작치료에서의 창의적-예술적 과정

Hilda Wengrower

창조성은 조건화된 반응뿐만 아니라 관습적인 선택이라는 속박으로부터 인간 스스로를 해방하는 주요 수단 중 하나이다.

아리에티(Arieti), 1976, p. 4

도입

이 장에서는 창조성의 구성에 대한 여러 다른 관점과 이러한 관점들이 무용/동작치료(DMT)에 각각 기여하는 바를 다룬다. 그 의미와 관련 개념을 소개하고, 뒤이어 창조성의 개념과 예술적인 연관성에 대한 다른 작가들의 저서들을 개략적으로 소개할 것이다. 주로 정신분석학적 관점에서 다루게 되겠지만 반드시 이에 국한하지는 않을 것이며, 또 이런 개념들이 무용/동작치료에 유용한 아이디어를 제공하는 방식들에 대해서도 다룰 것이다. 무용/동작치료는 창조적인 예술치료법 중 하나로, 창조적인 과정과 예술적인 시도에 내재되어 있는 변화와 치유 가능성에 대한 이론 및 실행에 기초한 심리치료 양식 중 하나이다.

20세기 중반에 무용/동작치료계의 토대를 쌓은 사람들은 무용 분야의 전문가, 예술적이고 창조적인 활동에 헌신했던 이들이다. 이런 태동을 이끌어낸 주요 요인 중 하나는 이런 분야의 예술을 하는 개개인의 다차원적인 경험이었다. 왜냐하면 무용은 인간의 생리적, 인지적, 정서적 그리고 사회문화적 측면을 강력하게 통합하는 예술이기 때문이다. 20세기 말에서 21세기 초의 심리치료에서는 이와 같은 다차원성의 수용이 두드러지게 나타난다(Fiorini, 1995; Dosamantes-Beaudry, 2003). 많은 동료 학자들이 이런 다양성을 그들의 세계관에 받아들였다.

심리학은 다양한 접근법을 통해 서로 밀접하게 연관되어 있는 창조적 과정과 예술적 활동이라는 두 현상의 여러 가지 다른 측면을 연구해왔다. 우리 분야에서 볼 때 가장 영향력 있는 학파는 정신분석과 융 심리학이다. 이 장에서는 방대한 범위를 모두 다루기보다는 주로 정신분석학적인 공헌에 대해 집중적으로 다루고자 한다.

창조성 : 주제와 변형

창조성을 치료 과정과 연관 짓기 위해서 우선 창조성의 개념을 설명하도록 하겠다. 먼저 두 가지 다른 유형의 창조성을 구별해야 한다. 바로 일상적인(또는 평범한) 창조성과 특출하거나 탁월한 창조성이다(Arieti, 1976, pp. 10~12). 우리가 특별히 관심을 갖는 것은 첫 번째 유형이다. 왜냐하면 치료사는 예술 관련 직업과는 거리가 먼, 도움이 필요한 대상의 창조적 과정에 관심이 있기 때문이다. 옥스퍼드 영어사전은 창조성을 '창의적인 힘 또는 능력, 창조하는 능력'이라 정의한다. '창조하다'에는 여러 가지 정의가 있는데, 우리가 다루는 주제에 가장 적절한 뜻은 다음과 같다.

1. 신성한 대리인이 말한 : 존재로의 구현, 존재의 원인
2. ~을 만들다, ~을 초래하다, ~을 구성하다 … ~을 일으키다, ~을 야기하다, ~을 생산하다(OED, 1991).

스토(Storr)는 다음과 같이 정의한다 — '무언가 새로운 것이 존재하도록 만들어내는 능력'(Barron, 1965 in Storr, 1993, p. xv).

개인의 경우도 마찬가지겠지만, 무용/동작치료에서 무언가 새롭다고 받아들여지기

위해서는 아이디어나 현상들을 연결 짓고, 그 결과 문제에 대해 새롭거나 색다른 해결책을 창출하는 것으로 충분하다. 그러므로 어떤 통찰을 얻는 것이 창조의 순간으로 여겨질 수도 있으며 개인적인 삶과 감정, 생각 그리고 행동 양식의 여러 가지 측면 속에서 연결고리를 만들어내는 것 또한 마찬가지일 것이다. 어떻게 하면 이런 과정을 촉진할 수 있느냐 하는 것은 심리치료의 주요 과제 중 하나이다.

배론(Barron)이 제시하고 스토가 언급한 이 정의는 우리로 하여금 창조성과 관련된 여러 가지 개념을 파헤치게 한다. 다시 말하자면, 이러한 개념은 창조적인 과정 및 창조적인 산물이라는 관념이기도 하며, 다른 한편으로는 독창성과 즉흥성이라는 개념이기도 하다.

과정 및 결과

언어심리치료에서는 언어적 상호 교류가 치료적인 관계 흐름을 이끄는 주요 수단이다. 무용/동작치료는 주로 내담자의 비언어적인 무용 표현, 그리고 치료사의 움직임과 언어적인 개입을 통해 이루어진다. 이러한 개입은 발달 과정을 촉진하는 것에서부터 심리적 외상을 극복할 수 있도록 돕거나, 자기성찰 과정이나 통찰에 중점을 둔 치료에 동반해주는 등 다양한 목적을 갖고 있다. 치료 세팅에서 **창조적** 과정을 촉진하는 것은 이런 목적을 달성하기 위한 하나의 수단이다.

일반적으로 예술적 활동 내에서는 과정과 결과물이 구별된다. 보통 평가를 받기 위해 대중적으로 공개되는 것은 후자였지만, 현대 예술가들은 그 어느 때보다 결과물이 나오기까지의 준비 과정을 드러내 보이려고 하는 추세이다. 무용/동작치료는 결과물로서 예술작품을 만들어내거나 대중적으로 공개하는 것을 목적으로 하지 않는다. 또한 무용/동작치료로부터 치료 혜택을 누리기 위해 어떤 형식적이거나 기술적인 능력을 요구하지도 않는다. 결과물과 과정 모두 치료사와 환자 간의 대화라는 맥락에서 가능한 한 전체적으로 조명되고 고려된다. 이것이 어떻게 진행되는지는 다음 장에서 살펴보게 될 것이다. 수많은 무용/동작치료사들이 무용수로서의 경험에서 배운 것들과 정신분석학적 지식이 더해져서, 창조적인 과정과 그 결과가 참여자에게 심리적으로 의미 있으면서도 치유적이 되는 것이다. 캐럴 프레스(Carol Press)는 정신분석과 창조성이 서로 대체될 수 없으며 치료 과정이 예술작업으로 대체될 수도 없다고 생각했다(2005, p. 119). 그러나 무용/동작치료에서 우리는 이들을 통합한다. 이는 예술적 시도가 갖는 다양한 측면에 관한 정신역동 이론을 이해할 때 가능하다.

독창성과 즉흥성

독창성과 즉흥성은 창조성이라는 주제 아래 서로 연관된 개념들이다. 스토, 아리에티 및 다른 학자들은 이 두 가지 현상이 관련이 있다 하더라도 창조성과 동일한 의미를 갖지 않는다는 의견이다. 두 개념 모두 이미지, 아이디어, 행동의 유동성 안에서 드러난다. 프로이트가 환자들을 치료할 때 사용했던 단어 자유연상 기법은 즉흥적인 표현이 억압적 통제력을 완화해 무의식적 측면이 수면 위로 떠오르게 한다는 생각에 바탕을 두고 있다. 그러므로 즉흥성은 창조적 과정의 한 부분이 될 수 있다. 그러나 앞으로 보게 되겠지만 이것만으로는 충분하지 않다.

　무용/동작치료에서 일부 환자그룹은 즉흥 움직임을 통해 통제가 느슨해진 상황을 즐길 수도 있을 것이다. 이것은 매우 풍부하고 복잡한 기술이다. 프로이트의 저술에 강력한 영향을 받아 20세기 초부터 즉흥 움직임이 활발하게 꽃을 피웠다. 즉흥 움직임은 동작하는 사람으로 하여금 전형적이고 틀에 박힌 반응이나 함축적인 의미들로부터 분리되도록 격려한다. 이로 인해 새로운 정신물리학적 형태가 나타나고 탐색될 수 있다. 심지어 어떤 이들은 즉흥성 개발을 치료 목표로 선택하기도 하는데, 이는 자기 자신과 자신의 인간관계에 대한 감정을 개선하기 위한 방편이 된다. 즉흥성의 결핍은 종종 감정표현의 어려움이나 불안감과 관련이 있어 보인다. 이와 반대로 일부 주의력결핍 과잉행동장애(ADHD) 아동들의 경우, 충동성과 연관되어 있는 즉흥성을 인식하고 통제력을 키우는 것이 치료 목표가 될 것이다.

　독창성은 다양한 방식으로 발현된다. 길포드(Guilford, 1968)는 해결책이나 반응 또는 선택을 해야 하는 상황에서 독특한 답변이 나왔을 때 이것을 '확산적 사고(divergent thinking)'라고 지칭했다. 그럼에도 불구하고 아리에티는 이를 전적으로 인정하지 않는다. 왜냐하면 길포드가 확산적 사고의 목적은 기능적인 해결책을 찾기 위한 것이라고 했기 때문이다. 그러나 우리는 또한 확산적 사고가 새로운 이야기와 해석, 그리고 정체된 상황에 대한 해결책을 끌어낼 수도 있다는 점을 고려해야 한다. 아리에티의 견해는 독창성에는 즉흥성이 포함되어 있다는 것인데 심지어 종종 사람들이 집중적인 작업 후에 독특한 생각을 떠올리기도 한다고 인정한다. 정신병자의 사고는 독창적이고 일탈적이며, 독특하고 그 표현도 즉흥적이지만, 창조성과는 동떨어진 엽기적인 특성들에 가깝다. 아리에티는 독창성, 즉흥성 그리고 창조성의 차이를 명확하게 구분하기 위해 꿈을 연구했다. 꿈은 독창적이고 의심할 여지없이 즉흥적이지만, 기본적으로 무의식 상태에서 일어나는 원초적 과정의 결과물이다.[1]

무용/동작치료에서는 주관적인 독창성에 관심이 있다. 이런 주관적인 독창성을 통한 변화 속에서 개인은 스스로를 탐색할 수 있다. 때로 환자는 신체상의 변화나 갈등에 대한 자신의 관점, 경험, 이해의 변화 같은 새로운 가능성들을 시험해보기 위해 자신만의 독특한 움직임 스타일에다 독창적인 움직임의 질을 더하는 식으로 실험 과정을 시작한다. 언어심리치료사인 피오리니(Fiorini, 1995)는 정신병리학을 반복의 덫으로, 창조를 새로운 선택을 위한 탐구라고 개념화했다. 아리에티도 이와 유사한 개념을 제시한다.

심리학, 예술 그리고 창조성

예술과 창조성은 정신분석학의 연구 주제였다. 분석된 몇 가지 측면은 다음과 같다 — 예술가, 예술가의 재능이나 동기의 근원, 예술작품에서 표현된 의미, 예술적인 활동을 가능하게 한 무의식적인 심리 과정, 천재들의 창조성과 일상적인 창조성 그리고 이와 연관된 정신 활동의 유형 등. 각기 다른 학파의 정신분석학자들이 각자의 이론과 연관 지어 문학, 시각예술, 음악 등 각기 다른 예술 분야의 사례를 활용해서 이러한 주제들을 연구해왔다(Arieti, 1976; Fiorini, 1995; Freud, 1908, 1914; Klein, 1929; Kris, 1952; Storr, 1993). 그러나 앙지외(Anzieu)가 언급한 바에서 잘 볼 수 있듯이 무용을 이런 이론에 연관 짓거나 사례로 활용한 이는 아무도 없다.

> 대략 1950년에서 1975에 걸친 기간 동안, 몸은 절대적인 부재 상태에서 전혀 알려지지 않은 채 있었으며, 구조주의의 확산과 수많은 치료사의 심리 때문에 일상생활이나 가르침을 통해서 격하되어 왔다(또 많은 면에서 여전히 격하되고 있는 것). 몸은 인간이 실재하는 필수적 차원이며, 성적 특성 이전의 전반적이고 단순화할 수 없는 자료로서의, 심리적 구조를 지탱해주는 것이었다. (Anzieu, 1989/1998: 33, 저자의 번역)

정신분석가들은 예술에서 예술가의 신체가 예술적인 메시지를 전달하는 도구일 뿐 아니라 메시지 자체라는 것을 인정하지 않는 것으로 보인다. 프로이트는 로망 롤랑(Romain Rolland)에게 음악이 광대한 감정(oceanic feeling)과 연관되어 있기 때문에 음악을 참조하지 않았다고 말했으며 그래서 음악에 끌리지 않는다고 인정했다. 무용은 음악처럼 비언어적인 예술인 데다 특히 감각적이어서 공연자와 관객은 매우 감정적이 될 수 있다. 무용은 시간예술이다. 움직임과 몸의 형태는 일어난 즉시 사라진다. "전체적인 무용의 전개는 대부분 시각적–근감각적 시간 패턴의 단위에 기반하고 있다. 다른 말로 하자면, 시간이 흐르는 동안 시각적–근감각적 패턴의 지속시간, 반복, 유사성, 대조성 그리고 관계가 드러난다."(Nadel & Strauss, 2003, p. 272) 정신분석에서는 언어적인 표현을 특히 중요시하는데, 아마도 이것이 예술과 창의성을 연구할 때 정신분석 분야에서 무용이 제외되는 이유 중 하나일 것이다. 그런 의미에서 대니얼 스턴(Daniel Stern)을 비롯한 학자들의 작업에서 나타난 혁신은 환영할 만한 시작이었다.[2]

이어지는 내용은 예술과 창조성에 관련된 개념을 정교하게 만드는 아이디어들의 간략한 합성이며 이는 무용/동작치료의 이론적 기반을 이루고 있는 부분으로서 가장 주목할 만하다고 생각하는 내용이다. 융은 예술과 치료 중 환자들이 사용하는 창조적 표현에 관한 저술을 통해 무용/동작치료에 영향을 끼쳤지만, 이 장에서는 그의 발상에 대해서는 논하지 않을 것이다(더 자세한 내용을 읽고 싶다면 Chodorow, 1991 참조).

나는 별표를 표시한 간단한 임상 사례를 들어 각 이론을 설명하고자 한다. 왜냐하면 전반적인 맥락을 벗어나서 이론만 소개하면 독자들은 한 가지 이상의 함축적 의미를 찾을 수 있는 데다, 심지어 같은 사람이라도 창조적 표현은 제각각의 의미를 가질 수 있기 때문이다. 인간은 매우 복잡한 피조물로 다양한 갈등, 문제 또는 발달과제를 동시다발적으로 처리한다. 치료 세션에서 드러나는 움직임/무용은 대인관계(대상) 방식이나 자기인식 또는 적응/방어 양상을 전달할 수도 있다(Govoni et al., 2007). 나는 가능한 한 가지 의미를 제시하는 대신 여러 가지 대체 가능한 해석도 포함했다. 또한 창조성은 치료자의 개방성을 포함하고 있는데, 그 속에는 환자를 가장 잘 설명하는 것이 무엇인지를 알아차리면서 성장과 변화로 가는 과정을 발전시키도록 돕는 것이 포함된다.

치료 과정의 일부로서 치료 세션 중에 전개되는 창조적인 과정은 무용/동작치료 내에서 통합된다. 치료사들은 표현이 풍부한 창조적인 과정을 격려하면서 더 나아가 인정하고 수용할 수 있도록 개입한다(Winnicott, 1979a).

프로이트 : 욕망의 표현과 승화로서의 예술 활동

프로이트는 기본적으로 위대한 예술가의 작품들을 연구했다. 문학과 시각예술작품에 대한 그의 저서들은 잘 알려져 있다. 그는 시각예술작품을 무의식의 표출, 욕망과 성적 추동의 상징적인 표현, 또는 이런 욕망과 추동의 직접적인 충족, 다른 말로는 승화의 산물로 평가했다.[3] 프로이트가 양면적인 자세, 특히 예술가들에 대한 양면적인 자세와 심미학이나 아름다움을 창출하는 도구들에 대한 지식이 부족함을 드러냈음에도 불구하고, 그는 비전문가의 예술을 포함해서 예술과 예술가에 대한 정신분석학적 연구의 토대를 수립했다. 프로이트의 개념 중 일부는 현재까지도 논쟁거리다.

프로이트의 예술치료에 관한 문제 중 하나는 그가 때때로 형식과 내용을 구분했다는 데 있다. 프로이트는 자신이 미학에 대한 지식은 없지만 예술작품의 중요성에는 관심이 있다고 말했다. 그러나 시각예술을 분석할 때 그는 분명히 작품의 형태에 의미가 있다고 말한다(Schneider Adams, 1993). 예술 평론가들은 형식은 의미를 담고 있으며 나아가 형식 그 자체가 의미라는 것을 보여주었다. 무용에서 이 점은 매우 중요하며 무용/동작치료도 마찬가지다. 어떤 독자든지 가볍고 우아한 점프는 힘겹게 몸을 질질 끄는 느릿느릿한 움직임과 비교해볼 때 그 경험과 감정이 전혀 다르다는 것을 볼 수 있다.

1908년에 발표한 그의 논문 *Creative Writers and Daydreaming*(창조적 작가들과 백일몽)에서, 프로이트는 예술적인 활동이란 욕망을 표현하는 방식이자 그 욕망을 실현하는 수단인데 둘 다 모두 상징적으로 발현된다고 개념화했다. 그는 예술가의 활동과 아이들의 놀이 사이에 공통적인 특징을 비교했다. 양쪽 다 환상의 세계를 만들어내는데 심지어 현실을 식별할 수 있을 때조차 환상에 대해 진지한 태도로 임한다. 예술작품은 일정 수준의 즐거움과 공감을 가져다주는데, 만약 미학적인 외관이 없다거나 또는 예술작품의 근원이 되는 무의식적인 요소들이 드러나 있었다면 불가능한 것이다. 이와 유사하게, 견디기 고통스러운 감정들도 상징적인 형태로 표현되면 견딜 수 있게 된다. 예술가들은 미학적인 형태로 위장해서 심리적 삶의 양상을 드러낸다.

랭크(Rank, 1907/1973)에 의하면 예술가들은 자신의 작품을 대중에게 공개함으로써 무의식적인 쾌감을 얻는다. 예술가는 자신의 욕망을 표현하고 자신의 작업에 숨겨진 의미를 대중과 무의식적으로 공유한다. 이와 같이 전시를 통한 공개적 승인은 욕망들로 인한 죄책감을 완화해준다. 무용/동작치료에서는 치료사 또는 그룹에 참여한 이들이 때로 이런 관객의 기능을 수행한다.

그러므로 프로이트에 의하면, 어깨에 망토를 두르고 폴짝 뛰어오르며 움직이고, 방을 가로지르는 아이는 권력욕과 정복욕, 또는 삽입에 대한 충동을 상징적으로 표출하는 것일 수도 있다. 이런 행동을 수용하는 것은 아이를 의식적인 죄책감으로부터 해방시켜주고 놀이와 신체 활동을 통해 욕구를 승화할 수 있게 해준다. 그래서 아이는 발달 과정에서 한 걸음 더 나아갈 수 있게 된다.

공공 정신보건 복지시설의 성인 그룹은 원으로 춤추면서 발로 리듬을 맞추며 개미를 밟는 것이 연상된다고 말한다. 이들은 이렇듯 상징적인 연상도구를 이용해 고통스럽지 않은 방식으로 공격성, 분노 또는 이와 비슷한 감정을 표현할 수 있다. 요약하면, "사실 이 작업은 실생활 속의 행동이나 대화로 드러나는 것보다 훨씬 더 정확한 자기표현일 수 있다."(Storr, 1993, p. 109)

현실접근 방법으로서의 예술적 표현

프로이트에 의해 확립된 그 유사성, 특히 예술작품과 백일몽 간의 유사성은 창조적인 과정과 그 결과물을 볼 때 복잡함과 정교함의 수준에서 차이가 없다(Trilling in Storr, 1993). 스토는 제임스 본드(James Bond)를 주인공으로 하는 이안 플레밍(Ian Fleming)의 소설이나 로맨틱한 이야기들처럼 작가와 독자 쌍방에 의해 욕망의 실현과 카타르시스가 이루어지는 문학작품이 있다고 생각한다. 하지만 이런 작품들이 톨스토이(Tolstoy), 프루스트(Proust) 그리고 다른 위대한 작가들의 작품과 대등해질 수는 없다. 왜냐하면 톨스토이의 작품 등을 통해 독자들은 인생을 보다 민감하게 이해하게 되고 자신을 복잡한 주인공들에 견주어볼 기회를 얻기 때문이다.

무용/동작치료에서 우리는 종종 놀이나 춤이 욕망을 표출하는 것을 목격하지만 그렇다 해서 이것만이 놀이나 춤이 수행하는 유일한 기능은 아니다. 소녀가 '여왕처럼' 춤을 출 때, 이 경험을 통해 여성적인 형태의 움직임과 행동을 시도해보게 되고, 이를 통해 자신을 엄마나 다른 여성과 동일시한다는 것을 우리는 안다. 그녀는 자신의 성 정체성을 확립하고 구성하며, 자아인식과 신체상을 발전시킨다. (Schilder, 1950)[4]

이 소녀는 우리로 하여금 원시 시대의 사람을 떠올리게도 한다. 그는 사냥을 하다가 마주치게 될지도 모를 존재로부터 힘을 얻는 상상을 하면서 동물의 동작을 흉내내는 춤을 추며 동물 가죽을 입고 주위를 돈다. 그러므로 우리는 욕망의 표현뿐만 아니라 동일시 현상, 영감 그리고 사회적 역할훈련과 자아의 양상들을 볼 수 있다. 또한 오이디푸스 콤플렉스적인 역동이 일어나는 것에 대해서도 생각해볼 수 있을 것이다. (Freud, 1900, 1910)

이전 장에서 우리는 예술과 의식 사이의 연관성을 보았다. 프로베니우스(Frobenius, in Read, 1955), 루이스 번스타인(Lewis Bernstein, 1979), 그리고 보지엔(Wosien, 1992)은 사냥 전에 행해지는 의식에 대해 설명한다. 사냥 전 의식의 기능은 사냥할 동물에 대해 더 많은 지식을 얻게 해주는 것이다. 리드(Read)는 인간이 인생과 우주의 복잡함 및 불확실성과 마주하면서 불안하고 당혹스러운 느낌을 느꼈으며, 지금도 느끼고 있다고 덧붙인다. 인간은 현실을 보다 잘 이해하고 싶어 하며, 생존을 위한 투쟁에서 자신을 지켜줄 이러한 능력들을 연마하고 싶어 한다. 마임 댄스는 이렇듯 두려워하거나 숭배하는 동물에 대한 지식을 늘려주는 목적으로 사용된다. 예술은 남아도는 정신 에너지를 사용하는 심심풀이 오락이 아니라 인류 초기 시절부터 생존을 위해 필요했다(Read, 1955: 65). 특히 춤은 이해나 소통과는 거리가 먼 것이 무엇인지 탐색하기 위해 활용되었다(Béjart, 1973).

> 특수학교에서 행동장애가 있는 8세 여자아이를 개인적으로 치료했는데, 어느 날 그 아이가 치료 세션에 와서 내 행동을 흉내내고 모방했다. 그 아이는 미소를 지으며 다정하게 말했는데 그것은 평소 보여준 습관과는 상당히 대조적인 모습이었다. 그때부터 우리는 내 스타일을 적용한 춤을 장난스럽게 추었고, 또 다른 것들도 시도해서 자기 것으로 받아들일 수 있게 했다.

만일 프로이트가 말한 놀이와 창조적인 과정의 유사성을 좀 더 고찰하려면 아이의 놀이는 발달 과정에서 (자연스럽게 비동시적인) 적응과 통합의 기능을 수행한다(Erikson, 1963)는 사실을 확립한 에릭슨(E. Erikson)을 기억해야만 한다. 놀이 활동은 환상의 실행을 통해 각기 다른 순서대로 일어나는 신체적, 심리적, 사회적인 비동시적 변화들이 조화를 이룰 수 있게 한다.

아동을 대상으로 한 무용/동작치료에서 무용동작과 연기의 경계는 종종 모호하다. 치료사들은 늘 열려 있어서 하나의 창조적인 표현에서 한 가지 이상의 의미를 포착할 수 있어야 한다. 이와 같은 나의 진술에 의거해, 다음의 사례는 상호 보완적인 세 가지 방식으로 해석될 수 있다.

열 살짜리 재키가 치료 세션 도중에 축구를 할 때, 이것은 아마도 친구들과 더 잘 어울릴 준비를 하는 것일 수도 있다. 아니면 치료사에게 자신의 장애뿐만 아니라 능력을 보여주고 있는 것일지도 모른다. 치료사의 칭찬을 받으려는 것일 수도, 혹은 인정받고 싶은 욕구나 소중하고 가치 있는 존재로 여겨지고 싶은 욕구를 충족하려는 것일 수도 있다(Kohut, 1977; Winnicott, 1979). 또한 그 방에 있는 각 사람의 구체적이고 상징적인 영역을 묘사하고 있는 것일 수도 있다. 시간이 지나면서 재키는 골대의 폭을 좁혔다. 이것은 어쩌면 자신이 관계 속에서 방어를 줄이고 치료사뿐만 아니라 자신을 더 신뢰하게 되었으며 취약감을 덜 느끼게 되었다는 사실을 말하고 있는 것인지도 모른다. 재키의 놀이에 대해 이런 식의 의미 해석이 가능하다는 것은 창조적 참여에 또 다른 기능이 있음을 보여준다.

불안에 대한 방어기제로서의 창조적 활동

스토(Storr, 1993)는 예술가와 과학자들의 무의식적인 동기와 과정을 연구했다. 이 둘은 모두 창조적인 추구에 전념한다. 무엇이 이들로 하여금 새로운 것을 창조하게 하는가? 그들은 그러한 시도를 통해 무엇을 추구하는가? 그의 수많은 아이디어는 환자와 치료 중에 환자들이 겪는 예술적인 과정을 이해하는 데 적용될 수 있다. 이 정신과 의사가 연구의 토대로 삼은 기둥 중 하나는 창의적인 활동은 특히 인간을 무의식적인 불안으로부터 보호해주기에 적합하며, 어떤 사람들은 바로 이러한 동기 때문에 창의적인 활동에 관심을 갖게 된다는 것이다. 클라인(Klein, 1929)이 정의한 개념에 근거한 그의 사상은 두 종류의 기본적인 불안에 근거한다. 바로 분열적 특성을 가진 사람과 우울적 특성을 가진 사람이다. 이론적 관점과 상관없이 분열적 특성을 가진 개인 또는 우울적 특성을 가진 개인의 정서적인 특징은 구별된다.

이런 사상은 두 가지 요인으로부터 생겨나게 되었다.

1. 탐구적 치료나 지지적 치료에서 환자에게 나타나는 불안의 종류를 아는 것은 환자에게 도움이 되는 창의적 행동을 형성할 수 있게 해준다. 각 경우마다 목표는 다를 것이다.
2. 환자가 창의적 과정에 몰입하는 방식은 곧 환자가 가장 크게 느끼는 불안감을 나

타내며, 이를 통해 우리는 예술적 표현을 보다 잘 이해할 수 있게 된다.

통제와 질서의 창조

분열적 스타일은 내향적이면서 정서적인 관계를 맺을 수 있는 가능성을 회피한다. 왜냐하면 정서적 관계는 믿을 수 없고 위험하다는 무의식적인 경험을 했기 때문이다. 이런 회피는 공허감, 삶의 의미 없음을 동반한다. 왜냐하면 정서적 교감은 의미를 부여하는 요인이기 때문이다(Storr, 1993, p. 70). 분열적 성격의 또 다른 특성은 전능감과 취약감이 모순적으로 복합되어 있다는 것인데, 이것은 또한 아기와 아동에게서 볼 수 있는 특징이다. 이런 식으로 악순환이 생겨난다. 왜냐하면 그 사람이 관계를 통해 얻는 만족감이 적을수록 점점 더 관계를 회피하게 되고, 환상이나 내면세계에 몰두하는 경향이 더 커지기 때문이다. 심한 분열적 특성을 가진 사람의 특징은 세상이나 인과관계, 성장을 위해 중요한 사람들에 대해 일관성 있는 이미지를 쌓아 나갈 수 없다는 것이다.

이런 사람들에게 창조적 활동은 통제와 질서를 세워 주기 위함이다. 통제와 질서는 관계를 통해서 하는 것보다 예술적인 표현으로 표출하는 편이 더 쉽기 때문이다. 페어베언(Fairbairn, 1952/1994)은 이런 과시적인 성향을 유대관계의 어려움에 대한 보상으로 보았다.

이와 비슷하게, 불안의 수준이 높고 감당하기 힘든 인생 경험을 하거나 혼란스러운 현실에 맞닥뜨린 사람은 가상의 통제감을 얻기 위해서 놀이를 하거나 예술을 활용할 수도 있다.

리디아는 분열적 특성을 보이는 32세 환자이다. 그녀는 한 번도 이런 스타일의 춤을 배운 적이 없지만, 클래식 음악에 맞추어 발레 동작을 하면서 움직이는 것을 선호한다. 린다는 차분하고 느린 동작을 즐기며 클래식 댄스에서 찾을 수 있는 대칭적인 조화를 즐긴다. 그녀는 현대 무용이나 컨템포러리 댄스를 전위적이고 강력한 감정과 연관 지으며 이런 스타일의 춤은 절대 추지 않을 것이라고 생각했다. 무용/동작치료에서 분명 치료적인 관계는 치료에 특별한 우위를 차지할 가능성이 농후하지만(Winnicott, 1979), 창조적인 과정과 환자의 작업에서 보이는 징후 또한 치료에서 매우 중요한 축이다. 그러므로 전문 치료사들은 심리학과 정신의학에 대한 지식이나 감정 전이와 역전이 과정에 대해 알아차리는 것뿐만 아니라 '동작언어'에 관해 다양하면서도 폭넓은 훈련을 받아야만 한다. 이것은 다양한 형태와 스타일의 무용, 신체 기술 그리고 몸에 대해 완전히 통달하는 것과 더불어 개별 움직임에 대해 인식하고 있어야 함을 의미한다. 무용/동작치료에서는 탐색을 위해서 무용/동작 아이디어를 제시할 뿐만 아니라, 특정 환자 그룹에서는 그들과 함께 움직이고 춤을 추어야 한다. 치료자는 열려 있어서 작은 세부사항까지도 인식해야 하고, 개입하고, 반응하며, 어떻게 서로 다른 동작과 행동이 근감각적으로 혹은 감정적으로 경험되는지 알아야 한다.

판타지 인식과 고통 받은 상처의 회복

조울증적 특성을 가진 사람은 다른 이들의 애정과 인정을 잃는 것을 두려워한다. 그렇기에 우리는 종종 이런 사람이 다른 사람의 기대에 부응하기 위해 스스로를 희생하는 것을 보게 된다. 조증 상태는 정반대, 즉 다른 사람에게 무관심한 것으로 나타나기도 한다. 스토는 예술적인 작업이 '주로 우울증적인 정신병리로 고통 받는 사람들의 정서적인 문제를 완화한다'(1993, p. 106)는 것을 발견했다.

한 가지 문제는 대부분의 경우 존중과 배려가 그 사람이 느끼는 공허를 채우기에 충분하지 않다는 것이다. 인정을 받는 것은 그리 길게 지속되는 경험이 아니다. 그래서 그 사람은 계속해서 찬사를 받으려고 한다. 어떤 이들에게는 자기 자신보다 작업의 결과물이 더 중요하다. 그들은 자신이 몰두해서 만들어낸 예술적인 결과물을 통해 인정받고 싶어 한다. 하지만 바로 그것에 쏟아부은 감정적인 가치가 너무 높고 자신의 예술 작업과 자신을 구분하지 못하기 때문에 때로 완성하거나 보여주기가 힘들다. 작품을 전시하는 것은 자신의 가장 깊은 내면을 보여주는 것과 마찬가지다. 예술적인 창조의 추가적인 기능은 아마도 공격성으로 인해 고통 받거나, 공격성을 가한 상처의 치유일 것이다. 이것은 예술가와 예술작품의 구별이 상대적으로 모호한 무용의 경우 특히 중요하다.

위니컷 : 창조의 삶

무용/동작치료 분야에서 가장 영향력 있는 기여를 한 것은 위니컷(D. W. Winnicott)의 작업들이다. 가장 중요한 것은 밀접하게 연관되어 있는 전이 현상, 놀이, 창조성의 개념이다. 더 나아가 그는 인생에 대한 창조적인 이해(태도)는 '개인으로 하여금 살아갈 가치가 있다고 느끼게 해주는 것'이라고 규정한다(Winnicott, 1979, pp. 93~94).

이런 생각들은 무용/동작치료나 다른 예술치료들의 맥락과 멋지게 들어맞는다. 위니컷은 창조의 과정이 단지 직업적인 활동이 아니라 개인의 성장이나 관계에 기초가 된다고 말한다. 유아는 대상(감정적으로 중요한 타자)을 만들어내는 환상을 갖고 있으며, 역설적으로 그 대상은 아기에 의해 창조되고 사용되기 위해 같은 사람에 의해 소개되고 제공되어왔다. 양육자의 부재를 완화해보려고 아기는 그 사람을 대신하는 첫 번째 상징을 만들어낸다. 아기는 일반적으로 담요, 담요의 한 부분 또는 인형 등 위니컷이 중간대상이라고 명명한 것을 만든다. 프로이트와 위니컷 모두 양육자와의 사이에서 형성된 친밀감에 기반을 둔, 견딜 만한 정도의 이런 부재가 상징물을 탄생시킨다고 말한다. 상징의 세계로 들어가는 것을 통해 부재중인 사람을 대신하는 것은 개인의 발달 과정에서 매우 중요한 요인 중 하나이다. 이런 갈망이 삶의 새로운 의미로 이끌어 주고 우리는 이런 갈망을 극복하거나 대체하기 위해 계속해서 새로운 것을 창조한다.[5]

위니컷이 심리치료를 환자와 치료사의 놀이공간이 겹치는 것이라고 묘사하고 있다면 무용/동작치료에서 우리는 꽤 자주 이런 모습을 목격할 수 있으며, 특히 아동과 함께 작업할 때 더욱 그렇다. 연상, 유머, 심리 게임을 포함해서 치료적 관계 내에서의 놀이의 개념에 위니컷이 많은 의미를 부여하고 있는 것은 사실이다. 이 모든 것이 무용/동작치료에 존재한다. 게다가 움직임, 이미지, 은유들 속에 유사한 점이 있다. 로빈스(Robbins)가 말했듯이 이것은 논리 이전의 수준에서 접촉을 시도하는 두 사람의 정신에 관한 것이다(Robbins, 1980, p. 27).

나는 아이들과의 작업에서 만약 환자가 놀이를 하지 않으면 우리의 할 일은 환자가 놀이를 할 수 있도록 도와주는 것이라는 위니컷의 말이 정확함을 발견했다. 환자에게 상징이나 승화의 세계를 소개하는 것이 종종 —아동 환자의 경우로 국한되지 않고— 치료의 주된 목적 중 하나가 되곤 했다. 나는 경험을 통해 우울증 환자, 불안 수준이 높고 완고하며 매우 충동적이거나 과잉행동을 하는 환자들에게 무용/동작치료의 창조적 과정에서 생겨나는 이런 작업들이 도움이 된다는 것을 볼 수 있었다.

창조 공간으로서의 심리학

심리치료, 심리학, 사회학에는 창조성과 연속적인 개인의 정체성 형성 과제에 대한 저술이 많이 있다. 일부 정신역동 이론가들은 철학과 사회학을 접목해 개인 역사의 내적 결정론의 함정, 심지어 외상의 함정까지도 피할 수 있다고 믿는다(Aulagnier, 1980; Castoriadis, 1992; Cyrulnik, 2003; Fiorini, 1995; Strenger, 1998, 2003; Winnicott, 1979b).

피오리니는 창조적인 정신과 추동, 창조를 이끌어내는 원동력이라고 여기는 것에 대한 자신의 저서를 철학자 트리아스(E. Trías)가 존재의 근본적인 유형들에 대해 반성한 것과 함께 시작하고 있다. 이 유형들은 (1) 되고 싶어 하는 것, (2) 되어야만 하는 것, (3) 되어 있는 것, (4) 될 수 있는 것(p. 11)이다. 피오리니가 단언한 바에 의하면, 모든 심리학의 경향은 처음의 세 단계가 독차지해왔다. 그는 자신이 창조적 정신이라고 부르는 개념은 '현재가 아직 구현되지 않았지만, 구현될 수많은 가능성 중 하나라는 인식론의 주요 요소'라고 제안한다. 창조적 정신은 주어진 것을 바꾸고, 사람과 사람의 생각 속에서 성문화되고 고정된 것들을 뒤집는 행동 속에서 일어난다. 아울러 변화의 행동은 정신적, 언어적, 생리학적 또는 동작과 같은 다른 체계 안에서의 습관도 창조적인 것으로 만든다(Bleger, 1970). 피오리니는 창조적 과정 및 예술적 결과물의 분야에서 정신병리학과 임상실습의 몇 가지 측면을 새로운 방식으로 개념화할 것을 제안한다. 그는 창조적인 감흥을 불러일으키는 방법을 찾기 위해, 또한 변화 과정의 질서 안에서 상징주의의 새로운 모델을 수립하기 위해 개인 창조성의 활성화를 제시한다. 이 개인 창조성은 어쩌면 제한된 이미지와 생각의 닫힌 고리라고 칭할 수 있는 내면에 좌절하면서 갇혀 있을지도 모른다.[6] 이 개념은 추후 더 자세히 설명할 것이다. 창조에 대한 그의 정의 중 하나는 어쩌면 변화의 과정에 포함되어 있을지 모르는, 새로운 상황을 만들기 위한 모순과 긴장에 맞서는 것이다. 그는 신경증적 정신병리로 고통 받고 있는 사람들에게 각자의 모순과 갈등에 직면해 새로운 배열로 변형할 것을 제안했다.

피오리니는 이전에 다른 학자들이 제시한 3차 과정의 개념을 받아들이고 혁신해서 정교화했으며, 각각의 개념과 용어에 자신의 의견을 추가했다. 아리에티(1976)의 정의에 의하면, 3차 과정은 무의식 차원을 특징으로 하는 원초적 사고 과정과 일상적인 의식적 논리에 활용되는 2차 과정이 통합된 것이다. 그러므로 합리와 비합리, 쾌락의 원리와 현실의 원리가 혼재되어 생각을 구성하고 있으며 이것이 혁신을 가능하게 한다. 그린(Green)의 설명에 의하면, 3차 과정은 "원초적 과정과 2차 과정이 서로 연관되도록 하는 과정인데, 이때 원초적 과정은 2차 과정이 포화되는 것을 제한하고, 2차 과정은 1차 과정의 포화를 제한하는 식으로 이루어진다."(Green, 1996)

이런 서술에 덧붙이자면, 창조성과 창조는 '보편적인 무의식적 잠재성'이며, 상호 주관적인 관계에서 발전된 3차 과정의 표현(Zukerfeld & Zukerfeld, 2005)이기 때문에 변화나 혁신의 과정 속에는 관계와 맥락의 중요성이 포함되어 있다.

어떤 환자들, 주로 정신병을 가진 환자들은 움직임과 창조를 통해 2차 과정 능력을 개발하는 일에 도움을 필요로 한다. 또 어떤 환자들은 2차 과정을 차단하거나 동원해야 할 수도 있다. 무용/동작치료가 환자의 신체 인식, 치료하는 지금-여기에서의 신체 움직임 혹은 그룹 구성원들과의 조화로운 일상 활동을 촉진해줄 때, 이 모두는 2차 과정과 관련된 경험들을 증진하는 것이다.

잠시 언어학적 여담을 소개한다. 일상적 창조성의 범주(Arieti, 1976)와 (위대한 예술가들의) 탁월한 창조성에 덧붙여, 'Creatio ex nihilo', 즉 무에서 유를 창조하는 신성한 행위와 인간의 창조행위 간 차이를 만나게 된다. 영어와 마찬가지로 로망스어에도 이런 차이를 구별할 만한 다른 단어들이 없지만, 성경이 기록된 언어인 히브리어에는 있다. 이러한 서로 다른 의미들은 우리가 다루는 주제에 도움이 될 수 있다. 성경 본문은 천지창조의 이야기로 시작한다. 이 신성한 창조는 브리아(briah)라고 불린다. 사실 이 동사는 오로지 ex nihilo(무에서의) 창조에만 사용된다. 하지만 인간이 하는 창조행위를 암시할 때는 litzor라는 용어가 사용되는데 이 단어의 어원은 의미심장하게도 '본능(instinct)'과 '생산(production)'이라는 단어와 동일하다. 히브리인은 인간의 창조가 추동과 현실에 적응하고, 생각하고, 행동하고, 생산하는 혹독한 과제 간 연결이라는 사실을 알았다. (무에서 유를) 만들어내는 유일한 창조는 오직 신의 창조뿐이며, 반면 인간의 창조적인 과정은 3차 과정이다.

피오리니, 트리아스, 위니컷의 발상으로 돌아와서, 무용/동작치료사는 치료를 받으러 오는 사람에게 자신이 어떻게 될 수 있는지 여러 가지 길을 모색해보고, 새로운 가능성을 시험해보고, 그들과 함께 놀이를 시도한다. 이런 목표를 달성하기 위해 무용/동작치료는 눈으로 관찰 가능한 현재의 신체뿐만 아니라 상징적이고 은유적인 신체와도 연관이 있다.

어떤 사람의 팔은 제한적으로 위쪽의 허공으로만 극단적으로 움직일 뿐만 아니라 몸통에 딱 붙어 있다. 이는 아마도 이 팔이 때릴 수도 있다고 상상하거나, 그렇게 팔을 뻗는 동작이 팔을 드러나게 하고, 그것이 반감이나 거절을 불러일으키는 것인지도 모른다. 이런 이미지 중 하나가 동작을 제한하는 이유가 될 수도 있다. 구체적인 각각의 경우에 따라, 치료를 위한 개입은 이런 자세 배치의 의미를 찾아내거나, 과거로 돌아가 동작을 통해 그 제한된 동작과 관련된 상황과 관계를 규명해보는 것이다. 이 과정은 현재의 동작이나 자세를 살펴보는 것에서 시작한다. 그래서 환자는 특정 동작이 표현하고 있거나 아니면 억누르고 있는 감정이 무엇인지 찾게 될 것이다. 이 과정은 언어적인 심리치료와 유사하다. 전이와 역전이 현상을 다루며, 나아가 전 과정을 통해서 현재 갖고 있는 신체와 신체의 정서적 짐을 활성화하고 인정한다.

무용/동작치료에서 우리는 대개 비선형적 사고와 행동들 속에서 움직임, 이미지, 은유 등을 탐구해보도록 제안하면서 3차 과정, 즉 자기경험과 새로운 의미를 발견하도록 장려한다. 나아가 치료적인 관계의 장을 만들어 환자들이 자기반성과 통합의 과정을 시작할 수 있게 한다. 환자는 또한 실제적으로, 잠정적으로 존재의 여러 다른 방법을 시도해볼 수 있다. 이 마지막 의견을 자세히 설명하기 위해 커뮤니케이션 이론으로 넘어가겠다.

무용/동작의 유추적 특성

바츨라비크(Watzlawick)와 동료 학자들(1967)은 의사소통을 두 가지 방식으로 구분했는데 그것은 디지털 방식과 유추적 방식이다. 첫 번째 방식은 주로 말로 하는 언어로, 언어에서는 표시된 기호(시니피앙, significant)와 그 기호가 의미하는 것(시니피에, signified) 사이의 관계가 관습의 문제이다. 이것은 풍부하고 복잡한 문법을 가지고 있지만 혼자서 감정을 표현하거나 관계를 이어가는 데 있어서 상대적으로 비효율적이다. 그리고 이러한 점 때문에 의미상 한계가 있다. 반대로 유추적 방식은 언어의 의미와 더 밀접하게 연관되어 있다. 이것은 유사함이나 같음을 기반으로 하며 관습으로부터 보다 자유롭지만 일의어(一義語)와는 거리가 멀다. 이것은 몸짓, 동작, 자세 그리고 공간의 사용과 개인 간 거리(proxemics, 전달 공간론), 그리고 말의 비언어적인 측면들(빠르기, 억양 등)에 관한 문제이다.

여러 저자들이 유추적 패턴은 감정 표현에 월등히 뛰어난 방식이라는 데 동의한다. 요즘은 이것을 엄격하게 구분하지 않는다. 특히 예술적인 표현과 의사소통으로서 예술에 접근할 때 더욱 그렇다. 시에서는 말이 유추적인 방식으로 사용될 수 있으며, 다른 쪽에서는 움직임이 매우 인지적인 방식으로 사용될 수도 있다. 또 다른 흥미로운 점은 어느 한 종류의 언어에서 다른 언어로 전환하는 것이 정보의 손실을 내포한다는 것이다. 신생아의 언어 습득은 한 가지 언어를 습득하는 동시에 다른 언어를 잃는다는 사실을 내포하고 있다고 쓴 대니얼 스턴(1985)도 아마 동의할 것이다.

"유추적 의사소통은 그것이 의미하는 바를 좀 더 쉽게 나타낼 수 있다. … 이것은 훨씬 먼 진화의 고대 시기에 그 뿌리를 두고 있으며, 그렇기 때문에 상대적으로 최근의 추상적인 디지털 방식의 의사소통보다 훨씬 더 보편적인 타당성을 갖고 있다."(Watzlawick et al., 1967, p. 62) 벅과 밴리어(Buck & VanLear, 2002)는 즉흥적인 비언어적 행동과 즉흥성을 가장한 비언어적 행동을 구별한다. 전자는 매우 오래된 생물학적이고 비의도적이며 무의식적인 공감 시스템에 기반하고 있다. 즉흥적인 비언어적 행동에는 내면 상태가 직접적으로 그대로 보인다. 그러므로 … "그것이 진짜인지 가짜인지를 알아보는 것은 말도 안 된다. 만약 그런 내면 상태가 아니라면 그런 몸짓이 나타나지 않을 것이다."(p. 525)

> 움직임의 유추적 특성을 사례로 들어보면, 근육이 매우 수축해 있고, 몸통은 한껏 쪼그라들고 있고, 움직임은 자유롭지 못하면서 느리고, 공간에 집중을 하지 못하며, 제한된 방식으로 호흡을 하는 사람이다. 이 사람은 편안하게 깊은 호흡을 하면서 자연스럽게 흐르듯 움직이는 다른 사람들과 비교했을 때 환경과 자기경험 면에서 큰 차이가 있다.

위의 경우 무용/동작치료에서 개입하는 방법 중 하나는 환자로 하여금 다른 유형의 동작을 실험해볼 수 있는 기회를 제공해서 이런 새로운 특성들을 통해 자신과 환경을 느끼고, 그것이 만들어내는 함축적인 의미들과 유대관계를 탐구해보도록 하는 것이다. 스탠턴-존스(Stanton-Jones, 1992)가 말했듯이, 움직임은 세상 내 존재의 새로운 경험을 만들어낸다. 무용/동작치료에서 그 기능은 부차적일지라도 우리는 움직임의 근감각적, 정서적, 상징적 측면들에 관여한다.

무용/동작치료에서 즉흥 움직임의 몇 가지 측면

무용/동작치료에서 치료적 · 창조적 과정이 위에서 언급한 목적들을 위해 사용할 수 있는 도구 중 하나는 즉흥 움직임이다. 즉흥 움직임이 억압을 완화하고 반복을 줄일 수 있다는 것은 이미 이전에 언급했다. 즉흥 움직임은 일반적인 의미나 반응에서 벗어나 그것을 다른 관점에서 보게 하며, 미처 알지 못했던 형식과 동작을 탐색하고 변화와 혁신의 방법을 탐구해볼 수 있는 기회를 제공한다. 주된 도구는 신체인데, 이때의 신체는 타인이나 치료사와의 관계 속에서의 신체다. 움직임 역동은 "신체적, 개념적, 감정적 자원들의 구현을 포함해 인간 특성을 총망라한 것이다…. 즉흥 움직임에는 체계적인 예측 과정에서는 찾을 수 없었던 새로운 무언가를 발견하게 될 것이라는 희망이 있다."(Carter, 2000, pp. 181~182) 즉흥 움직임은 자기를 가둔 울타리, 억압, 반복의 고리로부터 벗어날 수 있는 가능성을 열어준다. 이 방법은 예술로서의 무용과 (무용/동작치료를 형성하는 데 기여했으며 이 책의 제목이 된) 심리학과의 상관관계 사이에서 일어난 상호적인 영향들을 분명히 보여주고 있다.

　이미 논의된 측면 이외에 치료사가 관찰하는 요소는 즉흥 움직임을 시작하는 데 걸리는 시간이나 지속하는 시간이다. 치료 과정과 관찰 내용들을 결정하는 것은 비단 동작이나 무용 또는 창조적 활동만이 아니며, 그런 활동들이 진행되는 방식 그리고 치료적인 관계의 수립이라는 것을 증명하기 위해 두 가지 사례를 들겠다. 정신역동적으로 형식은 그 자체가 의미이고 내용이다.

　　앞서 언급했던 리디아는 즉흥 움직임을 매우 빨리 끝내고, 즉흥 움직임을 마치자마자 즉시 자신이 경험한 바를 나에게 말했다. 그녀의 경우에는 자신의 경험을 받아들이고 유지하는 데 어려움이 있었다.

　　루스는 33세의 여성으로 매우 짧은 시간 동안 즉흥 움직임을 하며 눈을 뜬 채로 움직이고 아주 재빨리 '해결책'에 도달하거나 대답을 내놓았다. 함께 작업한 지 몇 달 후 나는 그녀에게 바닥에 담요를 깔고 그 위에 누워서 몸에 어떤 감각이나 느낌이 올 때만 움직이기 시작하라고 제안했다. 활동을 마친 후 그녀에게 자신이 경험한 바를 들려 달라고 묻자 루스가 가장 먼저 언급한 것은 내가 자신을 보고 있었는지 아니면 자기에게 주의를 기울이지 않고 다른 일을 하고 있었는지에 대한 궁금증이었다. 나는 그녀의 말에 너무 놀라 완전히 충격을 받았다. 그녀가 키부츠에서 자랐다는 사실, 부모님과 떨어져 '어린이 집'에서 잠을 자며 9명의 다른 아이들과 같은 공간을 공유하고 양육자의 관심도 나눠 가져야 했다는 사실을 기억하기 전까지 말이다. 이 여성에게 루스(라는 이름 또는 존재)는 별로 의미가 없었다. 그리고 이 어린아이는 자기 눈에 비친 자기 자신을 보지 못했다(Winnicott, 1979a). 그날부터 가장 치료에 도움이 되는 요소 중 하나는 그녀가 즉흥연기를 끝낸 순간 서로 눈을 마주보는 것이라는 사실이 분명해졌다. 그때부터 이 대면은 더 의미가 깊어졌다. 루스는 '혼자 있는 능력'을 개선할 수 있었고 관심을 갖고 주의 깊게 바라보는 나의 모습을 신뢰할 수 있었다. (Winnicott, 1981)

이런 사례들을 통해 우리는 심도 깊은 창조적 과정을 만들어가는 데 숨겨진 장애물들이 있을지도 모른다는 사실을 배웠다. 이에 대해서는 또 다른 시간에 다루기로 한다.

결론

이 장의 목적은 정신건강에서 창조적 과정이 갖는 의미와 기능, 그리고 무용동작을 통한 심리치료에서 창조적 과정이 기여하는 바에 초점을 두었다. 이를 위해 심리학과 정신분석에서 전개되어온 창조성에 대한 다양한 주제와 이론을 소개했다.

나는 노이(Noy, 1969)의 통합적인 입장을 지지한다. 이 입장에서는 맹목적으로 특정 학설을 받아들이지 말고 그 과정과 그에 얽힌 전후 상황들을 인지해, 그 맥락 속에서 학설들을 이해하도록 노력할 것을 권장했다. 이것은 절충주의를 암시하는 것이 아니다. 오랜 세월의 연구 결과는 우리에게 기본적인 입장, 그러나 유연하고 세부적인 것에 주의를 기울이는 입장을 취해야 한다고 가르쳐주었다.

무용/동작치료사는 불확실성을 견디는 능력을 개발해야 하며, '사고의 가장 복잡한 활동들은 의식의 개입 없이도 이루어질 수 있다'(Freud, 1900)는 것을 기억해야 한다. 무용/동작치료사는 자신의 치유 과정, 슈퍼비전 그리고 심리학 분야에서의 지속적인 훈련을 거쳐야 할 뿐만 아니라 춤도 추고, 동작 기법을 숙지하고, 춤의 역사와 이 예술 분야에서의 현대적인 발전에 관한 가장 최신 정보를 알고 있어야 한다.

후주

1. 1차 과정 : Laplanche and Pontalis, 1973 참조.
2. 몇몇 초기 발달 분야의 연구자에 의하면 최초의 대인관계는 시간예술과 유사한 특성을 갖는다. 그들은 첫 상호작용을 소리, 안면 동작 그리고 의사소통과 애착을 형성하는 동작 속에서 일어나는 퍼포먼스라고 묘사한다(Dissanayake, 2001; Español, 2006; Stern, 1985, 2004; Trevarthen 1982, Wengrower, 2009). 스턴(Stern, 1985)은 KMP와 무용/동작치료사들이 사용하는 다른 동작 관찰 체계를 인정하고 있다(p. 159).
3. 승화의 정의 : "욕구는 새롭고, 성적 구별이 없으며, 사회적으로 가치 있는 목

표를 향하면서 승화한다."(Laplanche and Pontalis, 1973) 프로이트는 예술적 행위와 과학적 연구가 원시적인 활동의 승화라고 언급했다. 그는 또한 폭력에의 추동을 이런 승화 과정의 원인이라고 암시했다. 승화는 본능과 사회적 기준 사이의 거래라고 볼 수 있다(Homs, 2000).

4. 쉴더(Schilder)는 신체 이미지와 동작과 신체 활동이 신체 이미지에 미치는 영향에 대한 연구로 선구자적인 입지를 유지하고 있다.

5. 이러한 사상들이 낯선 독자들에게 위니컷의 세미나 책 놀이와 현실(*Playing and Reality*)(1971)을 권한다.

6. 이 주장은 서술적 접근법에 대한 몇몇 작가의 저술과 비교해볼 수 있을 것이다(Richert, 2006; White, 2008).

참고문헌

Anzieu, D. (1998). *El Yo-Piel*. Madrid: Biblioteca Nueva. Trans. S. Vidarrazaga Zimmermann. (In English, 1989, *The skin ego*, New Haven: Yale University Press.)

Arieti, S. (1976). *Creativity: The magic synthesis*. New York: Basic Books.

Aulagnier, P. (1980). *El sentido perdido*. Buenos Aires: Trieb.

Béjart, M. (1973). Préface. In R. Garaudy, *Danser sa vie*. Paris: Seuil.

Bleger, J. (1970). *Psicología de la Conducta*. Buenos Aires: Centro Editor de América Latina.

Buck, R., & VanLear, C.A. (2002). Verbal and nonverbal communication: Distinguishing symbolic, spontaneous and pseudo-spontaneous behavior. *Journal of Communication*, 52 (3), 522–541.

Carter, C. (2000). Improvisation in dance. *The Journal of Aesthetics and Art Criticism*, 58 (2), 181–190.

Castoriadis, C. (1992). *El Psicoanálisis, Proyecto y Elucidación*. Buenos Aires: Nueva Visión.

Chodorow, J. (1991). *Dance therapy and depth psychology: The moving imagination*. London: Routledge.

Cyrulnik, B. (2003). *Los patitos feos*. Trans. T. Fernández Aúz and B. Eguibar. Barcelona: Gedisa.

Dissanayake, E. (2001). Becoming *Homo Aestheticus*: Sources of aesthetic imagination in mother–infant interactions. *SubStance*, 94/95, 85–103.

Dosamantes-Beaudry, I. (2003). *The arts in contemporary healing*. Westport, CT: Praeger Publishers.

Erikson, E. (1963). Toys and reasons. In *Childhood and society*. New York: W.W. Norton.

Español, S. (2006). Las artes del tiempo en Psicología. Actas de la V Reunión de SACCoM. 9–25.

Fairbairn, W.R. (1952/1994). *Psychoanalytic studies of the personality*. London: Routledge.

Fiorini, H. (1995). *El psiquismo creador*. Buenos Aires: Paidós.

Freud, S. (1900/1953). Typical dreams in the interpretation of dreams. *Standard edition of the complete psychological works of Sigmund Freud*. London: Hogarth Press. 4: 241–276.

Freud, S. (1908/1973). Creative writers and daydreaming. *Standard edition of the complete psychological works of Sigmund Freud.* New York, International Universities Press, 9. 141–155.

Freud, S. (1910/1953). A special type of object choice. *Standard edition of the complete psychological works of Sigmund Freud.* London: Hogarth Press, 11. 166–175.

Freud, S. (1914/1968). El Moisés de Miguel Angel. *Obras completas.* Trans. L. Lopez Ballesteros. Madrid: Biblioteca Nuevo 1069–1082.

Govoni, R.M., & Piccioli Weatherhogg, A. (2007). The body as theatre of passions and conflicts: Affects, emotions, and defenses. *Body, Movement and Dance in Psychotherapy,* 2 (2) 109–121.

Green, A. (1996) Notas sobre procesos terciarios. In *La metapsicología revisitada.* Buenos Aires: Eudeba. 185–189

Guilford, J.P. (1968). *Intelligence, creativity, and their educational implications.* San Diego, CA: R.R. Knapp.

Homs, J. (2000). El arte, o lo inefable de la representación. *Tres al Cuarto,* 1, 14–17.

Klein, M. (1929). Infantile anxiety situations reflected in a work of art and in the creative impulse. *International Journal of Psychoanalysis,* 10, 439–444.

Kohut, H. (1977). *The restoration of the self.* New York: International Universities Press.

Kris, E. (1952). *Psychoanalytic explorations in art.* New York: International Universities Press.

Laplanche, J., & Pontalis, B. (1973). *The language of psychoanalysis.* Oxford, England: W.W. Norton.

Lewis Bernstein, P. (1979). Historical Perspective in DMT. In *Eight theoretical approaches in dance-movement therapy.* Dubuque, IA: Kendall Hunt. 3–6.

Nadel, M., & Strauss, M. (2003). *The dance experience. Insights into history, culture and creativity.* Highstone, NJ: Princeton Books.

Noy, P. (1969). A theory of art and aesthetic experience. *Psychoanalytical Review,* 55, 623–645.

Oxford English Dictionary (full edition), 1991.

Press, C. (2005). Psychoanalysis, creativity and hope: Forward edge strivings in the life and work of choreographer Paul Taylor. *Journal of the American Academy of Psychoanalysis and Dynamic Psychiatry,* 33(1), 119–136.

Rank, O. (1907/1973). *Art and artist: Creative urge and personality development.* New York: A. A. Knopf.

Read, H. (1965). *Icon and idea. The function of art in the development of human consciousness.* New York: Shocken.

Richert, A. J. (2006). Narrative psychology and psychotherapy integration. *Journal of Psychotherapy Integration,* 16(1), 84–110.

Robbins, S. (1980). *Expressive therapy.* New York: Human Sciences Press.

Schilder P. (1950). *The image and appearance of the human body,* New York: International Universities Press.

Schneider Adams, L. (1993). *Art and psychoanalysis.* New York: Harper Collins.

Stanton-Jones, K. (1992). *Dance movement therapy in psychiatry.* London: Routledge.

Stern, D. (1985). *The interpersonal world of the infant.* New York: Basic Books.

Stern, D. (2004). *The present moment in psychotherapy and everyday life.* New York: W. W. Norton.

Storr, A. (1972/1993). *The dynamics of creation.* New York: Ballantine Books.

Strenger, C. (1998). *Individuality, the impossible project: Psychoanalysis and self-creation.* Madison, CT: International Universities Press.

Strenger, C. (2003). The self as perpetual experiment: Psychodynamic comments on some aspects of contemporary urban culture. *Psychoanalytic-Psychology,* 20(3), 425–440.

Trevarthen, C. (1982). The primary motives for cooperative understanding. In G. Butterworth and P. Ligth (Eds.), *Social cognition.* Brighton, U.K.: Harvester.

Watzlawick, P., Beavin, H., & Jackson, D. (1967). *Pragmatics of human communication, a study of interactional patterns, pathologies and paradoxes.* New York: Norton.

Wengrower, H. (in press). Dance then and now; in history and in the individual. Why dance in therapy. In S. Scoble, M. Ross, & C. Lapoujade (Eds.) *Arts in arts therapies: A European perspective.* Plymouth, U.K.: University of Plymouth Press.

White, M. An outline of narrative therapy. http://www.massey.ac.nz/~alock/virtual/white.htm (Accessed 12 Nov 2008).

Winnicott, D.W. (1971). *Playing and reality.* New York: Basic Books.

Winnicott, D.W. (1979a). Papel de espejo de la madre y la familia en el desarrollo del niño. In *Realidad y juego.* Barcelona: Gedisa. 147–156.

Winnicott, D.W. (1979b). *Realidad y Juego.* Trans. F. Mazía. Barcelona, Gedisa.

Winnicott, D.W. (1981). La capacidad de estar a solas. In *El Proceso de Maduración en el Niño.* Barcelona: Laia. 31–40.

Wosien, M.G. (1992). *Sacred dance: An encounter with the gods.* London: Thames and Hudson.

Zukerfeld, R., & Zukerfeld, R.Z. (2005). *Procesos Terciarios. De la vulnerabilidad a la resiliencia.* Buenos Aires: Lugar.

제3장

치료적 관계와 근감각적 공감

Diana Fischman

도입

근감각적 공감은 오랫동안 무용/동작치료 문헌에서 언급된 핵심 개념으로 무용/동작치료 실제에서 실행되는 개념이다. 공감은 다른 사람을 이해할 수 있는 능력이다. 공감은 누군가의 내적인 삶을 경험하고자 하는 것으로, 상대방의 감정과 상황을 알고 그것에 따라 행동하는 것을 의미한다. 공감을 느끼는 두 사람의 경험 중 공통되는 요소로부터 공감이 일어난다. 공감은 비언어적 소통, 신체 움직임, 춤, 언어 표현을 포함한 치료적 관계 역동의 접근방법을 종합하는 개념이다. 이러한 공감이 무용/동작치료가 심리치료에 가장 기여한 부분으로 여겨진다(Levy, 1992). 내담자의 자아발달 과정이 차단되거나 방해받을 때 무용/동작치료사는 근감각적 공감을 통해 내담자의 자아발달을 촉진한다. 그러려면 치료사가 자신의 내부 감각과 느낌에 열려 있고 자신의 움직임에서 어떤 것이 익숙한지 인식하고 있어야 한다. 이해, 인정, 해석은 인간의 고통을 덜어주는 것을 목적으로 하는 치료 과정 안에 내재되어 있는 기능이다. 이런 기능을 정의하는 방식에 따라 심리치료의 다양한 실제 접근 방식이 결정된다. 무용/동작치료는 움직임 지각(知覺) 경험과 움직임이 어떻게 감각을 만드는지에 초점을 두는 접근 방식이다. 무용/동작치료사는 신체에 뿌리를 두고 있는 상호 주관적인 경험에 공감적으로 참여한다.

이 장에서는 이런 개념들이 어떻게 무용/동작치료 실제에 통합될 수 있는지를 보여줄 것이다. 무용/동작치료를 이해하기 위해서는 우선 신체 표현과 그와 관계된 표현 위주의 심리치료를 설명하는 인식론적 준거틀을 설명해야 한다.

정신분석과 심리치료는 현대의 과학적인 포스트모던 사고라는 새로운 패러다임에 영향을 받아왔다. 진실은 더 이상 실재적이고 유일무이한 것이 아니라 다양하고 불완전한 것이며, 지속적으로 변형하는 다양한 관점이라고 보는 사고를 토대로 한다. 순수한 객관성이란 환상이며, 현실은 합의된 구성물이다. 절대적인 것처럼 보이는 법과 진실은 무너진다. 의미는 맥락으로 연관되어 있다. 오늘날 치료적 관계는 2개의 관점이 만나 하나를 이해하고자 하는 것, 즉 주관성의 만남으로 여겨진다.

설리번의 사상에 영향을 받은(Levy, 1992) 마리안 체이스는 무용/동작치료를 환자의 움직임 패턴에 따라 개입하는 관계 치료 방식이라고 생각한다. 치료사는 움직임을 통해 내담자의 경험을 반영해준다. 무용/동작치료사는 파트너 역할을 하며 움직임 대화를 시작한다. 언어 표현과 비언어 표현을 모두 포함해 가능한 모든 감각운동 수단을 통해 의사소통이 이루어진다. 체이스는 환자가 '어디에 어떤 상태로 있는지'를 파악하고 그 환자의 상태에 들어가 주관적인 경험에 공감적으로 함께 참여한다. 치료사와 내담자가 함께 신뢰할 수 있는 안정적인 환경을 만든다. 이러한 환경은 환자가 방어행동을 풀어 삶의 갈등 양상을 탐색하고 자발적인 표현 움직임이 일어나도록 도와준다. 이런 방식으로 무용/동작치료사는 내담자의 자아 중에서 가장 차단된 부분과 유동적인 의사소통을 할 수 있게 도울 수 있다. 내담자가 살아 있고 또 그렇게 되어 가고 있음을 인식하게 함으로써 점차 사회화되도록 도와준다.

무용/동작치료는 지속적으로 진화하고 있는 분야이다. 다양한 춤과 심리치료법이 무용/동작치료의 구조 속에 섞여 있다. 오늘날 신경과학, 초기 발달 연구, 자기심리학, 관계 정신분석, 그리고 체화된 마음과 실연(enaction)과 같은 포스트 합리주의 인지과학의 개념들(Varela et al., 1991)이 무용/동작치료사들이 이미 직관적으로 알고 있었던 것을 설명해준다.

무용/동작치료는 실연적 접근으로 볼 수 있다. 이 신조어는 무엇을 의미하는가? '실연적'이란 '우리는 오직 행위를 함으로써 알 수 있다'(Maturana, 1984)는 것을 의미한다. 고전적인 인지과학에서는 내면이 상징을 이용해 외부 세계를 나타낸다고 보았다. 인지과학이 발전하면서 인지과학에서는 정신 과정을 유기체의 감각운동 활동에서 체화되고 환경 속에 들어가 있는 과정으로 보는 새로운 개념이 등장했다. 이러한 관점이 실연적 인지 또는 체화된(embodied) 인지과학으로 알려지게 된 것이다(Varela et al., 1991). 실연적 접근의 기본 원리에 따르면, "마음은 머리에 있는 것이 아니라 환경 속에 있는 유기체 전체에 체화되어 있는 것이다.", "체화된 인지는 뇌, 신체, 환경에 걸쳐 상호 연결되는 발생적 · 자기조직적 과정으로 구성된다.", "사회적 동물에게 체화된 인지는 자기와 타인의 역동적인 공동 결정에서 나온다."(Thompson, 2001, pp. 1~32)

정서와 감정은 오랫동안 인지를 방해하는 것으로 생각되었지만 지금은 마음의 기초로 간주된다(Damasio, 2000, 2001). 신경과학자들은 정서를 원형적인 전체 유기체 사건으로 본다. 톰슨(Thompson, 2001)은 더 나아가서 정서의 많은 부분은 원형적인 두 유기체, 자기와 타인의 사건이라고 한다. 이런 식으로 공감은 진화된 인간의 생물적 능력이 되었다.

실연과 체화

여기서는 심신이원론을 극복하고자 하는 사고방식을 설명할 것이다.

실연(enaction)은 동사 enact에서 유래한 단어로 '행위를 하기 시작하는 것', '실연하는 것', '행동하는 것'을 의미한다(Varela, 2002). 실연은 지식을 구성적인 유기적 경험으로 보는 복잡성 인식론을 포함한다. 즉 하나의 행위에서 무언가가 지각되고 창조되고 변형된다고 보는 것이다. 이 관점은 행동, 지각, 감정, 인지를 통합한다. 실연이라는 용어는 무용/동작치료의 효과성을 종합한다. 무용/동작치료는 환자의 움직임 패턴 레퍼토리로 진행되는데, 그 과정에서 환자의 움직임 패턴을 의식적인 수준으로 가져와 새로운 상호 주관적인 경험을 통해 움직임 패턴 레퍼토리를 확장하는 새로운 기회를 제공한다.

인간의 움직임 패턴은 고유한 의미를 갖는 정서적 분위기와 연관이 있다. 라반(Laban, 1987)과 바르테니에프(1980)에 따르면, 다양한 동물종에 의해 발전된 움직임이나 에포트(effort) 역동이 행동 레퍼토리를 제한하거나 가능하게 하면서 신체 구조를 형성하고, 동시에 신체 구조가 그 종의 움직임 습관을 결정한다. 이와 같은 방식으로 인간의 신체는 대대로 환경과의 관계에서 발전된 에포트 습관에 의해 형성되어왔다. 마투라나(Maturana, 1984)에 따르면, 주관적인 경험은 그 자체의 구조와 불가분으로 묶여 있다. 우리는 임상 실제에서 과거의 경험과 역사에 자신의 한계와 가능성을 묶고 있는 내담자를 만날 때마다 이 이론을 지지하게 된다. 모든 움직임에서 내담자의 존재 방식이 드러나고, 새로운 경험을 통해 자신, 타인, 환경과 새롭게 관계를 맺음으로써 색다른 무언가를 찾는 기회가 된다. 우리는 변화가 자신의 자발적인 움직임 레퍼토리의 일부가 될 때 진정한 변화라는 것을 안다. 그 변화는 안전욕구가 충족될 때 나타날 것이다.

실연 이론에서는 지식을 세상에서 행하는 행위라고 보며, 따라서 살아 있는 인지라고 할 수 있는 움직임이 필수적인 순간마다 나타난다. 우리가 사는 세계는 나타나거나 만들어진다. 세상은 선험적으로 규정되지 않는다. 실연은 내가 무용/동작치료를 이해하는 인식론적 배경 중 하나이다. 이 인식론은 개인이 자신의 행위를 통해 세계를 안다고 본다. 개인은 자신의 일상생활을 살아가면서 동시에 자신이 살고 있는 세상을 함께 만들며 세상을 이해한다. 이 과정에서 사람들은 자신과 그들이 속한 세상을 변형시키고, 동시에 세상도 그들을 변형시킨다(Varela et al., 1997; Najmanovich, 2005).

무용/동작치료는 환자의 발달욕구를 고려해 환자와 치료사가 함께 만들어가는 치료 양식이다.[1] 치료가 전개되면서 동시에 서로 치료 양식을 결정하게 된다. 상호 결정이 자기결정감의 부재를 의미하는 것은 아니다. 상호 결정에는 치료사와 내담자 각 참여자의 행위 주체감(sense of agency)이 포함되어 있기 때문이다. 둘 다 자신의 역할, 욕구, 의도를 알고 동시에 상호 주관적으로 자신의 행동을 조절하는 것이다. 이것은 두 사람이 서로 의식적으로 또한 무의식적으로 영향을 준다는 것을 의미한다.

이 글은 치료적 관계 현상에 접근할 수 있는 다양한 측면과 관점을 묘사했다. 나는 상호 결정(Thompson, 2005), 구성(Deleuze, 2004), 정서적 조율(Stern, 1996), 근감각적 공감(Berger, 1972) 등의 개념을 선택해 그 미묘한 개념들이 무용/동작치료의 임상 실제와 어떻게 연관되는지 살펴보았다. 그라운딩(Lowen, 1991)과 체화(Johnson, 1991; Lakoff & Johnson, 1998)라는 개념도 마찬가지로 검토할 것이다. 이 두 용어가 '몸에 사는 것'이라는 생각을 설명하기 위해 사용된다.

몸에서 분리되면 삶은 다른 곳에

몸에서 우리를 분리시키는 원인은 복잡하고 다양하다. 무용/동작치료의 주요 목표 중 하나는 몸에서 막힌 곳을 다시 연결해줌으로써 몸을 활성화하는 것이다.[2] 어머니의 돌봄, 신체 조작, 대상으로서 세상의 도입과 지지는 유아의 통합과 개인화 과정 그리고 존재의 연속성에 대한 감각을 조절한다(Winnicott, 1979). 핵심 자아의식(Stern, 1996)은 건강한 상태의 산물이다. 자아의 구조상 결함은 초기 돌봄에서 경험한 결핍과 관련이 있다. 위니컷은 하루 동안 아이가 경험하는 모든 상태(배고픔, 잠, 추위, 피로, 흥미, 흥분, 고요, 주의)를 빠짐없이 담을 수 있는 어머니의 능력을 홀딩(holding)이라고 묘사한다. 홀딩은 유아가 발달하고 그럼으로써 존재의 연속성을 경험하게 해주는 시간적 과정과 관련된다. 다루기와 접촉은 아이를 만지고, 흔들고, 옮기고, 움직이는 방식을 가리킨다.

초기의 관계 패턴은 그러한 행위들이 행해지는 방식에 영향을 받으며 시간, 공간, 강도, 활동 정도, 쾌락의 정도에 따라 형성될 수 있다. 양육자는 아이와의 관계에서 자기조절에 적극적으로 관여한다.

위니컷(1979)은 일관성 없는 모성 행동으로 생긴 결함이 정신 기능에서 과잉행동을 만들고 반응을 보이게 된다고 믿는다. 여기서 마음과 몸의 대립이 생겨난다. 정신신체와의 친밀했던 관계로부터 인지가 멀어지기 시작한다. 모든 유아는 다른 특성을 가지고 있다. 따라서 양육자와 유아 한 쌍을 관찰해보면 어떻게 서로 영향을 주고 상호작용을 조절하는지를 볼 수 있다(Stern, 1996). 위니컷의 관점은 정신신체로서의 자아의 구성에 이르는 통합 과정에 근간을 두고 행동이나 양육이 행해지는 방식의 중요성을 조명해주었다. 무용/동작치료사는 이러한 위니컷의 개념을 활용한다.

자기 존재에 대한 인식을 의미하는 자아는 처음부터 존재하는 것이 아니다. 자아는 평생 동안 상호 주관적인 경험들의 발달로 구성된다. 분리된 존재로서의 자아감은 초기 경험에 의해 결정된다. 스턴은 자신을 행위를 수행하는 주체로서 인식할 수 있는 능력은 다음을 의미한다고 말한다.

1. 자유의지를 갖는 것, 일어난 행위를 조절하는 것
2. 일관성이 있는 것, 움직이거나 서 있을 때 모두 경계를 가지고 통합된 행동을 하며 분열되지 않은 신체적 독립체라는 감각을 갖는 것
3. 정서를 갖는 것, 질적인 경험을 하는 것
4. 개인의 이야기, 영속성과 과거와의 지속성을 갖는 것, 따라서 변화하기도 하고 자

신을 그대로 유지하기도 함(1996, p. 95)

　이 행위자로서의 자아감은 핵심적인 감각으로, 자신의 주관성과 타인에 대한 인식과 같은 더 정교한 모든 자아 영역의 토대가 된다.

　원시적 자아는 언어가 발달하기 이전 단계에서 형성되는 반면 경험에 이름을 붙이고 이야기를 할 수 있는 가능성은 이후에 언어 영역이 추가되면서 가능해진다(Stern, 1996). DMT는 개입 방법으로 언어를 포함해 다양한 움직임, 소리, 터치의 조합을 탐색하기 때문에 통합되지 않거나 발달되지 않아서 회복이 필요한 자아의 비언어적인 영역에 접근하는 데 이상적인 접근 방식이 된다.

　최초의 양육자-유아 사이에서 일어나는 실패와 오해가 자아를 형성하고, 결과적으로 불완전하게 발달한 자아 혹은 거짓 자아를 만든다. 위니컷(1979)은 실재하지 않는 느낌에 대해 언급한다. 이 말은 우리가 임상 실제에서 관찰하게 되는 분열, 분열된 인격, 통합되지 않은 자아와 자아분열 현상과 관련이 있다. 존재의 연속감이 없거나 방해를 받을 때 시간성 지각(perception of temporality)이 특정한 방식으로 나타난다. 이를테면 영원한 삶, 꿈의 세상, 불연속성, 가속도 또는 속도 둔화와 같은 형태로 드러난다. 이인증(depersonalization)이 일어나는 과정에서, 신체와 신체 행위가 이상하게 느껴지거나 적(敵)으로 느껴지는 경험을 할 수 있다. 행동을 하는 것이 자기라고 인식하지 못할 수도 있다. 정신증적 분열에서는 신체가 마치 영원히 무너져버리거나 상처를 입은 것처럼 느껴진다. 한 가지 예로 실제로는 신체가 건강한데도 '척추가 부러졌기' 때문에 결혼에 문제가 있다고 주장하던 한 여성이 생각난다.

　아주 충격적인 상황을 겪은 사람은 누구나 분열을 경험한다. 고통을 느끼지 않기 위해 신체를 버리고 그 경험을 부정하는 것이다. 이때 자기 자신과 단절된다. 감각을 느끼는 경로로 들어오는 정보의 흐름을 막기 위해 신체를 차단한다. 고통이 차단되고, 따라서 분노, 두려움, 부정적이거나 위험하다고 여겨지는 여러 정서를 포함한 모든 감정도 차단된다. 심지어 기쁨도 분리될 수 있다. 어떤 감정을 부정하거나 금하는 가족이나 문화가 있는데, 그런 곳에서는 감정표현이 수용되는 최소한의 범위로 제한된다. 움직임 레퍼토리를 확장하는 것은 감정의 폭을 확장하는 것과 같다. 체화란 끊겼던 지각 경로를 다시 연결하고 펼쳐지는 삶에 존재하는 풍부한 감정에 접근할 수 있는 가능성을 회복시킴으로써 몸을 활성화하는 것을 의미한다.

생존에서 존재의 경험까지

나는 임상 보고서를 참고해 생존에서 존재감까지의 변화를 보여줄 것이다.

50세가 다 된 파블로는 영원할 거라 기대하던 사랑이 깨지고 슬픔을 해결할 방법을 찾는다. 그는 침체되고 망연자실해 삶에 흥미가 없는 상태다. 나아질 것이라는 희망이 거의 없이 지시하는 대로 하려고 애쓰며 순순히 치료를 시작한다. 그는 매 세션을 시작할 때마다 슬픔과 고통을 쏟아내고, 좌절된 관계에 대해 불평하며, 길고 상세한 설명을 늘어놓는다. 매 세션마다 똑같은 이야기를 단조롭고 고지식하게 반복한다. 그런 모습은 정교화되지 않은 정신적 외상의 반복으로 나타난다. 파블로에게는 자기 말을 들어주고 고통을 알아주는 것이 필요해 보인다. 그는 연인과 이전의 관계로 돌아가기 위한 방법으로 같은 이야기를 수백 번 반복할 수 있는 것처럼 보인다. 자기가 꿈꾸는 사랑이 자기 삶의 어떤 것보다도 더 생생하기 때문이다. 그는 자기 마음속에 살고 있다. 그는 내 존재는 물론 내가 자기 이야기를 듣고 있다는 것을 거의 인식하지 못한다. 마치 딴 세상에 살고 있는 것처럼 보인다.

파블로는 네 살 때 어머니를 잃고 그때부터 여러 곳을 옮겨 다니며 살게 되었다. 존경과 절대적인 복종으로 생존하는 군인을 직업으로 선택했다. 파블로의 가늘고 수척한 몸이 극도의 스트레스 수준을 보여준다. 늘 반복하는 이야기를 들은 뒤 파블로가 내 존재를 알아차리지 못하는 것을 더 이상 견디기 어려울 때, 나는 파블로를 매트에 눕게 하고 순환하는 공기의 영향을 받아 어떤 신체 부분이 움직이는지 호흡을 관찰했다. 그는 균형을 잡고, 자신을 지탱하는 바닥을 발견하고 자기 움직임에서 제한되고 고통스러운 부분을 탐색한다. 천천히 진행되는 과정을 통해 파블로는 서서히 감각을 느끼기 시작한다. 몇 세션이 지난 뒤 파블로는 자기가 경직되어 있다는 것을 알아차리고 삶을 느끼지 않기 위해 얼마나 무장을 하고 살아왔는지 알게 된다. 자신의 생존에 대해 알기 시작한다. 내 손이 닿자 파블로의 가슴이 확장되고, 소리를 낸다. 그리고 태아처럼 몸을 웅크리며 참담한 아이처럼 운다. 나는 파블로의 머리와 꼬리뼈에 손을 대어 그를 잡아준다. 나는 그 남자 내면의 아이를 만난다. 우리는 움직인다. 그 움직임 경험을 끝내고 평소의 자세로 돌아와도 그와 나는 다른 무언가, 모든 것에 스며 있는 새로운 정서적 분위기가 있다는 것을 안다. 단조롭고 반복적인 세션이 여러 세션 진행되고, 또 다른 세션에서는 접촉이 일어난다. 그 순간에 친밀감을 느끼고 또 다른 인간 존재를 만날 수 있게 된다. 그런 결정적인 인식 경험들을 통해 새로운 관계 패턴이 형성되고 그 안에서 변화가 나타날 것이다. 이런 '인간적인 따뜻함'을 경험함으로써 새로운 관계 방식을 발견하게 되고, 오랜 시간 동안 자신의 몸이 살 만한 공간이 되게 해 준다.

움직임과 감정

간혹 무의식적인 수준에 머무르는 정서도 있지만 움직임은 필연적으로 표현되는 정서적 분위기와 연관이 있다. 복잡한 과정 시스템과 근육의 긴장 및 이완의 정도가 정서를 올라오게 한다. 감정을 표현하는 방식에는 (극도의 긴장이나 만성적인 긴장으로) 감정을 금지하고 억압 혹은 억제하는 방식과 반대로 폭발하거나 분출하고 감정을 제어하지 못하는 방식도 있다.

무용/동작치료사는 환자가 근육과 호흡 활동의 새로운 조합을 경험하도록 한다. 치료사는 감정을 조절하고 조정할 수 있게 도와주는 지지적인 환경 안에서 신체 정서 표현을 다르게 해볼 수 있는 방안을 찾을 기회를 제공한다. DMT는 신체 경험이 일어나고 재창조되거나 혹은 재경험될 때 그 신체 경험에 대한 자각을 가지고 작업한다는 점에서 효과적이다.[3] DMT 작업은 감각과 의미가 함께 어우러져 이루어진다. 프로이트(1916)는 정서와 의미가 분리되었을 때 그 둘을 다시 연결하는 것이 치료 과정의 한 측면이라고 믿는다. 신체와 움직임에 집중해 작업하는 것이 신체와 정신의 통합을 강화해준다(Winnicott, 1979).

무용/동작치료는 참여하는 관찰자의 역할로 존중과 신뢰가 전제된 안전한 환경 안에서 새로운 정서 경험이 발달할 수 있게 해주는 필수적인 관계가 된다. 무용/동작치료에서는 개인의 내부, 대인관계, 초인간적인 영역에서 감각, 지각, 정서, 인지의 통합이 발달을 촉진한다고 가정한다.

아동, 청소년, 성인과의 임상 실제에서 DMT가 특별한 점은 암묵적인 메시지를 내포하고 있다는 것이다. 무용/동작치료사는 자아의 약하고 분리되거나 굳은 측면의 욕구를 파악하고 충족해준다. 치료사는 환자의 신체를 반영함에 따라 자신의 신체 안에서 그런 것들을 알게 되는 것이다. 치료사는 환자의 초기 경험에서 결핍된 움직임, 소리, 감각을 끌어내기 위해 환자의 특정한 움직임의 질에 따라서 움직임 탐색작업을 구조화한다.

위니컷은 이것을 잠재적 공간(transitional space)이라 부르는데, 이는 자기와 타인, 내부 세계와 외부 세계, 엄마와 유아 사이에 발달된 영역으로서 초기의 창의성을 허용하고 자기존재감을 나타내는 공간이다. 이것은 누가 무엇을 하는지가 중요하지 않은 잠재적 공간이며, 휴식을 위한 공간, 자유의 공간으로 자발성이 일어나는 곳이다. 무용/동작치료에서는 움직임 상호작용을 통해 치료사와 환자 사이에 중간 영역을 만들고, 그 안에서 내면세계를 펼치고 공유한다. 환자의 움직임의 질을 기꺼이 수용하는 것이 자발성을 일으키는 열쇠가 된다. 무용/동작치료는 깊은 상호 주관적 오해가 되어왔을 수 있는 과거의 경험을 신체적으로 처리함으로써 작업이 이루어진다. 이런 식으로 무용/동작치료는 자아의 무시되고 그래서 상처받은 측면을 돌본다.

관계 상호작용은 관계 패턴으로 분석될 수 있다. 라반의 움직임 분석 범주와 정서적 조율과 관련된 스턴의 방식을 초월하는 질(transmodal quality)의 개요를 활용해 움직임의 질을 다음과 같이 열거하고 분류할 수 있다.

1. 시간과 관련된 것 : 속도, 리듬, 지속시간
2. 공간과 관련된 것 : 시작점-경로-목표지점, 가장자리 혹은 경계, 축과 좌표
3. 에너지와 관련된 것 : 강도, 힘, 무게, 유동성
4. 지지와 관련된 것 : 경직성과 유연성의 정도
5. 신체 접촉, 다양한 다루기 방법과 관련된 것
6. 대상 표상 방식과 관련된 것 : 자극의 결핍 혹은 과다, 나타나는 질의 범위
7. 움직임의 범위와 수반되는 정서와 관련된 것 : 상호 주관적인 감정 조절

감각으로 지각되는 이 모든 추상적인 질이 결합되어 움직임과 움직임 동작이 될 수 있다. 무용/동작치료 과정은 조직화 과정에 있는 추상적인 단순한 질로부터 시작해서 아주 극적이고 역동적인 내용이 있는 복잡한 장면, 기억, 이야기까지 광범위한 범위에 걸쳐 초점을 맞춘다. 이와 같이 광범위한 질을 이끌어냄으로써 자아의 다른 영역을 통합할 수 있게 된다.[4]

DMT에서의 전이

DMT는 전이와 관련해 상징이 발달하기 이전의 상호 주관적인 특징에 집중하고 그것을 강조한다. DMT는 고전적인 정신분석 이론의 욕동(drive), 상징적 모델, 표상적 모델, 언어적 모델을 인정할 뿐만 아니라 반복과 억제를 포함하는 새로운 과정들에 대해서도 언급한다. DMT에서는 맥락적 변화가 일어날 때 자아에서 변형 양자가 일어나고, 그 양이 증가할 때 질적인 행동 변화가 일어난다고 주장한다.

'함께하기 위해' 고안된 새로운 절차들이 기존의 행동 조직을 위협하고 보다 일관적이고 유연한 형태를 만들기 위한 변화 엔진처럼 작동한다. 반복된 만남으로 인해 관계 방식의 복잡성과 표현이 증가하게 된다.

정신분석학은 절차, 행동, 기술과 연관된 지식의 암묵적인 형태에 주의를 기울인다. 이는 정신분석학이 무의식에서 의식으로 가져오기 위한 언어화와 기억 회복뿐만 아니라 정서적–지각적 경험과 시간적–공간적 경험에 주의를 기울임을 시사한다. 정신분석치료에서 변화가 항상 상징화되는 것은 아니다. 이것이 언어와 체험에 대한 이야기 서술의 가치를 부정하는 것은 아니다. 관계 정신분석에서는 언어와 언어 이전의 방식은 평행을 이루면서 상호 연결된 방식으로서 하나가 다른 하나로 표현될 수 없다고 주장한다(Lyons-Ruth, 1999).

상호 주관적인 차원에서 일어나는 변화는 스턴(2004)이 말하는 만남(encounter)의 순간 덕분에 나타난다. 이 순간이라는 개념이 이인관계에 있는 두 사람 모두를 위한 암묵적 관계 지식에서 일어나는 갑작스러운 (지금 여기의) 변화의 주관적인 경험을 정확히 담아내고 있다. 이 상태의 상호 조절은 상호작용 또는 지각 체계를 통한 정보 교환, 정서의 표현 그리고 그들이 어떻게 인식되고 상호 영향을 암시하는 그 과정과 조화를 이루는지에 기초를 두고 있다(Stern, 1998).

자기 자신에 대한 개념과 타인에 대한 개념이 발달하는 동안, 코헛(Kohut, 1990)은 자기심리학적 관점에서 반복을 통한 전이에서 자아의 좌절된 욕구를 재활성화하는 것이 치료 과정의 결정적인 원동력이라고 주장한다. 환자는 원래 경험했던 관계보다 더 공감적으로 반응해주는 누군가와의 새로운 만남을 통해 손상된 자아를 회복할 기회를 무의식적으로 찾는다. 코헛은 전이와 관련된 세 가지 핵심적인 측면을 다음과 같이 제시한다.

1. 거울 전이(mirror transference) : 개인의 야망과 관련된 전이로서 자아와 타인 안에서 확인과 수용 반응을 일으키고 인정을 추구한다.
2. 이상화 전이(idealization transference) : 환자는 손상된 이상으로부터 자아와 상대방이 이상화되는 것을 용인하도록 하려고 한다. 이 전이는 과대감(誇大感)과 관련이 있다.
3. 쌍둥이 전이(twin transference) : 또래나 동료와의 만남을 추구하는 재능과 기술을 가리키는 전이. 이것은 고립과 대립되는 공유와 관련이 있다(Kohut, 1990).

위의 세 가지 전이는 평생 동안 인정, 관계, 개인의 가치를 추구하는 개인의 기본 욕구와 관련된다. 그 사람이 경험한 것을 비춰주고 반영해주는 자기와 비슷해 보이는 누군가를 만난다는 개념은 위니컷(1982), 라캉(Lacan, 1988), 체이스(Chaiklin & Schmais, 1986)가 지지하는 개념이다. 이러한 공감적인 만남을 향한 갈망은 공허함, 외로움, 평가절하로 인한 고통에서 진화한 것이다.

　DMT는 언어가 접촉과 만남의 충분한 수단이 되지 못할 때 작동하는 이론적-임상적 시스템을 제시한다. DMT는 정신-신체에서 작동하는 전이의 형성을 촉진한다. 이런 형태의 전이에서는 움직임을 억제하는 만성적인 경련과 신체에 박혀서 긴장으로 나타나는 경험, 또 열렬히 갈망하지만 이루지 못한 자발적인 상호작용을 회복할 수 있다. 공감적 미러링(mirroring) 혹은 근감각적(kinesthetic) 공감은 자아의 표현을 촉진하고 원래의 경험과는 다른 반응을 가능하게 함으로써 손상된 자아를 회복하고 보다 풍요롭고 의미 있는 상호작용을 성공적으로 발전시킬 수 있게 해준다.

근감각적 공감

공감의 역사를 살펴보면, 위스페(Wispé, 1994)는 1873년 비셰린(Vischerin)이 심미적 지각 관련 논문에서 사용한 '감정이입'이라는 개념이 자신의 작품에 감탄하는 예술가의 느낌을 의미한다고 주장한다. 이를 통해 공감이라는 개념이 아주 최근에 이루어진 문화적 업적이라는 것을 알 수 있다.

　무용/동작치료는 현대 사상가들의 영향을 받았는데, 그중에서도 특히 로저스(Rogers), 아들러, 설리번, 융의 영향을 많이 받았다. 그들은 모두 1940~1950년대 전후(戰後) 시기 사람들의 고통에 관심을 갖고 그 극심한 고통과 정신적 외상을 덜어줄 방법에 주의를 기울였다.

　다양한 관점을 가진 저명한 철학자와 심리학자들이 공감을 개념으로, 또 심리치료에 적용할 기법으로 개발할 수 있는 아이디어를 가지고 시카고대학교에 모였다. 그들은 각각 공감능력과 관련된 일부 측면을 강조한다. 그들 중에는 조지 미드(George Mead), 브루노 베텔하임(Bruno Bettleheim), 하인즈 코헛(Heinz Kohut), 마르틴 부버(Martin Buber), 칼 로저스(Carl Rogers)가 있다(Shlien, 1997).

　오늘날 공감은 집단적으로 발전된 개념으로서 지속적으로 다시 논의되고 정의된다. 공감 분야가 깊이를 더해가는 데 있어서 신경과학(Gallese, 2003; Iacobini, 2008),

초기 발달 연구(Stern, 1998; Meltzoff, 2002), 포스트 합리주의 인지과학(Varela, 2001; Thompson, 2002)이 강력한 지지를 제공한다.

움직임과 비언어 소통을 발전시킨 무용/동작치료사들은 DMT가 본질적으로 정서와 체화된 인지와 연관된다는 것을 알고 있다. 마리안 체이스는 환자의 독특한 세계에 들어가기 위해 환자를 반영하는 공감적 미러링에 대해 서술한다. 그녀의 목표는 의사소통이었다. 마리안 체이스는 환자들에게 자기가 그들과 함께할 수 있으며 그들의 느낌, 움직임, 생각에 관심을 갖고 있다는 것을 알려주었다. 그녀는 환자들의 자발적인 움직임을 자기 것으로 만듦으로써 수용이라는 것을 몸으로 구현했다. 마리 화이트하우스는 또 다른 세팅인 변형된 댄스 스튜디오에서 작업을 했다. 그곳에서 자신의 내면과 접촉하기를 갈구하는 고도로 훈련된 동작자, 무용수와 작업했다. 화이트하우스는 집단 무의식, 적극적 상상, 창조성의 풍부함을 통해 공명(共鳴)하고, 타인의 경험으로 몸이 움직이도록 함으로써 그들의 움직임 과정을 위한 특별한 목격자(witness)가 되었다.

미러링은 외부 지향적이고 공명은 내부 지향적인 것으로 둘은 동전의 양면과 같다. 미러링과 공명은 DMT 세션에서 타인의 경험을 깊게 이해하는 주요 수단으로 활용된다. 무용/동작치료사는 움직임과 춤, 지각, 이해, 개입을 통해 내면과 외부 세계 모두와 관계를 맺을 수 있다. 무용/동작치료사는 공감이 친밀감과 인간적인 친근감을 느낄 수 있게 해준다는 것을 알고 있다. DMT 과정은 서로의 차이가 인정될 수 있도록 두 사람의 경험 중에서 공통적인 요소로 진행이 된다.

프로이트(1982)는 *The Psychology for Neurologists*(신경과학자를 위한 심리학)에서 정체성을 찾고 차이점을 규명하기 위해 노력하는 심리 체계를 묘사한다. 그 주제는 현재의 경험을 초기의 기억 각인과 비교하고, 있을 것 같지 않은 깊은 무의식적 과정을 통해 중요한 대상들의 세계에 범주를 제공하며 지각 현실을 구축한다. 이것은 상호 주관적인 매트릭스에서 일어난다.

'Dance/Movement Therapy as a medium of improving empathy levels of educators and health working professionals'(교육자와 의료계 전문직 종사자의 공감 수준 향상을 위한 매체로서의 무용/동작치료)(Fischman, 2006)라는 연구에서, 나는 상호 주관적인 경험에서 공통적인 요소가 쌍둥이 같은 상태, 친밀감, 조합, 일치를 시사하는 반면에 불일치는 다른 사람에게 속함, 차이점, 색다름, 이상함을 나타낸다고 주장했다. 완전한 일치는 주관성을 허용하지 않는 반면 완전한 불일치는 분리된다. 근감각적 공감은 한 사람과 다른 사람이 여러 가지 비율로 그러나 균형을 유지하며 유사성을 선호함을 의미한다.

이 연구는 다양한 변인이나 이슈와 관련된 상관연구, 기술적 연구이다. 연구 참여자는 부에노스아이레스에서 교육자, 심리치료사, 조산사로 일하는 전문직 여성이며, 40명을 네 그룹으로 나누어 각각 2시간씩 8세션 무용/동작치료 세션에 참여하게 했다. 평균 나이는 41세이고, 아무도 무용훈련을 받은 적이 없었다. 워크숍의 내용은 '무용/동작치료, 감정과 직업의식'으로, 공간(space), 시간(time), 흐름(flow), 무게(weight)의 탐색으로 구성되었다. 이런 움직임 활동을 통해 그룹이 움직이고 움직여지도록 하고, 자기 자신 또는 업무상의 이슈와 관련된 경험에 대해 이야기를 나누었다.

즉흥 춤으로 상호작용을 하는 동안 참여자들 2인조 사이에서 일어나는 정서적 분위기, 움직임, 관계의 질을 비교하기 위해 몇 가지 연구 척도가 사용되었다. 그런 목적으로 만들어진 도구를 이용해 참여자들은 자신의 움직임 경험과 파트너에게서 나타났다고 지각한 움직임의 질을 체크하고 파트너가 자기를 어떻게 보았을지 상상한 것을 표시하도록 했다. 첫 세션 후에 실시한 사전 평가와 마지막 8세션 후의 사후 평가 점수를 비교한 결과, 파트너들 간 관계의 질(예를 들어 편안함, 서로 몸이 꼭 맞는 느낌, 개별화, 융합, 자유, 불편함, 기쁨, 불쾌감, 움직임을 주도할 때 상대방이 따라오는지, 다른 사람이 움직임을 주도할 때 따라가고 싶은지, 흥미를 공유하는지에 대한 느낌)에 대한 지각의 차이가 감소하였음을 발견했다. 또한 정서적 분위기 지각은 자신과 파트너를 비교할 때 차이가 줄었고, 움직임 질 지각은 자기 지각과 타인 지각의 차이가 줄었다. 항목을 하나씩 분석함에 따라 자신과 파트너 간의 분화 수준이 향상되었음을 알 수 있었다.

연구를 통해 발견된 결론은 다음과 같다.

1. 변형된 움직임, 정서적 분위기, 관계의 질은 근감각적 공감의 요소로 간주된다.
2. 부정적인 정서는 감소한 반면 긍정적인 정서는 증가했다. 정서 지능, 공감, 심리적 안녕, 삶의 만족도 수준이 향상되었다.
3. 움직임 레퍼토리상의 변화는 심리적 변화와 연관이 있다.

건강 지표와 근감각적 공감 결과 사이에서 의미 있는 상관관계는 다음과 같다 — 시간(time)을 인식함에 있어서 자신에 대한 인식과 파트너에 대한 인식 간의 차이는 타인의 감정을 묘사하는 것의 어려움과 같은 부정적인 정서와 정적 상관관계를 보였다. 움직임 질로서 시간을 비슷하게 지각하지 않을 때 불편함, 오해, 부정적인 정서가 일어난다. 그 예로, 걸음이 느린 아이를 데리고 서둘러 유치원을 향해 걷는 엄마를 생각해보면 된다.

움직임 상호작용을 하는 동안 무게(weight)의 지각에 대한 차이는 강한 배려와 아주 의미 있는 부적 상관관계를 보였다. 무게의 사용은 힘 또는 약함을 나타낸다. 무게의 사용에 대해 지각된 차이가 클수록 타인의 욕구에 주의를 기울이려는 의지가 줄어드는 것으로 보인다. 한 가지 예로, 강한 사람이 약한 사람을 만나는 것을 상상해보자. 둘은 서로에 대해 어떻게 행동하고 느낄까? 우리는 둘이 서로 마음을 열고 상대를 이해하기를 기대할 것이다. 만약 그렇다면 둘 사이에 공감이 존재하는 것이다. 공감은 인류가 진화하면서 이룩한 업적이다. 그러나 고통스럽게도, 우리는 때로 생존이 가장 강한 것의 생존을 의미한다는 것을 안다. 다행히 인간은 광범위한 자원을 가지고 있어 무게만을 힘의 원천으로 사용하지는 않는다.

다른 인간 존재를 이해한다는 것은 때로는 시뮬레이션, 모방, 반향, 상상과 같은 기제를 통해 서로 간의 차이를 극복하는 것을 의미한다. 그런 기제를 통해 나의 경험과 타인의 경험을 연결하는 이론을 세우는 것이다. 공감을 이렇게 바라보면, 누구나 모든 사람과 다 공감할 수 있는 것은 아니다. 파트너 작업을 치료적으로 만드는 것은 상호주관적 경험이 일치할 때이다. 동료들에게 어떤 사람과 일하기를 선호하는지 물어보면 이 개념이 생생해진다. 치료사는 내담자의 경험과 자신의 경험 사이에서 관련성을 찾아야 한다. 공감할 수 있는 가능성은 관계적이고 선택적이다. 무용/동작치료의 기본적인 목표 중 하나는 움직임 레퍼토리를 확장해 광범위한 경험과 자원을 경험하게 함으로써 세상의 다양한 인간 감정과 생활 방식을 수용하고 존중하고 이해할 수 있도록 하는 것이다.

체이스와 화이트하우스는 모두 공감 현상의 실체를 강조한다. 체이스는 자신의 움직임으로 미러링함으로써, 화이트하우스는 다른 사람의 경험을 목격하는 동안 내적인 움직임, 느낌, 상상을 공명함으로써 공감한다. 이 두 가지 방식이 다 무용/동작치료사가 신체 경험으로 느낀 경험을 통해 그룹이나 환자와 어느 정도 교감을 할 수 있음을 보여준다.

융의 사상에 영향을 받은 화이트하우스(1999)는 자기성찰 작업을 위해 적극적 상상의 개념을 사용한다. 집단 무의식과 만나면서 인간의 내면 깊은 곳에서 나오는 자발적인 표현 움직임을 펼침으로써 풍부함과 지혜의 근원을 찾는다(Chodorow, 1991, 1997). 화이트하우스는 적극적 상상을 사용하는 것에 대해서 자유연상과 주로 그림, 춤, 조각, 게임, 단어와 같은 다양한 표현 형식을 통해 무의식이 올라오게 한다고 설명한다. 이는 내면의 비움 또는 침묵과 접촉하고 상상을 통해 무의식에 이르기 위해 비판적·이성적 기능을 멈춤을 의미한다. 다시 말해 자아 안에서 일어나는 과정들을 통합하는 것이다. 무의식과의 만남은 공감적 과정 덕분에 가능하다. 공감적 과정은 마치 사려 깊은 조산사가 갓난아이를 받는 것과 같이 목격자가 필수적인 존재로서 무의식의 내용을 받아줄 때 일어난다. 무의식의 중요한 힘과 깨지기 쉬운 취약성을 따라 시간을 두고 무의식이 펼쳐지도록 하면 언젠가 이 과정이 구체화되면서 선명해지고 일관성을 갖게 된다는 것을 인정하게 된다.

자넷 아들러(Janet Adler, 1999)는 '움직이는 사람(mover)'과 '목격자(witness)'의 역할에 대해 심도 있는 글을 썼다. 그녀는 두 사람이 신체 경험에 집중한 상태에서 움직이는 사람의 춤을 관찰하는 목격자의 신체에서 공감이 일어난다고 주장한다. 춤을 추는 사람은 자기가 직접 보고 듣고 느끼는 것을 공명하고, 자기가 느낀 경험으로 타인을 받아들이고 이해한다. 경험의 언어화에 덧붙여, 움직이는 사람과 목격자에게서 나타난 내용이 무의식적인 내용을 드러내는 데 있어서 공감적 동반 과정을 일으킨다.

체이스는 움직임 표현이 언어 장벽과 방어를 해체한다는 신념을 갖고 환자와 상호작용한다. 이러한 방법으로 그녀는 환자를 정신증적 고립으로부터 빼내려고 한다(Levy, 1992). '미러링' 혹은 반영은 '양식을 초월하는 정서 조율'의 개념과 강한 일치를 보여준다(Stern, 1996, pp. 99~173). 스턴은 서로를 이해하는 엄마와 아이처럼 의사소통에 연관된 자아의 상호 주관적인 영역에 대해 설명한다. 정서 상태를 공유하는 것은 질(quality)을 맞출 때 일어난다. 각각의 파트너는 모방하고 반영하고 상대방의 행동 특징을 최대화하거나 최소화하는 '변화를 주는 모방'을 제시하고, 또 표현적-감정적 의사소통 과정에 지속성을 부여함으로써 상대방에게서 나타난 행동의 요소를 함께 공유하면서 상호작용에 참여한다. 어울림은 두 참여자의 행동에서 강도와 시간적·공간적 양식이 일치할 때 일어난다.

양육자와 유아는 일련의 상호 행동을 주고받는데, 이것이 생후 9개월간의 사회적 대화를 이룬다. 조율은 엄마와 아이의 정서 교류를 의미한다. 이것은 양육자의 적극적인 돌봄과 관련이 있다. 스턴(1996)은 이러한 의사소통 방식은 없어지는 것이 아니라 일생 동안 자아에서 작동한다고 주장한다. 조율은 항상 소리, 움직임, 접촉, 인간의 기본 움직임인 접근과 회피를 야기하는 쾌락-불쾌와 연관된 모든 경험과 관련된 복합적인 정서를 암시한다.

세계에서 체화된 개인으로서 한 사람의 의식은 공감을 토대로 만들어진다. 즉 타인에 대한 자신의 공감적 인지와 자신에 대한 타인의 공감적 인지에 기초한다(Thompson, 2001).

신경과학의 공헌

신경학자들은 공감이 물리 현상이라는 것을 입증해왔다. '모방하는 마음'(Meltzoff, 2002)이라는 개념과 '거울 뉴런(mirror neuron)'의 기능을 설명하는 연구 결과들이 상호 주관성의 신경학적 토대와 공감의 유기적 뿌리를 제시해준다. 타인을 이해하는 능력은 상호작용의 본질에 뿌리를 두고 있다. 타인을 이해하는 전(前)반사적 양식은 우리를 인간으로 묶어주는 정체성을 토대로 한다. 우리는 같은 인간들과 행동, 감각, 감정 등 다양한 상태를 공유한다. 바로 이런 다양성을 공유함으로써 의사소통, 의도적인 이해, 다른 사람을 같은 인간 존재로 인식하는 것이 가능하다고 갈레세(Gallese, 2003)는 생각한다. 다른 사람에게서 같은 것이 지각될 때 행동, 지각된 감각, 감정을 처리하고 조절하는 과정에서 유사한 뉴런 구조가 활성화된다. 원래 행동과 관련된 것으로 발견된 거울 뉴런은 매우 다양한 상호 주관적 경험을 가능하게 해주는 뇌의 기본 조직 형태로 생각될 수도 있다.

우리는 모방을 통해서 타인이 느끼는 것을 느낄 수 있다. 다양한 학파에서 모방, 정서 전염, 유사 현상을 연구했다(Iacobini et al., 1999; Hatfield, Cacciopo & Rapson, 1994; Holyoak & Thagard, 1995). 이런 현상들은 개념적으로 현격한 차이가 있음에도 불구하고 여기서는 동일한 특성과 다른 특성의 정도 차이로 자신을 나타내는 연속체로 간주된다. 완전한 유사성이라는 것도 개념적 이상이다. '완전히' 똑같은 개, 카나리아, 숟가락은 존재하지 않기 때문이다. 그러나 나는 그런 차이가 관찰자의 거리, 개인적인 배경, 이전의 상호작용 경험, 지식, 관찰 시점의 특정한 관심사, 맥락, 태도, 움직임, 관찰 상태, 타인 변수 등 여러 가지 상황에 영향을 받아 관찰될 수 있다고 생각한다. 유사성과 차이의 개념은 항상 상관관계가 있다.

DMT의 과정

DMT는 상호작용의 가장 기본적인 측면에 초점을 맞춘다. 이때 상호작용은 시간(속도, 지속시간, 리듬, 연속성-단절), 무게(힘의 강도 : 부드러움, 힘), 공간(방향, 높낮이, 공간의 면), 흐름(활동 정도 : 조용함, 높은 에너지)의 구체적인 운용과 사용하는 신체 부분(몸 전체, 팔다리, 몸통, 머리)의 변화 등 행동 현상에 나타나는 질에 최소한의 차이를 주어 거의 똑같은 질로 이루어진다. 행동 현상은 복잡하다. 눈짓은 빠르고 회피적이면서 손은 따뜻하고 꽉 잡아줄 수도 있다. 복부가 이완 상태일 때 가슴은 긴장 상태일 수도 있다. 들숨을 쉬는 동안 명치가 부풀어오르는 것을 줄이고 배가 더 부풀도록 할 때 말이다. 이 시스템은 맥락에 따라 살거나 생존하기 위해 다양한 보상을 제공한다.

근감각적 공감은 동일시와 분화를 의미한다. 동일시는 기본적으로 연결하고, 묶고, 반영하고, 공명한다. 분화는 새로움, 유일함, 특이함, 거리, 분리, 생소함을 가져온다(Fischman, 2006). 치료 세션은 내담자의 문화와 무용/동작치료사의 문화가 만남을 의미한다. 차이를 인정함으로써 교류가 가능하게 된다. 이것은 복잡한 과정이다. 그 과정에서 내담자가 변화에 저항하기도 하는데, 그때 치료사는 시간과 공간을 준비하며 환자가 방어를 풀고 변화하기를 기다린다.

움직임과 춤을 심리치료에 포함시키는 것은 우리가 계속 진화하고 있으며 그러므로 존재 자체가 우리라는 것을 상기시킨다. 은유와 마찬가지로 춤은 우리가 열망하는 변화를 언제나 또는 당장 이룰 수 없을지라도 우리가 영원히 변하고 있음을 다시 알려준다.

근감각적 공감은 여러 가지 형태를 취할 수 있는 지식, 접촉, 공유된 구성의 한 형태이다. 근감각적 공감은 무용/동작치료사의 움직임, 다시 말해 신체 언어의 형태, 질, 분위기에서 직접적인 미러링과 정서 조율을 통해 나타날 수 있다. 또한 움직임 또는 내담자의 언어화와 함께 유사성, 은유, 의미상 동일한 구조의 이야기를 활용할 수도 있다.

내담자가 자세, 제스처, 태도, 움직임, 언어에서 보여주는 주제나 이슈를 포착해 움직임 탐색작업을 계획한다. 내담자의 행동은 다양한 방식으로 표현된다. 무용/동작치료사는 다양한 감각운동 경로(청각, 운동, 시각, 촉각)를 통해 종합적인 방식으로 움직인다. 이런 식으로 유사성, 질의 일치, 의미가 나타나는 곳에서 다른 경로 간의 대화가 시작된다. 또한 현실을 향한 접근과 직면을 촉진하는 차이점도 다양성을 키우고 자극하며 공유된 현실의 최대치와 어느 정도의 차이와 함께 나타날 수밖에 없다.

새로운 요소는 서서히 나타나야 한다고 생각한다. 그래야 그것이 수용할 수 없는 것, 이상한 것 또는 방해가 되는 것으로 경험되지 않기 때문이다. 그렇지 않을 경우 정체성이 위험에 처했다고 느낄 수 있다. 자아가 발달하기 위해서는 창조주와 같은 전능성을 경험해야 한다. 자신이 창조주라는 환상을 가지면 대상과 함께 자신이 세계의 발견자라고 느낀다. 이 경험이 '충분'해야 나중에 개인의 영역을 제한하는 좌절을 견딜 수 있다(Winnicott, 1979, 1982).

치료 과정은 정서적-인지적-창의적 경험으로서 모험을 공유하는 것이라 할 수 있다. 무용/동작치료사는 내담자의 필요를 파악해 그들의 특성에 따라 필요하다고 인식되는 대상이 될 준비가 되어 있다. 여기에 역설이 존재한다. 치료사는 친밀감과 친근감을 공유하면서도 내담자의 사생활에 참여하는 것을 삼간다. 이와 같이 치료사는 내담자의 삶에서 중요한 부분이 되면서도 그 안에 속하지는 않는다. 치료사는 내담자의 지각이 진짜임을 증명하고 통찰력이 있는 정서적 유기체로서의 기본적인 자신감을 회복시켜준다.

다시, 역설적으로 치료적 관계는 현실인 동시에 가상이다. 무용/동작치료사는 전이의 필요에 따라서 주어진 역할을 한다. 즉 환자가 치료사에게 기대하는 역할을 받아들이고 그에 맞는 캐릭터, 특성을 맡아서 연기한다. 수행한 움직임의 가상성과 참여자 각자의 현실, 바로 이 둘의 조합에서 관계의 변화가 일어난다.

내담자의 욕구 충족하기

다음의 임상 사례는 정서 조율이 어떻게 이해를 가능하게 하는지를 보여준다.

수산나는 성공한 변호사로서 화려한 언변과 명확한 논쟁으로 빛이 나는 사람이다. 모든 면에서 완벽해 보인다. 자기 기대에 전혀 미치지 못하는 가정, 남편, 아이들, 개를 제외하고는 말이다. 집에 들어가는 순간부터 두통이 시작된다. 집에 가면 대개 화를 내고 가족들과 다투게 된다. 그녀는 가족들이 자기 인생을 비참하게 만들기 때문에 사무실로 이사하는 것이 유일한 해결책이라고 말한다. 그녀는 삶에서 짜증스러운 부분을 다 가까운 가족들에게 투사함으로써 무시하고 그래서 싫어하는 순간에서 잠시 벗어난다. 가족들은 결국 사랑받는다고 느끼지 않는다.

세션에 참여하기 시작했을 때, 수산나는 격렬하게 움직이는 것을 좋아했다. '유쾌하고 빠른' 리듬의 음악을 선호하고 그런 음악에 맞춰 미친 듯이 움직였다. 또 폭로와 연상을 끊임없이 쏟아냈다. 보상이나 인정받기를 기대했을까? 결국 아주 잘한다고 말해주기를 기대했을까? 수산나는 세션 동안 자기가 받고 있는 관심과 돌봄을 아주 서서히 알아차렸다. 그리고 동시에 가족의 상냥한 태도를 인식하기 시작했다.

수산나는 바닥을 발견했고, 다양한 접촉의 가능성을 탐색할 수 있었던 무조건적인 지지를 발견했다. 격렬한 움직임으로 지쳤을 때 느림을 탐색하였고 결국 고요함을 찾았다. 이 시점에서 자신의 일상의 리듬과 속도를 알아차렸다. 그녀는 많은 보살핌을 받을 자격이 없다고 말했다. 자신의 원시적인 잔인함을 인지하고 그런 행동이 끼치는 영향에 대해 걱정하기 시작했다. 다른 사람들은 어떻게 느낄까? 내가 그 사람들에게 무슨 짓을 한 거지? 그들은 어째서 아직 나와 같이 있는 거지? 내가 필요해서? 수산나는 소중한 자원인 움직임과 고요함을 통합했다. 이러한 양극성 사이의 모든 것을 경험하고, 자기 안에 공존하는 사랑과 미움을 견디기 시작했다. 자신의 정체성 중에서 '성공한 여성'이라는 부분을 잃었지만 외로움을 덜 느끼기 시작했다. 삶의 다른 면에 가치를 두게 되었다. 수산나는 자기만의 춤을 찾은 경험을 통해서 지나치게 많이 느꼈던 감정을 없애고 알지 못했던 감정에 다가갈 수 있게 되었으며, 일중독이라는 자기학대로 드러났던 오래된 욕구를 없앨 수 있었다고 했다. 그녀가 발견한 내면화된 원래의 관계가 끔찍한 고통을 불러왔고, 그 고통이 자기 자신과 가족들에 대한 증오로 변했다. 자기 욕구에 따라 움직일 수 있었던 DMT 과정, 한결같은 치료사의 존재, 경험을 위해 선택된 음악과 가장 미묘한 접촉에서 표현된 근감각적 공감, 대화의 분위기가 그녀의 방어를 풀어주었다. 부정과 투사의 정도가 약해지고, 방어적인 주지화는 감정, 정서와 연결된 체화된 합리성으로 변하기 시작했다. 오로지 자기만 믿는 대신 인간관계를 신뢰하기 시작했다.

결론

이 접근 방식은 비판보다 인간적 만남에서 나타나는 이해의 방식을 설명한다. 치료적 관계를 통해 진화하는 공감은 DMT의 핵심이자 토대이다.

후주

1. 들뢰즈(Deleuze)의 *En medio de Spinoza*의 스페인어 번역본에서 쓰인 용어는 공동 창작 또는 구성 과정을 가리킨다(Deleuze, 2004).
2. 몇몇 저자는 우리에게 '몸 안의 삶'을 당연하게 여기지 말라고 경고한다 (Berman, 1990, 1992; Caldwell, 1999; Winnicott, 1979; Lowen, 1990, 1991). 삶은 다른 곳에(*Life is somewhere else*)는 같은 제목의 밀란 쿤데라(Milan Kundera)의 소설을 나타낸다(Kundera, 2001).
3. 이 접근 방식은 다마지오(Damasio)가 대상의 이미지라고 부르는 심리 패턴의 발생에 관한 서술(2000)과 존슨(Johnson, 1991)이 이미지 스케치라고 부르는 것과 일치한다. 이는 지각적 상호작용과 경험을 구조화하고 일관성을 더해주는 운동 프로그램의 주기적인 역동적 패턴을 참조한다.
4. 대니얼 스턴은 관계 발달과 개인 발달로서 자기와 타인의 다양한 영역에 초점을 두고 자아를 설명한다. 이 설명은 DMT가 포괄하는 수준, 측면, 경험의 범위를 이해하는 데 유용하다. 그 영역은 떠오르는 자아, 핵심 자아, 주관적 자아, 언어적 자아 감각이다.

참고문헌

Adler, J. (1999): Who is the witness? A description of authentic movement. In Whitehouse, M. J. Adler, & J. Chodorow. *Authentic movement*. London. Jessica Kinsley.

Barnes, A., & Thagard, P. (1997). Empathy and analogy. University of Waterloo Philosophy Department. http://cogprints.org/620/00/Empathy.html. Accessed 2/19/09.

Bartenieff, I. (1980). *Body movement: Coping with the environment*. New York: Gordon and Breach Science Publishers.

Berger, M. R. (1972). Bodily experience and expression of emotion, *American Journal of Dance Therapy*, 24(1), 27–33.

Berman, M. (1990). *El reencantamiento del mundo*. Santiago, Chile: Cuatro Vientos.

Berman, M. (1992). *Cuerpo y Espíritu*. Santiago, Chile: Cuatro Vientos.

Caldwell, C. (1999). *Habitar el Cuerpo*. Santiago, Chile: Ediciones Urano.

Casullo, M., & Castro Solano, A. (2000). Evaluación del Bienestar Psicológico en Estudiantes Adolescentes Argentinos. *Revista de Psicología*. Pontificia Universidad Católica del Perú, XVIII (I), 35–68.

Chaiklin, S., & Schmais, C. (1986). The Chace approach to dance therapy. In Lewis, P. *Theoretical approaches in dance therapy*. Vol. I. Dubuque, IA: Kendall/Hunt.

Chodorow, J. (1991). *Dance therapy and depth psychology: The moving imagination*.

London: Routledge.

Chodorow, J. (1997). Jung on active imagination. In *Encountering Jung*. Princeton, NJ: Princeton University Press.

Deleuze, G. (2004). *En medio de Spinoza*. Buenos Aires: Cactus.

Damasio, A. (2000). Sentir lo que sucede. Cuerpo y emoción en la fábrica de la consciencia. Chile: Andrés Bello.

Damasio, A. (2001). *El error de Descartes*. Barcelona: Crítica.

Damasio, A. (2003). *Looking for Spinoza: Joy, sorrow, and the feeling brain*. Orlando, FL: Houghton Mifflin Harcourt Inc.

Davis, M. (1983). An introduction to the Davis Nonverbal Communication Analysis System (DaNCAS). *American Journal of Dance Therapy*, 6, 49–73.

Diener, E. (1994). Assessing subjective well-being: Progress and opportunities. *Social Indicators Research*, 28, 225–243.

Fischman, D. (2006). La mejora de la capacidad empática en profesionales de la salud y la educación a través de talleres de Danza Movimiento Terapia. Buenos Aires. Tesis Doctoral. Biblioteca Universidad de Palermo.

Freud, S. (1916). *Lecciones introductorias al psicoanálisis: Teoría general de las neurosis*. Obras Completas. (1972) Tomo IV, Madrid: Biblioteca Nueva.

Freud, S.(1982). *Proyecto de una psicología para neurólogos*. Obras Completas. Buenos Aires: Amorrortu.

Gallese, V. (2003). The roots of empathy: The shared manifold hypothesis and neural basis of intersubjectivity. *Psychopathology*, 36, 171–180.

Hatfield, E., Cacioppo, J., & Rapson, R. (1994). *Emotional contagion: Studies in emotion and social interaction*. New York: Cambridge University Press.

Holyoak, K. J., & Thagard, P. (1995). *Mental leaps: Analogy in creative thought*. Cambridge, MA. MIT Press/Bradford Books.

Iacobini, M. (2008). *Mirroring people: The new science of how we connect with others*. New York: Farrar, Straus and Giroux.

Iacobini, M., Woods, R., Brass, M., Bekkering, H., Mazziota, J., & Rizzolatti, G. (1999). Cortical mechanisms of human imitation. *Science*, 286, 2526–2528.

Johnson, M. (1991). *El cuerpo en la mente*. Madrid: Rogar.

Johnson, M., & Lakoff, G. (1998). *Metáforas de la vida Cotidiana*. Madrid: Ediciones Cátedra.

Jung, C. G. (1999). *Recuerdos, Sueños y Pensamientos*. Barcelona: Editorial Seix Barral.

Kohut, H. (1971). *The analysis of the self*. New York: International Universities Press.

Kohut, H. (1990). *¿Cómo cura el análisis?* Buenos Aires: Paidos.

Kundera, M. (2001). *La vida está en otra parte*. Biblioteca Breve. Barcelona: Seix Barral.

Laban, R. (1987). *El dominio del movimiento*. Madrid: Fundamentos.

Lacan, J. (1988). *Mas allá del principio de realidad*, Buenos Aires: Siglo XXI, p. 84.

Lakoff, G., & M. Johnson (1999); *Philosophy in the flesh. The embodied mind and its challenge to western thought*. New York: Basic Books.

Levy, F. J. (1992). *Dance movement therapy: A healing art*. Reston, VA: National Dance Association, American Alliance for Health, Physical Education, Recreation and Dance.

Lewis, P. (1986). *Theoretical approaches in dance movement therapy*. Vol. 1. Dubuque, IA: Kendall-Hunt.

Lowen, A. (1990). *La Depression y el cuerpo*. Madrid: Allianz.

Lowen, A. (1991). *Bioenergética*. Méjico DF: Diana.

Lyons-Ruth, K. (1999). The two-person unconscious. Intersubjective dialogue, enactive relational representation and the emergence of new forms of relational organization. Trans. Manuel Esbert con autorización de Analytic Inc. Press. *Psychoanalytic Inquiry*, 19, 576–617.

Maturana,H, (1984). *El árbol del conocimiento*. Santiago, Chile: Universitaria.

Meltzoff, A. (2002). *The imitative mind. Development, evolution and brain bases*. London: Cambridge University Press.

Najmanovich, D. (2005). *El juego de los vínculos*. Buenos Aires: Biblos.

Paez, D., & Casullo, M. (2000). *Cultura y Alexitimia*. Buenos Aires: Piados.

Rogers, C. R. (1957). The necessary and sufficient conditions of therapeutic personality change. *Journal of Consulting Psychology*, 21, 95–103.

Salovey, P., Mayer, J. D., Goldman, S. L., Turvey, C., & Palfai, T.P. (1995). Emotional attention, clarity and repair. exploring emotional intelligence using the trait meta-mood scale. In J.W. Pennebaker (Ed.) *Emotion, disclosure & health*. Washington, DC.: American Psychological Association, pp. 125–154.

Sandel, S., Chaiklin, S., & Lohn, A. (1993). *Foundations of dance movement therapy. The life and work of Marian Chace*. Columbia, MD: The Marian Chace Memorial Fund of the American Dance Therapy Association.

Sealers, H. (1980). *Escritos sobre Esquizofrenia*. Barcelona: Gedisa.

Shlien, J. (1997). Empathy in psychotherapy. A vital mechanism? Yes. Therapist's conceit? All too often. By itself enough? No. In A. Bohart & L. Greenberg (Eds.), *Empathy reconsidered. New directions in psychotherapy*. Washington, DC: American Psychological Association, pp. 63–80.

Stern, D. (1996). *El mundo interpersonal del infante*. Buenos Aires: Paidós.

Stern, D. (2004). *The present moment in psychotherapy and every day life*. New York: Norton & Co., Inc.

Stern, D. et al. (1998). Non-interpretative mechanisms in psychoanalytical therapy. The "something more" than interpretation. *International Journal of Psychoanalysis*. 79, 903.

Thompson, E. (2001). Empathy and consciousness. *Journal of Consciousness Studies*, 8, (5–7), 1–32.

Thompson, E. (2005). Sensorimotor subjectivity and the enactive approach to experience. *Phenomenology and the Cognitive Sciences*, 4, 407–207.

Varela, F. (2002). *Conocer*. Barcelona: Gedisa.

Varela, F., Thompson, E., & Rosch, E. (1997). *De cuerpo presente, las ciencias cognitivas y la experiencia humana*. Barcelona: Gedisa. (The embodied mind, cognitive science and human experience, Cambridge, MA: MIT. http//mitpress. mit.edu.)

Whitehouse, M., Adler, J., & Chodorow, J. (1999). *Authentic movement*. Pallaro, P. (Ed.). London: J.K.P.

Whitehouse, M. (1999). Creative expression in physical movement is language without words. In *Authentic movement*. Pallaro, P. (Ed.), p. 33. London: J.K.P.

Williamson, G., & Anzalone, M. (1997). Sensory integration: A key component of evaluation and treatment of young children with severe difficulties in relating and communicating. Washington, DC. *Zero to Three*, 17, 1997.

Winnicott, D. W. (l979). *Escritos de pediatría y psicoanálisis*. Barcelona: Editorial Laia.

Winnicott, D. W. (l982). *Realidad y Juego*. Barcelona: Gedisa.

Wispé, L. (1994). History of the concept of empathy. In N. Eisenberg & J. Strayer (Eds.), *Empathy and its development*. Cambridge, U.K.: Cambridge University Press.

제4장

무용/동작치료, 움직임과 정서

Joan Chodorow

도입

이 장에서는 지속적으로 얽혀 있는 정서와 상상의 관계에 대해 이야기하고자 한다.*
신체 감각과 표현 가능한 신체 행동의 특유한 패턴뿐만 아니라, 정서도 창의적인 발달
의 고유한 잠재 패턴을 갖고 있다. 여기서 나는 몇 가지 기본 정서에 특별히 주의를 기
울일 것이다. 이 기본 정서들이 서로 섞이고 결합해 느낌과 감정 집합체의 민감한 망을
형성하고 나아가 인류문화의 가장 높은 가치를 이루기 때문이다. 감정과 얼굴의 신체
적 표현 형태는 무용/동작치료 연구에서 항상 중요하게 다루어져 왔다. 그러나 몇 년
동안 미국 심리학계는 정서와 상상의 연구가 비실제적이고 비과학적이라는 좋지 않은
평판에 대해 염려해왔다. 일부 사람만이 개인적 감정이나 서로 간 감정의 상호작용, 또
는 감정과 정신 구조의 다른 기능 사이의 관계에 대해서 관심을 갖게 되었다. 1980년대
중반이 되어서야 마침내 이러한 것들이 바뀌기 시작했다. 그리고 그때부터 정서와 상
상의 관계에 대한 흥미를 포함해 다른 여러 분야의 연구에서 정서와 정서 계발에 관한

---

* 이 장은 *American Journal of Dance Therapy*, vol. 22, no 1:5~27의 '상상에 의한 움직임(The
  Moving Imagination)'을 발췌하여 마리안체이스재단의 연차강의에서 발표된 것을 번안한 것이다.

큰 관심이 지속적으로 증가했다. 이 연구가 심리학, 종교, 철학과 과학, 사회 그리고 인간의 내적 성향을 다루는 심리적 상상인 고유의 형태에서 자연스럽게 퍼져나온 심리치료의 포괄적 방법으로서의 무용/동작치료의 또 다른 관점으로서 이해를 돕도록 하는 데 기여할 것이다.

새로운 세계가 도래하면서 잠시 멈추어 과거의 방식들을 살펴보는 것은 매우 유용한 일이다. 이 연구는 융 분석가인 루이스 스튜어트(Louis Stewart)가 제시한 세련되고 활용적인 이론적 가설에 의해 널리 알려져 있다. 나는 이 연구를 창의적 개발의 진행 과정을 강화하는 방법 중 하나로 제시하고자 한다. 감정과 원형 간의 관계에 대한 구체화된 이해와 원형감정 구조에 대한 스튜어트의 공헌은 무용치료, 나아가 분석심리학과 깊은 관련이 있는데 그 이유는 신체와 상상력 그리고 감정을 모두 포함하기 때문이다.

스튜어트의 원형감정 시스템은 고전적 연구의 넓은 범위로부터 나왔으며, 융과 톰킨스(Silvan S. Tomkins)에 의해 획기적 공헌을 한 현대적 자료로서 여러 학문 분야의 융합을 의미한다. 톰킨스(1962, 1963)는 감정과 정서를 인간을 포함한 고차원 영장류의 일차적, 내부적, 생물학적 동기부여 시스템이라고 했다. 충동요인과 다른 반응들은 이차적이다. 감정은 충동을 확장할 뿐만 아니라 기억과 지각, 생각, 또한 행동을 자극한다. 그의 이론에서 이러한 관점은 톰킨스가 1907년에 융이 먼저 제안했던 것과 같은 내용을 다시 한 번 설명한 것이다―"본질적인 성격의 기초는 감정 상태이다. 생각과 행동은 단지 감정 상태의 현상일 뿐이다."(CW 3:38, par. 78) 융은 "감정은 가치(1951, CW 9-II: 27~28, par. 52; pp. 32~33, par. 61), 심상(1961:177), 에너지 그리고 새로운 양심의 원천(1938, CW 9-I:96, par. 179)"이라고 했다. 톰킨스가 새롭게 제시했던 것은 특정한 감정의 집합과 그들의 특정한 기능을 명확히 하는 감정의 진화를 개발한 가설이었다.

이 연구에서 나는 감정과 감성이라는 두 용어를 교환해 사용했다. 유전적 감정, 이를테면 본래의, 원형의, 최초의, 내적의, 초등의, 근본적인, 기본적인 등의 단어를 묘사하기 위해 몇 가지 용어를 사용할 것이다. 기분과 느낌은 기본적인 감정주제의 무수히 많은 복잡한 것들의 혼합, 조절, 변형으로 이해된다.

루이스 스튜어트의 감정에 관한 첫 번째 연구는 그의 형제인 찰스 스튜어트(Charles Stewart)와의 공동 작업으로 쓰여졌다. 두 형제(1979)는 일곱 가지 유전된 감정의 시스템을 제안했다. 그들은 모든 기본적인 감정은 부분적으로 의식적 혹은 무의식적인 상징적 자극을 갖고 있다는 개념을 제시했다. 의식적인 부분은 대부분의 사람들이 비슷한 반응으로 움직이는 보편적 삶의 상황들로 구성되어 있다. 삶의 상황들을 보면 상실(슬픔), 모름(두려움), 자율의 구속(분노), 거절(혐오), 예상하지 못함(놀람), 친근(즐거움), 신비(흥미) 등을 말한다. 그리고 무의식적인 부분은 보편적이거나 삶의 경험적인 상황을 비추는 정서적 구조를 기초로 해 최초의 이미지가 분명하게 만들어지는 것이다. 예를 들면 원형적인 부족함과 같은 상실에 반응하는 최초의 이미지 각인, 즉 공허감이다. 내부의 공허감이 상실이라는 상황에 부딪히게 되면 그 두 부분은 긴장이라는 감정으로 드러나는 상징적 자극을 형성하기 위해 하나로 결합하게 된다. 이러한 경우에 상실의 종류나 개인이 처한 상황에 따라 긴장이라는 감정 대신 고통이나 슬픔 또는 비통함이나 괴로움 등으로 나타나기도 한다.

　무용/동작치료의 선구자 중 한 사람인 트루디 스쿱은 수년 전에 삶의 기초적이고 원형적인 경험을 정의하기 위해 독일어 ur('원시의, 초기의'라는 뜻으로 독일어에서 단어의 앞에 이것이 붙으면 '기원, 수수, 자연적인'이라는 뜻을 포함한다)를 사용했다. 그녀는 두 가지 두려움이 있다고 했다. 기본적 ur는 두려움이나 무의식으로 잠재된 항상 존재하는 원형의 두려움과 의식적이라고 불릴 수 있는 두려움을 말한다. 그녀는 자신의 유년 시절의 두려움에 대해 말할 때 이를 특징적으로 다르게 기억하고 있었다. 본능적인 두려움은 내부의 ur, 두려움을 슬며시 자극하는 매개체였다(Schoop, 1978, p. 96). 다시 말해 ur나 원형 이미지가 반응하는 삶으로 비춰질 때 특정 감정을 표현하는 정신구조의 신체 내 상호적 인지와 반향인 것이다.

생물학적 기초

반향의 이미지는 감정의 분자(*Molecules of emotion*, Pert, 1997)라는 책에 묘사되어 있다. 마취제 수용기관을 발견한 이후로 퍼트(Candace Pert)는 감정의 신경화학적 관점에 몰두해왔다. 특정 화학물질에서 특정 수용기관으로 이끌어내는 생물학적 과정에 관한 그녀의 설명은 분자 수준에서의 감정 발산 기능을 유추해볼 수 있는 방법을 제공한다. 최소 70가지 다른 종류의 일반적인 신경세포의 표면에는 수많은 수용기관이 있을 것이다. 그녀가 정의한 수용체는 다음과 같다.

세포조직의 막은 진동하고 움직이며 맴돌고 또 다른 작은 단위의 생성물질들의 진동에 의해 전달되는 메시지를 받아들인다. 또한 각 세포 주변의 액체를 통해 자연스럽게 나와 아미노산의 발산을 만들어낸다(이를 기술적 언어로는 확산이라고 한다). 우리는 이러한 수용체를 '키홀(열쇠구멍)'이라고 설명하고자 한다. 이것이 무언가를 완벽히 표현할 수 있는 정확한 용어는 아닐지라도 그것은 움직이고, 리듬 안에서 춤을 추며, 진동 방법…

자물쇠에 딱 들어맞는 열쇠가 이에 대한 기본적인 이미지라고 하더라도 이 과정에 대한 역동적인 설명에는 두 가지, 즉 배위자(리간드, ligand)와 수용체가 있다. 이들은 진동을 생산하고 같은 음을 나타내며 세포로 진입하는 문을 열었다. (Pert, 1997, p. 23~24)

행동학자들은 '내적 발산 메커니즘'이나 동물과 인간의 본능행동 패턴을 풀어낸 '키 텀블러(key tumbler)' 구조에 대해 논할 때 비슷한 과정을 설명하는 것처럼 보인다 (Stevens, 1983, pp. 56~58). 2003년, 얼굴의 심리학(Emotions Revealed)에서 폴 에크만 (Paul Ekman)은 각 개인 안에 반드시 존재해야만 하는 '자동평가체(autoappraiser)'라는 용어로 설명했다. 자동평가체는 의식의 출발점 아래 종종 1,000분의 1초 내에 모든 감각의 조직으로부터의 투입량을 평가하고 받아들이는 환경을 꾸준히 정밀 검사한다.

최근에 신경과학자들은 행동의 조종과 진행, 지각 그리고 감정을 포함하는 뉴런의 새로운 범주인 '거울 뉴런'에 눈을 돌려 주의를 기울이고 있다. 갈레세는 (다른 종류의 거울 뉴런으로 구성된) 거울-매칭 메커니즘에 대해 말한다. 그는 거울-매칭 메커니즘이 "풍부하고 다양한 상호 주관적 경험을 가능하게 하는, 뇌의 기본적인 조직적 특성일 가능성이 높다."(2003, p. 171)고 하였다. 신시아 베롤(Cynthia Berrol)은 뛰어난 기여를 했는데 "신경생물학적 메커니즘의 측면과 거울 뉴런의 진화하는 이론적 구성을 검토하고, 그것들을 DMT와 공감과 연관된 치료적 과정이라는 질적 렌즈를 통해 바라본다."(2006, p. 303).

뇌, 정신, 신체 전체에 걸친 신경관계의 형성은 유아기와 유년 시절뿐만 아니라 일생 동안 움직임(상호작용 움직임과 자기운동)에 크게 의존한다. 심지어 우리가 정지 상태에 있을 때에도 모든 호흡, 생각, 느낌에 신경근육의 구성요소가 있다. 비침투적 신경촬영법을 사용해 뇌의 가소성, 암묵적(신체) 기억, 행동 및 감각과 감정의 신경적 측면(거울 뉴런), 모방학습, 정서, 정서조절, 투사의 창조적·파괴적 측면 그리고 체화된 더 나은 이해를 얻는다. 신경과학 분야로부터 나온 통찰이 무용치료와 심층심리학 및 관련 연구를 지지해주고 있으니 우리는 참으로 흥미진진한 시대에 살고 있다.

루이스 스튜어트는 상징적인 자극이나 과정은 감정과 심리상태를 표현한다고 했다. 그것은 의식과 무의식 영역의 결합을 함께 포함한다. "'삶의 경험'의 의식적 자극은 말하자면 무의식, 내재적 이미지나 각인, 그런 이미지나 각인의 가능성과 반드시 마주친다."(1986, p. 200)

일곱 가지 최초의 이미지 각인

스튜어트는 내재적 이미지와 각인이 무엇일지 찾는 과정에서 창조 전의 어떤 이미지는 신화와 상징뿐만 아니라 '적극적 상상(active imagination)'의 활동적 상상력의 그림, 춤, 환상, 모래상자에서도 나타나고 재현된다는 것을 발견했다(Chodorow, 1997). 최초의 이미지 각인을 설명하는 데 있어서 루이스 스튜어트는 시적 은유의 표현을 사용한다.

'시작'에서 ― 실제적으로는 '시작'보다 더 전에 ― 신화와 종교는 변화무쌍한 이미지들, 우리가 말하는 '창조 전(前)' 상징들의 매트릭스를 규명한다. 모든 것을 만들 수 있는 잠재력을 보유하는 것을 우리는 '선창조' 상징이라고 부른다. 모든 것을 덮어버리는 심연, 텅 빔, 혼돈, 소외, 암흑이 있고, 물론 창조주도 있다. 이러한 이미지들은 세상의 경험과 함께 울린다. 여기서의 경험은 영원, 동굴과 깊은 바다, 별이 총총한 하늘, 비어 있는 대양의 공동, 생명이 생명을 산란하는 무수히 많은 혼란스러운 자연, 우주의 차디찬 텅 빔과 생명 없는 우주공간, 깊은 밤과 방향의 상실 같은 것이다. 세상을 이런 식으로 보는 관점에서 시작한 명상은 당연하게도 우리 스스로를 깊은 공허함, 혼돈의 판타지, 감정의 불화, 뒤엉킨 꿈의 통로와 같은 내적 세계로 데려간다. 신화는 이러한 명상의 생산물이다.

이 상징들은 자기(Self)의 최초 상징들이다. 그리고 각각의 상징은 나타나면서 자기를 드러낸다. 이것들은 종교, 미학, 철학, 사회도덕의 형태로 진화된 문화정신이다. 이러한 최초의 상징은 기본적인 감정의 원천이다. 그리고 악령과 악마 앞에서 자신을 지옥의 심연에 놓는 것을 상상하기는 어렵지 않다. 이것이 꿈일 때 우리는 공포를 경험한다. 그러나 만약 심연을 안전하게 지나면, 단테의 '신성한 산(Holy Mountain)'이 나온다. 그러므로 각각의 이미지가 자기의 상징이며, 그것의 반대쪽은 온전함과

치유의 상징인 것이다. (1997, p. 1)

원시적인 정서의 경험이기도 한 이러한 이미지에 대해 잠시 생각해보자. 이미지가 단지 보이기만 하는 것이 아니라 모든 감각을 통해 경험되고 상상된다는 것을 기억하면 도움이 될 것이다. 공허함을 경험한다는 것은 상실, 슬픔, 비통의 신체가 경험하는 사실적인, 비어 있는 느낌이다. 심연의 끝자락에 서 있다는 것, 혹은 그 속으로 떨어진다는 것은 땅이 당신 아래로 떨어져나가는 것과 같은 두려움 때문에 숨이 턱 막히는 것이다. 혼돈을 경험하는 것은 풀지 못하는 매듭에 꽉 묶여 있는 느낌이다. 즉 혼란스러운 섞임, 얽힘, 분노의 좌절을 말한다. 소외를 경험하는 것은 혐오감 속에서 사람을 위축시키는 거절과도 같다. 자신을 향한 혐오를 수치심, 다른 사람을 향한 혐오를 경멸이라고 한다. 어느 쪽이든, 양쪽 다 소외된다. 갑작스러운 암흑을 경험한다는 것은 극도로 놀라거나 예상하지 못한 대혼란의 순간을 말한다.

슬픔의 공허함, 두려움의 심연, 분노의 혼돈, 혐오(경멸/수치심)의 소외, 놀람의 암흑 외에, 물론 빛의 두 가지 형태로 나타나는 창조자도 있다. 인간의 경험에서 이 두 가지는 삶의 강화, 기쁨, 흥미의 정서를 말한다. 퍼진 빛은 즐겁고 더없이 행복하며 모두를 아우르는 기쁨의 경험이다. 집중된 통찰의 빛은 흥미와 흥분에 강렬하고 정확하게 집중되어 있음을 말한다.

다윈(Darwin, 1882/1998)은 정확하게 인지되는 행동의 패턴과 복잡한 감정인 내적 감정 사이를 구분했다. 다윈의 복잡한 감정은 널리 알려져 있지만 본능적인 얼굴표정이나 신체적 행동의 패턴을 설명하기에는 아직 부족하다. 다윈의 복잡한 감정은 질투와 부러움, 찬양, 존경, 욕심, 아량 등을 포함한다. 루이스 스튜어트는 '복합적인 가족 감정(complex family emotion)'이라는 용어를 만들어 가족 내부에서 혼합, 조정, 변형이 이루어지는 것을 묘사했다(1992, p. 93).

일곱 가지 기본 정서 주제가 있는데, 각각의 정서는 강도의 연속체를 따라 표현된다. 또한 복잡 미묘한 많은 정서의 조합과 정서의 순서가 있다. 각 기본 정서는 미묘한 혼합과 조정과 강도의 범위에 따라 다양한 주제로 이해할 수 있다. 정서 주제는 타고나지만, 문화와 가족에 의해 주제 변화가 형성된다(에크만의 '정서표현규칙', Ekman's Afterward in Darwin, 1882/1998, pp. 383, 385, 386, 391~392 참조).

일곱 가지 기본 감정 특성

모든 감정은 필수적이다. 하지만 모든 감정의 전부 그리고 다른 감정들과 상호작용을 함으로써 즐거움과 흥미에 의한 감정 개발이 이루어져야 한다. 즐거움은 놀이, 상상력 그리고 궁극적으로 에로스(신화적 의식 개발의 감정적인 원천)다. 흥미는 호기심, 탐험 그리고 궁극적으로 로고스(언어적 개발의 감정적인 원천)다. 융과 헨더슨(Henderson) 은 문화적 무의식의 개념(Henderson, 1984)을 세우는 데 즐거움과 흥미가 위기와 생존 (비통, 두려움, 분노, 혐오)의 조절과 변형 그리고 감정의 새로운 방향 설정을 통해 발달되면서 자아 기능과 상징적인 문화적 태도를 포함하는 고차원적인 정신 구조의 기능 이 된다는 스튜어트의 가설에 기반을 두고 있다.

이 절에서는 상상력 발달의 잠재적 패턴을 포함해 일곱 가지 유전적 감정을 얼굴표 정과 신체 표현으로 설명하려 한다.

여기서 삶을 강화하는 감정(흥미와 즐거움)을 시작으로 감정의 집중과 새로운 동향 (놀람)에 대해 소개할 것이다. 표현과 변형의 패턴을 포함해 위기와 생존의 네 가지 감 정(비통, 두려움, 분노, 혐오)에 대해 설명함으로써 이 절을 마무리하겠다. 이 부분을 읽어 감에 따라 여러분이 자신의 경험을 기억하고 상상하기를 바란다.

즐거움-기쁨-황홀

즐거움을 만들어내는 삶은 사랑받는다는 친밀한 감정으로 잘 알려져 있다. 눈은 밝게 빛 나며 입술은 펼쳐지고 밝아진다. 신체는 가벼운 마음과 발전적 느낌을 감각적으로 느 낀다. 팔은 웃음과 함께 넓게 열릴 것이다. 이러한 감정의 정점에서는 즐거워 어쩔 줄 몰라 여기저기 뛰어다니게 될 것이다. 하지만 이 표현이 원형적으로 '즐거움을 나타내 는 점프', 구르기, 산발적인 웃음 등 그 모든 것을 더없는 행복함으로 표현하는 것이라 면 즐거움은 놀이, 상상력, 신화적 의식, 종교적 관련을 갖고 있을지도 모른다. 내가 트 루디 스쿱에 관해 항상 기억하는 부분은 어떻게 그녀가 모든 감정, 특히 즐거움을 완전 하게 표현하느냐는 것이다. 그녀는 '건강 그리고 지면(땅)의 기억(회상)과 그것을 지탱 하는 무게의 즐거운 가벼움'이라고 이해하고 이를 구체화했다(Schoop, 1978, p. 95).

즐거움의 경험에 반응하는 상상력의 패턴이란 무엇일까? 즐거움은 놀이와 공상으로 표현되고 즐거움의 성향과 조건은 철저히 자발적인 행위다. '생각할 수 없는' 생각은 없다. '상상할 수 없는' 것은 없다. 그리고 이것이 우리가 흔히 즐거운 놀이와 상상력의 소재를 억제하는 소재로 떠올리는 이유다.

머지않아 원형 상상력은 우리를 복잡한 것들의 감정적 핵심으로 데려갈 것이다. 미숙한 직접적 경험, 상상력은 어떻게든 참을 수 없는 부분에 대한 참을성을 만드는 상징적 이미지와 이야기를 만들어낸다. 정신 구조의 보상 성향이 이 부분에 해당하고 감정과 느낌, 완전하게 기분을 변형한 이미지와 경험이 만들어진다.

무용치료사인 캐롤린 그랜트 페이(Carolyn Grant Fay)는 이러한 경험을 설명한다. 아래의 이야기는 내적이고 직접적인 동작 과정이 그녀의 어머니가 돌아가셨을 때 그녀를 공허함과 상실이라는 고통스러운 감정으로 다시 데려가는 것을 보여준다.

> 나는 스스로 마음속에서 하는 말을 들으면서 오랫동안 조용히 기다린다. 목에 신경이 쓰였다. 목이 아프고 꼭 죄인 느낌으로 긴장되어 있었다. 그래서 목이 나를 움직임으로 이끌도록 했다. 목은 나를 무릎 꿇게 하고 앞쪽으로 그리고 천천히 바닥을 가로질러 웅크린 자세로 이끌었다. 나는 내가 핏발로 붉어진 목에 집중한다는 것을 인식하게 되었다. 결국 내 목은 나를 일으켜 세웠고 한층 더 진행하게 했다. 갑자기 목은 나를 멈추게 했다. 그리고 나는 그냥 그 자리에 있었다. 여기서 바닥으로 쓰러졌고 그 자리에서 움직임 없이 누웠다. 여기에 움직임은 없었다 … 이미지도 없고 … 없었다.
>
> 얼마 뒤 붉은 핏빛이 목과 가슴에 있다는 것을 알아차렸다. 핏빛이 조금씩 엷은 분홍색에서 심홍색의 붉은색으로 변해갔다. 팔이 위아래로 움직임에 따라 장미가 형태를 갖추어가며 목과 심장으로부터 피어오르기 시작했다. 환상 속에 남아 있는 나의 신체 부위는 꽃의 줄기와 잎으로 바뀌는 것처럼 보였다. 그 순간에 내가 느낀 감정을 설명하기 위해서 표현할 수 있는 최대의 표현은 따뜻함, 행복, 충만함이다.
>
> 그녀는 자신의 경험의 의미에 대해 이렇게 썼다. "바닥에 넘어져 아무것도 느끼지 못하는 것은 상처받은 부분이 죽음을 상징하는 것처럼 보인다. 내가 꾼 꿈에 대해 생각해보면 목과 가슴에서 피를 흘리고, 나태의 시대로부터 음울하고 기진맥진한 여자가 나타났다. 이 여자는 우리 어머니가 돌아가셨을 때인 열여덟 살의 나와 관련이 있다. 참삶의 감정을 수반하는 핏빛 색깔과 장미가 생성되는 것에 대한 깨달음은 나의 재탄생과 관련이 있다." (Fay, 1977, p. 27)

상상은 기쁨에 의해 크게 활기를 띠고 형성된다. 기쁨이 위기 정서를 조절하고 변형시키기 때문이다. 캐롤린 그랜트 페이가 설명한 것처럼, 드러난 원형적 주제는 상실이다. 상실은 죽음과 재탄생을 상징적으로 경험하도록 이끌며, 움직임을 통해 표현되고 변형되었다. 명백하게, 이런 종류의 내면 지향적 경험은 자아에 의해서 유도되는 것이 아니라 원형적 상상 그 자체에 의해서 활성화되고 형성된다. 다시 말해 어린아이든 어른이든 원형적 상상은 놀이와 호기심으로 표현되는, 삶의 강화 감정인 기쁨과 흥미 사이에 진행 중인 변증법적 관계를 포함한다. 이는 위기와 생존 감정을 조절하고 변형시켜준다. 어린이는 재미를 위해 놀이를 하지만, 우리가 알고 있듯이 놀이의 내용은 종종 어렵고 혼란스러우며 심지어 소름끼치는 경험에 관한 것이다. 여기서는 놀이와 상상의 내용(상처 입은 경험의 반복과 관련되는 경우가 많음)과 놀이와 상상의 기능(통합과 치유)을 구별하는 것이 유용한 것 같다.

원형적 상상은 즐거운 자발적 놀이로부터 골치 아픈 복합적 감정의 핵심으로 이끈다. 이와 마찬가지로 캐롤린 페이의 죽음과 재탄생 경험에 대한 설명은 그것이 반대로도 작용할 수 있음을 보여준다. 이런 예는 많이 있다. 인류 역사 전반에 걸쳐 모든 문화에서 사람들은 보통 매우 어두웠던 시간의 한가운데서 오는 빛을 저절로 보게 된다고 보고한다.

흥미-흥분

흥미를 자아내는 삶의 상황은 **새로움**이다. 특징적인 표정은 유지하는 초점과 약간 찡그린 눈썹, 부드럽게 벌어진 입과 오므린 입술 등이다. 우리는 추적하고 보고 듣는다. 흥분 때에는 끊임없이 변화하는 세상의 모든 면에 매료당하고 열중함에 따라 '숨 막히는' 순간이 있을 수 있다.

기쁨과 흥미는 서로를 강화하는 상호작용을 한다. 즐거움이 놀이와 상상을 통해 표현될 때, 흥미는 호기심과 탐색을 통해 표현된다. 새로운 것을 마주할 때 호기심을 갖는다거나 탐구하기를 원하는 것은 인간 성향의 한 부분이다. 탐구를 통해 새로운 경험이 어느 순간 익숙해지고 그것을 즐기기 시작하며 그것을 둘러싸고 우리가 누구인지 환상을 만들어나간다. 우리가 또 다른 새로운 일면을 마주하게 될 때까지 그 환상은 계속되고 그것에 대한 탐구도 계속해서 진행된다. 무용치료에서는 있는 그대로의 신체에 대한 흥미와 신체에 관한 환상, 즉 흥미와 상상 간에 진행 중인 연관관계가 있다(Fay, 1996; Fleischer, 2004; Mendez, 2005; Panhofer, 2005; Stromsted, 2007).

흥미와 흥분에 관한 논의의 한 부분으로, 나는 융의 자아 기능(감각, 사고, 느낌, 직관)을 포함한다. 융의 짧은 인용문에 따라 독자들에게 진화되고 개발 중인 발상에 대해 생각해보라고 요청할 것이다. 호기심과 탐구를 통해 표현된 흥미가 원초적인 감정으로부터 조절된 감정과 자아 지향적 기능으로 옮겨가며 모든 위기 감정에 영향을 미치고 그것을 조절하고 변화시킬 수 있을까? 융의 자아 기능은 지향과 밀접한 관련이 있다. 예를 들어 숲을 (혼자 또는 같이) 걷다가 강을 발견했다고 상상해보자. 강을 건너겠는가? 아니면 멈추어서 생각하겠는가? 다른 길을 찾겠는가? 어떤 결정을 하겠는가?

> 이러한 네 가지 기능 유형은 무의식이 그것의 적응을 달성한다는 명백한 의미에 부합한다. 감각(감각지각)은 무엇인가가 존재한다는 것을 말한다. 생각은 그것이 무엇인지 말하고 느낌은 그것이 동의할 만한 것인지 아닌지를 말해주고 직감은 그것이 어디서 오고 어디로 가는지 말한다. (Jung, 1961/1964, CW 18, p. 219, par. 503)

느낌 기능은 일반적으로 감정과 정서 사이에서 혼동되어 왔다. 그러나 융의 느낌 기능은 평가 가능한 기능이다. 이는 감정적 분위기를 평가한다.

먼저 흥미는 즐거움과 변증적인 관계를 갖는다. 반면에 흥미가 우리를 세상과 자신에게 연결할 때, 흥미는 모든 감정이나 기분과 관계하며 고취된다. 융의 자아 기능(Jung, 1921, CW 6)이 감정의 위기를 조정하고 변화함에 따라 흥미-흥분의 감정주제를 통해 주요하게 전개된 것에 대해 생각해보자. 예를 들면 다음과 같다.

사고. 분노에서, 우리는 무엇인가가 영향이 있고 모든 주의가 어떻게 문제를 명확하게 하고 공격하는지 집중하는 것을 알아차릴 수 있다. 생각하는 사람은 이런 경로로 더 흥미를 느끼게 된다.

감정. 혐오가 쓰디쓴 이전의 경험과 맞서 싸울 때, 우리는 인간관계의 복잡한 관계에 대한 평가를 돕는 감수성을 개발한다. 감정적 분위기에서 흥미는 느낌 기능의 앞선 단계처럼 보인다.

감각. 슬픔에서, 우리의 지속적인 열망은 우리가 그리워하는 것을 형상화해 표현하기 위한 것이다. 신체와 유형의 세상에서의 흥미는 잘 발달된 감각 기능이 필수이다.

직관. 두려움을 통해 우리는 수많은 무형의 존재, 의식하지 못하는 가능성을 느낀다. 직감적인 사람은 이러한 부분에서 흥미를 느끼곤 한다.

삶을 강화하는 두 가지 분류(즐거움-기쁨-황홀 그리고 흥미-흥분)에서, 다음은 놀람-극도의 놀람이라는 감정주제의 핵심과 새로운 동향을 살펴보겠다.

놀람-극도의 놀람

무엇인가 예상치 못한 일이 일어났을 때 우리는 깜짝 놀라게 된다. 얼굴표정은 눈썹이 위로 올라가고 눈은 넓고 크게 떠지며 입은 열린다. 놀람-극도의 놀람 감정주제는 정신을 기초로 한 혼란적인 표현이다. 이는 의식에서 중심 역할을 하고, 의식의 새로운 방향을 설정하는 것으로 이끈다. 루이스 스튜어트의 말을 빌리면

> 전체 유기체의 중심을 이끌도록 하는 것, 즉 어떤 움직임이나 소리 전체를 중단하게 한다. 호흡의 중단이나 심지어 심장박동도 순간적으로 방해받을 수 있다. 여기서 다른 모든 감정은 이와 반대로 기능한다. 즉 우리가 극도의 놀람 상태와 자아의식에 의해 즉각적으로 따르는 것은, 특정 기능으로 빠르게 재저장되는 것을 알게 된 이후 그들의 에너지는 확실하게 준비된 상태임에도 모두 중지 상태가 된다. 게다가 특별한 원형감정은 극도의 놀람 반응으로 이끌었던 것이 어떤 것이든 그것의 반응을 받아들일 수 있다. 극도의 놀람의 생존 기능은 부적절한 반응의 발생 위협이 평가되기 전에 방지하는 것이다(극도의 놀람과 생리학적 충격 반응 사이의 관계에 대해서 걱정하는 것은 도움이 되지 않는다). (1987, pp. 41~42)

무용치료의 선구자인 마리 화이트하우스는 내부 자극으로부터 나오는 움직임으로 설명했다. "경험은 놀람의 요소를 항상 갖고 있다. 놀람은 예측 불가능하고 스스로 일어나는 것처럼 보인다."(1963, in Pallaro, 2000, p. 54) 그녀의 간단하면서도 심오한 관찰은 극도의 놀람에 대해 예측하지 못한 내적 현상의 반응에 놀라거나 극도로 놀라게 될 수 있다는 내향적 관점이라고 보았다. 내면에 일반화된 움직임은 놀라운 결과와 함께 나타날 것이다. 예상치 못한 환상을 떠오르게 하고, 생각이나 통찰을 지나가게 하고, 깜짝 놀라게 한다. 내부 현상으로 놀람의 성향을 알아차리는 것은 자기반영적 의식의 시작일 수 있을까?

극도로 놀라는 것에 대해 숨겨진 관점은 많이 발견되는데, 근육조직이 굳어버리는 것(극단적인 예로 긴장증 환자인 사람이 마음을 여는 것이다)처럼 습관적이 되는 것이다. 하지만 일반적으로 놀람-극도의 놀람은 기억할 만하고 궁금해할 만한 감정이다.

그것은 심리학 발달에 필수적인 새로운 방향 설정에 있어 쉽게 인지할 수 있는 순간으로 특정된다.

기초적인 수준에서 느끼는 신체 감각은 충격적이다. 그 범위는 부드러움에서부터 긴장에 이르기까지 광범위하다. 우리가 의식적이며 방향감각 상실의 상태로 남겨질 때, 정신 구조는 그 이미지를 생산하고 그것을 통해 우리를 움직이게 하는 필요한 경험을 하는 듯하다. 융의 연구 중 하나는 이 과정을 고등교육을 받고 교양 있는 50대 중반의 여성이 만든 놀라운 그림의 연속을 통해 가시적으로 보여준다. 이 그림 중 그녀의 두 번째 그림에 대해 논해보자면, 그것은 몇만 볼트의 빛으로 어둠의 단단한 심적 결정체에 불을 지피는 것과 같다고 볼 수 있다. 여기서의 핵심은 "벼락은 예상치 못하고 갑작스러우며 정신조건의 압도적 변화를 의미한다."(Jung, 1933, p. 295, par. 533) 그것은 '빛을 발하고, 생생하게 하고, 풍요롭게 하고, 변화하고, 치유하는 기능'을 갖고 있다(Jung, 1933, p. 314, par. 558). 연금술의 원문에서, 빛은 왕족 부부가 살아 돌아오게 하는 원인이다. 유태인 전통에서 "메시아는 빛처럼 나타난다."(Jung, 1933, p. 295, par. 533, note 7) 무용치료에서, 놀람-극도의 놀람은 얼굴에서 포착하기 어려운 그저 지나가는 것이거나, 움직이는 사람에게 동요를 주는 충동적 물리적인 동작일지 모른다. 혹은 빛에 대한 꿈, 환상 또는 춤일 수도 있다. 이 모든 것과 셀 수 없이 많은 다른 상징적인 경험은 놀람-극도의 놀람, 그리고 자기반영 의식의 발전과 관계가 있다.

놀람-극도의 놀람이라는 감정주제의 핵심과 새로운 동향으로 우리는 기본적으로 존재 감정주제의 위기와 생존(비탄, 두려움, 분노, 혐오)을 볼 것이고 두 가지 교차되는 표현과 변화의 관점으로부터 각각 접근할 것이다.

고뇌-슬픔-비탄-괴로움

우리는 상실을 경험할 때 눈썹의 안쪽 끝부분이 비스듬하게 올라가고 입꼬리는 아래를 향한다. 강한 비탄과 괴로움에는 슬픈 울부짖음과 흐느낌이 있다. 눈꺼풀이 단단하게 조여지고 안구 주위의 근육이 주름진다. 입은 종종 슬픔에 찬 모양으로 튀어나온다.

상실에서 신체 감각은 공허한 느낌 혹은 죽음의 무게거나 둘 다일 수도 있다. 만일 우리가 그리워하는 사람이 그 자리에 없다면, 슬퍼하는 사람은 사랑받은 사람의 상실에 대한 정체성과 황폐하고 공허한 세상의 경험 사이를 왔다 갔다 하게 될 것이다. 심장은 무겁고, 아프고, 다친다. 때때로 이것은 온몸이 찢겨져 나가는 것과 같은 느낌이다. 가슴이 찢어지는 듯한 경험은 사랑하는 사람이 죽었을 때 옷이나 천 조각을 찢는 애도의 전통 속에 문화적으로 반영되어 있다.

루이스 스튜어트는 슬픔과 비탄에 관한 그의 연구에 접근하면서 이를 궁금해했다. 무엇이 그런 벌을 주는 감정을 사용하게 하는 걸까? 생존의 수준에서, 두려움, 분노 그리고 혐오의 감정주제는 다른 종류의 위험에 대한 자기방어적 반응으로 이해한다. 하지만 슬픔과 비탄의 생존 기능은 어떻게 이해할 수 있을까? 다시 말해 슬픔이 없는 세상은 어떨까? 만일 사랑하는 사람의 상실에 대한 보편적인 반응이 "음, 유감이네, 오늘 여기 있는 사람이 내일은 떠나는구나."라는 식의 반응이라면, 누군가는 평범하고 담백한 모두의 삶의 질이 비슷하게 된다고 상상할 것이다. 슬픔은 우리를 우리가 사랑하는 사람들을 의미로 연결할 뿐만 아니라 자연의 아름다움, 지구의 요소, 유형의 세상에도 연결하는 통로이다.

인간이 상실의 총체적 충격을 경험할 때마다 비탄의 다양한 표현이 주기적으로 생긴다는 점을 볼 수 있다. 비탄은 보편적이고 인지할 수 있으며 문화에 따라 다르게 구분되고 형성된다. 주기적으로 바뀌는 신체의 동작은 자연 상태에서의 인간이 사랑하는 사람의 죽음에 대한 이미지를 아름다운 꽃이 가득한 성지와 같은 이상적인 것으로 묘사하는 창조, 재창조를 가능하게 한다. 에이즈 퀼트(에이즈로 세상을 떠난 사랑하는 사람을 기억하기 위해 가족과 친구들에 의해 만들어짐)나 눈물의 퀼트(예기치 못한 불의의 사고로 죽은 이웃이나 친구를 기억하기 위해 학교 어린이들이 만듦) 등의 많은 다른 종류의 죽음은 이 과정을 명확하게 보여준다. 각각은 우선 비탄의 표현이고 아름다운 기억으로 남는다.

만일 우리가 슬픔과 비탄으로부터 전개된 상상의 카테고리나 형태를 생각한다면, 우리는 주기적인 조화를 통해 표현되는 상상의 아름다움에 이끌리게 된다. 주기적으로 표현되는 다양한 비탄은 즐거운 기억과 또 다른 경험들뿐만 아니라 음악, 노래, 시, 춤, 그림 등이 발전되어 나온 애도와 함께 작용한다. 이것을 시작으로, 슬픔이 수반된 즐거움의 혼합체는 상상의 아름다움과 예술을 통한 표현을 거쳐 전개되고 계속 이어진다.

불안-두려움-공포

슬픔과 비탄으로 억압된 눈에 반해, 두려움의 눈은 더 넓게 열린다. 슬픔, 비탄, 괴로움은 오랫동안 지속될 수 있고 울음은 자유와 휴식을 가져올 수 있다. 하지만 우리가 공포로 몸을 떨고 있을 때 두려운 감정을 없애는 것은 그리 간단하지 않다. 기본적으로, 두려움은 모르는 것을 마주한다. 눈은 넓게 떠지고, 눈썹은 올라가 비스듬하고, 내리뜬 눈꺼풀은 경직되어 있으며, 입술은 수평으로 펴진다.

이러한 낮은 강도의 범위에서 두려움의 생존 기능은 우리가 위험을 수반하는 어떤 알지 못하는 상황에 직면했다는 것을 확신하게 된다. 불안함에는 위급상황에 대처했다 하더라도 손, 발, 다리의 긴장된 경련반응이 있을 수 있다. 극단적인 수준의 혼돈과 공포에서는 죽음이나 죽음과 비슷한 정도의 끔찍한 상해를 마주한다. 죽음이라는 것은 궁극적으로 알지 못한다. 생명을 위협할 정도의 위급상황에서, 두려움의 생존행동은 공포로 얼어붙거나, 기억을 희미하게 하거나, 상황으로부터의 도피다. 조절 불가능한 반복적인 행동은 몸을 떨게 하고, 무분별하게 저돌적이고, 날뛰고, 집요하고, 위축되고, 움찔하고, 얼어붙는 행동을 포함한다. 느껴진 신체 감각은 심장박동과 식은땀, 내장 문제, 다리 풀림, 입이 바짝 마르게 하는 행동을 포함한다.

오래전에 내가 트루디 스쿱과 함께 공부할 때, 그녀는 내게 두려울 때 어떻게 움직이느냐고 물었다. 우리는 방을 가로지르면서 한 사람씩 차례로 움직이며 우리 삶에서 두려웠던 기억을 상상하고 기억해내며 우리 몸의 반응을 살피기 시작했다. 우리는 거의 대부분 낮은 강도의 두려움을 표현했다. 대부분은 불안과 긴장, 긴장과 전율의 반복이었다. 그때 트루디는 이 지구상에서 인간의 역사에 있어서의 두려움을 상상할 것을 제안하며 더 먼 차원의 상상으로 발전시키기를 원했다. 그녀는 "수천 년 전으로 돌아가서, 너는 이 지구상에 있는 첫 번째 사람이야. 제일 먼저 네가 무엇을 느끼고 무엇을 하는지 어떠한 예고 없는 상황을 상상할 수 있겠니? 천둥소리가 들려?" 트루디의 북은 천둥소리가 되었고 내가 그것을 들었을 때 나는 아무것도 계획할 수 없었다. 땅바닥에 주저앉게 되었다. 그 순간, 나는 처음으로 두려움과 신의 음성 사이의 연결을 경험했다.

두려움은 생존 기능과 정신적 차원 모두를 갖고 있다. 미스터리한 상상은 원형 상상의 특정 카테고리나 형태이다. 우리가 전혀 알지 못하는 상황에 놓여 있을 때 가장 처음 나타나는 표현은 조절이 안 되는 반복적인 행동이다. 악마를 피하기 위해 신도들이 기도와 예배를 드리는 의식적 행동 혹은 두려움을 표현하는 것은 행동적 의식이다.

의식의 제정은 몸을 떤다거나, 심하게 몸부림친다거나, 흔들린다거나, 속삭이거나, 성가를 부르는 것 등을 포함한다. 그리고 그것은 초를 켜거나 제물을 바치는 등의 조용한 행동을 반복적으로 하는 것까지 포함한다. 하지만 반복적인 행동이 머리를 들거나 묵상에 잠기는 것이라면 그 과정은 우리가 잘 알지 못하는 것에 직접 마주하는 상황으로부터 우리를 보호하기 위한 잘 알고 있는 물리적인 행동에 집중하게 한다. 성스러움의 의미(*The idea of the holy*)라는 책에서 루돌프 오토(Rudolf Otto, 1923)는 위대한 종교적 전통들이 초자연적인 두려움에 대한 고대의 경험으로부터 어떻게 발전해왔는지 보여준다. 나는 오토가 설명한 발전이 두려움 혼자 독립적으로 나왔을 것이라고 볼 수 없고 대신 즐거움과 두려움의 혼합과 같이 복잡 미묘하게 발전되어온 것이라는 점에 그가 동의할 것이라고 생각한다.

반복적인 의식의 질(quality)과 주기적인 춤으로서의 질(quality) 사이에서 유사성과 차이점에 대한 의문이 생길 것이다. 그것들 각각은 스스로의 감정적인 원천에 기반한다. 하지만 거기에는 의식과 주기성, 그리고 신성함과 아름다움 사이의 특별한 관계가 있다. 각각은 자연스럽게 또 다른 것으로 흘러가는 듯하다.

좌절-분노-격노

분노로부터 전개되는 삶의 상황은 제약, 즉 자율성의 제약이다. 분노의 표정은 눈썹이 찡그려지고, 눈꺼풀이 올라가고, 눈이 고정되며, 콧구멍이 넓어진다. 입은 열려서 치아를 다 드러내 보이거나 아래턱을 다물게 된다. 심장박동이 증가하고 피부는 뜨거워지며, 피는 손끝까지 흘러간다. 분노의 표현된 행동은 위협이나 공격, 최초 근본적 형태의 이유다. 만약 우리가 분노로부터 전개된 상상의 카테고리를 생각한다면, 누군가는 혼돈으로부터 보상의 이미지나 경험으로 인도될 것이다. 의식의 발전과 함께, 사람들은 상징적으로 문제를 공격하는 것, 좌절의 원인을 밝혀내는 것, 문제들을 순서대로 되돌리는 발달된 전략을 쓴다. 우리가 생각할 수 있는 또 다른 예는 학문적으로 이야기를 강조하는 제스처이다. 아름답게 쓰인 하임 포톡(Chaim Potok)의 *The Chosen*이라는 소설에서 한 문단은 정통 랍비와 그의 영리한 열다섯 살짜리 아들 사이의 학구적이고 열정적인 논쟁을 설명한다.

대니와 그의 아빠는 큰 목소리와 그들의 손짓 제스처가 지나치다는 것에 대해 다른 의견을 갖고 싸우게 되었다. 대니는 아빠의 부적절한 인용을 지적하고 책장에서 탈무드 책을 꺼내기 위해 달려갔다. 그리고 아빠에게 잘못된 부분을 보여주었다. 아빠는 책의 여백을 확인했다 … 그리고 대니에게 적절하게 인용된 부분을 보여주었다. 그리고 그들은 계속해서 또 다른 글로 넘어갔고 거기서 다시 싸우게 되었다. 그리고 이번에 레브 손더스(Reb Saunders)는 동의했고, 그의 아들이 옳았다는 것에 그의 얼굴은 반짝 빛났다. 나는 조용하게 앉아서 그들의 대결을 오랫동안 지켜보았다. (1967/1982, p. 155)

주장을 표현하는 제스처와 극도로 집중된 주의, 즐거움(상상)과 흥미(호기심)가 결합된 분노는 학문적이고 철학적인 상상의 감정 원천이다. 정돈된 우주의 보상적인 이상은 좌절, 분노, 화의 혼돈에서부터 전개된다.

다음 인용문은 젊고 똑똑하며 전문적으로 열심히 일하는 한 여성의 내적인 직접 동작 과정을 설명한다. 그녀는 일주일에 한 번 있는 그녀의 개인 무용치료 시간에 왔다. 그녀는 다소 산만했고 극도로 민감하며 불편하다고 나에게 말했다. 나는 그녀에게 그녀가 느끼는 기분을 표현하는 데 몸을 사용하라고 제안했다. 그녀는 느껴진 감각, 자극 그리고 이미지로 구체화해 그녀 자신을 여는 데 열정적이었다. 그날 그녀는 음악을 사용하지 않기로 했다. 충동적인 동작은 그녀가 그녀의 내적 주기를 따름으로써 발산되었다.

그녀는 여러 가지 다른 방법으로 움직이기 시작했다. 하지만 그것은 혼란스러웠고 연결되지 않았다. 무엇인가가 시작되고 끊어지는 것처럼 보였다. 그리고 또 다른 움직임이 시작되었지만 어떤 것도 함께 이루어지지 않았다—그녀는 짜증이 증가하는 것처럼 보였고 그녀 스스로 무언가 잘못되고 있다고 느끼는 것처럼 보였다. 하지만 주기적으로 그녀는 압력과 좌절을 더 많이 의식하게 되었고 형태가 발전하기 시작했다. 그녀는 자신을 위한 공간을 만들겠다는 명확한 목적을 갖고 움직이기 시작했다. 그녀의 동작은 갑자기 자신의 호흡과 하나로 합쳐지기 시작했고 그녀는 몸이 하고 있는 동작의 과정에 빠져들기 시작했다. 끝나 갈 무렵에 그녀는 다리를 구부리고 척추를 펴고 바닥에 앉았다. 그녀는 척추의 아랫부분을 받침대 삼아 머리끝으로 점점 더 작은 원을 만들면서 매우 편안하게 바닥과 일체되어 쉽게 호흡하고 있었다. 이런 마지막 동작은 매우 미묘하고 자기중심적이었다. 그녀가 눈을 떴을 때 그녀는 회피에 가려져 민감했던 그녀의 기분을 스스로 알아차리고 통찰들을 나열하고 있었다. 동작의 경험으로부터 그녀는 자신의 삶에서 특정한 사람들에 의해 압박을 느끼고 제약을 받았던 느낌을 알아차릴 수 있었다. 그녀가 스스로 최악의 좌절을 느낄 수 있는 것을 가능하게 했을 때 자신의 문제를 명확히 알 수 있었고 그것에 대해 무언가를 할 수 있었다. 그녀의 상상적인 해결은 더욱 명확해졌고 그녀와 또 다른 것들 — 은유적으로 그녀 자신의 공간을 필요로 하는 — 은 자신감이 생겼다. 또한 자기주도적 동작 과정은 원형 주제를 반영한다. 그녀는 혼돈으로부터 새로운 정돈된 감각으로 나아갔다. (Chodorow, 1991, p. 35)

이 이야기는 표현, 조절, 좌절과 분노의 변화를 포함한 무용/동작치료에서 내가 수 없이 경험한 주제의 묘사를 포함한다. 무용/동작치료에서 자기반영적인 젊은 여성은 신뢰하는 무용치료사가 있는 가운데 혼란스러움과 혼돈의 감정을 상식적으로 표현했다. 그것은 살아 있는 신체의 자기통제 성향에서 새로운 중심을 발견하고, 자연스럽게 통찰하고, 규칙과 의미의 새로운 경험을 이끌었다.

이는 가끔 반대로도 나타난다. 예를 들면 어떤 개인이 좌절을 경험하면서 짜증, 좌절 또는 분노를 표현할 수 없을 때, 그것은 마치 폭풍 전의 고요한 상태와 같다. 강한 감정의 표현을 정정하게 하는 것은 무용치료의 자연스러운 부분이다. 예를 들어 아이들과 함께 작업하는 무용치료사인 레나 콘블럼(Rena Kornblum)은 서서히 증가하는 허리케인 같은 혼돈 속의 모든 강함에서 가끔 부드러운 바람의 춤을 제안한다. 그리고 폭풍이 지나가면서 서서히 강함이 줄어들고 다시 부드러움으로 돌아가는 것을 제안한다.

메스꺼움/역겨움(경멸/수치심)

메스꺼움에서 발전된 삶의 상황은 거부다. 거부의 표정은 입을 삐죽거리고 코는 찌푸리며 눈은 찡그린다. 우리는 더럽고 냄새나는 물질을 치울 때 코와 눈꺼풀의 낮은 부분을 말아 올린다. 당황하고 창피하면 우리는 얼굴이 붉어지거나, 몸을 꼼지락거리거나, 머리를 떨구거나, 눈을 외면하거나 창피해서 쥐구멍에라도 들어가고 싶어진다.

생존 기능에서 메스꺼움은 해롭거나 잠재적인 유독물질을 확인하기 위해 냄새와 맛을 사용한다. 우리는 나쁜 냄새가 나면 등을 돌리거나 씹던 것을 뱉어냄으로써 상한 음식을 거부한다. 유년 시절에 이러한 경험은 가벼운 감정의 통증으로 남는다. 만일 메스꺼움이 나쁜 음식의 거부에서 나타났다면, 그것은 상대적으로 복잡하지 않은 감정적 반사작용의 상태로 남을 것이다. 하지만 이는 그렇게 간단하지 않다. 유아는 자라면서 역겨움의 차이를 표현하고 발달시켜 나가는데, 7~9개월 사이의 유아에게서 '낯선 반응'을 통하여 이분법적 감정(경멸/창피)으로 표현하자면, 불쾌한 냄새와 맛을 경멸하는 것 등의 혐오 대상에 더 이상 제한이 없게 된다. 이제 우리는 음식의 평가에서 인간 존재의 평가를 다루어보도록 하겠다.

거부가 다른 사람들을 향하거나 혹은 자신을 향할 때 그 경험이 경멸이거나 수치심인지 질문이 있을 수 있다. 어떤 상황이든 간에 하나는 소외된다. 낮은 수준에서 선행자들의 경멸과 수치심은 '사회계층'을 통해 표현된다. 많은 포유류의 지배와 복종 행동은 계급적인 사회 구조의 유지와 비슷하게 연관되어 있다. 모든 어린이는 포함되거나 포함되지 않은 존재로서의 기분과 항상 싸워야만 한다. 그리고 이들은 다른 사람과 어떻게 어울리는지에 대한 환상을 갖고 있다. 사회관습은 하나의 문화와 또 다른 문화로 구별된다. 하지만 모든 관습은 신분, 차이점 그리고 인간관계의 조정으로 고려된다.

경멸과 수치심은 인간 사회에서 각자의 자리에 모든 주의를 요한다. 이 벌칙적 감정은 그것이 현재의 상호작용이든 과거로부터의 정신 내부 반응이든 간에 항상 관계의 문맥 내에서 표현된다.

수치심에서 자기는 "자기판단의 한 부분과 또 다른 위반자의 한 부분인 두 부분으로 나뉜다."(Tomkins, 1963, p. 152) 개인의 발달과 성향은 의존적이기 때문에 내적 갈등을 포함할 수 있고 결국에는 통합된다. 개인이 긴장을 참을 수 없을 때, 투영을 통해— 낯선 사람 안에서의 원형 이미지—또 다른 개인, 그룹, 혹은 국가 쪽으로 표출해야 한다. 이상적인 사회 정의에 대한 경멸과 수치심은 중산층으로부터 발전되어 인간관계를 중재하는 넓은 범위의 관습으로 보인다. 여기에는 개인이 고통스러울 만큼 창피를 겪는 관습과 인간 사이에서 상호 존중을 구체화하는 관습 사이에 다른 세상이 있다.

이 두 부분의 다른 성향으로 인해 경멸과 수치심은 가장 복잡한 감정일 것이다. 즐거움(상상)과 흥미(호기심)가 거부를 포함한 인간 경험의 다양성으로 향할 때 우리는 궁극적으로 '관계의 상상력', 즉 옳고 그름을 포함한 인식, 선과 악을 자각함으로써 사회, 도덕, 윤리, 공감적 상상을 위한 능력을 경험하게 된다.

결론

나는 인간 문화에서 최고의 가치로 여겨지는 무의식의 최초 단계의 깊이로부터 전개된 자신을 가시적으로 풀어내기 위해 노력했다. 일곱 가지 원형 감정주제를 돌아봄으로써 우리는 놀이/상상과 호기심/탐구를 통해 표현되는 즐거움과 흥미를 보았다. 각각의 기본 감정이 필수적일 때 심리학적인 발전은 이들이 각 감정들을 강화하고 잘 섞이며, 또 다른 감정을 조절하고 변화하는 삶의 강화감정에 따라 달라졌다. 즐거움과 흥미 이후에 우리는 놀람-극도의 놀람이라는 핵심적인 감정과 새로운 동향에 대해 다루었다. 마지막으로 우리는 위기와 생존의 네 부분인 감정 — 비통, 두려움, 분노, 혐오 — 을 각각 살펴보았다. 또한 신체 감각으로 느끼고 표현되는 물리적인 행동, 감정은 그들 스스로 상상 가능한 개발의 잠재적인 패턴을 갖고 있다.

이 연구의 향후 전개에 관심이 있는 연구자인 찰스 스튜어트는 감정과 상징 그리고 치유와 개발을 형성하는 조건을 연구하면서 원형 감정 시스템의 개발을 진행해왔다(Stewart, C. T., 2001; 2008).

무용/동작치료사들에 따르면, 우리는 본질적인 상상의 카테고리에 연결되어 있다. 상상의 다른 형태는 맛과 재능, 버릇, 성향, 유형에 따라 각각 다른 개인의 작업에서 주목을 끌었다. 그래서 우리 일의 주어진 성향은 모든 무용치료사에게 예술과 춤으로 표현되는 심미적인 상상, 아름다움의 상상과 연결되어 있는 것은 당연한 것이다. 이와 비슷하게, 모든 무용치료사는 신과의 지속적인 대화를 위해 의식을 치르는 것으로 표현되거나 혹은 명상에 잠기는 듯한 무용치료의 관점으로 미지의 상상과 연관된다.

우리는 우리가 움직이는 경험에서부터 유년기의 기억이나 움직임의 중심에서 떠오르는 상징적 이미지의 의미를 탐구하는 것까지 이를 추적해나감으로써 철학, 과학, 학문적인 상상과도 연결된다. 그리고 학문적 상상은 우리가 무용치료에 대해 더 나은 이해를 구할 때 — 왜 우리가 하는 방식으로 일해야 하는지 — 연구적 동기를 부여한다(Cruz & Berrol, 2004; Fischman, 2006; Goodill, 2005). 무용치료는 사회적 상상력과 잘 어우러져 있으며 상호작용 안에서 관계의 상상력, 상호작용의 경험, 역동적인 투영과 또 다른 관련된 작업이 함께 행해지는 것으로 잘 어우러져 있다. 이것은 공감 가능한 상상의 영역이고 사람들이 서로 갖고 있는 공상의 세계이다. 결국 무용치료는 아폴로 신전에 오래된 가치로서 쓰여진 '너 자신을 알라'로부터 형성된 다른 네 가지 본질인 자기 반영 심리학적 상상력이 필연적으로 우리를 이끈다.

참고문헌

Berrol, C. (2006). Neuroscience meets dance/movement therapy: Mirror neurons, the therapeutic process and empathy. *The Arts in Psychotherapy* 33: 302–315.

Chodorow, J. (1991). *Dance therapy and depth psychology: The moving imagination.* London: Routledge.

Chodorow, J. (Ed.). (1997). *Jung on active imagination.* London: Routledge, and Princeton, NJ: Princeton University Press.

Cruz, R., & C. Berrol, (Eds.). (2004). *Dance/movement therapists in action: A working guide to research options,* Foreword by Joan Chodorow. Springfield, IL: Charles C. Thomas.

Darwin, C. (1882/1998). *The expression of the emotions in Man and animals.* 3rd ed., P. Ekman, Ed. Oxford: Oxford University Press.

Ekman, P. (2003). *Emotions revealed.* New York: Henry Holt.

Fay, C. (1977). Movement and fantasy: A dance therapy model based on the psychology of C. G. Jung. Master's thesis, Goddard College, Plainfield, VT.

Fay, C. (1996). At the Threshold: A Journey to the sacred through the integration of the psychology of C. G. Jung and the expressive arts, with Carolyn Grant Fay, videotape and DVD. The Jung Center of Houston, TX. www.junghouston.org.

Fischman, D. (2006). La mejora de la capacidad empática a través de talleres de Danza Movimiento Terapia en profesionales de la salud y la educación. Ph.D. thesis, Universidad de Palermo. Buenos Aires.

Fleischer, K. (2004). Una experiencia en movimiento autentico: entre lo individual y lo colectivo. *Campo Grupal (Buenos Aires),* 7/61, 12–13.

Gallese, V. (2003.) The roots of empathy: The shared manifold hypothesis and the neural basis of intersubjectivity. *Psychopathology,* 36, 171–180.

Goodill, S. W. (2005). *An introduction to medical dance/movement therapy.* London: Jessica Kingsley.

Henderson, J. (1984). *Cultural attitudes in psychological perspective.* Toronto: Inner City Books.

Jung, C. G. (1907). *The psychology of dementia praecox. Collected Works 3.* Princeton: Princeton University Press, 1960 (2nd printing with corrections, 1972):1–151.

Jung, C. G. (1921). *Psychological types. Collected Works 6.* Princeton: Princeton University Press, 1971.

Jung, C. G. (1933). Study in the process of individuation. *Collected works 9-I.* Princeton: Princeton University Press, 2nd edition with corrections and minor revisions, 1968 (new material copyright, 1969:290–354.

Jung, C. G. (1938). Psychological aspects of the mother archetype. *Collected works 9-I.* Princeton: Princeton University Press, 2nd edition with corrections and minor revisions, 1968 (new material copyright 1969):75–110.

Jung, C. G. (1951). *Aion: Researches into the phenomenology of the self. Collected works 9-II.* Princeton: Princeton University Press, 2nd edition with corrections and minor revisions, 1968.

Jung, C. G. (1961). *Memories, dreams, reflections.* New York: Random House— Vintage Books, 1965.

Jung, C. G. (1961/1964). Symbols and the interpretation of dreams. *Collected works 18.* Princeton: Princeton University Press, 1976:183–264.

Mendez, M. (2005). Desde los huesos: Apuntes de simbolismo corporal. Revista Venezolana de Psicologia Arquetipos, Caracas-Venezuela, No. 1:15–21.

Otto, R. (1923). *The idea of the holy.* London: Oxford University Press, 1981.

Panhofer, H. (Ed.). (2005). *El cuerpo en psicoterapia: Teoría y práctica de la danza movimiento terapia.* Barcelona: Gedisa.

Pert, C. (1997). *Molecules of emotion.* New York: Scribner.

Potok, C. (1967). *The chosen.* New York: Ballantine Books, 1982.

Schoop, T. (1978). Motion and emotion, Reprint, *American Journal of Dance Therapy* 22/2, 2000:91–101.

Stevens, A. (1983). *Archetypes: A natural history of the self.* New York: Quill.

Stewart, C. T. (2001). *The symbolic impetus: How creative fantasy motivates development.* London: Free Association Books.

Stewart, C. T. (2008). *Dire emotions and lethal behaviors: Eclipse of the life instinct.* London: Routledge.

Stewart, L. H. (1986). Work in progress: Affect and archetype. In *The body in analysis*, N. Schwartz-Salant and M. Stein, Eds. Wilmette, IL: Chiron Publications:183–203.

Stewart, L. H. (1987). A brief report: Affect and archetype. *Journal of Analytical Psychology* 32/1:36–46.

Stewart, L. H. (1992). *Changemakers: A Jungian perspective on sibling position and the family atmosphere.* London: Routledge.

Stewart, L. H., & C. T. Stewart. (1979). Play, games, and the affects. In *Play as context: Proceedings of the Association for the Anthropological Study of Play*, Alice T. Cheska, Ed. West Point, NY: Leisure Press: 42–52.

Stromsted, T. (2007). The dancing body in psychotherapy. *Authentic movement: A collection of essays.* Vol. 2, P. Pallaro, Ed. London: Jessica Kingsley. 202–220.

Tinbergen, N. (1951). *The study of instinct.* London: Oxford University Press.

Tomkins, S. (1962). *Affect, imagery, consciousness.* Vol. I. NY: Springer.

Tomkins, S. (1963). *Affect, imagery, consciousness.* Vol. II. NY: Springer.

Whitehouse, M. (1963). Physical movement and personality. In *Authentic movement: Essays by Mary Starks Whitehouse, Janet Adler and Joan Chodorow.* Vol. 1, P. Pallaro, Ed. London: Jessica Kingsley, 1999. Second impression 2000 [with photo errors corrected]:51–57.

제2부

이론의 실제 적용

제5장

BASCICS

성인 정신과 환자를 위한 내적 행동 · 상호작용 DMT 모델

Patricia P. Capello

도입

이 장에서는 급성 · 만성 정신질환자를 위해 만든 효과적이고 의미 있는 창의적 무용/
동작치료의 핵심을 밝히는 체계를 개괄적으로 살펴본다.

이 DMT 모델의 구조는 내적 행동 체계와 상호작용 체계로 나뉘는데, 이 둘은 서
로 연관되어 있고 상호적이다. **내적 행동** 체계는 개인, 그리고 개인의 신체와 자신에 대
한 지각(특히 신체 태도와 자신됨)과 관련된 개념을 다룬다. **상호작용** 체계는 개인과 사
회적 존재로서 세상과 관계 맺는 능력(특히 의사소통과 대인관계 역동)과 관련된 개
념을 다룬다. 이 내적 행동 · 상호작용 체계 또는 신체 태도(**Body Attitude**)-자신됨
(**Selfhood**)-의사소통(**Communication**)-대인관계 역동(**Interpersonal Dynamics**)을
BASCICS라는 약자로 표기할 것이다.

그림 5.1에 표기된 것과 같이 이 두 체계와 그 구체적인 범주는 상호작용을 하며 서
로 연관되어 있다. 이는 정확한 순서나 단계 체계라기보다는 각 요소가 서로 영향을 미
치고 지지하는 '릴레이 체계'에 더 가깝다. 이 특정 체계의 개념화를 통해 원인과 결과
보다는 움직이고 흐르는 관계를 드러내고자 한다. BASCICS 체계의 잠재 범위를 고려

해 표시된 각 영역의 핵심에만 집중할 필요가 있었다. 또한 이 체계는 사례를 활용해 입원·통원 성인 정신과 환자에게 적합한 기법을 설명한다. 그러나 광범위한 진단과 대부분의 연령 범위에도 적용될 수 있다.

끝으로 이 모델은 치료 과정을 위한 독특하고 구체적인 핵심으로서 움직이는 신체의 무한한 창의력과 미학적 특성에 초점을 두고 힘, 시간, 공간, 흐름을 사용하는 진정한 무용/동작 모델이 되고자 시도한다.

내적 행동 체계

신체 태도 : 우리는 어떻게 신체를 경험하는가

모든 인간 경험은 자신의 신체 감각과 연결된다(Schilder, 1950). 무게, 공간, 힘, 시간과 신체의 관계 및 그 요소들이 신체에 미치는 영향 면에서 볼 때 우리는 오직 무게, 공간, 힘, 시간과만 관계할 수 있다. 신생아 때 신체적 욕구는 최대한의 주의와 세밀함으로 돌봄을 받으며 우리는 이에 고통 혹은 기쁨의 몸짓으로 반응한다. 버거(Berger, 1972)는 다음과 같이 간결하게 말했다. "사실 신체는 우리가 삶을 경험하고 삶에 반응할 수 있는 유일한 수단이다."(p. 224) 신체를 개인의 기준점으로 본다면 신체 태도 개념으로 시작하는 것이 논리적일 것으로 보인다.

신체상 신체 태도의 한 측면은 신체상(body image)이다. 신체상은 이미지의 형상으로 저장된 신체 경험의 기억으로 정의된다(Schilder, 1950). 이에 동의하며 레벤탈(Leventhal, 1974)은 신체상을 내부와 외부 자극을 받아 촉각·시각·근감각 수용기를 통해 형성된 3차원 이미지라고 했다. 신체상은 신체를 심리적 경험이라고 간주하고 자신의 신체에 대한 개인의 감정과 태도에 초점을 둔다(Fisher & Cleveland, 1968).

1927년 프로이트는 자아란 궁극적으로 신체 감각에서 유래하며 이는 주로 신체의 표면에서 나타난다고 했다. 프로이트(1927)에 의하면 신생아는 출생 시에 주변 환경으로부터 자신을 구별할 수 없을 정도로 완전히 자아 중심적이다. 이와 같은 자아 몰두 때문에 아이들은 환경 속의 어머니와 타인을 단순히 자신의 확장이라고 인식한다. 이 단계의 아이들이 보기에 그들의 존재는 오직 음식과 편안함에 대한 자신의 필요를 충족시키기 위해 기능하는 것이다.

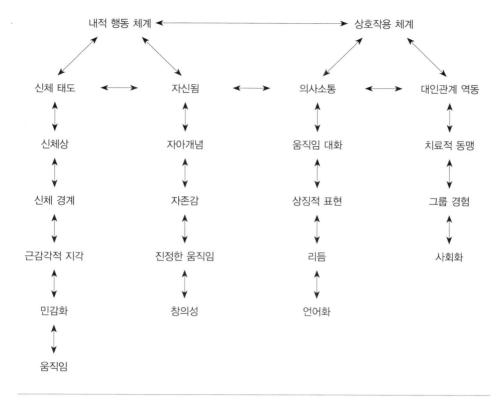

```
내적 행동 체계  ◄──────────────►  상호작용 체계

      ▲        ▲                    ▲          ▲
      │        │                    │          │
      ▼        ▼                    ▼          ▼
   신체 태도 ◄──► 자신됨  ◄──────►  의사소통 ◄──► 대인관계 역동

      ▲           ▲                  ▲           ▲
      │           │                  │           │
      ▼           ▼                  ▼           ▼
    신체상       자아개념          움직임 대화     치료적 동맹

      ▲           ▲                  ▲           ▲
      ▼           ▼                  ▼           ▼
   신체 경계      자존감            상징적 표현     그룹 경험

      ▲           ▲                  ▲           ▲
      ▼           ▼                  ▼           ▼
  근감각적 지각   진정한 움직임        리듬         사회화

      ▲           ▲                  ▲
      ▼           ▼                  ▼
    민감화       창의성             언어화

      ▲
      ▼
    움직임
```

그림 5.1 무용/동작치료의 내적/상호작용 모델

　신생아가 자신을 주변 환경과 분리된 존재로 보기 시작하는 것은 바로 분화 과정을 통해서이다. 데이비스(Davis, 1964)에 의하면, 이 시점에 아이들은 명확하고 왜곡되지 않은 신체상을 형성해야 한다. 아이들은 입에 손을 넣거나 발가락을 만지는 등의 행동으로 자기탐색과 신체 부분의 자극을 통해 신체 구조의 정신적 상과 신체상을 발달시킨다. 신체상은 만족스러운 자아개념을 발달시키는 데 있어서 가장 중요하다(Davis, 1964).

　무용/동작치료사로서 우리는 종종 자신의 신체에 대해 제한되고 왜곡된 지식을 가지고 있거나 아예 아무 지식이 없는 환자들을 본다. 피셔(Fisher, 1973)는 자신의 억제와 통제의 일부를 잃은 조현병(정신분열증) 환자들은 전혀 이해되지 않는 신체 세계의 명확한 그림을 거울 속에서 공공연히 찾으려 한다고 주장한다(p. 8). 피셔는 흥분해서 자신의 알몸을 드러낸 여성 조현병 환자는 아마도 단순히 이전에 자신의 직접적 인식으로부터 감춰졌거나 부인된 자신의 신체 세계와 접촉하려고 시도하는 것일 수 있다고 믿었다(p. 9).

바로 이 자기발견의 초기 단계가 무용/동작치료사가 촉각 자극, 움직임 반영, 호흡을 이용해 초기 접촉과 개입을 할 수 있는 단계이다. 극도로 퇴행했거나 만성적인 환자에게는 신체 부분과 관절의 인식, 근육의 구조적 사용이 신체상을 재확립하는 첫 단계가 된다. 조현병 환자의 경우 퇴행의 결과로 현실 검증 기제가 더 이상 기능하지 않으므로 이인증(depersonalization)과 같이 자신의 신체에 대해 기괴한 생각을 만들어내기도 한다. 지금-여기에서 이루어지는 무용/동작치료 세션에서는 현실을 확인하고 신체상을 재구성할 수 있다. 치료사는 신체상은 변할 수 있다는 것과, 문화와 종교 신념이 신체의 지각에 어떻게 영향을 끼치는지 인식해야 한다.

신체상 작업은 치료의 워밍업 단계에서 시각·청각 지각 활동을 포함할 수 있다. 이는 초기의 신체 접촉을 할 수 있는 기회를 제공한다. 치료사가 치료가 진행될 물리적 공간을 준비할 때 환자는 의자를 옮기거나 음악 장비를 위한 탁자를 준비하는 등 도움을 줄 수 있다. 그렇게 병원 환경은 무용을 위한 치료적 공간으로 조정될 수 있다. 워밍업을 위해 그룹을 공간의 중앙에 모으는 것 또한 환자들의 시각을 변화시키고 치료를 위한 도구로서 자신의 신체에 집중하도록 해준다. 세션의 첫 단계인 환영인사부터 눈맞춤을 하고 이름을 부르며 인사하면서 그룹원은 보고 듣는 기술을 연습하게 된다. 또 음악 소리와 가사의 조율과 개인 취향에 맞춘 음악 선택은 그룹의 참여도를 더 높인다.

호흡을 하거나 크게 숨을 내쉬면서 시작하면 그룹원은 자신과 타인의 소리와 목소리를 들을 수 있다. 코로 들이쉬고 입으로 내쉬는 더 깊은 호흡이 얼굴과 폐를 보다 충분히 활성화시킨다. 숨을 내쉴 때 '오…' 또는 '아…'와 같은 소리를 내면 호흡을 지속하고 더 깊이 할 수 있다. 치료사는 움직임의 단서를 관찰하거나 따라가면서 미묘한 변화를 반영하고 환자의 근육, 관절, 팔다리의 사용을 확장하는 새로운 방법을 제시한다. 치료사는 또한 몸을 위아래로 가볍게 두드리거나 손뼉을 치거나 발을 두드리거나 하는 단순한 자기접촉 경험을 하도록 지시할 수 있다. 신체상은 신체 부분 인식("어깨를 둥글게 마세요." 또는 "머리를 끄덕이세요."), 구부리기와 스트레칭(바닥을 향해 몸을 가라앉게 하고 번갈아 천장을 향해 손으로 발가락을 잡아 들어올리는 것 등)을 통해 더 탐색된다. 원으로 앉아 양옆으로 몸을 흔들거나 팔을 교차하거나 옆 사람의 손을 잡는 것 등 측면 움직임은 분열되고 해체된 환자들로 하여금 자신과 타인의 신체 움직임에 보다 분명하게 집중할 수 있게 도와준다. 이러한 준비 움직임은 그룹 또는 개인의 필요와 능력에 따라 앉아서 혹은 서서 할 수 있다.

신체 경계 분화 단계 전의 어린아이들은 어디까지가 자신의 몸이고 엄마의 몸인지를 구별하는 명확한 신체 경계가 없다. 많은 퇴행 환자에게도 잘못된 신체상과 지각으로 인해 이와 유사한 신체 경계의 결합 현상이 (종종 치료사와) 발생하기도 한다. 정신과 환자의 경우 신체 경계가 분열되고 변동되는 일이 흔히 일어난다. 신체 경계를 확인하려는 정신과 환자의 예로, A라는 젊은 남성 환자는 타인과 말을 하기 전에 반드시 손을 뻗어 그 사람과 섬세한 접촉을 해야 한다. 의사소통이 일어나도록 사이를 연결하고 경계를 잇기 위해서다.

피해망상이나 편집적 망상은 신체 경계의 침범과 관련이 있는 경우가 많다(예 : 누군가 쫓아온다는 느낌, 독을 넣은 음식, 누군가 감시한다고 느끼는 것, 몸 안에 다른 존재가 있는 느낌 등). 피셔(1973)는 개개인은 가장 기초적인 '기반'이 되는 자신의 몸의 벽이 자신에게 해를 입힐 수 있는 외부 압력으로부터 자신을 보호하기에 충분하다는 자신감을 계발해야 한다고 했다.

망상적인 신체 경계를 가지고 있는 S라는 젊은 여성 조현병 환자는 상처를 받거나 몸이 아프지 않도록 자신의 몸 앞에 상상의 보호막을 만들어냈다. 무용/동작치료사는 환자들이 신체 경계를 인식하고 필수적이고 기능적인 보호 체계를 강화하거나 조절할 수 있도록 서로 손을 잡게 함으로써 신체의 말초와 바닥 같은 환경의 표면을 촉각으로 자극하는 기술을 활용할 수 있다. 무게를 이용한 작업(그라운딩, 이동 등), 전진과 후퇴 움직임의 사용, 밀거나 당기는 움직임은 환자가 자신의 신체 경계를 재확인하도록 도울 수 있다. 그룹으로 모여서 특정 신체 부분으로 시작해 따로따로 움직이기, 눈을 감고 옆 사람 머리 위 만져보기, 바닥에서 구르기, 팔다리를 함께 오므렸다 폈다 하는 등의 움직임이 특히 유용하다.

알마 호킨스 박사(1987)가 계발한 '상상의 고리' 활동은 움직임 범위 확장 경험, 관절 회전의 이해, 차원, 힘의 사용을 촉진하는 데 성공적이라고 증명되었다. 심각한 분열 환자들에게는 의자에 앉아서 하는 준비 작업이 그라운딩을 위한 최상의 방법이다. 땅에 연결된 상태에서 바닥에 뿌리를 내린 느낌 또는 안정적이고 안전한 느낌이 환자에게 스스로 움직임 탐색을 시작하는 안전한 장소를 제공해준다.

근감각적 지각　신체상을 갖는 것과 신체 경계를 아는 것은 신체 태도의 핵심 원천이 된다. 움직임 발견을 위한 또 다른 기본은 정적·동적 구조로서 신체의 **근감각적 지각**이다. 신체 자세와 관절 움직임의 감각 또는 근감각은 '자아'를 이해하는 또 하나의 필수적인 측면이다. 근감각은 '육감'으로 여겨지기도 한다(Feldenkrais, 1977). 토드(Todd, 1937)는 귀의 이석(耳石)과 반고리관이 받아들이는 공간 내 위치와 방향과 관련된 정보를 사용하는 뇌의 과정을 설명한다.

> (이런 느낌들은) 뇌 안에서 신체의 다른 부위에서 오는 움직임의 근감각, 무게 압력, 상대적인 위치와 결합한다. 이러한 요소들은 우리가 그 순간 어디에 있으며 또 어떻게 다른 곳으로 갈 수 있는지 우리의 팔다리, 목 그리고 몸통의 움직임에 관한 매순간의 정보를 제공해준다. (p. 28)

펠덴크라이스(Feldenkrais, 1977)는 '비효율적인 움직임'을 무딘 근감각과 연관시켜 신체 구조를 미숙하게 사용하면 제대로 사용할 때보다 더 많은 에너지를 소모한다고 믿었다. 입원 환자들 대부분에게서 신체를 비효율적으로 사용하는 것을 확실히 볼 수 있다. 환자들은 긴장 상태에서 제한적으로 움직이거나 꼭 필요한 근육의 이완과 수축 주기가 부족한 경직되고 움직임이 없는 자세로 움직이는 경우가 많다. 펠덴크라이스(1977)는 탁월한 근감각을 가진 사람은 움직임의 효율성과 유동성이 계속 향상되지만 그렇지 않은 사람은 계속 저하된다고 한다. 그러나 이런 순환 고리는 신체를 보다 생산적으로 사용하는 훈련과 '육감' 지각을 통해 깰 수 있다고 주장한다.

건강과 건강에 좋은 행동을 위한 도구로서 신체를 사용하고자 하는 무용/동작치료는 개인에게 자신의 근감각을 지각하고 다시 조율하는 기회를 제공한다. 어떤 기술에는 신체 내부의 개인적 감각을 느끼고 이어서 공간의 어디에 내 신체가 위치하고 있는지, 팔다리, 몸통, 머리가 움직이고 있는 방식과 범위를 언어로 기술하는 것이 포함될 수 있다. 근감각적 지각을 계발하는 또 다른 기술에는 골반, 발목, 어깨 등 관절 움직임과 움직임 범위의 탐색(높은 공간, 중간 공간, 낮은 공간, 전진 또는 후진 움직임, 가깝거나 먼 움직임 등), 무게와 중력의 효율적 사용 등이 있다.

민감화

무용/동작치료는 행동 중심의 심리치료로서 신체 감각을 움직이도록 한다. 완전한 민감화는 시각, 청각, 후각, 촉각, 미각, 온각(溫覺), 통각, 종합적인 감각(가려움, 간지러움, 진동), 근감각 등을 포함한다. 건강한 신체는 이와 같은 많은 감각 지각을 선택적으로 검열하고 걸러서 과도한 자극과 그에 따른 혼란을 방지한다. 예를 들어 만일 우리가 지속적으로 몸 표면에 닿은 옷의 접촉과 질감을 지각한다면 옷을 입고 있는 것 자체가 아주 힘들 것이다.

많은 경우 환자들은 병리적 질환(예 : 환시 또는 환청), 감각과 감정의 홍수 때문에 외부(그리고 종종 내부) 자극을 차단하려고 할지 모른다. 그들은 시각적 자극(구체적으로 직접적인 눈 맞춤을 피함)과 청각적 자극(질문에 대답하지 않음)에 선택적으로 반응한다. 무용/동작치료사는 환자가 보다 적절하고 현실 지향적인 과정에 집중할 수 있도록 치료 세션에서 온도, 색깔, 촉각적 자극, 감촉 등 단순하고 위협적이지 않은 자극의 지각을 강화하는 활동을 이끌 수 있다. 치료 시간 동안 환자는 자신의 몸이 물리적(체온과 심장박동 변화), 심리적(감정과 느낌 상태의 변화)으로 어떻게 느끼는지를 꾸준히 인식하도록 상기된다. 치료사는 민감화 경험을 진행할 적절한 시기가 언제인지를 지켜봐야 하며 환자가 그 경험을 충분히 처리할 수 있을 때에만 해야 한다. 과도한 자극은 감각의 홍수를 가져와 정신증 혹은 조증 환자에게 혼란과 더 심한 분열을 초래할 수 있다.

공간 지각 우리가 우리를 둘러싼 환경 속에서 움직임에 따라 또 다른 지각, 즉 공간 지각이 명확해진다. 우리 중에 문자 그대로 우리 몸이 얼마큼의 공간을 차지하는지 아는 사람은 별로 없다. '신체의 부피'는 거의 계산해보지 않는 것이다. 비전문가에게는 공간을 어떻게, 왜 사용하는지 아예 개념이 없다. 무용/동작치료사는 위치 선택, 양, 방향, 면, 크기 등 개인의 공간 사용을 유심히 관찰한다. 연구에 따르면 개인적 거리, 사회적 거리, 친밀한 거리 그리고 과밀의 효과와 계획성이 떨어지는 공간은 모두 우리가 행동하는 방식과 연관되어 있고 영향을 미친다(Hall, 1969).

꽉 찬 방에서 어디에 앉는지, 어떻게 '개인 공간'을 주장하는지, 그리고 한 개인의 상호작용 거리는 어떤지 등 어떻게 공간을 사용하는지 세부사항에 집중하는 것은 모두 민감화의 유용한 요소이다. 무용/동작치료사가 관찰하듯이 환자의 공간 요소 사용은 환자와 그의 행동에 대해 이전에는 몰랐던 통찰, 이해, 명료성을 제공할 수 있다. 예를 들면 고립된 환자가 많은 사람들과 함께 살고 싶다거나 파트너와 혹은 큰 그룹의 구성원으로서 함께 움직이고 싶다는 소망을 언어로 표현하기 시작할 수 있다. 이는 사람들과 함께하고 싶고 접촉을 함으로써 자신의 고립을 끝내고 싶다는 잠재적인 소망을 나타낼 지도 모른다. 무용/동작치료는 이 환자의 또 다른 심리적인 차원을 열고 움직임과 언어 두 가지 방식으로 처리할 수 있는 자료를 제공할 수 있다. 공간 요소를 사용하는 구체적인 활동에는 방 안에서 가장 편안하게 느끼는 위치와 가장 불편한 위치를 선택해 보고 그 뒤에 경험을 언어로 나누거나 '개인의 집'을 만들고 크기, 모양, 위치, 가구 등을 묘사하는 활동이 포함될 수 있다.

움직임　신체가 언제나 확장하는 패턴을 만들며 공간을 움직임에 따라 우리의 지각 또한 변화한다. 보아스(Boas, 1978)는 공간 안에서 머리를 다른 위치로 움직이는 것조차 개인이 지각하는 세계를 바꿀 수 있다고 믿었다. 공간과 시간을 통해 힘을 갖고 신체를 움직이는 것은 우리가 누구인지와 우리가 사는 세계에 대한 지각을 형성한다. 보아스는 "개인은 움직임을 통해 자신의 신체상의 개념을 확립하고 확장하는 것을 배우며 그렇게 함으로써 현실에서 자신감을 얻고 자기 신체를 조절할 수 있게 된다."(p. 116)고 했다.

발달상으로 신생아는 움직이기 때문에 처음으로 자기 신체를 인식하게 된다. 아이는 꿈틀거리고, 밀고, 미끄러지고, 먹고, 의사소통하기 위해 입을 벌리고, 머리를 들고, 점차 몸을 일으켜 기고, 결국은 걷게 된다. 사람이 생존하기 위해 움직인다는 개념은 인간의 해부학적·물리학적 본성을 인식한다. 또한 움직임은 인간이 자신의 환경을 탐구하고 이해하기 위해 꼭 필요하다. 일단 움직이는 개체로서 자신에 대한 인식이 생기고 환경이 이해되면 인간은 환경을 조절하고 조정하기 위해 움직인다(Allenbaugh, 1970).

무용/동작치료사로서 우리는 다음과 같은 지식에 기초해 우리의 작업이 성공하리라 믿는다. 우리는 움직일수록 자신에 대해 더 많이 배운다. 개인적인 통찰을 얻고 이해할 수록 타인에게 손을 뻗을 준비가 되었다고 느낀다. 타인과 접촉할수록 그들도 역시 우리에게 자신에 대한 새로운 정보를 제공할 것이다. 이렇게 우리는 성장하고 발달한다. 개개인은 지문만큼이나 고유한 움직임 스타일을 갖고 있어서 타인과 구별된다(Hunt, 1964). 보다 구조화된 무용훈련, 운동 활동과 반대로 무용/동작치료는 각 사람의 내재된 역동과 개인의 움직임 능력의 특성을 직접적으로 다룬다. 우리가 활동 영역의 확장과 환경의 탐구를 격려하고 움직일수록 환자는 문자 그대로 행동과 상호작용의 또 다른 단계로 '옮겨진다'. 미러링, 원 형성, 파트너 활동, 다양한 음악 리듬 등을 포함하는 무용 형태는 마지못해 참여하는 환자들에게 동기부여를 할 수 있다. 라인 안에서 움직임을 포함시키기 위한 그룹공간 형태의 확장, 뱀처럼 공간을 움직이고 다니기, 개별 환자에게 원 중간에서 움직임을 탐험하도록 격려하기는 가치 있는 기술임이 증명되었다.

도시에 위치한 많은 정신과 시설의 공통적인 문제는 공간 부족이다. 환자들은 여러 환자들과 한 방에서 지내며 사람들로 가득한 공동 구역에서 대부분의 시간을 보낸다. 여러 향정신성 의약품의 부작용과 함께 움직임의 기회가 최소화된 공간은 뻣뻣함, 무기력함, 졸음을 유발할 수 있다. 결과적으로 개인은 명시적이고 관계없는 움직임을 최소화하고 아주 좁은 개인공간으로 위축되며 자신에게 몰두하고 자기중심적인 내적 행동 영역으로 철수해버린다. 무용/동작치료 방식은 이러한 상황에 이상적으로 부합한다. 왜냐하면 환자에게 구조화된 세션 안에서 움직임을 가로막는 장벽을 없애고 고립된 내적 행동으로부터 건강하고 사회적인 상호작용을 경험할 자유와 기회를 제공하기 때문이다.

자신됨

BASCICS 모델의 내적 행동 체계 안에서 신체 태도에서 자신됨으로 옮겨갈수록 우리는 이 두 범주의 진정한 상호적인 특성을 관찰하게 된다. 우리의 '기반'인 신체의 토대부터 신체상 인식까지 세우면서 우리는 '나'라는 자아개념을 형성하기 시작한다. 다음에서 명백해지겠지만 이는 다른 정의를 가진 개념이다.

자아개념 '자아(self)'라는 개념은 어린아이가 환경 안에서 환경과 타인으로부터 자신을 구별하기 시작하면서 발생한다. 한번 이 구별이 생기면 아이는 더 이상 전적으로 자기중심적이지 않으며 엄마, 아빠 혹은 유사한 '중요한 타자'가 아이의 자아개념 발달에 가장 중요한 역할을 하기 시작한다. 자아개념은 결코 고립된 상태에서 형성될 수 없으며 이는 대인관계의 결과이다.

근본적으로 자아개념은 학습을 통해 얻어지고 개인 성격 구성의 기초가 된다. 자아개념은 자신의 신체에 대한 개인의 감정, 지식, 반응으로 이는 물리적·감정적·사회적·지적 개념이다(Jervis, p. 1959). 맥도날드(McDonald, 1965)는 자아개념을 자신을 보는 방식이 되는 것, 즉 개인의 특징적인 행동 패턴을 설명하는 여러 다른 상황 가운데 자기관찰로부터 나오는 추론들이라고 정의한다. 윌리엄 피츠(William H. Fitts)는 개인의 자아개념에 대해 말할 때 한 개인이 자신에 대해 갖고 있는 이미지, 그림, 지각과 느낌을 나타낸다고 주장한다(1967, p. 1).

성격 이론가들에 의하면 개인의 자아개념은 중요한 타자들의 반영된 평가 결과이며(Sullivan, 1947) 사람들과 주고받는 상호작용이다(Commins & Fagin, 1957). 그렇다면 그 누구도 완전히 형성된 자아개념을 갖고 태어나지 않는다는 추론을 받아들일 수 있다. 자아개념의 발달은 영아기에 시작되며 성인이 되기까지 여러 단계를 거친다. 이는 아이가 칭찬과 비판, 성공과 실패를 경험함으로써 발달되고 가족, 친구, 사회 내 위치 등 아이의 주변 세계에 대한 지각과 함께 성장한다. 자아개념은 신체가 성장할수록 성숙되고 아이는 자신의 신체적, 사회적, 감정적 존재로서의 특징에 따라 자신을 평가하기 시작한다(Capello, 1979).

무용/동작치료에서 우리는 '나는 누구인가?'라는 환자의 질문에 지속적으로 답을 제공한다. 우울증이나 퇴행은 정신병의 특징이 되는 비인격화, 분열되고 혼란스러운 자아, 자아개념의 결정적인 상실을 강화한다. 무용/동작치료의 고유한 기술을 사용함으로써 환자는 움직이는 신체를 통해 자신을 다시 알게 되고, 자신의 신체상과 신체 경계를 재정립하고 명확히 하며, 주변 환경과 사람들에게 민감해지게 된다. DMT 세션에서 환자는 수용적 치료사와 위협적이지 않은 환경의 지지를 받아 움직임의 범위 탐색, 그 영역의 확장, 주변 환경의 물리적 탐색을 통해 자아를 찾는 데 집중할 수 있게 된다. 다른 사람들이 자신을 따라하고 무대 중심에 서게 됨을 통해 자신의 자아와 움직이는 자신의 경험을 구체화할 수 있게 된다.

자존감 자신에 대한 인식을 수반하는 감정의 상태를 자존감이라고 정의한다. '정상적인' 사람은 자신에 대해 건강한 애정을 갖고 있고 관심, 사랑, 칭찬을 위해 타인에게 부분적으로만 의지한다(Buss, 1966). 정신병 환자는 자존감이 확연히 떨어지고 자기가치감을 유지하기 위해 타인의 애정을 자주 구한다는 것이 관찰되었다. 낮은 자존감은 부적절감, 열등감, 자신감의 부족으로 대표된다.

발달상으로 자아가 형성되기 시작할 때, 아이의 자존감은 전적으로 부모의 애정에 의존한다(Buss, 1966). 정신분석 이론에서는 조현병 환자가 초기 구강기로 퇴행함에 따라 자존감을 상실하게 되는데, 이 단계에서 환자는 현실을 적절하게 검증할 수 없고 아이와 달리 현실을 거부한다고 주장한다. 무용/동작치료 세션의 지금 여기 영역 안에서는 명확한 물리적 경계(예 : 치료실)와 세션 구조(워밍업부터 마무리까지)로 인해 환자가 타인과 구별되는 자신을 '시험'할 수 있는 가능성이 존재한다. 타인의 움직임을 반영하는 과정에서 신체 접촉을 허용하고 수용하며 또 활성화된 근육과 관절의 질을 통합함으로써 환자는 현실과 그 현실 안의 자신을 받아들일 수 있게 된다.

　무용/동작치료사가 개인의 움직임을 수용하고 새로운 시도를 하며 개인적인 움직임을 할 수 있도록 개방되어 있고 수용적인 환경을 제공하면 '훈련을 받지 않은 무용수'들이 스스로 가치 있고 소중한 사람으로서 새로운 자신감을 느낄 수 있다. DMT 세션에서 환자가 제공한 개인 움직임이 그룹에서 수용되고 모방되며 확장될 때 자부심과 성취감이 '자신'에 대한 좋은 느낌에 더해질 수 있다. 긍정적인 자존감을 증진하는 구체적인 활동으로는 원 가운데에서 한 사람씩 돌아가며 춤추기('스포트라이트 춤'), 원의 맞은편에 있는 두 사람이 춤을 추며 원을 가로질러 서로 자리 바꾸기('파트너 바꾸기 춤') 등이 있다. 밝아진 감정과 미소, 눈 맞춤의 유지, 타인이 성취한 것에 대해 그룹원이 보내는 자발적인 박수 등을 통해서 자존감이 향상되었다는 것이 나타난다.

진정한 움직임　구조화된 신체 교육(예 : 운동과 기술적인 훈련)과 보다 형식적이고 사교적인 무용이 잘 알려진 무용 활동의 영역에 속한다면 양식화되지 않은 그룹원의 춤을 수용하는 것이 무용/동작치료의 고유한 특징이다. 무용/동작치료는 그룹원의 기본 움직임을 변화와 성장의 중요한 과정으로 인식하고 받아들인다. 더 중요한 것은 이런 춤은 좋고 나쁨의 잣대로 평가되지 않고 모든 움직임 표현은 개인과 그룹을 위한 안전한 영역 안에서 수용된다는 것이다. 딤(Diem, 1970)은 진정한 움직임(또는 '자기 움직임'이라 불리는 것)은 자연스럽게 학습된 인간의 표현이라고 한다. 개인의 움직임 레퍼토리는 정형화된 무용/동작훈련을 통해서 얻어지는 것이 아니라 감각으로, 느낌으로, 봄으로써, 시도하고 실험하고 창조함으로써 얻어지는 것이다. 딤은 다음과 같은 글을 썼다.

　　자기 움직임은 보다 온전한 인간이 되어가는 데 있어서 보다 나은 자기표현, 향상된
　　자기조절, 더 나은 자기이해, 점진적 자기책임, 더 자립적임, 더 위대한 자아실현으
　　로 이어진다. (p. 4)

도사만테스-알퍼슨(Dosamantes-Alperson, 1974)은 감정 경험의 의미를 발견할 수 있는 것은 진정한 움직임을 통해서라고 주장했다. 벤더와 보아스(Bender and Boas, 1941)는 '자발적 춤'이라는 용어를 사용해 진정한 즉흥 무용/동작을 창조적 해방과 표현의 방법으로 보았다. 무용/동작치료사의 역할은 이러한 관계의 진정한 재료 속에서 주제와의 상징적 연관성을 찾아내는 것이다. 한번 이 정보가 드러나면 무용/동작치료사는 적절하고 필요한 시기에 개입하고 해석할 수 있게 된다.

무용/동작치료사는 그룹의 '흐름'에 맞춰 작업함으로써 창조적 자유와 일치의 분위기를 허용한다. 치료사는 신체적 학대의 경우를 제외하고는 내담자의 움직임을 고유한 가치와 상징적 재료로서 받아들인다. 무용 교육가나 안무가와 달리 무용/동작치료사는 결과 지향적이지 않으며 움직임을 비판하지 않는다. 다음은 매슬로(Maslow, 1971)의 말을 인용한 글이다.

> 편집하고, 선택하고, 수정하며, 개선하고, 의심하고, 거부하며, 판단하거나 평가하는 것. 그들은 그저 환자의 움직임을 받아들이고 자연스럽게 흘러가도록 두며 그 자체가 말을 하고 자신이 되도록 허용한다. (p. 32)

그러므로 무용/동작치료 세션에서는 실패가 없다. 공간에서 움직이는 신체의 단순한 아름다움과 다른 움직이는 신체와의 관계는 매 세션마다 성공을 경험하게 한다. 가장 퇴행하고 병든 환자 또는 정신병과 발달지체가 공존하는 환자가 춤이 끝날 때 기쁨을 표현하고자 자발적으로 서로에게 박수를 쳐주는 경우가 종종 있다. 내면의 신호나 충동에서 일어나는 이미지와 움직임 패턴을 사용하면 진정한 움직임이 일어나게 할 수 있다. 걷는 사람 또는 일과 관련된 일련의 움직임(예 : 걷기, 과업 지향적인 패턴)을 사용하면 양식화되지 않은 움직임을 위한 기본 재료를 제공할 수 있다. 이러한 단순하고 인식 가능한 걸음으로부터 환자와 치료사는 보다 풍성하게 경험할 수 있는 미학적이고 창의적인 무용을 만들어낼 수 있다.

창의성　창의성은 무용/동작치료사에 의해 발전되고 민감하게 키울 수 있는 힘이다. 교육자와 예술가들이 오랜 시간 창조적 행위를 측정 가능한 용어로 설명하고 복제하려 했지만 창의성은 재생될 수 없다는 사실이 확실한 결론으로 남아 있다. 춤은 창조적 행위이며 이는 각각의 조심스럽게 훈련된 신체 안에 있는 창조적 샘의 깊은 곳에서 솟아난다. 무용/동작치료사로서 우리는 춤의 치료적 기능이 발견된 공연 예술의 역사를 무시해서는 안 될 것이다(Capello, 1980).

무용/동작치료가 치료적이며 창의적이라는 믿음하에 창의성의 이점이 고려되어야 한다. 매슬로(1971)는 창의적인 사람은 변화를 편안해하고 즐기며, 새로운 상황에 자신 있고 강하게 용기로 대처할 수 있다고 했다. 생활 상황으로 말하자면 창의적인 사람은 변화(경제적, 사회적, 환경적, 역할 변화를 포함)를 대면했을 때 적절하게 적응하고 기능할 수 있다. 무용/동작치료 세션에서는 변화(공간의 높낮이 변화, 다양한 리듬, 개인공간의 협상 등)에 직면하고 반응할 수 있는 기회가 주어진다. 안전한 세션 분위기에서 상호 신뢰와 존중으로 맺은 굳건한 치료적 동맹이 동반될 때 보다 유연하게 선택하고 의사결정을 하며 현재 상황에 맞는 대안을 찾을 수 있게 된다.

대안 선택의 사례가 한 세션에서 관찰되었다. 그 세션에서 우리는 '인간 울타리'를 만들고 '반대쪽으로 가라'는 과제를 만들었다. 대부분의 환자는 공격적인 움직임을 사용해 억지로 길을 통과하려 했지만 성공하지 못했다. 결국 'D'가 작은 손짓으로 움직이며 조용한 목소리로 정중하게 물어보는 방법을 사용했다. 그녀만이 그 문제 해결에 성공했다.

무용/동작치료에서 신체의 움직임을 창의적, 표현적 표출의 도구로 보고 신체의 움직임이 삶의 기본이라는 사실을 받아들이면 춤의 경험은 우리가 행하는 모든 것에서 창의성을 더 키워줄 것이다(Mettler, 1960). 무용/동작치료는 한계와 구조를 받아들이는 용기, 선택과 책임에 대한 독립적인 사고, 직관력, 활동에서 흡수와 끈기와 같이 창의적인 작용에 중요한 특성들을 경험할 수 있는 무대를 제공할 수 있다(Torrance, 1965). 이러한 요소들은 모두 한 사람의 인생에서 건강한 적응 기능을 나타내는 특성이기도 하다.

리더십 우리는 '자신됨'의 의미가 자기개념화, 자존감, 움직임의 진정성, 창의적 과정이 어떻게 자아탐색을 강화해주는지의 총합적인 특성임을 찾아냈다. 자신됨의 또 다른 잠재력인 리더십 능력은 이 모든 특성을 아우르는 성격 특성이다. 무용/동작치료에서 흔히 사용되는 기술은 리더십의 변화와 공유이다. 각 개인은 한 움직임을 창조해 그룹과 나눌 기회를 갖고 그 후엔 그 리더십을 다른 사람에게 전달한다. '단순한' 과정이고 무용/동작치료에 익숙한 환자들이 받아들이고 기대하며 참여했을지라도 리더십을 갖는 것은 아마도 아주 기본적인 수준에서만 자기결정과 자기숙련의 욕구를 만족시키는 환경을 제공한다. 환자는 리더로서 움직이는 방향과 면, 움직임의 패턴과 형태, 움직임의 리듬과 시간적 요소 등 자신이 한 선택에 대해 책임지는 것을 배운다. 치료사와 다른 그룹원이 그 환자가 선택한 움직임에 함께 집중하고 그것을 따라할 때 일어나는 긍정적인 확인이 진정한 자부심과 성취감을 촉진할 수 있다. 자신의 자세와 움직임 특성으로 움직이는 타인들을 관찰하는 '반영' 경험은 신체의 현실적 이미지를 확인시키고 '자신'을 이해하기 위한 또 다른 인식을 제공한다.

그룹에서 리더십이 변화함에 따라 자신과 타인에 대한 지각이 보다 예리해지면서 시각적·촉각적 접촉이 증가할 수 있다. 무용/동작치료사는 자신의 능력에 대해 확신하지 못하는 환자의 리더십 경험을 도와줌으로써 환자가 실패했다거나 부족하다고 느끼지 않도록 할 수 있다. 입원 환자는 동료와 그들의 리더십 시도에 대해 굉장히 지지적이고 참을성이 있으며 종종 언어적·비언어적 격려와 인정을 제공한다.

정신과 입원 환자에게 무용/동작치료는 자신을 '보여주고' 리더로서의 기술을 적절하고 생산적인 방식으로 계발하고 자신의 행동에 대해 즉각적인 반응을 받는 유일한 기회일지 모른다.

치료사와 환자가 함께 작업하고 치료 세션의 성공에 대해 책임이 있기 때문에 환자가 그룹을 창조적 표현으로 이끌 수 있는 음악을 선택해줄 수 있다. 무용/동작치료에서 음악은 감정적·미적 반응을 일깨우는 데 도움이 되며 필수적인 역할을 한다. 환자들은 종종 자신에게 개인적으로 의미 있는 음악을 선택해 그룹과 이런 기억을 나누고 싶어 한다. 음악은 환자의 나이가 많건 적건 새로운 음악과 움직임 형태를 배우도록 도우므로 세대 간 관계를 증진하며 환자들이 치료에 지속적으로 참여하고 관심을 가질 수 있게 해준다. 음악과 가사는 춤을 지지하고 지속시켜주며 그룹 경험의 성공을 촉진한다. 음악은 춤을 지지함으로써 움직임이 동시에 일어나도록 돕고 공유된 가사와 목소리를 통합시키며 추억과 공통적 기억을 촉진하고 친숙한 환경을 만든다. 음악은 춤을 지속시켜주고 춤이 최대 잠재력에 도달하도록 해준다.

리듬, 멜로디, 노래 절, 후렴의 음악적 기초를 통해 춤의 안무가 창작된다. 각 노래의 시간 제한이 시작, 중간, 끝이 있는 짧은 안무 창작을 위한 기회를 만들어냄으로써 그룹 경험을 압축해준다. 이 시간의 틀 안에서 모든 노래는 사람들에게 자신을 주장할 수 있는 특별한 순간을 제공할 수 있다. 누군가에게는 최대 에너지와 활력으로 춤출 수 있는 기회가 될 수 있고, 다른 누군가에게는 과거의 특별한 순간을 돌아보는 시간이 되며 또 다른 누군가에게는 새로운 형태나 스타일의 춤을 익히는 기회가 된다. 마지막으로 가사를 따라 노래하는 것은 호흡과 소리를 보다 충분히 사용하게 해준다.

상호작용 체계

의사소통

움직임 대화 메이블 엘스워스 토드(Mabel Elsworth Todd, 1937)는 저서 생각하는 몸(*The Thinking Body*)에서 몸의 언어 또는 비언어적 의사소통에 대해 글을 썼는데, "종종 몸은 우리의 혀가 말하기를 거부하는 것을 분명하게 말한다."(p. 295)고 했다. 무용/동작치료에서 우리는 움직임 대화(movement dialogue)를 창조함으로써 비언어적인 대화에 다가간다. 수년간 무용/동작치료사들은 비언어적 접근의 역학을 사용한 그들의 경험을 목록으로 만들었다. 효과적인 언어 방어 보호 시스템을 세움으로써 바깥 세상에 적응한 환자들과의 활동을 통해 무용/동작치료사는 개인의 상징적 몸짓, 자세, 움직임 특징, 리듬, 패턴을 효과적으로 평가하고 이해할 수 있다.

언어는 복잡한 과정이다. 복잡한 다중체계 절차와 함께 진짜 정확한 의미는 왜곡되거나 완전히 상실되는 경우가 많다. 우리는 여러 사람을 통해 언어적 메시지를 주고받는 '전화'라는 파티 게임에서 결국 원래의 메시지가 이해할 수 없을 정도로 변질되는 것을 볼 수 있다. 한 무용/동작치료사는 다음과 같이 썼다.

> 의식적 인식이 덜한 뇌의 낮은 층에서 일어나는 움직임 반응은 언어보다 더 믿을 수 있는 감정표현이다. (Burton, 1974, p. 21)

환자와 치료사, 그리고 환자와 다른 환자들 간의 의사소통을 위해 움직임 대화를 사용한다는 점에서 무용/동작치료는 언어 이전의 발달지체 아동, 언어장애 자폐아, 침묵하는 성인 또는 지적·정신적 장애를 앓는 성인을 위한 최적의 치료 대안이 된다. 새뮤얼스(Samuels, 1972)는 환자가 타인에게 매우 방어적으로 반응하는 경우가 많으므로 최초의 접촉은 비언어적인 표현 양식으로 하는 것이 가장 쉽다고 한다. 버드휘스텔(Birdwhistell, 1970)은 동작학 연구를 통해 조현병 환자의 의사소통 행동은 사실 무질

서하거나 혼란스러운 것이 아니라 다른 의사소통 패턴과 체계를 갖고 있기 때문에 그렇게 보이는 것뿐이라고 주장한다. 의사소통의 초보 단계인 신체 단계에서 정지된 몸과 움직이는 몸이 만들어낸 '그림'이나 형태는 천 마디의 말과 같다고 한다. 무용/동작치료에서 우리의 움직임은 확실히 말보다 더 크게 말한다.

무용/동작치료에서 움직임 대화는 움직임 표현의 미러링, 반영, 확장, 축소를 포함하는 기술을 통해 촉진된다. 그룹 활동에서 각 환자가 그룹에 움직임을 제시하고 그들의 반응을 관찰하는 것은 주고받는 대화의 한 방법이다. 환자들에게 자세를 취하거나 현재 자신의 감정 상태와 연결되는 몸짓을 탐색하도록 하는 것 또한 비언어적 교류의 다른 형태이다. 혹은 그룹 움직임을 이끌거나 따라하도록 하는 것은 표현하고 다른 그룹원이 제공한 정보에 반응하는 또 다른 기회이다. 무용/동작치료 세션에서 움직임을 통해 의사소통하는 동안, 그룹원은 그룹 리듬을 찾고 받아들이며 각 움직임의 특성에 맞추고 그룹공간 배열에 적응할 필요를 인식하게 된다.

움직이는 신체의 경험을 통해 감정적 내용이 표면으로 떠오르면서 움직임 대화가 확장된다. 환자들은 혼자서 혹은 파트너와, 또는 더 큰 그룹의 일부로서 움직이면서 점차 움직임을 더 탐색할 수 있다. 환자들은 춤을 추는 동안 서로 이끌거나 따라가면서 손을 잡거나 서로의 몸무게를 지탱함으로써 서로에게 미소를 짓고 더 눈을 잘 맞추며 보다 친밀한 접촉을 허용하는 것이 자주 관찰되었다.

상징적 표현　무용/동작치료의 선구자인 마리안 체이스(1975)는 무용/동작치료에 관한 글에서 비록 사람들이 언어적으로는 침묵하고 있을지라도 비언어적으로는 결코 의사소통을 멈추지 않는다는 사실을 관찰했다. 감정이 강하게 느껴지고 그 사람에게 중요한 감정일 때, 이러한 감정의 의사소통은 보다 덜 위협적인 비언어적 형태로 표현될 수 있다. 체이스는 이것이 움직이는 신체의 **상징적 표현**이라고 했다.

> 감정 문제를 가진 사람들의 한 측면은 우리 문화의 대다수 사람들이 감정을 표현할 때 직접적인 신체적 행동 표현을 매우 제한적으로 사용하는 데 비해 그들은 그보다 더 쉽게 신체적 행동 표현을 사용한다는 것이다. (p. 210)

무용/동작치료사는 환자가 신체 감각과 충동의 단계에서 자신을 경험하도록 해 의사소통이 일어나게 하는데, 이는 "움직임은 언어로 숨길 수 없는 자신의 솔직한 반영이다."(Chaiklin, 1975, p. 707)라는 믿음에 기초한다. 언어는 감정 상태의 표현을 억제하기 위해 의식적으로 가장하고 자기검열을 하는 반면 신체 움직임은 감정을 드러내는 보다 기본적인 방식이다(Berger, 1972). 또한 환자가 감정 상태를 언어로 설명하기에 부적절하게 느낀다면 사실적이거나 혹은 상징적인 표현인 감정을 전달하는 데 신체 행위를 사용할 수 있다(Samuels, 1972, p. 66).

움직이는 신체가 감정 표현의 수준을 촉진함에 따라 상징적인 몸짓과 자세가 표면으로 떠오른다. 언어적인 면에서는 성공적으로 차단되었을지 모르는 공격적 표현이 무용/동작치료에서 적대감의 상징(얼굴표정, 꽉 쥔 주먹)을 통해 드러난다. 무용/동작치료사는 발을 구르거나 주먹을 휘두르거나 강렬한 표현과 함께 점프하기와 같은 두드리기 움직임과 전신 움직임을 시작함으로써 공격적 충동의 방향을 바꿀 수 있다. 공격성은 카타르시스를 위해 상상의 '상징적인 적'을 향해 표출할 수 있다.

실례로 한 입원 환자 그룹은 크고 무거운 '상상의' 바위를 만들고 의식을 치르듯 도끼와 주먹으로 바위를 깨뜨려 결국 창문 밖으로 함께 던져버림으로써 마무리를 했다. 그 후 환자들은 "해치웠어.", "없앴어.", "만족해."와 같은 언어 표현으로 반응했다. 이 상상의 적은 각 환자에게 다른 성격을 띤다. 어떤 사람은 그것을 병원으로, 다른 사람은 어머니로, 또 다른 사람은 배우자로 보기도 했다.

유사하게, 아마 계속 자기 몸을 흔들거나 다리를 절거나 무너지는 자세로 상징되는 절망과 낙심의 표현은 움직임으로 공유되고 등을 맞대고 이완하기, 기대기, 밀고 당기기 등 상호 신뢰와 지지 경험을 통해 탐색될 수 있다. 무용/동작치료사가 신체 움직임의 레퍼토리를 확장하는 경험을 제공할수록 환자들은 자신의 충동과 감정을 더 잘 표현할 수 있게 되고 타인의 비언어적 신호를 보다 정확하게 해석할 수 있게 된다(Feder & Feder, 1977). 자세와 몸짓 그리고 감정을 통한 상징적 공유는 표현적 움직임 반응을 끌어낼 수 있다.

리듬 리듬은 인간의 의사소통의 상호작용 행동에서 결정적 요소이다. 켄던(Kendon, 1970)에 의하면 대화 중인 두 사람은 어떤 면에서 리듬적으로 연결되어 있다.

들는 사람은 자신이 말하는 사람과 함께 있고 그를 받아들이고 있다는 사실을 보여주기 위해 함께 춤춘다. 그리고 나서 들는 사람은 둘 사이의 동시화 행동을 고조시키기 위해 말하는 사람에게 자신과 춤추도록 한다. 그래서 그들 둘 다 정확하게 같은 순간에 자유의 지점에 이를 수 있게 된다. (p. 67)

알레그라 풀러 스나이더(Allegra Fuller Snyder, 1972)는 '리듬 경험의 본질적 측면과 가능한 치료적 가치'라는 글에서 무용/동작치료의 도구로서 그리고 인간 경험의 근원적인 부분으로서 리듬의 의미에 대한 연구 역사를 추적했다. 심장박동 리듬, 신체 내 혈액의 흐름, 걸음걸이의 리듬과 대화 패턴은 몸의 리듬 표현의 몇 가지 요소에 불과하다.

무용/동작치료에서 리듬은 치료사와 환자 그리고 환자들 사이에서 의사소통의 힘으로 사용된다. 조화를 이루지 못하고 고립된 환자 그룹이 동시 발생적 리듬 움직임을 통해 하나가 되었을 때 어떤 만족감을 느낄 수 있다. 정신병 환자들은 종종 불규칙적인 움직임 패턴과 손상되고 발달되지 않거나 억제된 리듬 요소를 보이기도 한다. DMT 세션에서 움직임 패턴은 의사소통과 관계를 돕는 리듬 경험을 제공한다.

심리적으로 리듬은 그룹과 자신을 통합하는 동시에 몸 안에서 느끼는 리듬에 자신의 생각을 집중함으로써 개인을 자신과 통합한다. (Keen, 1972, p. 132)

표현적 의사소통 방식으로서 리듬은 무용/동작치료의 실행 가능한 부분이다. 어떤 무용/동작치료사는 외부 리듬(녹음된 음악과 악기)을 사용하고 어떤 이들은 내부 리듬(호흡 패턴, 심장박동, 목소리)을 사용한다. 기술은 다양하다. 외부 리듬과 내부 리듬을 모두 사용하는 방법을 통합함으로써 무용/동작치료사는 독립적인 선택과 표현을 위한 보다 완전하고 포괄적인 기회를 제공한다.

감정은 종종 공유된 상징적 리듬 행동 안에서 인식되고 소통되기도 한다(Chace, 1975). 리듬의 의사소통적인 요소 외에 리듬의 치유적인 측면이 다음과 같이 설명된다.

예를 들어 칼라하리 사막의 쿵족, 실론섬의 베다족, 북미의 우트족의 치유 의식에서 참여자들은 주술사가 이끄는 리듬이 있는 반복적인 움직임을 통해 변성 의식 상태로 인도된다. 이는 질병을 몰아내고 신체적 · 정신적 고통을 없애기 위한 목적으로 행하는 것이다. (Dosamantes-Alperson, 1979, p. 114)

해체된 사고와 변질된 현실 지각을 보이는 정신과 환자들과 작업할 때 무용/동작치료사는 경험을 조직하고 구조화하는 리듬의 특성을 사용한다. 특정한 리듬이 있는 관계 안에서 함께 움직임으로써 환자들은 안정감과 세션에서 '지금 여기'에 존재한다는 성취감을 찾을 수 있다. 힘/공간/흐름의 리듬적 유형화에 기초한 치료로서의 춤은 의사소통이 일어나는 치유적인 에너지이다. 외래 환자 DMT 그룹에서 물의 흐름(물결, 조수, 파도, 소용돌이)의 리듬 움직임이 탐색되었을 때 환자들은 '씻어냈다', '정화되었다', '쏟아냈다', '축복받았다', '재생되었다'는 감정을 표현했다.

리듬 요소는 긴장을 풀어주고 개인과 그룹을 '집중시킬' 수 있는 하나로 이어주고 통합해주는 강력한 힘이다. 리듬 활동은 (음악 선곡 또는 내부의 리듬에 의해 일어난 것이든) 움직임 탐색을 위한 주제를 제공해준다. 종종 어떤 음악(특히 민족 노래 또는 민요)은 감정적 기억을 불러일으키고 그룹에 춤, 노래, 언어 교류를 통해 탐색하고 처리할 주제 재료를 제공해준다.

개인 또는 그룹 리듬을 선택하고 공유하는 것은 그룹 응집력을 촉진하고 무기력한 그룹에 활력을 주며 필요할 때 움직임 경험에 만족스러운 마무리와 해결을 제공한다.

언어화　무용/동작치료가 비언어적인 심리치료 방식이라고 하지만 그렇다고 전혀 말을 하지 않는 것은 아니다. 무용/동작치료 그룹 시작 전, 과정 중, 과정 후의 언어화는 치료 과정에서 효과적이고 필수적인 요소일 수 있다. 무용/동작치료사는 환자들에게 개인적으로 인사하고 치료에 온 것을 환영함으로써 그룹을 시작할 수 있다. 치료 시간 중에 치료사는 환자에게 특정 움직임 패턴과 관련해서 떠오르는 이미지를 설명하거나 이야기를 만들어달라고 할 수 있다. 치료의 마무리 단계에서 움직임 경험에 의해 얻은 통찰이나 감정을 언어로 공유함으로써 의사소통과 상호작용 기회를 더 제공할 수 있다. 체클린(Chaiklin, 1975)은 다음과 같은 글을 썼다.

> 움직임이 주요한 도구지만 언어화 또한 무시되어서는 안 될 것이다. 잠재력을 극대화하기 위해 움직임과 관련된 인지와 사고 과정을 계발할 필요가 있다. 움직임 패턴에 반응하는 이미지와 언어화는 개인을 보다 깊게 연결해준다. (p. 710)

체클린은 특정 그룹의 통찰과 언어를 처리하고 다루는 능력에 의지해 논의의 깊이에 자격을 부여함으로써 언어화에 관한 자신의 생각을 강조했다.

언어동작학의 지지자인 콘던(W. S. Condon, 1968)은 "언어와 신체 움직임은 행동의 흐름을 구성하는 (여러 면에서의) 정연한 변화의 진행 중인 리듬 있는 파장을 공유한다."(p. 22)고 주장했다. 언어는 움직임 경험의 또 다른 차원으로 볼 수 있다. 언어는 상징적 몸짓과 자세에 아주 중요하고 깊은 의미를 제공할 수 있고 나아가 환자와 치료사를 신뢰와 정직의 동맹으로 '이어주고' 과거의 기억, 현재의 상황, 미래의 목표를 연결함으로써 움직임 경험을 풍요롭게 할 수 있다.

언어 사용과 언어화를 격려하는 또 다른 방법은 세션 중 노래 가사를 사용하는 것이다. 춤추는 동안 크게 노래를 부르거나 음악에 맞춰 노래를 따라 부르는 것은 음악과 움직임 그리고 언어의 통합을 돕는다. 리듬이 있고 패턴화된 소리의 표현을 공유하면서 그룹은 보다 화합되고 참여자들은 서로에게 더욱 친밀하게 관계할 수 있게 된다. 목소리를 활용하게 됨에 따라 호흡이 깊어지고 마음-몸 관계가 개선된다. 종종 가사 자체가 감정적 반응을 이끌어내고 그룹으로 하여금 인식을 향상시키는 말/노래 대화를 만들어내도록 하며 이는 종종 의미 있는 논의와 나눔으로 이어진다. 가사의 힘에 대한 명확한 예는 셀린 디온(Celine Dion)의 'I'm Alive'라는 노래인데, 그룹원은 이 노래의 표제어 부분을 노래할 때 희망과 생존의 강력한 상징적·언어적 표현으로 손을 가슴으로 가져갔다가 찬양하듯 하늘을 향해 들어올리는 행동을 한다.

기능이 높은 그룹에게 마무리 단계에서 하는 언어적 나눔은 움직임에 의해 드러난 서로 경험한 감정 상태의 영향을 지속시켜준다. 감정의 공통성을 인식함으로써 경험하는 안도감은 물론 그룹원 사이에서 반대되는 감정에 대한 수용과 인내는 모두 사회적 학습의 과정이다. 보다 기능이 낮은 그룹에게 인사, 소개, 작별인사 형태의 언어화는 지금 여기라는 현실에서 적절한 대화를 촉진해준다.

환자들이 무용/동작치료에 참여하면 세션 과정과 여러 세션이 진행될수록 환자들 사이에 대화의 질과 양이 현저하게 증가하는 것으로 보인다. 그룹원은 말없이 '내적 활동 상태'로 세션에 왔다가 떠날 때는 언제나 활동에 대해 이야기하고 서로 인사를 건네며 한바탕 대화를 나눈다. 확실히 그들은 '상호작용 상태'로 이동한 것이다. 마지막으로 참여자들에게 그들의 활동과 수고에 대해 감사함으로써 각 그룹원이 치료 과정에 기여한 것을 인정해준다. 그러면 그룹원도 리더에게 감사를 표현하게 되고 적절한 사회성과 다음 시간에 대한 기대감을 키워준다.

대인관계 역동

상호작용 체계의 일부로 움직임, 리듬, 언어 면에서의 의사소통은 그룹 경험을 위한 기초인 치료적 동맹 발전을 위한 전제조건이자 사회화의 교두보이다. 대인관계 역동에는 다음과 같은 필수 요소가 있다.

치료적 동맹 치료 과정에 필수적인 관계 형태는 치료적 동맹이다. 버거(1977)에 의하면 이는 상호 신뢰와 존중에 기초한다. 공감적인 청자와 안내자로서 치료사의 진정함에 대한 믿음과 환자의 전체적인 존재에 대한 긍정적인 관심과 수용이 치료적 동맹의 기초이다. 일단 정직과 배려의 분위기 가운데 치료사와 환자의 관계가 형성되면 환자는 변화의 위험을 직면하고, 바라보고, 이해하고 혼자 또는 타인과 함께 행동할 때 새로운 방법을 시도할 수 있게 된다(Berger, 1977).

모든 치료 관계는 비슷한 구성 요소로 특징지어진다.

1. 개인이 중요하고 가치 있는 사람임을 확인
2. 현실적인 목표 설정
3. 타인의 권리와 소망을 존중
4. 잠재력 실현
5. 건강한 방향으로 성장하는 것에 대한 격려와 지지

코프(Kopp, 1972)는 치료적 동맹의 한 측면으로 '자기개방' 또는 '투명성'의 요소를 추가했다. 그는 다음과 같이 믿었다 — 만일 치료사(혹은 안내자)로서 내가 내면의 감정에 확고하게 중심을 잡고 비선택적이고 수용적인 방식으로 자신에게 '투명'할 수 있다면(그리고 타인에게 나를 드러낼 수 있다면), 나의 약속은

> … 환자에게 하는 약속과 같은 것을 약속하며 우리는 서로 순례자의 여정에 함께하고 앞서 말한 개방을 위한 모습과 공동체를 위한 고독을 함께하며 서로 지속할 수 있는 용기를 줄 수 있다. (p. 26)

무용/동작치료사와 환자 간의 관계는 언어적, 비언어적 교류와 상호작용을 토대로

형성된다. 무용/동작치료사는 움직임과 리듬을 사용해 의사소통을 하기 때문에 언어 장벽과 기만은 개의치 않는다(Keen, 1971). 치료적 동맹을 발전시킬 때 무용/동작치료 사는 물리적 공간의 상호 나눔과 탐색, 흐름과 힘 요소, 시간 변동, 리듬 있는 조화로운 움직임 대화, 적절한 신체 접촉과 시선 접촉, 한계 및 경계 설정과 같은 무용/동작 경험 에 맞는 고유의 방법을 사용한다. 도발적인 추측일지 모르겠지만 무용/동작치료사-환 자 관계에서 치료적 동맹은 다른 전통적인 심리치료와 비교해서 보다 짧은 시간 안에 보다 높은 수준의 공감으로 형성된다고 생각한다. 무용/동작치료의 비언어적 방식이 언어가 발달하기 이전의 초기 의사소통 체계를 자극함으로써 상호 이해와 직관적인 상 호작용의 '비언어적' 네트워크를 구축하게 된다는 주장에 기초해 피상적인 설명이 가 능하다.

그룹 경험 치료사와 환자 간의 관계는 그룹 경험의 일부로서 발전하는 관계와 상호작 용을 위한 기초가 된다. 버거(1977)는 그룹 경험을 환자가 신뢰, 상호성, 비밀 보장의 정신으로 개인과 그룹 역동에 집중한 교정적, 상호작용적, 재교육적, 감정적, 태도적 경험 가운데 타인과 의사소통하고 관계하고 함께 작업할 수 있는 것이라고 설명한다 (p. 88).

그룹 DMT 경험은 그룹과 개인의 표현을 위한 지지적인 기반을 제공해준다 (Samuels, 1972). 그룹은 개인이 자신의 행동에 대해 다른 그룹원의 현실적 평가와 확 인을 받을 수 있는 기회, 즉 '공명판' 역할을 한다. 개인 움직임이나 언어화에 대한 그 룹의 반응에 직면해 환자는 수용과 인정뿐 아니라 거절에 대처하는 법 또한 배운다. 거 절은 덜 위협적이고 덜 자멸적인 경험이 된다. 움직이는 그룹에서 개인의 움직임, 즉 자신이 수용되고 이해받으면서 방어 기제가 약해진다. 위협이 없는 경험이 지속되면서 접촉에 대한 두려움이 감소하며 움직임 목표가 그룹 목표가 되어 보다 성취 가능하고 덜 압도적으로 느껴진다.

메틀러(Mettler, 1960)는 그룹을 효과적으로 기능하기 위해 전체로 움직여야 하는 차 별화된 부분들로 구성된 살아있는 유기체라고 설명했다. 자기중심적이고 혼란스러우 며 철회된 정신병 환자에게 그룹이란 환자를 환경에, 세션에, 다른 그룹원에게, 또 치 료사에게 연결해주는 '연결' 장치이다. 원형 구조는 양쪽과 다 촉각적 접촉이 가능하고 폭넓은 그룹 시선 접촉과 시야를 제공하므로 유용하다. 또한 원은 비교적 만들기 쉽고 익숙한 형태이며 워밍업과 마무리를 위한 안정적인 중심 대열이다. 체클린(1975)은 음악이 동반된 그룹 리듬 움직임을 상호작용이 힘든 정신병 환자들이 관계를 맺을 수 있는 대체 방법으로 보았다. 그룹 리듬 움직임 활동은 우선 음악의 구조에 반응하고 그 후에 치료사와 서로에게 반응하는 방법이 된다(p. 709).

그룹 안에서 개인은 감정적 재료를 표현하고 반영하며 그에 반응할 기회를 갖는다. 치료사나 그룹원의 응징 없이 분노를 상징적으로 표현하는 것은 그 분노의 원천을 검토하고 이해할 기회를 제공한다(Berger, 1977). 개인의 감정을 공유할 때 그룹의 '그룹' 감정은 그 사람에게 소속감과 인정받는다는 느낌을 준다. 환자가 그룹원이 유사한 감정도 갖고 있고 그러면서도 다른 필요와 욕구와 소망을 갖고 있다는 것을 알게 될 때 감정적 성숙이 이루어진다. 환자가 고통스러운 이슈를 발견해서 그룹의 위로와 이해를 구할 때 이런 인식이 가치 있게 된다.

그룹이 함께 움직일지라도 각 그룹원이 개인의 움직임을 발표하고 있다는 사실이 간과되지 않는다. 때로는 반복적인 공동 움직임의 동시성이 제한적이며 억압적으로 느껴질 수도 있다. 그러면 무용/동작치료사는 대신 그룹에서 떨어져서 개인이 각자 또는 파트너와 함께 움직이다가 다시 그룹 구조로 돌아오도록 격려하는 방법을 사용할 수 있다. 이 분리했다가 다시 그룹으로 합치는 과정은 환자에게 그룹으로부터 자신을 개인화하도록 도전하고 자기조절을 연습하고 듣는 기술을 계발하도록 도우며 집중력을 요한다. 세션 진행 중 다양한 시점에 무작위로 그룹을 재편성하면 새로운 접촉이 일어나고 상호작용의 질과 양을 증가시킬 수 있다.

그룹 안에서 환자들은 항상 자기 마음대로 움직이고 있는('각자 자기 움직임을 하고 있는') 동시에 그룹의 한 부분으로도 행동한다. 메틀러(1960)는 다음과 같이 썼다.

> 그룹 움직임은 개인 움직임의 총합이 아니다. 이는 다른 종류의 움직임으로 전혀 다른 것이다. 그룹 움직임 표현에서, 각 그룹원은 자신이 하고 있는 움직임을 인식하고 있어야 하지만 이 인식은 전체로서 그룹의 인식에 종속된다. (p. 404)

무용 경험 중에 환자들이 서로의 움직임에 반응하고 상호작용할 때 "우리는 감정 반응이 재조직되는 것을 보게 되고 또한 인지 반응은 그보다 더 잘 조직되는 것을 보게 된다."(Dyrad, 1968, p. 1)

학습 기술을 계발하는 것과 함께 타인에 대한 인내력, 고립의 감소, 분리와 집합, 그룹 주제의 생성과 처리, 그룹에서 조화롭게 움직이는 단순한 기쁨은 그룹 무용/동작치료 과정의 가장 중요하며 만족스러운 요소이다. 입원해 있는 동안 환자들은 다른 동료들과 춤추는 감정적·신체적 기쁨을 찾아서 DMT 그룹에 참여한다. 치료 세션에서 사람과 연결되는 단순한 행위(손 잡기나 직접적인 눈 맞춤 등)의 누적된 경험이 심리적 치유와 생물적 회복에 기여한다.

사회화   무용/동작치료는 개인이 신체와 자아를 이해할 수 있도록 '활성화'해주고 생각과 감정의 의사소통을 가능하게 해주며 그룹 역동을 다룰 뿐 아니라 무용/동작치료가 곧 **사회화** 경험이다. 세션이 시작되기 전에도 그룹에 참석하도록 초대받고, 참석하기로 선택하며, 그 선택을 표현하는 행위가 모두 사회 기술을 연습하는 기회이다. 그룹이 시작되면서 각 사람은 자신과 타인의 존재를 인식하기 위한 방법으로 자신을 소개한다.

무용/동작치료 세션에 온 환자들(특히 입원 환자들)이 서로 이름을 알지 못하는 것이 종종 관찰되었다. 이 환자들은 종종 '익명의' 존재로서 며칠 또는 몇 주간 서로와 가까이 지내고 있다. 세션에서 타인의 이름을 익히고 외우는 데 사용되는 시간은 중요한 사회화 과정이고 관계와 동지애를 쌓는다. 움직임 면에서 순서대로 하는 것을 통해 사회적 상호작용을 연습한다. 이를 통해 기다림을 배우고 만족감을 지연하며, (대화에서와 같이) 자기 순서를 예상하고 반응을 준비하고, 시각, 청각, 근감각적 단서를 사용해 타인의 움직임에 집중하게 된다.

사회적 존재로서 우리는 합리적 질서를 유지하기 위해 필요한 한계와 지침을 받아들이는 것을 배운다. 무용/동작치료 세션에도 경계와 구조가 있다. 다른 무엇보다도 워밍업부터 마무리까지 세션 자체의 구조가 있다. 상상의 소재는 계발되고 이미지는 이용될 수 있지만, 움직이는 신체는 오직 특정한 시설, 방, 시각, 날짜 등 지금 여기라는 현실의 테두리 안에서만 경험될 수 있다. 치료 시간 중에 전화 통화, 먹고 마시는 것이 허락되지 않는 것과 같은 다 아는 규칙은 환자가 사회적 영역의 일부로서 받아들이고 인내하게 되는 제한이다. 시간 제한, 기대, 수용될 수 있는 행동에 관한 계약이 사회적인 활동으로서 무용/동작치료의 특징이 된다.

대인관계 역동의 보다 친밀한 구성은 파트너 활동에 있다. 무용/동작치료에서 파트너 활동은 환자에게 일대일 상호작용을 하도록 한다. 이러한 파트너 활동에서는 환자가 자발적이고 자기주도적인 선택과 반응을 하도록 하며 치료사가 더 이상 직접적인 인도를 하지 않는다. 환자들은 다른 리더십 상을 찾아 서로에게 집중하거나 자신이 스스로 리더 역할을 맡기도 한다. 한 쌍이 되어서 활동하는 동안 환자들은 움직임 방식의 대조와 유사성에 민감해지고 그 상황에서 새로운 파트너에게 맞추고 적응할 필요를 느낀다. 사회적 교류 형태와 관계는 파트너와 함께 움직이며 주고받는 가운데 자란다.

　세션의 마무리 단계에서 또 다른 사회적 경험이 일어난다. 각 참여자는 이름으로 존재를 확인받고 참여해주어서 감사하다는 인사를 받는다. 개인의 이슈가 개인적으로 혹은 그룹에서 거론될 수 있다. 악수를 하거나 손을 뻗어 상대의 팔이나 어깨를 터치하거나 집중해서 눈을 맞추는 등의 직접적 · 신체적 접촉을 하며 세션을 마무리하고 다음 시간에 또 참여할 것을 격려한다. 마무리 의식이 그룹원을 현실과 자신으로 돌아오게 해주며 다른 병원 활동에 참여할 준비를 하게 해주고 다음 DMT 세션을 기대하게 해준다. 다함께 깊은 호흡을 하며 에너지를 전해주고 서로 손을 꼭 잡아 감사를 표현하는 것은 그룹의 균형과 집중을 돕는다. 그룹에 따라 그 의식의 형태는 달라지지만 대개 리더가 그룹이 필요로 하거나 원한다고 믿는 무언가를 서로에게 제공하도록 요청하는 것과 함께 상징적 나눔 또는 선물 교환 등이 포함된다. 가장 흔히 들리는 선물은 '집에 돌아가는', '건강', '평화', '사랑'이다. 중요하게 유지해야 하는 마무리의 또 다른 형태는 그룹을 인도하고 경험을 제공해준 리더와 그의 수고에 대해 그룹이 감사를 표시하는 것이다. 보통 그룹원이 의식화된 나눔의 일부로 즉흥적으로 감사를 전하거나 미소를 짓거나 감사하다고 말을 한다. 그때 무용/동작치료사가 품위와 겸손으로 그룹의 감사를 받아들이는 것이 중요하다. 그래서 세션의 유효성을 확실히 보여주며 강한 사회적 · 치료적 대인관계 연결이 확립된다.

결론

BASCICS 체계에서 우리는 신체 태도의 재교육과 인식에서부터 자신됨의 개념, 표현적이고 진정한 움직임과 리듬이 있는 춤을 통한 의사소통의 개념, 그리고 대인관계 역동의 범주에 이르기까지 무용/동작치료의 이론과 방법론을 추적했다. 이 네 범주 간의 관계는 명확하다. 각 범주는 성장하고 발전하며 상호적이고 한 범주 안에서 변화와 차단이 생기면 영향을 받는다. 각 범주의 잠재력은 다른 범주에 의해 제한되기도 하고 확장되기도 하며 건강의 가능성은 각 부분의 건강에 의해 결정된다.

BASCICS 체계가 비록 신체 태도, 자신됨 그리고 의사소통 등의 순서로 구성될지라도 범주의 순서는 서로 교체할 수 있다. 체클린(1975)이 말한 것처럼 "사람은 타인을 명확하게 지각하고 관계를 맺기 이전에 먼저 자신에 대한 지각과 통제감과 선택을 가져야 한다."(p. 709)는 것이 사실이지만, 그룹 과정과 상호작용에 참여함으로써 자신에 대해 보다 진정한 인식을 갖게 되고 명확해질 수 있다.

서술적인 요소(신체 태도, 신체상, 경계 등)를 가진 BASCICS 체계의 각 부분은 독립되어 있거나 전체 모델로부터 분리되어 따로 존재하지 않는다. 그보다는 그림 5.1에 나타나듯 각 범주를 연결하는 양쪽이 화살표로 표시된 선은 이 체계의 상호 연관 역학을 보여준다. 유연한 체계로서 이러한 기본적인 개념과 이론은 실행될 수 있고 후에 각 치료사에 의해 더 수정되고 확장될 수 있다. BASCICS 모델을 만들고 발전시키고 입증하면서 나는 개인적 정체성과 신념 체계, 그리고 실행 가능하며 즐겁고 강력한 심리치료 형태로서의 무용/동작치료의 기본적 구조에 대한 관계를 인식하게 되었다.

참고문헌

Allenbaugh, N. (1970). Learning about movement. *Selected readings in movement education,* R.T. Sweeney (Ed.). Reading, MA: Addison-Wesley.

Bender, L., & Boas, F. (1941). Creative dance in therapy. *American Journal of Ortho-psychiatry 2,* 235–241.

Berger, M. M. (1977). *Working with people called patients.* New York: Brunner-Mazel.

Berger, M. Roskin (1972) Bodily experiences and expression of emotion. *ADTA Monograph No. 2,* 191–230.

Birdwhistell, R. L. (1970). *Kinesics and context: Essays on body motion communication* Philadelphia: University of Philadelphia Press.

Boas, F. (1978). Creative dance. In M. N. Costonis (Ed.), *Therapy in motion.* Chicago: University of Illinois Press.

Burton, C. L. (1974). Movement as a group therapy in a psychiatric hospital. In K.C. Mason (Ed.) *Focus on dance VII. Dance therapy Journal of AAHPERD.*

Buss, A. H. (1966). *Psychopathology.* New York: John Wiley & Sons.

Capello, P. P. (1979). The role of parental attitudes in the development of self-concept in blind children. Unpublished paper.

Capello, P. P. (1980) Dance therapy as a creative event. Unpublished paper.

Chace, M. (1975). *Marian Chace: Her papers.* H. Chaiklin (Ed.), ADTA.

Chaiklin, S. (1975). Dance therapy. In S. Arieti (Ed.) *American handbook of psychiatry* (2nd ed.) Vol. 5, pp. 701–720. New York: Basic Books.

Commins, W. D., & Fagin, B. (1957). *Principles of educational psychology.* New York: Ronald Press.

Condon, W. S. (1968–69) Linguistic–kinesic research and dance therapy. *Combined Proceedings of the ADTA 3rd and 4th Annual Conferences.*

Davis, C. J. (1964). Development of the self-concept. *New outlook for the blind 58* February.

Diem, L. (1970). Basic movement education with simple elements in primary schools. In R. T. Sweeney (Ed.), *Selected readings in movement education.* Reading, MA: Addison-Wesley.

Dosamantes-Alperson, E. (1974). Movement therapy: A treatment framework. ADTA *Monograph No. 3* 1973–1974, 87–99.

Dosamantes-Alperson, E. (1979). Dance/movement therapy: An emerging profession. *Journal of Energy Medicine 1*, 114–119.

Dyrad, J. E. (1968–69). The meaning of movement: As human expression and as artistic communication. In S. Chaiklin (Ed.). *Combined Proceedings of the ADTA 3rd and 4th Annual Conferences*, Madison, WI.

Feder, E., & Feder, B. (1977). Dance therapy. *Psychology Today,* February, 76–80.

Feldenkrais, M. (1977). *Body and mature behavior.* New York: International Universities Press.

Fisher, S. (1973). *Body consciousness.* Englewood Cliffs, NJ: Prentice Hall.

Fisher S., & Cleveland, S. (1968). *Body image and personality.* New York: Dover.

Fitts, W. H. (1967). The self-concept as a variable in vocational rehabilitation. Nashville Mental Health Center Project No. RD2419-668cl.

Freud, S. (1927). *The ego and the id.* London: Hogarth.

Hall, E. T. (1969). *The hidden dimension.* New York: Doubleday.

Hawkins, A. (1987). *Creating through dance.* East Windsor, NJ: Princeton Book Co.

Hunt, V. (1964). *Movement behavior: A model for action.* Quest, Monograph #2, 69–91.

Jervis, F. M. (1959). A comparison of self-concept of blind and sighted children. *Guidance Program for Blind Children, 20*, Watertown, MA: Perkins.

Keen, H. (1971). Dancing toward wholeness. F. Donelan (Ed.). ADTA, *Monograph No.1, Combined proceedings of the ADTA 2nd Annual Conference*, Washington, D.C.

Kendon, A. (1970). A movement coordination in dance therapy and conversation. *Workshop in dance therapy: Its research potentials.* New York, CORD, 64–69.

Kopp, S. B. (1972). *If you meet the Buddha on the road, kill him!* Palo Alto, CA: Science and Behavior Books.

Leventhal, M. B. (1974). Dance therapy with MBD children. In K. C. Mason (Ed.), *Focus on Dance VII: Dance Therapy.* Washington, DC: AAHPERD.

Maslow, A. H. (1971). *The farther reaches of human nature.* New York: Penguin.

McDonald, F. J. (1965). Journal of, *Educational Psychology.* 2, 1–16.

Mettler, B. (1967). *Materials of dance as a creative art activity.* Tucson, AZ: Mettler Studios.

Samuels, A. (1972). Movement change through dance therapy: A study. ADTA, *Monograph No. 2.*

Schilder, P. (1950). *The image and appearance of the human body: Studies in the constructive energies of the psyche.* New York: International Universities Press.

Snyder, A. F (1972). *Some aspects of the nature of the rhythmic experience and its possible therapeutic value.* Monograph 2. In F. Donelan (Ed.), Writings on Body Movement and Communication, Monograph 2 (pp. 128–150). Columbia: ADTA.

Sullivan, H.S. (1947). *Conceptions of modern psychiatry.* Washington D.C.: William Alanson White Psychiatric Foundation.

Todd, M. E. (1937). *The thinking body.* New York: Dance Horizons.

Torrance, E. P. (1965). *Rewarding creative behavior: Experiments in classroom creativity.* Englewood Cliffs, NJ: Prentice Hall.

제6장

신체, 고유의 스타일, 그리고 심리치료

Varda Dascal

도입

데이비드 샤피로(David Shapiro)는 그의 책 *Neurotic styles*(신경증적 양식)에서 감각을 '스타일(styles)'이라는 용어로 자신에게 주어진 행동의 특정 영역 방식 또는 습관으로서의 기능 형태 또는 기능 방식이라고 표현했다. 이는 특정 행동 영역을 통해 개인을 식별할 수 있는 의미로 사용되었다(Shapiro, 1965, p. 1). 나는 문학과 예술 연구에서 시작된 이 개념이 주제와 매우 밀접한 관계가 있다고 믿는다. 그러므로 나는 이 장에서 이를 더 적용하고 발전시킬 것이며 나만의 임상 실습 결과의 일부를 고려해 '스타일'의 광의적 개념과 관련해 연구를 할 것이다.

'신경증적 양식'이란 '다양한 신경 조건이 각각의 특성처럼 보이는 기능의 방식들'(Shapiro, 1965, p. 1)을 의미한다. 또한 '기능의 방식들'은 생각, 인식 방법, 감정 경험 방법 그리고 병리학적 조건을 포함하는 여러 조건 아래 활동하는 방식들을 포괄한다. 다시 말해 기능 방식은 인지적, 감정적, 행동적, 신체적 영역과 관련된 현상의 전체적인 영역인 것이다. 심리치료를 필요로 하는 상황에서 이러한 요소들은 환자의 증상에서 나타나고 환자(내담자)의 병의 원인의 일부인 동시에 이러한 요소가 각 특정 상황과 환자(내담)에게 가장 적합한 치료적 개입의 종류를 알려줄 수도 있다.

내 생각에 샤피로에 의해 심리치료학에 적용된 스타일의 개념은 심리치료학적 효과와 직접적으로 연관되어 있으므로 가치 있고 유용하다. 은유라고도 하는 수사적 의미, 즉 은유의 한 방법으로 그림 및 수치를 적용했을 때 이를 경험할 기회가 있었다. 이러한 효과의 원인 중 하나는 은유가 분명히 본질상 이미 말한 여러 영역을 연합하도록 한다는 사실이다. 잘 알려졌듯이 은유의 특징을 결정짓는 것은, '존은 사자이다' 또는 '피터의 생각의 뿌리는 먼 데서부터 온다'와 같이 종종 개념적 거리가 먼 영역이나 뚜렷한 영역을 연결함으로써 작용한다는 것이다. 문자 그대로 말하면 존은 고양잇과가 아니고 피터의 생각도 나무에서 자라지 않는다. 그러나 은유는 연결하는 뚜렷한 영역들 사이에 새로운 관계를 창조함으로써 우리가 그것을 보고 거기에 새로운 의미를 부여할 수 있는 새로운 방법을 제공한다. 따라서 은유는 개인이 자신을 드러내는 방식을 통해 여러 영역을 연결한다고 주장할 수 있을 것이다. 무용/동작치료사가 하는 일은 이러한 영역에 집중하고 행함으로써 환자가 자신의 성향에 따라 은유를 상세히 설명하는 환경을 만들어내는 것이다.

무용/동작치료사는 몸과 마음의 관계, 행동과 동기의 관계, 감정·생각과 경험의 관계에 특별한 관심이 있어야 한다. 요컨대 다른 학문을 연구하는 많은 학자들도 이제는 (이전에는 공통적으로 믿었던) 정신 활동과 신체 활동, 즉 이를 둘러싼 몸을 이해하는 데 있어 이를 각각 따로 나누는 것이 불가능하다는 데 동의한다.[1] 또한 가장 널리 사용되는 은유 중 많은 것이 실제로 신체 활동과 경험을 바탕으로 한다.[2] 따라서 마음 상태, 감정 그리고 관념적 내용은 자주 신체적 언어로 개념화된다. 치료 활동은 필요하다면 재구성(재구조화)과 같은 변화의 한 종류를 생산하는 조건들을 창조하며 이 '스타일' 단계에서의 개입은 항상 유익하게 된다. 이 '스타일' 단계는 또한 점차 개인이 치료적 도움을 구하도록 유도하는 과거 그리고 현재의 내적, 외적 현상들의 여러 층에 대한 접근을 차례로 제공하는 신체적 은유(그것만 포함하는 것은 아니지만)를 포함한다. 이 장에서 분석된 임상 사례는 그 과정들을 설명하고 몸과 움직임의 역할을 강조하는 것을 제시할 것이다.

다음 부분에서 제시, 분석하고 임상 사례로 언급한 정신신경증을 하나의 '스타일'로 보고 그 변화를 '스타일'의 변형으로 생각한 샤피로의 이론과 이 이론의 심리치료학적 의미의 치료적 중요성에 대해 이어서 논의할 것이다.

공과 풍선

샤피로의 치료 세션에 오는 내담자인 N은 교수로 성공하였으며 성실하고 진지한 32세의 여성으로, 홀로코스트 생존자의 외동딸이며 최근에 이혼했다. N은 자신의 감정적 한계를 뛰어넘기 위해 치료를 의뢰했다. 그녀는 이성과의 만족스러운 관계를 방해하는 문제를 다음과 같이 설명했다.[3] "누군가를 만나요. 저는 그에게 모든 것을 직접적으로 다 이야기해요. 저는 모든 것을 다 그에게 던지죠.[4] 뭘 말해야 하고 또 무엇은 감춰야 하는지, 뭘 주고 뭘 간직해야 할지 모르겠어요."

공

'던진다'는 것은 문자적으로 운동의 한 종류를 말하며 N에게 나와 함께 공 던지고 받기를 하자고 제안했다. 잠시 후 나는 그녀에게 혼자서 벽을 향해 공을 던지라고 했다. 나는 그녀가 팔을 겨우 펼 수 있을 정도의 거리로 자신과 벽 사이의 거리를 유지하고 있는 것을 보았고 그녀가 온몸을 던지듯 자신의 머리와 어깨를 매우 앞으로 숙이고 나가면서 자신의 몸통을 구부리는 것을 보았다. 물론 벽은 움직이지 않았고 탄력성이 있는 것도 아니었으나, 그녀는 점점 벽을 향해 나아갔고 공을 점점 세게 던졌기에 매번 공은 더 세게 튕겨져 나왔다. 따라서 튕겨져 나오는 공을 잡기 위해 자신의 위치를 계속해서 바꿔야 했던 그녀는 점점 공을 잡는 것이 어려워지는 것을 보며 놀라는 듯했다.

나는 N에게 자신이 하고 있는 일뿐 아니라(특히 그녀가 갖고 있는 특정 움직임 문제를 해결하기 위해 그녀가 만들어낸 해결책) 자신의 감정과 감각에 더 집중해야 한다고 말했다. 또한 나는 이런 감정들이 그녀에게 익숙한지 생각해보라고 했고 만약 그렇다면 어떤 상황에서였는지를 기억해보라고 했다. 점차 그녀의 행동과 반응은 그녀의 관계적 문제가 처음에 예상했듯이 단순한 자기제어의 문제가 아닐 수 있다는 사실을 드러냈다. 실제로 그녀의 벽 ― 여기서는 타인이라는 은유로 사용된 ― 에 대한 행동은, 그녀와 반대되는 위치에 있는 타인에 대한 필요성, 감정 그리고 능력에 대한 민감성의 부족을 드러냈다. 그녀는 상대방의 반응에 옳게 반응할 수 없었고 따라서 상호 교류에 대처하는 자신의 행동을 적절하게 변화하거나 적응하도록 만들어내는 데 실패했다. '모든 것을 다 그에게 던져버림', 다시 말해 자신이 상대에게 무차별적으로 모든 것을 이야기하고 공개함으로써 그녀는 적응과 재구성에 대한 자신의 모든 책임을 상대에게 전가하고, 관계가 조절되며 형성되는 책임을 상대에게 전가한 것이었다.

그러므로 우리는 N을 통해 한계와 유연성의 부족, 특정 신체적·행동적·인지적인 융통성 문제를 포함한 문제들을 볼 수 있었고 그녀가 공을 주고받는 활동에서도 문제를 의식하지 못한 채 극도의 진지함과 집중력을 갖고 임하는 것을 관찰했다. 확신하건대, 연구와 같은 임무에서 그녀의 꾸준하고 타협하지 않는 것과 같은 점들이 요구되는 상황이나 혹은 같은 맥락에는 이와 같은 진지함과 융통성은 장점이 되기도 하며 필요할 수도 있다는 것이다. 그러나 이성과의 관계처럼 다른 상황에서는 보다 유연한 관계가 유익할 것이다. 다음에 펼쳐지게 될 상황과 같이 극단적으로 융통성 없는 사람도 올바른 조건하에서는 보다 유연해지는 법을 배울 수 있게 된다.

풍선

N과의 다음 시간에 나는 지난 시간과 관련이 없는 움직임 종류에 집중했다. 나는 N에게 풍선으로 들어가는 공기의 양을 제한하기 위해 천천히 주의해서 불거나 숨 들이쉬고 내뱉기를 한 번씩만 하는 등 다양한 방법으로 풍선을 불어보라고 했다. 풍선의 유연성은 우리로 하여금 그 모양에 대한 제어를 가능하게 했다. 내가 그녀에게 최대한 풍선을 크게 불어보라고 했을 때 그녀는 멈추고 이렇게 말했다. "더 이상 불지 않을 거예요. 그렇지 않으면 풍선이 터져버릴 것이기 때문이에요." 다시 말해 그녀는 상대 능력의 한계를 인식했고 그 관찰된 한계에 의해 자신의 행동을 조정하는 책임을 스스로 진 것이다. 후에 이와 같은 과정으로 세션이 이어질 때 N에게 풍선을 위아래로 던지고 그 공의 움직임 특성을 탐구하고 그것으로 춤의 일종을 만드는 그녀만의 동작 레퍼토리(repertory)로서 확장하게 했다. 나는 이러한 일련의 과정을 연속적으로 진행하게 했다. 결과적으로 상대방을 배려하고 보다 유연하게 행동하는 그녀의 잠재적 능력이 드러났고 대인관계 반응의 또 다른 가능성이 드러났다.

치료 공간의 역할뿐 아니라 때가 되었을 때 변화의 불꽃을 타오르게 하는 필요조건으로서 치료사와의 특정 유대를 강조하는 것도 중요하다. 이는 재구성(재구조화)에 관한 이야기를 할 때에 다시 다룰 것이다.

N과 풍선으로 돌아가서, 풍선을 활용한 일련의 활동은 예상치 못한 수확을 가져왔

다. 그녀는 일기에 (나는 보통 환자/내담자에게 일기에 자신의 치료 경험을 기록하도록 요청한다)[5] 자신도 놀랐지만 팽창한 풍선을 엄마 젖을 빠는 행동에 연관시켰다. 그녀의 놀라움은 빠는 행위는 '받음'의 방법이고 팽창한 풍선은 '주는' 것과 연관되어 있다는 사실에서 나왔다. 또한 N은 이를 삶을 엄마로 채워야 한다는 그녀의 끊임없는 고민과 연관시켰다. 이어서 후자는 또 다른 사건, 무선조종 인형이 연상되는 차갑고, 감정이 없으며, 엄격하고, 이성적인 자신의 부모님에 대한 생각과 연관되었다. 그녀가 기억하기에 집에서 의사소통의 유일한 방법은 언어였고 오직 언어만이 존재했으며 모든 것이 언어로 명백하게 표현되어야만 했다. 망설임이나 의심, 감정 그리고 유연성은 허락되지 않았다. 그녀는 세상이 '경직되고 변화가 없으며 숨을 쉬지 않는 것'처럼 인식된 것이 "놀랍지 않았어요."라고 말했다. 그러한 세상에서 풍부한 감정을 갖는 것은 위협적이고 이런 감정의 표현은 허락되지 않았다. 만일 세상이 예상 가능하고 경직되어 있는 것이라면 모든 행동과 반응은 정해준 법칙을 따라야 할 뿐 아니라 변화하는 환경에 적응하기를 배워야 할 필요도 없다는 것을 의미한다.

공과 풍선 사이

우리는 공 던지기의 은유를 통해 처음 발생한 문제가 다시 나타나는 것을 보았는데, 이번에는 새로운 은유에 의해 보이는 다른 개념적 구조의 소개로 경직 또는 유연성, 상대와 함께 고려되거나 혹은 그렇지 않거나, 책임을 지거나 혹은 책임을 전가하거나와 같은 다른 개념적 구조이다. 동시에 은유적 움직임의 앞부분인 치료 과정으로서 설명되는 이미지는 N에게 그 과정 가운데 형성되는 자신의 문제를 향한 새로운 태도에 대한 뚜렷한 가능성을 제시한다. N은 다음과 같이 말한다.

나는 이제 나를 채우고 내 안에서 변화를 만드는 표현을 하고 글을 쓰는 것을 즐겨요. 풍선처럼 얼마나 많은 공기를 불어넣든, 얼마나 많은 공기가 그 안에 갇혀 있든 상관없이 언제든 더 많은 공기를 불어넣을 수 있고 풍선이 높이 날아 올라가면 공기가 나오고 새로운 풍선을 채울 수 있을 거예요.

우리가 특정한 언어적 표현의 기초가 되는 움직임을 활성화한다면 거기에 사용되는 은유적 표현에서 '경험적 기초'가 실제로 실행될 수 있게 하는 것이다. 만일 '어떤 은유도 결코 이해되거나 그 경험적 기초로부터 독립적으로 적절히 표현될 수 없다면'

(Lakoff & Johnson, 1980, p. 19) 움직임의 은유는 단지 설명을 확인하기 위한 것과 이론적 기준에서의 주의를 하는 것이 아닌 필수적 도구로 구성되어야 하며 움직임의 미묘한 질적 변화와 경험의 세부사항을 탐구하는 역할로서 제공하게 한다. 개인 안에서 이를 유발하게 하는 것에 집중함으로써 이는 최초로 경험되는 은유의 이해를 현저하게 확장한다.

그러므로 우리는 그것이 전달하는 것을 통해 은유적 개념과 멈춘 은유 안에 보호된 의미 있고 창조적인 가능성의 전체 영역을 회복한다. 이는 마치 얼어붙거나 겁먹은 은유가 녹아 다시 살아나 그 관련된 힘을 과시함으로써 은유적 관계를 드러내는 것 같다. 이는 환자가 자신과 치료사를 위해 드러내는 환자·내담자 은유의 궁극적 '의미'인 이 신체적, 언어적 탐험 안에서 환자가 선택한 특정 경로이다.

은유를 움직임으로 전환하거나 경험의 선명함을 느끼거나 무언가를 하는 지식을 습득하는 행동은 모두 라일(Ryle, 1979)이 '어떻게 하는지를 앎'[7]('그것을 앎'과 반대되는)이라고 부른 지식의 종류를 구성한다. 우리는 중력의 법칙, 자전거의 여러 다른 부품, 인체 해부학 등에 대한 백과사전 전체를 읽을 수는 있지만 공을 던지거나 밧줄 위를 걷거나 혹은 춤을 추는 등의 능력들은 실제로 그 행동을 행함으로써 습득할 수 있다. 실제로 우리는 백과사전이 말하는 것에 대해 거의 아무것도 알지 못한 채 이러한 활동을 습득하고 숙달할 수 있다. 우리의 심리운동 발달은 필수적으로 '노하우'[8]인 것이다.

외줄(심상적 의미로서의 이미지 표현)

D는 어깨에 가방을 메고 있는 것이 아니라 마치 그녀가 가방에 매달려 있는 것처럼 보였고 자신의 개인공간을 제한하는 보이지 않는 막 안에 갇혀 좁은 줄 위를 걷는 것처럼 치료실 안으로 들어왔다. 그녀는 "저는 마치 외줄 위를 걷는 것 같은 기분이에요."라고 했다.

지면 위의 발

나는 D에게 그녀가 방금 말한 것 같은 외줄이 치료실 안에 있고 그 위를 걸어가는 상상을 해보라고 했다. D는 키가 작고 몸무게가 많이 나가지 않는 40대 여성이다. 그녀는 마치 땅 위를 맴도는 것처럼 걸었다. 좀 더 가까이 가서 보니, 그녀는 발을 땅에 거의 닿지 않게 걷는 것 같았고 땅에 발을 충분히 지탱하고 있지 않은 듯했다. 그녀의 3번에 서 5번 척추를 위로 매달아 마치 중단된 듯한 느낌으로 굉장히 경직되어 보였다. 그래 서 우리는 자세와 지탱을 위한 활동에 몇 세션을 할애하기로 했다.[9]

D : 줄 위를 걷는다는 게 무슨 뜻이에요?

그리고 그녀는 스스로 대답했다. "균형을 유지한다는 뜻이죠." 그리고 그녀는 밧줄 위를 곡예사처럼 걸어갔다. 그녀가 그렇게 할수록 밧줄은 색깔, 질감, 견고함 그리고 높이 등 탄탄한 존재를 요구했다. 비슷하게, 걷는 활동 자체는 이 특정 밧줄 위를 특정 상황에서 걸으므로 보다 확실하다. 뿐만 아니라 물체, 행동 그리고 상황이 상상의 구조 라 할지라도 신체를 대면했다는 사실은 그들에게 소설이나 개념적 구조는 갖지 못하더 라도 현실의 직면 정도를 허락한다.[10]

D : 이 줄은 좀 넓네요. 제 발의 너비쯤, 그 이상은 아니네요. 이것은 두 나무에 아주
　　높이 묶여 있어요.
V : 얼마나 높아요?
D : 50센티미터요.

우리가 대화를 하는 동안 그녀는 밧줄 위를 앞뒤로 계속 왔다 갔다 했다. 그녀의 자 세는 곧았고 양팔은 어깨 높이로 쭉 펴져서 십자가와 같은 모양이었다. 줄 중간쯤에서 D는 몇 번 균형을 잃었다. 그래도 그녀는 균형을 잡기 위해 팔이나 무릎을 구부리지 않았고 약간 멈춰 서서 뻣뻣하게 유지했다.

V : 기분이 어때요?
D : 무서워요! 줄 중간쯤 갔을 때 무섭다는 걸 깨달았어요. 발목이 안정적이지 않았고
　　균형을 잃었어요.
V : 어떤 위험이 있었나요?
D : 네, 떨어질 수 있었어요. 만일 떨어지면 다칠 것이고 부상을 당하거나 어딘가 부러
　　질 수도 있어요. 그게 무서워요.

V : 이것이 다른 상황에서 느꼈던 것과 비슷한 감정인가요? 이런 감정을 전에 느낀 적이 있나요?

D : 네. 추락에 대한 두려움이에요. 종종 이런 꿈을 꿔요. 제가 아주 높은 곳에서 떨어지는 것을 보고 떨어지는 중간에 두려움에 떨며 심장이 마구 뛰면서 깨어나요. 떨어질 때 내 발 밑에는 땅이 없어요. 바닥은 사라졌어요. 가끔 꿈에서 밑으로 내려가야 하는데 계단 같은 게 없어요. 뭔가를 향해 달려가는데 도달해서 보면 나락으로 떨어지는 꿈도 꿔요.

V : 지금 기분은 어때요?

D : 꼭 반대편으로 가야 해요. 나락이 밑에 있어요. 더 쉬운 낮은 곳에서 시작해서 높은 곳으로 가요. 길 중간쯤에 가면 떨어질 정도로 높아져요. 낮은 곳은 내 집처럼 안전해요. 직장은 여기보다 더 높은 곳, 더 위험하고 위협적이에요. 많은 싸움과 긴장이 있어요.

우리는 그녀의 이야기에서 처음에 그러했듯이 줄이 연결하고 있는 것은 더 이상 두 나무가 아니라 그녀에게 의미 있는 '장소'라는 것을 관찰할 수 있었다. 집과 직장 사이의 문제와 긴장 그리고 직장에서의 어려움이 드러났다. 위험의 경험은 절정에 도달하고 이것이 아마도 이를 떨쳐버리기 시작할 수 있는 좋은 때일지 모른다. 나는 먼저 그녀에게 그녀가 그동안 눈을 감고 줄 위를 걷고 있었다고 알려주었고 그 이후부터 그녀는 눈을 뜨고 걷기 시작했다.

D : 왜 제가 그동안 눈을 감고 걷고 있었는지 모르겠어요. 이제 저는 제 앞에 있는 위험을 볼 수 있고 이에 더욱 잘 대처할 수 있어요.

눈을 뜨고 걸으면서 그녀의 손과 무릎은 보다 유연해졌다. 나는 그녀에게 밧줄을 몸의 무게로 누르거나 무릎을 굽히는 등 밧줄을 가지고 노는 것이 어떻겠냐고 제안했다. 그녀는 점점 더 편안하게 느끼기 시작했고 손으로 밧줄을 만지기 위해 몸을 구부리기까지 했다. 밧줄이 경직되고 변하지 않을 것이라고 생각했던 그녀의 원래 믿음과 반대로 D는 이제 자신이 태도를 바꾼다면 상황을 제어할 수 있게 될 것임을 깨달았다.

V : 직장에 갈 때, 자신에게 뭐라고 말하나요?

D : 너무 긴장돼요. 그 길은 장애물로 가득해요.

V : 이렇게 말하는 건 어때요? '차 안에서 얼마나 긴장되는지와 상관없이 바깥 상황은 똑같을 것이다'라고요. 음악 좋아해요?

D : 네, 좋아해요.

V : 그러면 내일 출근하는 동안 들을 당신이 좋아하는 노래를 골라보세요.

D : 그러고 보니 한 번도 그 생각을 한 적이 없네요.

시간이 끝나갈 때쯤, D는 드럼 소리에 맞춰 줄 위에서 춤을 췄다. 그러고 나서 줄에서 내려와 바닥에서 춤추기를 계속했고 그녀의 팔은 음악에 맞춰 자유롭게 움직였으며 그녀의 온몸은 좀 더 유연해졌다. 마지막에 그녀는 다음과 같이 말했다.

D : 저는 이제야 아버지가 무엇을 하든 땅에 두 발을 버티고 어디까지 확장할 수 있었는지를 이해해요.[11]

균형, 에포트 그리고 긴장

밧줄 위를 걷는 경험은 확실히 '한 점 혹은 축 주위 힘의 대칭적(비율적) 정리'라는 균형을 특징짓는 전형적인 개요를 유도해낸다(Johnson, 1987, p. 85). 균형의 히브리어 표현은 shivuy mishkal인데 이는 문자적으로 해석하면 개요와 그 정지된 요소를 본질적으로 잇는 '무게의 동일화'이다. 스페인어에서는 균형(balanceo)이라는 단어가 균형 또는 불균형 상황의 결과가 되는 앞뒤 움직임과 같은 개요의 역학 요소를 가리킨다. 실제로 균형과 밀접하게 관계된 능력인 자세의 유지는 몇몇 근육의 활성화를 포함한다.[12] 존슨이 말했듯 평형의 개요는 서기 또는 넘어지기와 같은 아이의 초기 경험으로 돌아가고 그 사용과 숙달은 '그것을 앎'보다 '어떻게 하는지 앎'과 더 관련이 있으므로 감지적(그러므로 언어 습득 전)이다.[13]

이러한 균형 관련 능력의 습득은 사실 규칙 체계를 알거나 적용하는 것을 포함하지 않고 오히려 자동적이며 힘이 안 드는 기술이다. 모든 주기적 움직임을 돌아보기 위해 멈출 때 우리는 자전거를 타거나 운전을 하거나 걷기 또는 숨쉬기를 할 때처럼 대부분 자동적으로 반응하기 때문에 행동에 대한 어떤 의식적 방해도 순간적 불균형으로 이어질 수 있다. 자동적 요소는 인식적 요소의 제거와 정신 에너지의 여유분 안에서 구성되기 때문에 자신의 움직임을 되돌아보는 것은 행동에 불필요한 인식적 노력을 불러온다. 외부 제한이나 학습의 결과인 자동 행동을 의식하는 것은 이런 행동을 하는 자기 자신의 재현을 낳는다. 이것이 바로 우리가 좀 전에 나눈 N의 실례에서 관찰한 현상이다. 그녀가 자신의 호흡 또는 걸음걸이에 집중했을 때 전에는 자동적이고 즉각적이었던 것에 일부 방해되는 변화가 생겼다.[14]

D의 경우 줄 위를 걷는 경험은 균형을 잃지 않기 위한 노력이 요구되는 균형 체계의 갑작스러운 수동화를 가져왔다. 후자는 에포트(effort)의 체계를 중심으로 해 은유적 확장의 배열, 혹은 배열에 관해 그 내용을 제공한다. D는 경사진 줄을 밀어 올리기 위해 요구되는 노력에 관해 발언함으로써 이 은유적 전환을 표현했다. 그녀는 또한 후에 자신의 몸의 성향과 움직임의 본질에 드러나는 긴장(tension)과 노력을 연관시켰다. 단어의 의미를 확장해 사용하는 비유의 일종으로 이는 처음에 그리고 공간 형성 중 그랬던 것처럼 더 이상 줄의 공간적 긴장이 아니며 줄을 따라 걷는 개인의 경험적 긴장이라고 말하는 것이 옳을 것이다. 은유적으로 이 긴장은 다른 문제 상황에 포함된 긴장을 가리킨다.

D가 사용한 이 같은 노력에 기초한 은유적 확장의 추가적 영역은 노력을 포함한 상황이 불안정하고 불편하며 원치 않는 환경으로 인지된다는 문제가 있다. 다른 말로 표현하면 이는 최대한 빨리 벗어나고만 싶은 상황이라는 것이다. 여기서 줄은 무모하게 횡단해야 하는 길이다. 현실에서 불편한 것은 길이나 건너야 한다는 사실이 아니라 도착점과 같이 실제적 목표이기 때문에 출근길에 음악을 듣거나 해 길을 건너거나 하는 것을 좀 더 참을 만하게 만들고자 하는 시도를 하지 않는다. 줄은 고정된 뿌리를 가진 안정된 두 지점을 연결하는 기능을 가졌지만 우리는 만일 중간에서 경험한 긴장이 끝까지 계속된다면 어떻게 될 것인가라는 질문을 할 수 있을 것이다. 이 활동은 D에게 줄이 묶여 있던 두 고정된 도착 지점 중 하나로서 직장은 그녀가 있기를 원하는 균형 잡히고 안정된 소중한 장소가 아니라는 사실이 드러나고 그 직장은 그녀가 피하고자 하는 긴장과 문제가 가득한 곳이었다. 직장은 분명히 그녀에게 안전함과 안정감을 제공하지 못했다. 이 줄의 경험과 관련된 그녀의 꿈 중 하나에서 그녀는 도착 지점을 아무것도 없는 나락이라고 기억했다. 줄의 반대쪽인 집으로 돌아가는 것은 그녀의 말에 의하면 더 쉬웠으나 집에 가면 마치지 않은 일과 무엇을 먼저 해야 하느냐에 관한 어려운

질문이 그녀를 기다리고 있었으므로 그곳 또한 완전히 긴장이 없진 않았다. 이는 그녀의 '심리적 스타일'의 특징인 선택의 문제와 분명히 관계가 있었다.

동시에 위험성은 줄의 불안정함과도 밀접한 관계가 있다. 여기서 이 관계의 두 가지 단계를 구분하는 것이 중요하다. 움직임 활동에 보다 직접적으로 의지하는 첫 번째 단계는 필요한 자세를 조정하는 어려움과 관련이 있다. "우리가 만일 중력에 의한 중심과의 관계 그리고 지구 표면과의 관계를 유지할 수 없다면 움직일 수도, 빠르게 효과적으로 반응할 수도 없게 되므로 외부로부터 오는 상해의 위험에 처하게 된다."(Kephart, 1971, p. 82)

두 번째 단계에서 두려워하고 있는 것은 걷기 자체보다 줄 위를 걷는다는 것이 궁극적인 위험의 결과이다. D의 예에서는 특히 떨어져서 다치거나 부상을 입는다는 것을 의미했다. 우리의 어린 시절은 어쩌다 넘어지고 다시 툭툭 털고 일어나 또다시 넘어지지 않도록 하는 법을 배우는 것이 학습의 일부가 되는 경험들로 가득하다. 이것들을 모두 배우기 위해서는 미래의 넘어짐을 덜 위협적인 사건으로 만드는 새로운 노하우를 배워야 하며 이는 보편적으로 줄 위에서 균형을 잡고 노는 법을 배우는 데도 적용된다(Winnicott, 1974, pp. 44, 48). 이로 인해 공포와 불안전함을 부분적으로 떨칠 수 있다. 문제에 대처하는 방법을 배우는 데 있어 나는 상상 속의 줄이 가져오는 긴장의 변형에 대해 적절하게 반응하는 법을 배우는 것이 일반적인 딜레마에 대처하는 전체적 방법을 재구성하는 데 도움이 될 것이라고 믿는다. 이는 에너지를 덜 사용하면서 목표를 달성하는 보다 균형 잡힌 방법 가운데 은유적으로 동일한 상황을 허락하는 노하우를 배우는 것을 의미한다.

밧줄 은유의 규칙은 위에서 거론된 학습을 촉진하고자 '교정 경험'을 D에게 제공한 것처럼 보인다. 이 경험이 끝날 무렵, D는 줄 위에 보다 오랜 시간 남아서 보다 부드럽게 걸으며 근육 또는 감정적으로 지나친 긴장과 노력 없이 균형을 유지하는 데 더 자신감을 갖게 되었다. 또한 추락에 대한 두려움은 덜 위협적이 되었다. 따라서 상황은 비이성적, 무차별적 공포로 인해 더 이상 지배받지 않게 되었다. 신체적, 감정적 그리고 인식적 영역에서의 은유적 규칙으로 인해 얻어진 이러한 새로운 태도와 인식은 이제 다른 상황의 재구성에도 적용될 수 있을 정도로 확고해졌다.

스타일과 심리치료

고유의 스타일 : 본성 또는 양육

감정, 행동장애의 치료와 특히 신경증적 명시는 결정에 대한 중요한 질문을 하게 한다 —유전적 또는 다른 이유의 유기적 단계가 관찰된 장애로 결정하는 원인이 되는가? 그리고 만일 그것이 원인이라면 이 단계에서 적용 가능한 치료적 개입의 가능성이 있는가? 우리는 이제 물리-화학-생물의 인과관계가 한쪽에, 문화-정신-역사의 인과관계가 또 다른 쪽에 위치한 벗어날 수 없는 양분법의 두 축이 서로 마주보는 본성과 양육의 긴 싸움이라는 또 다른 측면과 대면하고 있다. 그러나 과연 이러한 이분법적 용어를 인정해야 하는 것인가? 아니라면 평범하게 전체적으로 독식할 필요없이 정신, 행동장애의 유기적 기초를 보다 지혜롭게 받아들일 수 있을지 모른다. 또한 이렇게 함으로써 우리는 이 같은 장애를 치료하기 위해 사회, 교육 그리고 심리치료적 요소와 같은 다른 요인들의 역할을 재정립할 수 있을지 모른다. 이론적 관점에서 볼 때, 보다 적당한 선택은 우리에게 다양한 요인의 본질과 효과를 누리게 하며, 즉 샤피로 이론에 의해 만들어진 개인적 '스타일'을 만들게 한다.

샤피로(1965, p. 178)에 의하면 우리는 다음을 구성하는 '초기 정립 구성'을 갖고 태어난다.

> 조직의 어떤 형상을 부과하는 선천적 심리적 도구이나 초기에는 욕망과 외부 자극, 일반적으로는 모든 심리적 긴장과 약간 차별될 수 있는, 보다 정확하게 … 이러한 선천적 장치는 처음부터 내부 긴장과 외부 자극의 주관적 경험에 조직의 형성을 가져온다.

이런 관점에서 유아는 그를 형성하는 생물적 욕구와 외부 자극에 관해 수동적 대리인에 그치는 것이 아니라 "심리적으로 존재하고 그의 심리는 그의 행동을 결정하는 자율적 요소를 구성할 것이다."(Shapiro, 1965, p. 179) 다른 말로 하면 샤피로에게 — 행동학과는 반대되게 — 우리는 우리의 정신세계 또는 '주관적 경험'을 형성하고 초보적 형상일지라도 후자를 구성하는 선천적 활동을 부속으로 보인다. 이는 샤피로의 개인의 '심리학적 스타일의 시초'로 식별되는 선천적 심리학 도구의 개인적 변형 안에서 이루어진다. 그러나 그는 이런 기초적이고 보편적인 시초는 '특별히 다르게 구별된 성인의 스타일'(p. 180)의 결정체로 점차 발전하는 외부 세계와의 교류 및 성숙을 통해 형태와 내용이 풍성해지고 구별되며 특정화된다고 덧붙였다.

> 예를 들어
>
> 아기가 처음에 우는 이유는 엄마가 필요해서도, 만족되기를 기대해서도, 무언가 필요로 해서가 아니라 오직 어딘가 불편해서인 것이라고 상상할 수 있다. 엄마가 그에 반응하면 아기는 만족한다. 이런 경험 중에 초기 긴장은 보다 직접적인 긴장, 분명히 엄마를 향한, 점차적으로 엄마를 향하게 되는 필요의 경험으로, 보다 엄마에게로 향하는 방향성 있는 분명한 긴장으로 정리된다. 이 직접성과 함께, 만족에 대한 기대가 드러나고 아마도 기대감과 신뢰, 아울러 이와 함께 만족이 지연되었을 때 이를 견디는 보다 큰 능력이 만들어진다(Shapiro, 1965, p. 183). … 긴장은 외부에서 물체를 찾도록 하지만 점차 보다 직접적인 방법으로 궁극적으로 엄마를 찾으며 우는 것을 배우게 된다. (pp. 188~189)

그러므로 예측되는 긴장이 있을 때, 이제 거기에는 특정 긴장과 조직의 새로운 형태가 있는데 이는 긴장이 의도로 변화되고 의도는 긴장으로 변화되는 것이다.

이 과정은 보다 복잡하고 풍성한 정신 기능뿐 아니라 스타일 차이의 더 높은 단계와 감소에서 결과를 맺지만 이 구조의 선천적인 부분을 원인으로 돌리는 어려움은 사라지지 않는다. 샤피로의 본성 · 양육 요소와 그들의 미묘한 관계에 관한 그의 입장의 공식화는 조심스러워야 한다. "스타일의 특징이 더 구체적일수록, 내재적 반응은 더 적다. 그러나 일반적으로 내재적 반응이 스타일을 결정하는 경우가 많은 것으로 보인다." (1965, p. 180)

그러므로 개인의 심리적 스타일은 선천적으로 잠재력이 발달하는 분위기를 구성하는 신체, 사회 그리고 문화의 환경적 요소들의 다수의 진열을 동반한 선천적, 성숙적 요소가 만나는 지점이다(Shapiro, 1965, p. 196). 신경적 스타일이라고 할 때, 샤피로는 전자가 본능적 근원이나 환경적 출처로 감소될 수 없다는 사실을 정확히 강조하려고 한 것이 분명한데, 이는 이 두 스타일 모두의 구체화에 작용하기 때문이다.

예를 들어 어떤 경험이 유발하는 근심을 제거하기 위해 특정한 부분이 경험한 의식에서 제외되고 주체 방어 체계의 심화된 사용이 신경적 스타일 기능의 전형적 형태이다. 우리는 신경적 스타일에서 제외된 것이 근심의 동기가 되는 원천이 아니라 내용,

영향, 의사소통 형태, 대인관계 등을 전체 그룹으로 확장되는 것을 관찰할 수 있다. 이 확장은 환경과의 교류에서 생겨난 대부분 무의식 관련 추론을 통해 발생한다. 신경적 스타일은 긴장에 관해 기능의 전체 방어 형태를 포함하므로 내면의 원인을 뛰어넘고 모든 방식의 양면성을 명확하게 그려낸다. 우리가 보게 될 후자 또한 심리치료의 중요한 의미를 갖는다.

다음 예는 신경적 스타일의 기능 형태에 대해 보다 구체적인 그림을 제시한다 — 클리닉에서 내가 경험한 한 가지 에피소드는 샤피로가 제시한 의견과 매우 유사한데 강박 충동 스타일이 만들어진 것과 같다. 미리 살펴본 N은 매우 신중한 학자이고 남성과의 인간관계 형성에 어려움을 겪고 있으며 가족관계에서도 표현을 못하는 여성이다. 한 세션에서, 새로운 관계를 잘 맺는 가능성에 대해 이야기할 때 N의 목소리가 높아지고 웃으면서 몸 전체가 기대감으로 피어나는 것처럼 보였다. 몇 번 동안 N은 같은 행동을 반복했고 앞날을 미리 계획하기도 했다. 몇 분이 지난 후에 N은 목소리를 낮추고 침울하게 '물론 당연히, 확실한 것은 없다', '당연히 관계가 잘 되지 않을 것이다'라고 말했다. 성공을 예상하는 상황이 긴장과 불안을 일으키고 그녀 스스로 방어적 체계와 자신을 보호하는 차원의 자기를 통제하는 자리로 되돌려놓았다. 신체 움직임 용어로 표현하자면, 이것은 잠시 확장이 자신감을 넘어서 바운드 플로(bound flow, 통제적인 흐름)로 가는 순간 프리 플로(free flow, 힘을 풀고 자유로운 흐름)를 허용하는 것과 같다. N은 통제된 상태로 움츠러들 때 더 자신감을 느끼기 때문이다.

고유의 스타일, 반전 그리고 숙달

정신신경증의 연구를 위해 계발됐을지라도, 선천적 그리고 후천적 요소의 상호작용에 기초한 샤피로의 심리학적 스타일 개념은 여러 증상의 개념화와 치료에 매우 도움이 될지 모른다.[15] 예를 들어보자.

반전 이론(Reversal Theory)이라고 더 잘 알려진(Apter, 1982, 1989, Kerr et al., 1993 참조) 동기부여의 현상학적 원리 경험은 다수가 경험하는 빠른, 여러 형태의 대체로부터 시작된다. 이 원리에 의하면 계속되는 이동으로 인한 불안정성은 표준이다. 그럼에도 이는 초동기(meta-motivation) 상태의 최소 4개의 짝에 의해 방향을 이룬다(Potocky & Murgatroyd, 1993, p. 22). 각 짝에서 우성인 개인적 경험과 행동의 대부분을 지배하는 초동기 형식을 구분하는 것은 가능하다. 이것은 반대 상태인 열성이 발생하지 않는다는 의미는 아니다. 사실 대체 배열 가운데서 열성은 단기간 내 집중적으로 발생한다.

텔릭/파라텔릭[telic/paratelic, 그리스어 telos(끝)에서 유래함]의 예를 들어보자. 지배적으로 텔릭 주체는 미래 지향적 특징이 있고, 지향이라 함은 목표를 달성하고 계획을 효과적으로 적용하기 위해 미리 계획을 세우고, 집중해서 방해가 되는 자극을 피할 능력이 있다는 뜻이다. 반면 파라텔릭 지배적인 주체는 현재 지향적 특징이 있고, 즉각적이고 즐기며, 목적과 직접적으로 관련되지 않는 한 방해받거나 접대 받기를 좋아하며, 유머를 즐김으로써 자극과 감동을 구하고 그에 반응한다. 주로 한 개인은 텔릭이거나 파라텔릭이며 두 형태를 모두 경험할 수도 있다. 특정 시각, 개인의 상태는 그의 주요 텔릭/파라텔릭의 특징뿐 아니라 외부 세력과 결합, 기분의 반전을 가져오는 내부 세력과 동기의 상호작용이기도 하다. 예를 들어 아주 진지한 직장상사는 텔릭 요소의 활약이 요구되는 직장에서는 집중력이 강하고 많은 것을 요구할지 모르지만 파라텔릭 상태로 쉽게 전환될 수 있는 파티에서는 재밌고 유쾌한 사람이 될 수 있다. 공식 대회에 참가한 운동선수는 우승하기 위해 자신의 모든 텔릭 요소를 발휘해야 하지만 친구들과 축구를 하거나 조깅을 할 때는 파라텔릭 상태로 전환된다.

그러므로 기분 변환은 지배적 초동기로부터의 탈출과 다시 돌아감을 포함한다. 또한 지배의 여러 단계가 존재하고 그로부터 언제든 멀어질 수 있다는 것을 인식하는 것은 중요하다. 그러므로 초동기 기분 지배는 기능과 조직의 형태는 지시하고 지배하지만 어느 것도 제외되거나 결정할 수 없으므로 스타일의 중요한 부분이다.

사실 운동과 신체 표현은 이 기능의 형태를 드러낸다. 또한 현재 진행 중인 연구에서 나는 기분 변환 ― 특히 텔릭/파라텔릭 상태가 포함된 ― 에 대한 신체와 움직임의 영향을 관찰했다. 예를 들면 다른 자세와 주기는 텔릭/파라텔릭 사이 기분과 그 대체에 다르게 영향을 끼친다. 예를 들면 한 자세로 가만히 있는 것은 긴장을 증가시키기 때문에 누워 있는 것과 같고 경미한 자극 자세는 한 그룹에게는 기분 좋은 경험 또 다른 그룹에게는 위협적인 경험으로 느껴지듯이 같은 휴식 방법이 두 그룹에 동일하게 적합하지 않을 수 있다. 나는 또한 공간의 사용과 기초적 초동기 지배 사이의 상호관계를 관찰했는데 예를 들면 한 사람이 보다 많은 공간과 습관을 사용하는 텔릭은 공간과 움직임 방식의 보다 직접적 사용을 보였고 파라텔릭은 보다 간접적인 사용을 보였다는 것이다. 샤피로가 집착적 강박 스타일(1965, pp. 23~25)을 독단적이며 완고하고 진실한 대화를 할 수 없는 생각의 방식뿐 아니라 자세나 그의 움직임을 특징짓는 기능과 같은 신체 경직과도 관련된 지배적 비유연성의 표현으로 설명하는 것은 다시 기억할 가치가 있다. 그는 집착적 강박은 한 순간도 쉬지 않고 근육 체계, 신체 그리고 표현 형태에 영향을 끼침으로써 자신에게 지속적으로 부담을 주는 마치 어떤 지속적 노력을 하고 있는 것처럼 보인다고 주장했다.

이전에 말했던 정신 구체화/형상화의 반이원론자 개념은 정신은 신체와의 밀접한 상호관계 가운데 작용한다는 사실을 강조했다. 그러므로 신체는 더 이상 정신면의 단순한 외부 포장으로 보이지 않는다. 우리가 지금까지 제시한 것들은 이 관점을 지지한다. 그럼에도 우리는 이 부분적 정당화를 발전시킬 수 있으며 사실 무용/동작에 기초한 심리치료사들은 정확히 이 일을 해냈다. 또한 이제 우리는 이 주장에 대한 이론적 기초를 소유한다.

자신의 철학, 언어학 연구를 통해 언어와 생각의 사용 간의 관계를 강조한 마르셀로 데스켈(Marcelo Dascal)은 이 현상의 조사를 위해 '심리실용주의(psychopragmatics)'라는 용어를 만들어냈다(1983, 1987, 1995). 심리언어학자인 데이비드 맥닐(David McNeill)은 손짓은 단순히 말과 함께할 뿐 아니라 말의 구성적 부분이라는 사실을 보여줌으로써 이 분야에 중요한 기여를 했다(1979, 1992). 그의 가장 최근 연구에서 그는 손짓이 생각의 필수 부분이라는 새로운 이론을 개발함으로써 손짓과 생각 사이의 직접적 관계를 정립했다(McNeill, 2005). 그는 손짓은 심리적 상태를 시작하고 그 발생의 일부가 되어 이미지와 언어발음법을 만들어낸다고 주장했다. 따라서 말, 손짓 그리고 생각은 서로 밀접하게 연관된, 똑같은 복잡한 과정의 구성요소이다.

내 생각에 맥닐의 연구는 공간, 시간, 주기, 무게 등 후자의 기본 구성요소(Laban, 1971)의 손짓과 움직임을 포함하는 몸으로부터의, 몸과 함께하는 일은 인간 경험의 본질에 도달한다는 가정을 지지한다. 무용/동작치료는 정확성과 섬세함이 요구되는 움직임을 관찰하는 데 한계가 된다. 다양한 관점을 통해 신체 스타일이 심리치료사와 환자에게 드러나므로 감사한다.[16] 또한 신체 경험이 이제는 단순히 몸으로부터의 일, 몸과 함께하는 일 그리고 몸 안에서 일어나는 일과 같은 신체만의 일로 접근할 수 없다는 맥닐의 발견은 내향 정신 그리고 대인관계 단계에서 온전한 개인에게 필요한 추가적 영역을 드러낸다(2005, pp. 35, 231). 신체-정신의 이분법을 결코 인정하지 않았던 무용/동작치료는 구체화된 정신개념의 개척자로 생각된다.

고유의 스타일과 재구성

치료 장소는 특별하다. 그 안의 친밀감은 외부로부터 보호된다. 이는 외부의 부담을 잊고 개인의 특정 주기에 의해 작용할 수 있다. 새롭기도 하고 뭔가 느낌이 다르며 때로는 위험하기도 한 실험이 허용되는 연구실과 같이 그만의 내부 규칙을 가진 안전한 공간이다. 연구실과 같은 공간이 되기 위해 필수적으로 개인 일상에 나타나는 것 같은 생생하고 확실한 경험들이 존재하는 살아 있는 공간이어야 한다. 이것이 바로 이 공간에서 학습된 것들을 이 공간 너머 삶으로의 전달을 가능하게 만드는 특성이다. 그렇다면 문제는 이 일을 어떻게 하느냐이다.

적절한 대답에 대한 열쇠는 치료 과정 내 재구성의 필수적 가치를 인식하는 데 있다. 이에 대해서는 이미 설명한 바 있다(Dascal & Dascal, 2004). 다시 이에 대해 간단히 설명하겠다.

모든 인간은 그것이 옳든 그르든 어떤 종류의 믿음 체계를 가져야 한다는 추측에서 시작한다. 무슨 이유로 인해 이 체계가 부조화로 연결되는 문제를 발생하게 하든 간에 (Smith, 1997, p. xiv~xv) 이를 조정, 대체하기 위해 점차 근심, 여유 또는 유연성이 필요하다. 재구성은 필요할 때 신뢰 체계의 문제를 위해 하나 이상의 대체와 같은 해결책을 명확히 제공해야 한다. 이 첫 단계는 그 뿌리 깊은 특성을 해결하고 흔들기 위해 시도한다. 이 같은 종류의 체계의 지속성에 대한 이유 중 하나는 우리의 믿음이 순수한 내면 정신 상태가 아니라 직접적으로 우리가 보여준 공적 이미지, 우리의 풍조 그리고 평판으로 보이기 때문이다. 이런 이미지들은 개인의 자가 이미지나 신체 이미지라고 알려져 있듯이 전체적, 다면적이며 동시에 사회심리학적 구조와 신체적 구조인 실체를 포함한다.[17]

우리의 믿음은 다른 것들 중 우리의 그룹 정체성에 연관이 있는 만큼 개인 정체성과도 관련이 있다. 그러므로 이를 바꾸려고 할 때 위협감을 느끼고, 소속감과 자기결정에 의문을 품게 되며, 자신의 통제력을 위험에 처하게 할 수 있다. 이러한 믿음을 변경하는 데서 오는 어려움은 정보 출처의 진실성, 우리가 인정하게 될 혁신의 종류, 비판의 방식 그리고 우리가 가능하고 합리적이라고 인정하게 될 논쟁과 행동 같은 요소들에 영향을 끼치는 필터와 관련이 있다.

재구성의 개념은 각종 심리치료학 접근으로 사용되고 개입하는 전략의 특정 종류를 말한다. 또한 재구성이 위에서 말한 필터 효과의 제거 또는 축소를 돕기 위해 전반적으로 확장된다고 믿는다. 이는 개인이 하나의 유일한 관점과 기분에 갇혀 있을 때 필수적 장애물을 극복하기 위한 방법으로 제시된다. 재구성은 내향·외향 정신과 지각, 표현 그리고 의사소통을 통해 인식적, 행동적, 상호작용적, 감정적, 신체적, 경험적 영역의 여러 과정과 단계를 포함한다.

재구성의 유형화를 위해 다음과 같은 조건이 만족되어야 한다.

(a) 치료 과정 중 판단의 금지
(b) 가능한 혁신의 합법화
(c) 기존 믿음 체계와 공존할 수 있는 방안의 출현
(d) 새로운 대체 방법에서 오는 잠재적 위협의 축소
(e) 타인을 향한 외적, 내적 태도의 변화

치료사의 임무는 치료 공간 안에서 위 조건을 만들어내는 것이다. 재구성을 가능하게 하기 위해 환자와 치료사의 정신 스타일을 고려하는 것이 필수다. 이는 우리가 이미 살펴보았듯이, 스타일은 결정 또는 독점 요소가 될 수 없으므로 명확하게 특징지어진다. 따라서 우리의 세션(과정)에서 사실을 강조하듯 지배적 스타일이라 할지라도 개인의 정신적 삶은 완전히 결정되지 않았고 역동과 변화의 가능성이 있다는 사실을 강조함으로써 우리는 재구성을 위한 모든 필요조건을 만들어낸다.

결론

이 장에서는 특히 무용/동작치료를 위한 심리치료의 실용적 의미/영향을 갖는 특정 이론적 문제들을 검토했다. 나는 치료 공간 내 언어와 은유의 사용을 설명했고 움직임 은유가 이용된 두 가지 임상 사례를 분석했다. 데이비드 샤피로의 정신신경증 분석 안에서 그의 스타일 개념의 기초 영역이 설명되었다. 나는 스타일 개념이 인간의 행동은 신체적이고 정신적이며 사회적인 동시에 필수적으로 통합적이고 상호작용적이라고 믿는 확장된 심리학 현상을 설명하고 신체 심리치료학 실습을 지지한다고 주장한다. 그러므로 이 실습은 이분성과 양면성을 거부한다. 마지막으로 나는 환자의 인생에 중요한 변화를 가져올 수 있는 재구성의 조건을 창조하는 것이 치료사와 환자의 관계에서 가능하다는 사실을 통해 정교한 스타일 개념이 어떻게 모든 치료 실습의 가장 중요한 가정을 지지하는지 요약했다.

후주

1. 예로 Gallagher(1998, 2005), Johnson(1987), Lakoff & Johnson(1999), MacNeill(1992, 2005), Shanon(2002)을 참조하라.

2. 이론들에 따르면, 사실 모든 공통적 은유는 몸 전체를 기반으로 한다. 이에 대해 라코프(G. Lakoff)가 찬성 의견을 말했다. Lakoff & Johnson(1999), Lakoff(1987)를 참조하라.

3. 이 사례는 Dascal(1992)에 의해 부분적으로 표현되었다.

4. 이 세션은 히브리어로 이루어졌고 때로 영어로 이루어지기도 했다.

5. 치료 세션의 경험을 기록하기 위해 실제 세션을 넘어 치료상의 과정의 더 활발한 복잡성을 허용한다. 따라서 세션의 지금-여기는 신체 전체 표현의 알아차림의 질을 상당히 높이는 시간 변별을 얻는다.

6. 히브리어 표현은 'lehafiah bah ruah haim'을 포함하는데 이것은 말 그대로 '인생의 바람/영혼으로 그녀를 채우다/스미게 하다'라는 의미를 갖고 있다. 이 표현은 N의 어머니가 대참사의 생존자라는 점에서 특히 중요하다.

7. 이 주제는 Dascal, V.(1985)와 마찬가지로 Dascal, V. & Dascal, M.(1985)에 의해 광범위하게 다루어졌다.

8. 내 의견으로는 '노하우(know-how)'와 '저것을 아는 것(know-that)'은 양분되지 않지만 출생 시 움직이기 시작하는 연속체의 2개의 극이기도 하다. 이것은 감각, 자기수용, 운동신경(아마 순수한 know-how) 그리고 정신운동의 발달을 수반하는 것으로, 언어 습득을 시작하고 추상적 관념(아마 순수한 know-that)에 도달한다. 무용/동작치료에서 내가 연습하는 것처럼, 지식의 종류와 교대로 혹은 동시에 일어나는 것 모두 탐색의 연속체 위에서 작업이 이루어진다.

9. Schilder(1970)는 여전히 자세(posture)의 중요성, 의미와 결과, 인간 발달을 위한 그라운딩(grounding)에 대한 제대로 된 이해를 위해 근본적인 원천을 말하고, 무용/동작치료의 기본 도구를 제시한다.

10. 이것은 가상 대상의 구조를 포함하는 이 연습에 주목하는 데 중요하다. 이것 자체의 배우 훈련 부분으로서, 개념적 상상에 독점적으로 기반을 둘 뿐만 아니라 감각적이고 선개념적 기억에도 관련된다. 상상한 대상은 이 감각적이고 선개념적인 요소에 관련되는 신체의 메커니즘을 활성화한다. 상상된 상황의 경험 혹은 재경험인 후자의 경우 덕분에 전적으로 이것에 참여하게 된다. 이

연습의 주된 힘은 여기에 있다. 치료적 공간 내에서 이것은 특히 가치가 있는데, 어떤 상황을 경험하는 것 또는 재경험하는 것은 극적인 효과를 향상시킬 뿐만 아니라 치료적 과정의 부분을 효과적으로 만들기 때문이다. 운동 행동의 상상에 의해 유도되는 운동 교체를 보여주는 경험적 증거가 그 자체의 움직임과 동등한 경우가 많다(Feldenkrais, 1972, p. 130; Bijeljac-Babic, 1978; Frith, 2007).

11. Schilder(1970, p. 16) : "우리 신체의 자세 모델은 다른 신체들의 모델과 연결된다." 자세와 주요 안도감 사이의 관계에 대한 내용은 Kephart(1971, pp. 81~83)을 참조하라.

12. "자세는 근육 무리의 연쇄적인 긍정적 신경근의 행동이다. 이것은 패턴을 갖고 신경이 통하게 만드는데, 그래서 중력의 중심에 대한 언급으로 신체의 자세가 유지된다. 이런 자세의 적응은 아주 기본적이고 유기체 안에서 가장 엄격하다."(Kephart, 1971, p. 81, Dusser de Barenne, 1934에서 언급함)

13. 주석 6번과 7번을 보라.

14. 이 현상의 영향에 대한 추가 논의와 분석은 Gallagher(1998, pp. 229, 238~239)를 참조하라.

15. 이것 자체의 신경증 개념의 진화는 전혀 놀라운 것이 아니다. 이것이 1985년 프로이트에 의해 처음 소개되었을 때부터 신경증의 정의는 발달되어왔고, 21세기가 되면서 이것은 정신병리학의 분류 체계에서 말하는 기본 범주처럼 DSM-IV에 의해서 사용되는 것은 아니다. 동시에 현재 신경증은 서양 문화 내에서 보편적인 방식으로 존재한다는 점이 '치유'되는 것을 요구하기보다 '적응'이나 '건강한 통합'을 바라는 보통의 신경증을 증명하는 것에 의해 토론되고 있다(Shapiro, 1975, p. 195; Sodré Dória, 1974).

16. Laban(1963, 1971), Bartenieff 외(1965), Dell(1970), Preston(1963)을 참조하라. 이 저자들은 다른 자료들과 마찬가지로 내가 임상에 적용한 움직임 관찰 스케일을 예상하도록 해주었다.

17. "신체상은 생리학적인 관점에서 나오는 고정된 현상이 아니다. 이것은 습득되고, 개발되고, 거듭되는 세상과의 접촉에 의한 구조를 얻는 것이다. 이것은 구조가 아니라 계속적으로 변화가 일어나는 구조화이고, 이 모든 변화들은 외부 세계 안에서의 행동과 운동성에 관계된다."(Schilder, 1970, pp. 173~174) 다른 한편으로 Gallagher(1998, p. 226)는 신체상은 '정신 구성체 또는 묘사, 혹은 신체가 최소 세 가지 양상을 포함할 수 있다는 신념들, 즉 주제에 관련된 그의 신체 지각 경험, 일반적인 그의 신체 개념적 이해, 주제에 관련된 그녀 자신의 신체를 향한 정서적인 자세'에 대해 말했다. 결과적으로

Neisser(1988)는 신체적 · 사회적 자기인식을 다룰 때 자그마치 다섯 가지나 되는 자아의 종류를 발견한다고 말한다 — 생태학적인, 대인관계와 관련된, 확장된, 개인적인, 자아 개념.

참고문헌

Apter, M. J. 1982. *The experience of motivation: The theory of psychological reversals*. London: Academic Press.

Apter, M. J. 1989. *Reversal theory: Motivation, emotion, and personality*. London: Routledge.

Bartenieff, I., Davis, M., & Paulay, F. 1973. *Four adaptations of effort theory in research and teaching*. New York: Dance Notation Bureau.

Bijeljac-Babic, R. 1978. Langage et activité tonique posturale: Aspects psychophysiologique et psycholinguistique, Thèse de 3ème Cycle, Université de Paris 6.

Bermúdez, J.L., Marcel, A., & Eilan, N. (Eds.). 1998. *The body and the self*. Cambridge, MA: The MIT Press.

Dascal, M. 1983. *Pragmatics and the philosophy of mind*, vol. I. Amsterdam: John Benjamins.

Dascal, M. 1987. Language and reasoning: sorting out sociopragmatic and psychopragmatic factors. In J.C. Boudreaux, B.W. Hamil, and R. Jernigan (Eds.), *The role of language in problem solving* 2. Dordrecht: Elsevier, pp. 183–97.

Dascal, M. 1995. The dispute on the primacy of thinking or speaking. In M. Dascal, D. Gerhardus, G. Meggle, & K. Lorenz (Eds.), *Philosophy of language: An international handbook of contemporary research*, vol. 2. Berlin: De Gruyter, pp. 1024–41.

Dascal, M., & Dascal, V. 2004. A des-fixação da crença. In F. Gil, P. Livet, & J. Pina Cabral (Eds.), *O processo da Crença*. Lisboa: Gradiva, pp. 321–53.

Dascal, V. 1985. A case for art in therapy. Assaph—Studies in the Arts, Section C, 2: 142–52.

Dascal, V. 1991. Walking the tight rope: The psychotherapeutic potential of a movement metaphor. *Assaph—Studies in the Arts*, Section C, 7: 103–12.

Dascal, V. 1992. Movement metaphors: Linking theory and therapeutic practice. In M. Stamenov (Ed.), *Current advances in semantics*. Amsterdam: John Benjamins, pp. 151–57.

Dascal, V. 1995. Art as therapy. *Mahanaim* 11: 322–29 [In Hebrew].

Dascal, V., & Dascal, M. 1985. Understanding art is knowing how. In A. Ballis et al. (Eds.), *Art in culture*, vol. 2. Ghent: Communication and Cognition, pp. 271–98.

Dell, C. 1970. *A primer for movement description using effort-shape and supplementary concepts*. New York: Dance Notation Bureau.

Dusser de Barenne, J. G. 1934. The labyrinthine and postural mechanisms. In C. Murchison (Ed.), *Handbook of general experimental psychology*. Worcester, MA: Clark University Press, pp. 204–46.

Feldenkrais, M. 1972. *Awareness through movement*. New York: Harper & Row.

Frith, C. 2007. *The making of the mind*. Oxford: Blackwell.

Gallagher, S. 1998. Body schema and intentionality. In Bermúdez, J.L., Marcel, A., and Eilan, N. (Eds.). *The body and the self*. Cambridge, MA: MIT Press, pp. 225–244.

Gallagher, S. 2005. *How the body shapes the mind*. Oxford: Clarendon Press.

Granger, G. 1968. *Essai d'une philosophie du style*. Paris: Armand Collin.

Gross, A.G., & Dascal, M. 2001. The conceptual unity of Aristotle's rhetoric. *Philosophy and Rhetoric* 34(4): 275–291.

Johnson, M. 1987. *The body in the mind: The bodily basis of meaning, imagination, and reason*. Chicago: University of Chicago Press.

Kephart, N.C. 1971. *The slow learner in the classroom*, 2nd ed. Columbus, OH: Charles E. Merrill.

Kerr, J. H., Murgatroyd, S., & Apter, M. J. (Eds.). 1993. *Advances in reversal theory*. Amsterdam: Swets & Zeitlinger.

Laban, R. 1963. *Modern educational dance*. London: MacDonald & Evans.

Laban, R. 1971. *The mastery of movement*. London: MacDonald & Evans.

Lakoff, G. 1987. *Women, fire, and dangerous things*. Chicago: University of Chicago Press.

Lakoff, G., & Johnson, M. 1980. *Metaphors we live by*. Chicago: University of Chicago Press.

Lakoff, G., & Johnson, M. 1999. *Philosophy in the flesh: The embodied mind and its challenge to Western thought*. New York: Basic Books.

McNeill, D. 1979. *The conceptual basis of language*. Hillsdale, NJ: Lawrence Erlbaum.

McNeill, D. 1992. *Hand and mind: What gestures reveal about thought*. Chicago: University of Chicago Press.

McNeill, D. 2005. *Gesture and thought*. Chicago: University of Chicago Press.

Neisser, U. 1988. Five kinds of self-knowledge. *Philosophical psychology* 1: 35–59.

Potocky, M., & Murgatroyd, S. 1993. What is reversal theory? In Kerr et al. (Eds.). *Advances in reversal theory*. London: Taylor & Francis, pp. 9–26.

Preston, V. 1963. *A handbook for modern educational dance*. London: Macdonald & Evans.

Ryle, G. 1979. *The concept of mind*. Harmondsworth: Penguin.

Schilder, P. 1970. *The image and appearance of the human body in everyday life*, 2nd ed. New York: International Universities Press.

Shanon, B. 2002. The embodiment of mind. *Manuscrito* 25(2): 531–72.

Shapiro, D. 1965. *Neurotic styles*. New York: Basic Books.

Smith, B.H. 1997. *Belief & resistance: Dynamics of contemporary intellectual controversy*. Cambridge: Harvard University Press.

Sodré Dória, C. 1983. *Psicologia do ajustamento neurótico*, 5th ed. Rio de Janeiro: Vozes.

Winnicott, D.W. 1974. *Playing and reality*. Harmondsworth: Pelican Books.

제7장

다시 온전하게 되기

식사장애를 위한 무용/동작치료

Susan Kleinman

도입

식사장애(eating disorder)가 있는 사람들은 자신의 감정을 억제하고 담아두는 데 어려움을 겪는다. 그들은 흔히 낯선 사람 혹은 어떤 적과 함께 살고 있는 것 같은 육체이탈의 경험을 이야기하곤 한다(Kleinman & Hall, 2006). 이런 사람들의 감정을 생명력과 연결시켜 그들이 다시 깨어나도록 돕는 것은 회복에 매우 중요한 역할을 한다. 마사 그레이엄(Martha Graham, 1952)은 다음과 같이 언급했다.

> 당신의 몸을 통해 행동을 하도록 만드는 활력과 생명력, 에너지라는 것들이 있다. 당신 몸에는 언제나 하나의 당신만 있으므로, 이러한 표출은 유일한 형태가 된다. 만약 그러한 표현을 막는다면, 달리 전달할 몸이 없으므로 그 표현은 사라지고 만다. (p. 335)

식사장애는 이렇듯 신체에 초점을 둔 경험이기 때문에 무용/동작치료는 그와 관련된 문제를 다루는 데 유일하게 적합한 치료이다. 간단히 말하면, 무용/동작치료는 식사장애를 겪고 있는 사람들이 자신을 보다 완전하게 경험하고, 식사장애와 그 밑바닥에 깔려 있는 문제점 간의 연결고리를 확인함으로써 증상을 보다 구체적으로 볼 수 있도록 해준다(Kleinman & Hall, 2005). 식사장애자가 자신의 몸속에서 존재하는 방식과 자신의 무의식에 기꺼이 접근하고자 하는 생각은 자의식의 일부이며, 이는 그들이 얼마큼 치료될 수 있을지를 결정하는 데 중요한 역할을 한다.

지금부터 기술하는 내용은 식사장애를 겪고 있는 사람들에 대한 무용/동작치료가 왜, 어떻게 그들의 회복에 없어서는 안 될 치료인지를 이해하기 위한 상황을 보여준다. 소년과 성인 남성에 대한 무용/동작치료도 동일하겠지만, 이 장에서 사용된 언어는 성인 여성과 소녀를 치료하는 상황을 반영한 것이다. 그 이유는 나의 경험이 거의 전적으로 이들 여성을 상대로 이루어졌기 때문이다. 모든 내담자의 이름과 식별 정보는 사생활 보호를 위해 변경되었다.

식사장애란 무엇인가?

생물학적, 환경적, 문화적 요인 간의 복잡한 상호작용이 식사장애로 불리는 이러한 파괴적인 상황에 기여한다고 추정되고 있다(Kleinman & Hall, 2005). 생물학적 이유로 식사장애를 겪고 있는 사람들의 비율이 명확하게 밝혀지지는 않았지만, 타고난 구성요인이 존재할 것으로 보이며, 현재 연구가 진행 중이다(National Eating Disorder Association, 2008). 식사장애는 나이에 관계없이 언제든 발생할 수 있다. 식사장애는 사람의 일생 중에 종종 상처받기 쉬운 감정 상태에 빠지게 되는 사건에 의해 유발된다. 이러한 사건은 대학을 졸업한다거나 결혼 같은 성장 혹은 성숙기 같은 과도기에서의 변화, 혹은 이혼이나 사랑하던 사람의 죽음 같은 것일 수도 있다. 식사장애 경향을 가진 사람이 드러내는 표지에는 강박적 사고와 의식적 행동, 기분 좋은 느낌을 전혀 갖지 못함, 완벽해지려고 항상 애씀, 감정적인 상황을 견디기 어려움 등이 포함된다. 언어적, 정서적, 혹은 성과 관련된 정신적 충격을 겪은 사람은 그러한 사실과 관련된 기억이 너무나 고통스러워 그것을 피하려는 시도로 식사장애가 발생하는 경향이 있다. 특히 자녀에 대한 기대가 너무 높거나 매우 특별한 문화적 특성을 가진 사람들은 식사장애로 발전할 취약성을 지니고 있다. 외면적으로 너무 통제를 받는다고 여겨질 경우 식사장애는 보다 안전한 도피처가 됨은 물론, 통제력을 잃지 않고 있는 것처럼 보이는 환상을 제공하는 수단이 될 수도 있다.

신경성 거식증(anorexia nervosa)과 신경성 폭식증(bulimia nervosa) 모두 진단 사례의 최소 90%를 여성이 차지하고 있다. 식사장애는 선진국에서 가장 흔하게 나타난다. 이는 부분적으로 언론 매체가 특정 육체적 기준을 부추기고 영향을 미친 것은 물론, 경쟁과 남보다 뛰어나야 하는 세상에서의 압박감 때문일 수도 있다(APA *DSM-IV*, 2000, pp. 583~595). 이러한 문화에서의 스트레스는 이런 행태에 반응하기 위해 식사장애 성향을 보이는 사람들을 촉발시킬 수 있다. 식사장애를 가진 사람 중 가장 많은 숫자가 충동적 과식 혹은 감정적 식사를 포함한, 폭식으로 불리는 범주에 해당된다. DSM-IV에서의 잠정 진단도 폭식장애(binge-eating disorder, BED)를 별개의 식사장애로 인정하고 있다. 최근 연구에 따르면 BED는 성인 인구의 3%, 비만 인구의 약 8%에서 발생하는 가장 흔한 형태의 식사장애다(Grillo, 2002). 식사장애자는 사망을 포함한 대단히 심각한 의학적 결과를 겪게 된다. 신경성 거식증을 겪는 15~24세 사이 여성들의 이 질환과 관련된 사망률은 모든 다른 사망 원인의 사망률보다 12배 더 높으며, 어떤 정신질환보다도 가장 높은 조기 치사율을 보이고 있다(Sullivan, 1995).

식사장애라는 용어로 인해 이 장애가 음식과 관련된 것으로 암시되지만, 실제로는 정서적인 장애로 불려야 한다. 그 이유는 사람들이 더 큰 감정적 문제를 처리하기 위한 대체물로서 음식에 눈을 돌리기 때문이다. 식사장애는 타고나는 것이 아니라 성장하면서 얻고 발병하기 때문에 적응성 장애로 간주된다. 쉬머(Schwimmer, 2003)는 다음과 같이 말한다.

> 정상적인 발달 과정에서 사람들은 자기인식, 정서조절, 충동조절, 정서적 자기보호의 적절한 수준을 어떻게 유지하는지 배운다. 이러한 능력들이 다양한 병리적인(혹은 정당하지 않은) 경험들로 인해 상실되거나 불충분할 경우, 다른 부적응 대처 양상이 발달하기 쉽다. 가끔 식사장애의 내적 경험과 식사장애 증상의 확산은 이러한 대안적이고 부적응적인 양상의 표현으로 가장 잘 이해되고 있다. (p. 7)

몸에 거주하는 식사장애

움직임은 우리가 태어나는 순간부터 죽는 날까지 우리를 특징짓는다. "어머니 자궁 속에서 처음 발차기를 할 때부터 죽음의 숨을 몰아쉴 때까지, 우리는 삶의 춤판에 참여하고 동작의 힘을 경험한다."(Kleinman, 1994, p. 70) 식사장애가 있는 사람들은 자신의 몸에 대한 경험과 존재의 느낌이 왜곡되고, 그들의 일차 관계가 흔히 'ED'로 불리는 식사장애로 전환되었다. 본질적으로 그들의 신체상은 왜곡되었다. 레슬러(Ressler, 2000)는 신체상을 "우리가 자신을 보는 마음속 눈에 비친 그림이다. 그것은 다른 사람이 우리를 인식하는 것에 대해 우리가 어떻게 생각하는지에 대한 믿음을 반영하며, 우리 몸속에 '살고 있는' 느낌을 어떻게 경험하는지를 포착하는 것이다."(p. 35)라고 정의한다. 식사장애자는 음식, 몸무게, 자신의 신체 치수에 관한 삶을 영위하며, 무슨 수를 써서라도 생명과 표현 동작으로 가득 찬 춤을 피하려 한다.

식사장애자는 전형적으로 느낌을 통제하거나 무감각하게 만들려는 경향을 보이고, 한편으로는 강박적으로 걱정하고 흑백 사고에 빠져들며, 자신에 대한 왜곡된 인식에 주의를 고정시킨다. 한 내담자가 설명한 것처럼, "부모와의 말다툼, 좋은 성적을 올리는 것, 혹은 다른 사람으로부터 받는 느낌 같은 일상사를 처리하는 것보다는 내가 하루에 얼마나 많은 칼로리를 소비했는지에 집중하는 것이 훨씬 더 쉽다." 아래에 소개하는 두 가지 예는 그들이 자신의 식사장애 행동을 이용해 어떻게 삶을 영위하려 했는지를 묘사해준다.

외래환자인 캐럴은 운동강박증뿐만 아니라 거식증도 겪고 있다. 그녀는 자신의 몸에 대한 이미지도 심각하게 왜곡되어 있었다. 적어도 5세 때부터 성적 학대를 받은 그녀는 자신의 몸을 적으로 삼았으며, 모든 감정으로부터 자신을 단절시키려 온갖 노력을 다했다. 긴장을 풀고 쉬는 것이 너무 두려워 잠도 조금만 잤다. 그녀는 계획하고 곰곰이 생각하는 데 많은 시간을 쏟아붓는 바람에 긴장과 부담감을 느꼈으며 스스로부터도 멀어지는 것 같았다. 그녀는 자신의 일상 체험을 반영하는 것이기도 한 어느 날 아침에 일어난 일을 나에게 다음과 같이 설명했다.

"오늘 아침 일어나서 체중계 위로 올라섰는데, 당연히 체중은 어제 그리고 그 전날, 그 전전날과 똑같았어요. 오늘 아침에는 정말 '정신을 잃을 뻔'했어요. 샤워하는 내내 울고, 직장에 도착해서도 눈물이 났어요. 그래서 오늘 오후 4시 30분에 헬스클럽에 가서 밤 8시 30분까지 있었어요. 러닝머신에서 달리고 사이클을 타고, 몇 가지 기구로 운동을 더 했지요. 내일 체중계에 올라 또 체중이 하나도 줄지 않았으면 어떻게 해야 할지 모르겠어요."

캐럴이 건강을 회복하려면 의지의 힘을 길러 자신의 몸에 대한 이미지를 보다 균등하게 균형을 유지하도록 만들고, 따라서 부정적인 생각이 더 이상 자신을 지배하지 않도록 해야 한다. 간단히 말해, 자신에 대한 이미지가 그녀의 삶에 어떤 영향을 미치는지 살핌으로써 자신의 신체상에 관한 문제를 해결하는 능력을 늘려야 한다. 그런 방법에는 그녀 몸에 대한 삶의 체험을 통제하기보다는 삶 그 자체를 중하게 여기는 마음가짐을 갖는 것도 포함된다.

폭식증으로 진단받은 제인에게는 아동기에 당한 성적 학대의 상처에 대처하는 방법으로 식사장애가 발생했다. 그녀는 음식을 절제해 맛도 보지 않거나 혹은 엄청나게 먹은 다음, 몸속에 음식이 들어 있다는 불쾌감 때문에 그것을 비우려고 깨끗이 정화하는 행동 사이를 오락가락했다. 어느 날 저녁, 내가 이끄는 도움만찬에서 그녀는 음식을 맛보고 싶다는 느낌을 참을 수 없다는 것과 그 느낌을 없애버리기 위해 더 많이 먹어버린다는 사실을 인정했다. 그녀는 불쾌감과 입맛을 없애버리기 위해 디저트를 먹고야 만다는 사실도 인정했다. 나는 입맛에 관한 그녀의 불쾌감이 신체적 배고픔이라기보다는 어떤 정서적 요구 때문인지를 탐구하도록 그녀를 격려했고, 제인은 무용/동작치료에 따라 음식 먹는 습관을 들임으로써 몸을 움직이고 자신의 불쾌감에 관해 편하게 말할 수 있을 정도로 안정감을 느낄 수 있었다. 두 가지 예는 식사장애자가 일상에서 겪는 극심한 괴로움과 고통의 단편을 보여주고 있다.

식사장애를 위한 치료 방법

식사장애는 한 사람의 존재 전체에 영향을 미친다. 따라서 치료 방법은 장애의 정도를 감안해야 한다. 식사장애 환자의 치료를 위한 미국심리학회(APA)의 실행지침(2006)은 여러 학문 분야에 걸친 종합적인 접근방법의 활용 가치를 인정하고 있다. 이토록 끈질긴 장애의 치료를 위해 제시된 분야에는 의료관리자, 식사장애를 진단, 치료, 담당하는 의료진, 즉 병원 약사 혹은 밑바닥에 깔려 있는 정서적 상황으로 인한 증상을 완화해주는 정신과 의사, 식사장애 치료에 대해 특별히 훈련된 영양사, 인지행동치료와 대인관계치료, 정신역동치료, 가족 혹은 부부치료 같은 접근방법을 사용하는 개인 심리치료사 등이 포함된다. 무용/동작치료도 잠재적으로 도움이 되는 치료 양식으로 언급되고 있다(p. 17).

느낌과 생각을 표현하는 데 어려움을 느끼는 성격적 특성인 감정표현 불능증

(Alexithymia)은 식사장애의 일반적인 증상이다. 환자가 언어적 감정과 비언어적 감정을 모두 표현할 수 있도록 돕는 것이 식사장애 증상을 회복하는 핵심이다. 식사장애자는 삶의 중심을 음식, 체중, 신체로 전환했기 때문에, 치료사의 도전 목표는 환자가 느낌을 경험하도록 만드는 것을 포함한 보다 자연스러운 삶의 방식에 초점을 되돌리도록 하는 것이다. 클라인만과 홀(Kleinman and Hall, 2006)은 "내적 상태를 무시하는 것은 느낌을 묻어버리는 것과 같으며, 그 묻힌 장소는 몸 그 자체에 있다. 느낌은 몸의 표면 아래서 곪아 참기 어려울 지경이 될 때는 분출할 수도 있기 때문에, 우리는 마땅히 내담자들이 자신의 생명을 유지하는 데 필수적인 이러한 부분과의 보다 강한 관계를 발달시키도록 도와야 한다."(p. 3)고 말한다.

식사장애 치료에서의 무용/동작치료

독자들은 당연히 설리번, 융, 페미니스트 이론 같은 다양한 정신치료의 영향을 인정할 것이지만, 무용/동작치료의 특별한 접근방법은 내가 몸의 수준에서 이 치료법이 어떻게 표현적으로 작용하는지를 먼저 탐구하고 이해한 후, 시간이 지남에 따라 나에게 펼쳐진 창조적 과정을 명확히 표현할 수 있었던 기회를 토대로 구축된 것이다. 그러한 과정은 다음과 같다.

- 인지적 이해를 촉발시킬 수 있는 몸이 느끼는 경험을 토대로 구축함으로써, 무용/동작치료는 특이행동을 표현행동으로 변환할 수 있으며, 단절된 경험을 의미 있는 표현과 지속적으로 변화하는 데 도움을 주는 자신의 체험을 이해하도록 만든다(Kleinman, 2003).
- 식사장애를 가진 여성은 느낌을 표현하는 것뿐만 아니라 그것을 참는 데도 어려움을 겪기 때문에, 그들은 종종 보다 잘 통제할 수 있다는 느낌을 갖기 위한 방법으로 이러한 대안적 행동으로 눈을 돌린다. 무용/동작치료는 식사장애 환자들이 다시 느끼는 감각적 체험을 시작하고, 그들의 몸짓언어를 통해 이러한 느낌을 표현하며, 그들의 체험이 보다 큰 정서적 문제와 대처 양상이 되는 것과 관련해 그들에게 그것이 무엇을 뜻하는지를 명확하게 표현하는 수단을 제공한다.

무용/동작치료사의 역할

인간은 말을 배우기 훨씬 전부터 자신의 몸을 통해 의사소통을 하기 때문에 몸짓언어는 본질적으로 우리의 원시언어인 셈이다(Kleinman & Hall, 2006, p. 2). 무용/동작치료사는 자신의 몸 전체를 공감 수용체 그리고 내담자에 대한 반응체로 사용해 직접 느낌으로 치료한다(Harris, 2008). 원시언어를 치료 기술로 연마함으로써 무용/동작치료사는 힘들이지 않고 저절로 그들이 치료하고 있는 내담자의 몸짓언어를 의미 있는 상호작용으로 발전시킨다. 근본적으로 그들은 공감해 '주의를 기울이고' 진정으로 반응하며, 비언어적 체험을 인지적 통찰로 해석할 수 있는 타고난 능력을 전적으로 믿는다. 내담자의 목소리 톤, 얼굴표정, 눈빛, 몸동작을 포함한 비언어적 신호에 반응함으로써 몸과 마음의 변화에 따라 감춰지는 것들을 드러낼 수 있다. 지겔(Siegel, 1999)에 따르면, "이러한 근원적인 감정 표현과 공명하려면 치료사가 느낌을 단지 개념상으로만 이해하는 것이 아니라 그것을 느껴야 한다."(p. 290)

치료사 자신의 형상화 경험, 무의식적인 것을 접할 수 있는 능력, 자신의 몸속에 존재하는 방식들이 자신의 감각의 일부가 되며, 그러한 체험이 치료 과정에서 중요한 역할을 한다(Kleinman, 2004). 이러한 전제를 지지하면서 버지니아 사티어(Virginia Satir, 1987)는 다음과 같이 설득력 있는 언급을 하고 있다.

> 내가 보고 듣는 것들이 내 자신과 느낌, 생각과 서로 닿을 때, 나는 점점 더 내 자신으로 융합되어 간다. 나는 보다 조화롭고 '완전하며', 다른 사람과 더 잘 어울릴 수 있다. (p. 27)

무용/동작치료사는 내담자의 사라진 혹은 지나치게 통제된 감각, 충동, 자연스러운 동작들을 살펴보기 시작하고 이들 움직임을 의식적으로 형상화하도록 촉진함으로써 내담자가 수월하게 표현하도록 한다. 이러한 표현은 그룹, 개인, 가족, 혹은 부부의 체험의 일부로서 일어날 수도 있다. 운동이나 틀에 박힌 움직임을 통해서라기보다는 의미심장하게 그들의 몸을 움직일 뿐만 아니라 느낌과 접촉하며 종종 놀란 그들은 이러한 치료가 왜 자신들의 회복에 중요한지, 그들에게 무엇을 기대하는지 그리고 그들의 노력이 치료 과정에서 중요한 역할을 한다는 사실을 이해할 때 보다 쉽게 참여하게 된다. 따라서 치료사는 그룹이나 가족 세션에서 간단한 오리엔테이션을 하거나 혹은 내담자들로 하여금 자신의 경험을 나누도록 초대할 수도 있다.

모든 행동은 서로 관련이 있다고 간주되며, 의사소통은 항상 이루어져야 한다. 보다 큰 근본적인 정서적 문제를 탐구하기 위해 음식과 체중에 초점을 맞추는 성향을 잠시 접어두도록 내담자들을 격려하도록 한다. 몇 가지 예로 상실, 성공에 대한 두려움, 실패, 변화, 통제력 상실, 신체 경계에 대한 인식의 결여는 드러나는 경험 안에서 자기 문제들이 재빨리 보이게 된다. 내담자는 자신의 본질적인 경험을 빠르게 인식하고, 다른 참여자들이 함께 위로해주며 그 주제에 대해 말을 건넬 때 위로를 받아들이는 것 같다.

무용/동작치료가 이러한 체험에 대한 허락과 함께 시작되기 때문에 내담자는 자신에게 떠오르는 자각을 탐구하고, 의식적으로 혹은 습관적으로 그들이 선택한 행동을 통해 그들의 삶에서 그것이 어떻게, 왜 형성되는지를 확인하는 위험을 감수할 수 있다. 이러한 자신을 받아들임은 그 자체로 변화를 포함한 여러 난관을 탐험하게 해준다.

임상 실제의 개념

세 가지 상호 연관된 개념이 이러한 치료 과정의 토대를 나타낸다. 즉 리듬적 동시성, 근감각적 자각, 근감각적 공감의 세 가지 개념이다. 이들 개념은 서로 혼합되어 협력, 권한부여, 상호관계를 육성하는 의미 있는 관계의 발달을 촉진한다(Kleinman & Hall, 2006, p. 4).

리듬적 동시성은 우리 자신을 내담자와 조화시키는 능력이다. 이는 다른 사람과 리듬을 맞춰 동작함으로써 일어날 수 있다(예 : 그들과 함께 걷는 것, 같은 리듬으로 숨을 쉬거나 심지어 그들의 리듬과 똑같은 속도로 말하는 것). 무용/동작치료사가 자신의 내담자와 같은 리듬을 타지 않는 경우는 치료사가 너무 빠르거나 느린 동작을 하거나, 너무 복잡한 지시를 하거나 혹은 말을 너무 빨리 하는 경우이다. 내담자가 압도되면 내담자를 분리시키는 결과를 초래한다. 그러나 치료사가 의식적으로 내담자의 리듬에 맞추어 그들과 리듬을 공유할 수 있는 경우, 과정 후반에는 서로 감정도 공유할 수 있게 된다.

근감각적 자각은 내부 및 외부 수준 둘 다에서 자신을 신체적으로 느낄 수 있는 능력이다. 예를 들면 무용/동작치료사는 중재를 하면서 동시에 자신의 내부 느낌 상태에 집중해야 한다. 치료사가 자신의 인지적 마음의 언어에만 의존하고 몸의 언어로부터 분리되어 있는 경우, 치료사의 중재행동은 자신과의 연결이 결여된 상황을 반영하게 될 것이다. 따라서 내담자도 같은 정도의 분리감으로 반응할 가능성이 높다. 내담자가 느낌을 체험하고 움직일 수 있도록 돕는 체험을 촉진하기 위해서는 치료사가 자신의 느낌에 따라 움직일 수 있을 뿐만 아니라 치료 균형을 잃지 않고서도 어떻게 그런 동작을 할 수 있는지를 이해해야 한다. 근본적으로 우리 자신을 조화시키면서 동시에 내담자와도 조화를 이루는 균형을 이루기 위해서는 적절한 경계를 유지하는 것이 필요하다(Bloomgarden, Mennuti, & Cohen, 2003, pp. 9~10).

근감각적 공감으로 불리는 세 번째 개념은 치료사의 표현공유 배양 능력을 나타낸다. 걸스타인, 보트윈, 클라인만(Gerstein, Botwin, and Kleinman, 2004)은 다음과 같이 언급하고 있다.

> 자신에 대한 정교한 조율(근감각적 자각)은 치료사가 내담자를 지나치게 확인하는 것을 나타내는 느낌들을 꼼꼼하게 가려내어 버릴 수 있도록 해주면서, 동시에 덜 의식적인 체화된 방식으로 내담자의 문제점에 다가갈 수 있는 가능성을 허용한다. (p. 16)

무용/동작치료사의 반응에는 자기가 체험한 느낌을 토대로 내담자에 대한 자신의 감각을 의식적으로 자각하는 것도 포함된다. 팔라로(Pallaro, 2007)는 다음과 같이 말한다. "최근 거울신경세포의 발견은 다른 사람의 감정 상태에 반응하고 이해하는 능력은 실제로 신체에 의거한 근감각적 공감의 결과임을 나타낸다."(p. 183)

몸짓언어에 접근하는 체험을 촉진하는 데 집중하고, 느낌과 드러난 문제점의 밑에 깔려 있는 생각을 표현하는 것은 식사장애 내담자가 자신의 신체에 대해 어떻게 느끼고 있는지, 진정한 변화를 위한 핵심적인 요소가 무엇인지를 탐구하도록 독려하는 데 매우 중요한 사항이다. 이는 결국 그들이 어떻게 살아가며, 회복되는 진정한 징후와 내담자가 보다 풍성하고 의미 있는 생산적인 삶의 경험으로 들어서는 데도 영향을 미친다(Ressler & Kleinman, 2006, p. 17). 반면에 내담자가 통제 상태에 들어가려고 노력하는 경우, 긴장과 부담감, 자신으로부터 멀어지는 느낌을 야기하는 계획되고 강요된 행동을 시작하게 된다. 그들 스스로가 주인이 되는 것을 도울 수 있다면, 내담자는 자율적으로 내부의 자연스러운 흐름을 만들어내는 진정한 삶의 활력을 되찾을 수 있을 것이다.

메리라는 내담자는 이것이 그녀에게 무엇을 의미했는지를 설명했다. 그녀는 다음과 같이 말했다.

통제 상태에 있다는 것은 우리가 일상생활에서 그냥 지나치고 사는 모든 면에서 완벽해지려는 노력에 자신의 엄청난 에너지를 쏟아붓는다는 것을 의미해요. 안타까운 사실은 통제 상태에 있으려는 시도는 대개 통제할 수 없는 보다 많은 일을 유도한다는 점이지요. 그렇게 되면 삶은 스트레스로 가득 차고 우리의 모든 주의력은 삶의 스트레스를 통제하는 데 초점을 맞추게 됩니다. 나는 마침내 모든 일을 통제할 필요가 없는 것처럼 느끼기를 바라게 돼요. 나는 일어날 일이면 일어나게 내버려두어도 좋은 그런 삶을 살기를 원해요. 당신이 자신의 주인이 되면, 진정한 진짜 자신을 믿게 됩니다. 당신은 진정한 자신은 아무 탈도 없다는 것을 알고 있으며, 삶의 모든 면에서 당신의 내면을 믿을 수 있다는 사실을 압니다. 그런 것을 느낀다면 정말 놀랍겠지요. 내가 애써 얻으려는 게 바로 그거예요. 내 자신의 주인이 되고 싶을 만큼 내 자신을 믿을 수 있게 되는 것이요.

임상적 적용

의미 있는 표현을 촉진할 수 있는 치료사의 능력은 내담자가 자기 몸과의 보다 강한 연결고리를 체험할 수 있도록 해주며, 자신의 느낌을 믿고 자신의 몸짓언어를 통해 소통하는 것을 탐구하고, 삶을 통해 어떻게 처신하는지와 현재 직면하고 있는 문제점 간의 은유적 연결고리를 발견할 수 있도록 유도한다. 다음에 소개하는 세션은 7명의 내담자 그룹이 위에서 언급한 모든 목표를 쉽게 달성할 수 있도록 해주는 과정에 어떻게 참여했는지를 묘사하고 있다.

나는 그룹의 각 내담자에게 현재 느끼고 있는 것에 대해 말해보라고 요청하면서 세션을 시작했다. 이렇게 함으로써 그들이 불안감을 느낀다든지, 머리가 아프거나 혹은 가족 세션에 대한 걱정 같은, 그룹에서 알려지기를 원한 모든 것뿐만 아니라 그들이 어떻게 소통했는지에 대한 감을 잡을 수 있었다. 그들이 공유하는 것을 받아들이고, 우리는 함께 음악을 선택해 탐구를 시작하면서 자세를 잡고 방에서 움직일 준비를 했다. 그런 다음 그들이 각자 자리 잡을 공간을 선택하도록 했다. 많은 식사장애자들이 열성적으로 지시에 따르려 했기 때문에, 자발적이거나 진정한 표현인지를 먼저 살펴야만 했다. 또한 내가 구축할 수 있는 리더십의 징후도 찾고 있었다. 추적이 가능한 가닥을 잡기 위해, 나의 관심을 끈 것은 그들이 어떻게 그룹으로 형태를 만드는가 하는 것이었다. 따라서 각 내담자에게 점 잇기 그림에서처럼 그들이 본 그룹의 모양을 묘사하도록 요청했다. 그들은 각각 새, 자유, 개방 같은 말로 그것을 묘사했는데, 이는 자유와 비상과 연관된 말들이었다. 그들에게 그것이 무엇을 뜻하는지 궁금해하면서, 더 깊은 이해를 위해 동작에서 이러한 연관성을 탐구하기로 작정했다. 나는 각 내담자에게 자유롭고 개방적인 동작을 시작하도록 요청했다(그림 7.1).

우리 모두가 참여해 자신의 몸에서 무엇이 느껴지는지를 보기 위해 각각의 동작을 시작했다. 따라서 각 동작은 나와 그룹의 여러 구성원이 도움말을 주기는 했지만, 언어적으로뿐만 아니라 비언어적으로도 입증되었다. 마지막으로 테스가 수영의 평영 자세 같은 동작을 시작했다. 동작이 명확했기 때문에 그 움직임이 잠재적인 초점을 제공한다는 사실을 감지하고, 그것을 더 진전시키기로 마음을 정한 후 모든 사람에게 파트너와 함께 동작하면서 공간을 가로질러 자신의 창조적인 움직임의 방식을 확인해보라고 요청했다(그림 7.2).

그림 7.1 자유로운 느낌에 대한 탐구(사진 제공 : 플로리다 렌프류 센터)

나는 그렇게 함으로써 체험적으로 문제를 해결할 수 있으며, 이런 방식으로 생각함에 따라 변화와 관련된 각 내담자의 형식화된 문제 해결방법에 대해 은유적으로 작업할 수 있다는 것을 알았다. 나는 이것이 그룹과 개인 모두에게 중요한 문제를 조명하도록 유도할 것임을 깨달았다. 즉 각 내담자 자신과 다른 사람과의 관계와 관련된 문제와 내담자가 내재한 더 큰 정서적 문제를 처리하는 대신에 식사장애 행동으로 도피하도록 만든 문제들이다.

이후 참여자들은 2인 1조가 되어 그들이 선택한 동작을 확인하고 연습할 시간을 가졌고, 나는 각 팀에게 움직여보라고 했다. 자신의 파트너가 공간을 가로질러 움직이는 것을 관찰한 다음, 움직임을 지켜본 파트너는 관찰한 내용을 공유하는 활동을 했다. 우

그림 7.2 파트너와 협력하기(사진 제공 : 플로리다 렌프류 센터)

리는 개인적 관점을 토대로 자신의 의견을 덧붙였다. 다시 각 팀은 돌아가면서 움직임 체험을 반복했고, 그들의 체험이 심화되도록 눈을 감고 움직이도록 했다.

관찰과 통찰

1. 앤과 마지는 서로를 디딤돌로 사용해 개구리 점프를 했다. 앤은 자신과 타인 둘 다에 너무 다가가는 것에 대한 두려움을 확인한 반면, 직업 댄서인 마지는 몸속의 존재로부터 분리되었다는 체험에 지나치게 연관시키려는 자신의 성향을 알아냈다. 그리하여 그녀는 종종 심각한 신체 부상을 야기한 내적 신호를 무시하는 익숙한 패턴을 알게 되었다. 또한 그녀는 이러한 자신과의 불화가 정서적 신호를 체험하는 능력을 무디게 했음을 깨달았다.

2. 테스와 에디는 서로의 양팔을 끼고 거칠게 빙빙 돌면서 목표하는 곳에 다다랐다. 둘 다 자신의 삶에서 혼란을 자초하는 성향이 있음을 알게 되었다. 그들은 회전하는 속도를 줄이자 서로의 말을 잘 들을 수 있음은 물론, 더 멀리 갈 수도 있다는 사실을 발견했다. 그들은 이것을 자신의 몸에 귀 기울이기에 연관시켰다.

3. 앨리와 레베카는 안쪽으로 움직이려고 계획한 방향에서 벗어나 옆쪽에서 서로 등을 맞대고 서 있었다. 앨리는 레베카의 어깨에 손을 얹고, 레베카가 자기를 인도하게 했다. 둘은 목표물을 향해 미끄러지듯 나아갔지만, 그것을 정면으로 대하지는 않았다. 레베카는 자기가 매끄럽게 움직였지만, 삶의 모든 측면에서 완벽함을 추구하는 자신의 성향과 그것을 관련지었다는 사실을 발견했다. 그녀는 가수로 노래를 부르고 있었을 때, 다른 사람들이 어떻게 생각할지에 대해 걱정하고, 평가받고 있다고 느끼며 공포에 사로잡혔던 시기와 이것을 연관지었다. 그녀는 또한 항상 속으로는 비명을 지르고 있다고 느꼈으면서도, 밖으로는 태연한 척 꾸미려 했다는 것도 인정했다. 그러한 상황이 그녀가 스스로 통제할 수 없는 마음속 느낌을 억제하려는 갈등을 야기해 거의 항상 불안감을 겪도록 만들었다. 앨리는 종종 다른 사람들을 앞세워 그녀에게 방향을 제시해주도록 만들었는데, 그 이유는 실수를 할까 두려웠고 남에게 불완전함을 보이는 것도 겁났기 때문이라는 사실을 알아냈다.

4. 나는 아리와 짝이 되었다. 우리는 호주머니에 손을 넣은 채 서로 마주 보며 옆 걸음으로 목표물을 향해 나아갔다. 목표물을 지나치자 우리는 호주머니에서 손을

빼고 등을 목표물 쪽으로 돌려 뒤쪽으로 이동했다. 아리는 방향을 정할 때 종종 부모나 다른 사람에게 의존했으므로, 나에게서도 신호가 올 것으로 기대했다는 사실을 깨달았다. 따라서 우리가 서로 평행으로 움직였을 때, 그녀는 내가 무엇을 하는지 정확히 볼 수 없었기 때문에 보다 압박감을 느꼈다.

이러한 단순한 과정이 우리가 하나의 그룹으로서 자유롭고 자발적인 공간을 만들어 서로 협력할 수 있는 마음의 여유를 갖도록 해주었다. 이런 과정 자체가 내담자 자신의 삶을 이해하고 스스로 책임질 수 있는 능력을 입증하고 확인하는 통찰을 발견하도록 만들었다.

저항감으로 창조력 만들기

다음 사례는 5명의 10대 소녀로 구성된 한 그룹의 주거 프로그램에서의 모습을 보여주고 있다.

대부분의 소녀들은 그룹생활이 처음이었다. 나는 그들이 방으로 들어섰을 때 몇 명이 매우 불편해하는 것을 알아차렸다. 그들이 서로 어울리도록 부추기기 위해서는 내가 안정감을 느끼도록 해주어야 한다는 것을 알았다. 나는 구체적인 과업을 주는 것이 긴장을 풀어주고 안정감을 높여주며, 느낌을 탐구하고 표현할 수 있는 발판을 제공해주는 데 도움이 된다는 결론을 내렸다.

나는 그룹을 밖으로 내보내 나뭇잎, 나뭇가지, 풀포기 같은 그들의 주의를 끄는 대상물을 선택하도록 했다. 그들이 안으로 들어왔을 때, 그들 모두에게 자신의 대상물을 글로 간단히 묘사해보라고 했다. 즉 그들이 생각하는 대상물의 세 가지 강점과 세 가지 문제점을 기술하라고 요청했다. 쓰기를 완료했을 때, 모두에게 대상물과 관련된 강점과 문제점을 구별해 적은 것을 읽어보라고 했다.

안나는 자신의 대상물을 하트 모양을 닮은 매우 작은 잎사귀로 묘사했다. 그녀는 대상물이 외롭다고 말했다. 베티는 물에 떠다니는 나뭇조각을 그룹에게 보이고, 큰 소리로 바깥 껍질은 층층이 썩어 떨어져 나갔지만 속은 탄탄하고 강해 보인다고 말했다. 신디는 그녀의 연약한 나뭇잎이 가장자리가 닳고 있다고 했다. 다나는 다른 소녀들에게 작고 끝이 날카로운 곁가지를 가진, 그녀의 대상물인 단단한 나뭇가지를 보여주었다.

그녀는 "누군가를 다치게 할 수도 있어."라고 덧붙였다.

나는 대상물과 관련된 그들의 묘사를 통해 각 소녀들에 대해 무언가를 알아가고 있었다. 나는 이러한 과정에 그들을 단순히 참여시키는 것이 중요하며, 그들을 압도하고 더 많은 세션에 다시 기꺼이 참여하는 데 영향을 미칠 수 있는 자아 노출로까지 너무 밀어붙이지 말아야 한다는 것을 알고 있었다. 모든 소녀가 자신이 적은 것을 다 읽고 나머지 간단한 절차들을 마친 뒤, 나는 그들에게 방에서 각자의 대상물을 보관할 안전한 장소를 선택하라고 했다. 그리고 자신의 대상물이 살아 있는 것처럼 보이도록 자세를 선택해 자신의 대상물을 표현하도록 요청했다. 안전한 장소를 확인하고 대상물을 형상화함으로써 결국 그들을 자기 자신에게 향하도록 할 수 있다고 생각했다. 안나는 먼 벽 쪽 공간에서 잔뜩 몸을 웅크린 채 바닥에 등을 대고 굴렀다. 베티는 모든 사람에게서 얼굴을 돌리고 열린 문턱에 몸 반쪽은 안으로, 반쪽은 밖으로 걸친 채 앉았다. 신디는 또 다른 문 옆에 자신을 껴안은 채 앉았다. 다나는 마치 거북처럼 머리를 자신의 티셔츠 속에 넣고서 사무실 문 옆에 누웠다. 그녀는 결국 머리를 내밀기 시작했고, 커가는 중이라고 말했다.

그룹의 구성원이 자신의 안전한 공간에서 얼어붙은 듯 그대로 있었기 때문에 내가 각자에게 직접 다가가 발견한 공통적인 주제는 통제를 잃는 데 따른 두려움이었다. 이 시점에 이브가 방으로 들어왔다. 그녀는 이전에 여러 번 이런 그룹에 참여했었기 때문에 벌어지고 있는 양상을 편안하게 받아들였다. 나는 재빨리 과업을 설명해주었다. 나의 지시에 따라 이브는 밖으로 나가 가장자리가 닳고 있는 잎사귀 하나를 가지고 돌아왔다. 그녀는 탁자 밑을 안전한 공간으로 인정하고, 등을 대고 반듯하게 누워 탁자 다리를 잡고 있었다. 다른 소녀들은 내가 상호작용 놀이에 이브를 참여시킨 것을 지켜보고 있었는데, 나는 이브가 잡고 있는 책상으로 다가가 그것을 이브로부터 떼어 놓으려는 것처럼 행동했다. 나는 이브에게 탁자로부터 떨어져, 아무 보호막 없이 똑같은 자세로 등을 바닥에 대고 반듯이 누워 있으라고 말했다. 이브는 자기가 얼마나 노출되었다고 느끼는지를 알려주었다. 그룹을 위한 '지표'인 이브로부터 신호를 받고, 나는 그들이 치료사를 움직이게 하는 것이 그 반대의 경우보다 더 성공적일 것이라는 사실을 직감적으로 알아챘다. 따라서 그룹 구성원이 나에게 동작 지시를 하도록 하고, 나는 충실하게 그 지시를 따랐다. 이브가 먼저 시작했고, 다른 소녀들도 그 요청을 따랐다. 이러한 중재는 그들에게 힘을 부여하는 것처럼 여겨졌고, 놀이 움직임 상호작용이 잇따라 일어났다. 놀랍게도 모든 소녀들이 자신의 안전 공간에서 나와 함께 어울렸다. 이후 그들은 자신의 식사장애 습관을 포기하는 데 따른 두려움과 상반된 감정의 교차에 대해 간단히 말했다.

치료 과정의 인지적 표지

인지적 표지는 다섯 단계의 치료 과정, 즉 탐구, 발견, 인정, 연결, 통합으로 나타난다 (149쪽 부록 참조). 이들 표지는 치료 과정에 형식을 부여하며, 무엇이 일어나고 있는 지에 대한 참조틀을 보여준다(Kleinman, 1977; Stark & Lohn, 1993, pp. 130~131; Kleinman & Hall, 2006, pp. 14~15). 표지는 치료사가 치료 과정을 추정하는 것을 돕는 데 활용될 수 있으며, 체험에서 길을 잃지 않도록 하는 데 사용된다. 또한 이 표지는 내담자의 몸 차원의 치료 과정 중 치료실과 그리고 일상 체험 둘 다에서 내담자가 도움을 받기 위해 활용할 수도 있다. 내담자들은 인지적 표지를 사용함으로써 자신을 보다 명확하게 이해하고 설명하는 데 도움을 주는 초점을 찾을 수 있다고 보고한다.

치료사의 관점에서 그것은 체험을 촉진하는 것이 내담자가 자신의 내면과 대인관계를 탐구하는 데 있어 길을 제시해준다는 사실을 인정하는 것을 의미한다. 여기에는 내담자가 탐구한 것과 관련된 발견, 그 발견이 진실이라고 인정하는 것, 그것의 의미를 익숙한 패턴이나 체험과 연결 짓는 것, 발견의 의미를 연관성과 통합해 통찰을 발전시킬 수 있고 향후 연구될 수 있는 것들이 포함된다. 통합 역시 일종의 폐쇄성을 수반하기는 한다. 비록 표지들이 결과를 예측할 수 없기는 하지만, 설명할 수 있는 경로는 추적 가능하다(Kleinman & Hall, 2005, p. 224; Kleinman & Hall, 2006, pp. 14~15).

다음의 예는 주중에 기숙치료를 마치고 떠날 준비를 하고 있던 24세의 거식증 내담자인 트레이시의 개인 무용/동작치료 세션을 묘사하고 있다. 인지적 표지가 관계 내에서 일어난 체험을 설명하는 데 사용되고 있다. 트레이시는 자신이 극도로 불안해하고 좌절감에 빠졌다고 인정했다. 그녀는 자신의 몸속에 '존재하는 것'이 힘들었다고 말했다. 그녀의 강박관념은 혹독했다. 나는 그녀가 문제 해결에 집중하기 전에 보다 안락함을 느끼도록 도와주어야 한다는 것을 알았다. 나는 그녀에 대한 약간의 정보와 함께 언어 및 비언어 의사소통을 통해 무엇이 일어나고 있는지를 확인하기 위한 탐색을 했다. 충분한 정보를 얻었다고 직감한 나는 근본적인 문제를 처리하기 위해 강박관념의 배후에 있는 것들을 신속히 파악하기 위한 계획을 세웠다. 첫째, 나는 그녀의 불편감을 완화하기 위해 의자를 부드러운 스펀지 배트로 쳐서 그녀가 긴장을 풀도록 도와준 뒤, 자신의 좌절감 정도(1~10 사이)와 배출구를 확인하도록 했다. 그녀는 자신이 뚱뚱하고 못생겼다고 불평하면서, 좌절감을 자기의 왜곡된 신체상과 결부시켰다. 몸에 대한 이러한 집중은 통제력을 얻기 위한 그녀의 방식이라는 것을 알았기 때문에 그녀에게 눈을 감으라고 한 뒤, 그녀가 의식적으로 알지 못하는 보다 깊은 문제점을 확인할 수 있도록 마음속에 스냅사진을 만들어보라고 말했다. 그녀가 더 많은 신체 강박관념과 식사장애 생각을 갖고 있음을 인정했으므로, 무언가 다른 것을 발견할 때까지 계속 상징적으로 스냅사진을 이동시키라고 말했다. 그 사진에서 그녀는 아버지의 다리를 붙잡으려는 8세 아이인 자신을 보았다. 아버지는 자주 여행을 다녔고, 또 다른 여행을 위해 떠날 준비를 하고 있었다. 아이였던 그녀에게 아버지가 떠나는 것이 어떤 영향을 끼쳤는지를 이해하기 위해 함께 이 관련성을 다루었다. 그녀가 말 타기를 좋아했다고 말했던 것을 기억하고, 나는 불안정과 버려짐에 대한 고통스러운 기억을 처리할 수 있는 안전한 길을 열어주기 위해 그 이야기를 다시 했다. 그녀가 불안감과 버림받음에 따른 어려움을 지속적으로 겪고 있었기 때문에, 나는 트레이시가 말과의 관계에서 얻은 포만감과 안락감의 느낌을 되살리는 데 초점을 맞추기로 했다. 그렇게 하는 것이 그녀가 안전감을 체험하고, 또한 자신감을 느끼는 데 도움이 될 것으로 생각했다.

우리는 함께 잡고 있던 고무줄(그림 7.3)과 언어로 진행되는 과정, 우리의 체험이 일어나는 것에 관한 연결고리 만들기를 통해 우리의 관계를 탐구했다. 예를 들면 트레이시는 빨리 움직이는 것을 자각하고 있었다. 나도 그것을 느낄 수 있었다고 인정하고, 우리는 그녀가 빨리 달릴 때 말과 함께 체험하는 갈등을 **탐구**했으며, 그녀는 삶의 다른 부분에서도 그런 똑같은 패턴을 되풀이한다고 인정했다. 그녀는 말을 어떻게, 언제 통제하려 했는지를 이해했고, 그녀가 경험보다는 자동적으로 결과를 목표로 했기 때문에 말이 저항했다는 사실도 이해했다. 우리는 그녀가 자신과의 관계에서 **통합**을 위해 신체적으로 느낀 것과 같은 종류의 인식을 어떻게 적용해야 할지를 **탐구**했다. 그녀는 자신의 감각으로부터 달아나는 대신, 자각을 높이기 위해 그 감각을 사용함으로써 자신의 불안감이 사라졌다는 것을 발견하고 인정했다. 나는 트레이시가 이러한 체험을 **통합**하는 방법의 하나로 글을 써서 과정을 더 진행시킬 수 있도록 그녀에게 **인지적 표지 작업용지**를 주었다. 나중에 그녀는 피드백을 위해 나에게 용지를 되돌려주었다. 그녀가

그림 7.3　고무줄을 통한 관계 형성(사진 제공 : 플로리다 렌프류 센터)

인지적, 신체적 수준 모두에서 이해했다는 것이 양식에 적은 사실로 나타났다. 통합 부분에서 그녀는 다음과 같이 썼다. "나는 가족 문제를 통해 과정을 진행해야 했다. 버려짐에 대한 문제, 두려움으로부터 도망가는 대신 그것을 정복하는 것, 나 자신을 더 많이 신뢰해야 한다." 끝으로 그녀는 다음과 같은 사실을 인정했다. "(우리가 함께 과정을 진행하면서) 내가 가장 즐겼던 것은 내가 깊숙이 나의 몸과 접촉을 갖고 또 다른 몸속의 존재와 함께 했던 순간이에요." 나는 그녀가 삶의 목적뿐만 아니라 자신의 목표도 확인했다고 말해주었다. 마지막 세션에서 그녀는 그 고무줄을 가져도 되느냐고 물었다. 그녀는 그 고무줄을 손목에 차거나 머리를 묶을 때면 그녀에게 진정으로 무엇이 중요한지를 기억하는 데 도움이 될 것이라고 말했다(Kleinman, 2004).

요약

인간은 말하기를 배우기 훨씬 전부터 자신의 몸을 통해 의사소통을 한다. 그러나 식사장애자들은 가능한 자신의 몸이 말하는 것을 듣고 반응하는 것으로부터 멀어지려고 한다. 정서적인 폐쇄로 야기된 불안감을 자신으로부터 멀어지는 것을 목표로 한 다양한 행동을 통해 통제하려 한다. 몸 전체를 기반으로 한 이러한 행동은 발 떨기부터 살갗 쥐어뜯기, 머리칼 잡아당기기, 심지어는 과로에 이르기까지 다양하다. 통제의 환상을 만들어내기 위한 시도에서, 그들은 종종 일상적인 삶으로부터 철회, 혼자만의 생각, 장애적인 행동을 하며, 그들 중 일부는 '식사장애'라고 부르는 증상에 빠진 것을 스스로 발견한다. 무용/동작치료는 식사장애자들이 자신과 다시 연결되는 방법을 배우며, 완전한 자아가 자신의 생명력의 필수 부분이라는 자각을 하고 그것을 인식할 수 있도록 행동과 언어 모두에 진정한 변화가 일어나도록 돕는다.

부록 — 인지적 표지 : 체험 과정에 대한 지침

저작권 : 수잔 클라인만(1977, 2001)

인지적 표지는 삶의 과정에 대한 형식을 제공하며, 무엇이 일어나는지에 대한 치료적 참조틀을 보여준다. 이들 표지는 아래와 같은 지침을 제공한다.

1. 체험을 탐구하라.
2. 탐구한 것과 관련된 발견을 하라.
3. 중요하다고 여겨지는 발견을 인정하라.
4. 발견의 의미를 익숙한 양상 혹은 체험과 연결하라.
5. 발견의 의미를 연결사항과 통합해 통찰을 발전시켜 차후 추가적인 탐구를 하라.

이들 지표를 당신의 체험을 진행시키는 지침으로 활용하라. 묘사를 단순하게 하고, 그것이 당신의 느낌과 생각이라는 것과, 그래서 당신이 실수할 리가 없다는 사실을 기억하라. 당신이 자신의 체험에 대한 미스터리를 해결하기 위해 (한 번에 하나씩) 단서를 수집하는 탐정이라고 상상하라. 행운을 빈다.

탐구

탐구에 의한 당신의 체험에 대해 기록하고, 느낌과 감각 그리고 그것으로부터 일어나는 부수적인 생각들을 적어라.

발견

당신이 방금 탐구한 것과 관련해 알아낸 모든 관찰사항뿐만 아니라, 당신의 느낌과 감각의 자각에 대한 것도 기록하라. 무엇을 발견했는가? 가능한 한 구체적으로 기록하라.

인정

당신의 발견이 자신의 삶과 관련해 의미가 있다는 사실을 인정하라. 그렇지 않다면, 왜 당신이 이러한 발견을 하고서 그것이 자신의 삶과 관련이 없다고 생각하는가?

연결

현재의 체험과 관련해 당신이 발견하고 인정한 느낌, 감각, 생각이 얼마나 중요한지, 그리고 그것이 어떻게 당신의 삶에 부합하며 과거의 유사한 체험과 일치하는지를 인식하라.

통합

당신이 흥미롭다고 판단한 의문사항이나 사안을 포함해, 차후 탐구를 위해 당신이 생각하기에 중요하다고 여겨지는 모든 문제를 메모하고, 그러한 체험을 요약하라. 또한 당신이 차후에 이러한 문제를 다룰 때 활용하면 도움이 될 행동 혹은 전략을 확인하라.

당신의 점점 늘어나는 기법 레퍼토리의 일부로서 이러한 새로운 방법을 포함시키는 것은 물론, 오래된 문제와 패턴을 감당할 새로운 방법을 탐구하고 발견하도록 자신을 허락해야 한다는 사실을 기억하라. 그러면 당신은 자신의 체험에 새로운 연결을 추가해 갖기 시작할 것이다.

American Psychiatric Association. (2006). Treatment of patients with eating disorders, third edition. *American Journal of Psychiatry 163* (7 Suppl) pp. 8–57.

American Psychiatric Association. (2000). *Diagnostic manual and statistical manual of mental disorders, DSM-IV-TR* (4th ed.). Washington, DC.

Bloomgarden, A., Mennuti, R., & Cohen, E. (2003).Therapist self-disclosure: Implications for the therapeutic connection. *The Renfrew Center Working Papers.* Volume 1, Fall. (pp. 9–10). Philadelphia, PA.

Gerstein, F., Botwin, S. & Kleinman, S. (2004). Developing connections in group therapy. *The Renfrew Center Working Papers.* Volume 2, Fall, (p. 16). Philadelphia, PA.

Graham, M. (1952). Beautiful morning. In DeMille, A. *Dance to the piper.* Boston: Little, Brown (p. 335).

Grillo, C.M. (2002). Binge eating disorder. In C.G. Fairburn & K.D. Brownell (Eds.), *Comprehensive textbook of obesity and eating disorders* (2nd ed.). New York: Guilford Press. pp. 178–182.

Harris, R. (April, 2008). Personal communication.

Kleinman, S. (1977). A circle of motion. Unpublished master's thesis, Lone Mountain College, San Francisco, CA.

Kleinman, S., & Hall, T. (2006). Dance/Movement therapy: A method for embodying emotions. *The Renfrew Center Foundation Healing Through Relationship Series: Contributions to Eating Disorder Theory and Treatment Volume 1: Fostering Body-Mind Integration.* Philadelphia, PA (pp. 2–19).

Kleinman, S. (October, 2004). Use of self as a dance/movement therapist: Our greatest therapeutic tool. *Proceedings of the American Dance Therapy Association 39th Annual Conference.* Columbia, Maryland: American Dance Therapy Association.

Kleinman, S., & Hall, T. (2005). Dance movement therapy with women with eating disorders. In F. J. Levy (Ed.) *Dance/movement therapy, A healing art.* Revised ed. (pp. 221–227). Reston, VA: The American Alliance for Health, Physical Education, Recreation, and Dance.

Kleinman, S. (2003). Body talk: Giving form to feelings. *Proceedings of the American Dance Therapy Association 38th Annual Conference.* Columbia, Maryland: American Dance Therapy Association.

Kleinman, S. (February, 1994). Submission for the Record, Statement of The American Dance Therapy Association to the Sub-committee on Ways and Means, House of Representatives Hearing on The Congressional Budget Office's Analysis of the President's Health Care Reform Proposal, Volume X11, President's Health Care Reform Proposals: Impact on Providers and Consumers, Part 3 of 3 (pp. 70–74). Serial 103–91, US Government Printing Office, Washington, 1994.

National Eating Disorders Association (2008). Research Committee. Retrieved on July 10, 2008 from.http://www.nationaleatingdisorders.org/research-efforts/research-committee.php.

Pallaro, P. (2007). Somatic countertransference: The therapist in relationship. *Authentic Movement: Moving the body, moving the self, being moved* (pp. 176–193). London: Jessica Kingsley.

Ressler, A. (2000). A body to die for: Rethinking weight, wellness and body image. *The Official Publication of the International Spa Industry.* (p. 35). September–October. Lexington, KY.

Ressler, A., & Kleinman, S. (2006). Reframing body image identity in the treatment of eating disorders. *The Renfrew Center Foundation Healing Through Relationship Series: Contributions to Eating Disorder Theory and Treatment Volume 1: Fostering Body-Mind Integration*. Philadelphia, PA.

Satir, V. (1987). The therapist story. In M. Baldwin & V. Satir (Eds.), *The use of self in therapy*. (p.23). New York: The Haworth Press.

Schwimmer, C. (2003). Psychoeducation and skills development. *The Renfrew Center Working Papers*, Volume 1, Summer. (p. 7). Philadelphia, PA.

Siegel, D. J. (1999). *The developing mind* (p. 290). New York: The Guilford Press.

Stark, A., & Lohn, A. (1993). The use of verbalization in dance/movement therapy. In *Foundations of dance/movement therapy: The life and work of Marian Chace,* edited by S. Sandel, S. Chaiklin, and A. Lohn. Columbia, MD. The Marian Chace Memorial Fund of the American Dance Therapy Association. p.130–131.

Sullivan, P. (1995). *American Journal of Psychiatry*, 152 (7), 1073–1074. Retrieved on June 2, 2008 from http//www.nationaleatingdisorders.org/p.asp?WebPage_ID=286&Profile_ID=41138.

제8장

가족 무용/동작치료 : 체계모델

Dianne Dulicai

도입

이 장은 가족을 대상으로 하는 무용/동작치료의 활용 및 개입을 뒷받침하는 이론적 토대에 대해 설명한다. 또한 역사적 발전 과정에 대한 통합적 견해를 제시하게 되는데, 여기에는 가족치료 이론, 무용/동작치료(DMT) 이론, 동작관찰 및 발달 움직임의 측면이 포함된다. 아울러 가족 무용/동작치료의 실제적인 활용성, 비언어적 동작 평가의 임상적 의미, 언어와 비언어적인 의사소통의 흐름 사이를 쉽게 오갈 수 있는 기술에 대해서도 설명한다. 다양한 치료 세팅과 대상을 토대로 이 이론을 가장 잘 드러내는 세션 사례와 이 모델을 검증하는 연구 프로젝트 사례를 인용했다.

체계로서의 가족

미국무용치료협회는 무용/동작치료를 '움직임을 심리치료적으로 활용해 개인을 정서적, 사회적, 인지적, 신체적으로 통합하는 과정'이라고 정의한다. 통합은 결론적인 요소이자 내가 보기에는 치료의 가장 핵심적인 특성이라 할 수 있는 요소이며 무용/동작치료의 초석을 이룬다. 어떤 사람의 전체를 통합하기 위해서는 그 사람을 이 세계를 구성하는 한 국가라는 틀 안에서, 또한 공동체 속에 포함되어 있는 가족 체계의 구성원으로서 바라볼 필요가 있다. 단독으로 하는 개별 세션이라 할지라도, 통합이 잘 이루어지기 위해서는 치료사가 환자를 가족과 문화라는 맥락에서 고려해야 한다.

가족들은 대개 치료사에게 직접 찾아오거나 의뢰되는데, 이때 대부분 자신들이 겪는 어려움이 무엇인지에 대해 나름의 견해를 갖고 있으며, 또한 가족 구성원 중 누구에게 문제가 있는지 자각하고 있다. 처음 한두 번의 치료 세션은 양쪽 부모의 핵가족을 비롯해 직계가족들을 충분히 알아보는 데 활용하라. 예를 들어 어떤 가족은 두 자녀 중 나이가 많은 쪽과는 달리 동생이 언제나 병약하고 불안해하는 것이 문제라고 말할지도 모른다. 가족치료사는 그 아이를 '지정 내담자'라는 용어로 부를 것이다. 그렇지만 만약 다른 요인을 고려해본다면 상황은 달라진다. 그 아이는 보건의료자원이 거의 없는 매우 가난한 나라에서 환경오염이 심한 산업지역 근처에 살면서 유전성 천식에 걸렸을 수도 있다.

이런 상황에 대한 평가와 이를 통해 도출된 치료 계획은 보건시설이 있으면서 공해가 덜한 지역에 사는 가족에 대한 치료 계획과는 매우 상이할 것이다. 질병을 대하는 그 가족의 스트레스는 다른 상황에 처한 가족과 다르며, 자원을 활용할 수 있는 능력 또한 서로 다를 것이다. 성숙하고 안정적인 부모들은 상대적으로 스트레스를 덜 받으며, 가족 내의 질병에 대처하는 능력 또한 더 뛰어나기 때문에 결과적으로 가족 내의 갈등이 덜할 것이다. 때로 사람들은 가족 체계에 극심한 긴장을 야기하는 요인들로 인해 압도당하기도 한다. 누가 찾아오든 우리는 적절한 치료 목표를 개발하기 위해 생활의 여러 측면을 거시적·미시적 맥락에서 고려해야 한다. 각 가족 구성원이 자신이 직면한 문제를 어떻게 설명하는지 고려해보라. 어떤 문화에서는 질병을 나약함의 신호로 보기도 한다. 이들은 불안이 문제라기보다 전조증상이라는 것을 이해하지 못할 수도 있다. 총체적인 평가는 당신에게 찾아오는 가족들을 도와줄 가능성을 높여줄 것이다.

전문적으로 경력을 쌓아나가기 시작한 초기에 나는 개인을 별개의 존재로 놓고 치료한다는 생각을 접었다. 아직 초보 치료사로서 첫 무용/동작치료 일을 하는 동안 나는 상당히 새로운 분야였던 가족치료훈련에 참가했다. 이 훈련에서는 환자뿐만 아니라 그 환자가 속한 가족 체계를 분석해야 했다. 연구임상 개발 책임자였던 앨버트 셰플런(Albert Scheflen, 1972)은 이전에 레이 버드휘스텔(Ray Birdwhistell)과의 공동작업을 통해 가족들을 인터뷰하는 동안 고려해야 할 동작습관지수들을 정의하는 논문을 출간했다(Birdwhistell, 1963). 셰플런, 버드휘스텔, 빌스와 퍼버(Scheflen, Birdwhistell, Beels and Ferber, 1969)에 대해 충분히 고찰해보는 것은 이 장의 범위를 넘어서는 일이지만, 앞으로 몇 장에 걸쳐 이 작업에 중요한 이론적인 구성요소들을 요약해서 설명하겠다.

훈련받는 다른 동료들을 지켜보는 동안, 나는 상호작용 중에 나타나는 움직임 특징들에 주목하기 시작했고, 수많은 참가자의 패턴을 관찰하는 눈을 키우도록 훈련을 받았다. 가족들을 관찰하는 기술은 한 사람만 관찰하면 되는 동작관찰수업에서 배운 것과는 사뭇 달랐다. 나중에서야 나는 케스텐버그(Kestenberg)의 모자 상호작용을 공부할 기회를 가졌다(Kestenberg, 1975).

셰플런과 버드휘스텔은 의사소통의 비언어적 단위란 '가족 안에서 언어적인 상호작용을 확장하고 통제하는 근감각적 요소'라 정의했다. 언어적 요소와 더불어, 다른 구성원을 향한 몸짓이나 자세 전환 같은 동작을 동시에 관찰하는 것은 언어적 요소 하나만 관찰하는 것보다 훨씬 많은 정보를 제공한다. 동작습관의 패턴은 입으로 한 말을 주목하거나 무시하는 데 도움을 준다. 비언어적 표현 패턴을 검토해보면 특징적인 가족 간 의사소통 교환규칙을 알 수 있다. 나의 경험상, 동작 특성에 대한 라반분석(Laban analysis) 요소들은 가족의 의사소통에서도 중요하다는 사실을 알 수 있었다.* 나는 이런 이상적인 환경에서 가설을 실험해볼 수 있다는 사실에 매우 흥분되었다. 예를 들어 어린 아들의 어깨에 손을 얹으려고 엄마가 테이블 건너로 손을 뻗을 때 그녀는 아들의 어깨를 섬세하게 어루만지거나 아니면 강하게 누를 수도 있다. 각각의 동작은 매우 다른 정보를 전달한다. 셰플런은 무엇이 행해졌는지에 주목할 것이다(아이를 향한 몸짓, 예 : M-g > c). 근감각적 동작이 라반의 에포트(effort) 요소와 결합하면 좀 더 미묘한 차이의 의미를 평가하고 분석할 수 있다(M-g > c 가볍게 또는 강하게). 여기서부터 '가족 체계의 비언어적 평가'(Dulicai, 1977)가 시작되었다. 나는 그다음 10년 동안 가족들을 계속해서 관찰했다.

---

* 라반의 동작 관찰 및 분석체계에 관한 정보는 제12장을 참조하라.

주요 관찰기술

초기 저술들에서 슈마이스(Schmais)는 무용/동작치료(DMT)의 토대가 되는 중요한 가설을 진술했다(Schmais, 1974).

> (1) 동작은 인격을 반영한다. (2) 동작을 통해 형성된 치료사와 환자 간 관계는 행동적인 변화를 지원하고 가능하게 한다. 그리고 (3) 동작 수준에서 생기는 유의미한 변화는 전체적인 기능에 영향을 줄 수 있다. (p. 10)

이 가설은 상호적인 동작행위 속에 서로의 관계가 그대로 드러나는 가족 체계 내 동작행위에도 똑같이 적용된다. 가족 무용/동작치료사는 바로 그 가족 체계 안에 들어가 치료적인 개입을 한다. 그 가족 체계가 서로를 다루는 방식에 변화가 생겨나면, 동작의 상호작용이 변하고 행동의 외적 표현이 변화한다. 필요한 관찰기술을 기르기 위해, 동시에 몇 명의 사람을 관찰하는 것으로 시작한다. 예를 들어 두 사람의 대화를 관찰하는데, 첫 번째 사람이 한 동작을 몇 초 동안 하면 두 번째 사람이 대답하는 것을 관찰하는식이다. 일반적인 상호작용이 반드시 자극/반응의 형식을 따르지는 않지만, 이것이 보다 복잡한 관찰을 할 수 있도록 훈련을 해나가는 최선의 방법이다. 관찰자는 떨어진 위치에서 이 상호작용을 관찰하는 것이 좋다. 이 관계적인 춤을 안무가의 눈으로 바라보아야 하기 때문이다. 관찰자는 어떤 일이 일어났는지(근감각적 움직임)를 기록함과 동시에 어떻게 일어났는지(에포트 요소)를 함께 기록한다. 나는 종종 근감각적인 움직임만으로 연습을 시작하다가 좀 더 연습을 하면서 에포트 요소를 더하곤 한다. 더 흥미 있는 독자는 광범위한 동작 상호작용의 특징에 관한 셰플런(Scheflen, 1972)의 글이나 1974년 연구에 포함된 둘리카이(Dulicai)의 분석(Dulicai, 1977)을 참조하기 바란다.

데이터 차트는 아마 아래와 비슷한 형식으로 기술될 것이다.

> 착석한 1번이 오른쪽으로 천천히 가볍게 몸을 기울이다가 약간 뒤로 물러나서 엄청난 노력을 들여 힘겹게 오른쪽 팔을 옆으로 뻗는다. 상체는 여전히 뒤로 물러나 있는 상태에서 다시 가운데로 팔을 가져온다.

> 착석한 2번은 약간 왼쪽으로 기울여 다리를 꼰 자세에서 반응한다. 재빨리 가운데로 몸을 움직이고 1번의 느리고 가벼운 동작에 맞춰 힘 있는 동작으로 오른쪽 팔 아랫부

분으로 작은 원을 그리는 몸짓을 한다.

물론 비디오테이프 없이 관찰하는 동안 적어야 할 내용이 너무 많다. 아래 기록된 것은 데이터 차트를 본 것이다. 속기로 설명된 아래 내용의 원서가 나에게는 상당히 도움이 되었다. 또한 치료사는 연습을 통해 이러한 속기를 실시간으로 할 수 있을 것이다 (Dulicai, 1977). 라반식 표기법(Laban notation)이 낯선 독자들을 위해 나는 상징보다는 질적인 서술을 위한 단어들을 사용했다. T는 치료사를 가리킨다.

> 비언어적 채널 : 사람 #1 - 착석 M > r(오른쪽으로 움직임), PB < T(치료사로부터 멀어지는 자세/몸짓). 느리고/가벼운 몸짓을 표현하는 라반 기호 사용 — 몸통을 잡고 뒤로 물러남.
> 언어적 채널 : 그녀가 떠났을 때 나는 그녀가 다시 돌아오지 않을 것임을 알았습니다.
> 비언어적 채널 : 사람 #2(치료사) T - P < #1, (치료사가 환자로부터 멀어지는 동작). x-lower(몸통 아랫부분에 X자로 손을 교차해서 감싸 안는다), 강하고 빠른 동작을 표현하는 라반 기호 사용, acc #1G(치료사가 #1의 몸짓을 수용한다).
> 언어적 채널 : 긴장된 순간이 지난 후에 방을 떠나는 것은 당신에게 어떤 의미인가요?

이 사례에서 말은 비디오로 녹화되었고 동작은 움직임의 질로 묘사되고 있다. 여기에서 사용한 에포트 언어는 마리온 노스(Marion North, 1972)가 한 이전의 연구들에서 사용된 용어로 구성되어 있다. 사람 #1(환자)이 충분한 시간을 두고 가벼운 몸짓으로 중심으로부터 멀어지는 자세와 몸짓을 한 것을 볼 수 있다. 그러는 내내 뒤로 물러선 자세를 사용했다. 언어적인 채널은 약혼자가 심한 말을 한 후에 방을 나가버렸을 때임을 알려준다. 치료사는 환자가 말을 끝내기 전에 환자의 자세에 맞추고 몸짓의 특성을 따라 했다. 셰플런은 이것을 '유사구애행동(quasi-courting behavior)'이라고 칭했다. 치료사는 언어적인 구성요소에 도전하면서 환자의 몸짓을 받아들인다. 즉 제휴의 동작을 취한다(Scheflen, 1965). 비록 이런 기술은 동료들끼리의 간단한 움직임 역할극을 통해 연습할 수 있지만, 이 사례를 위해서는 비디오에 나타난 작은 동작 구(phrase) 하나를 활용했다. 만약 언어가 방해가 된다면 대화가 들리는 사정거리 밖으로 벗어나 본다. 이 시점부터 연습이 필요하고 단계적으로 관찰 시간을 늘려야 한다.

TV 인터뷰는 연습에 꽤 유용하지만 처음 시작할 때는 소리를 끄고 하는 편이 좋다.

위의 사례에서 동작의 관찰, 동작에 덧붙여 대화 부분에 대한 관찰, 최종적으로 관찰에 대한 해석을 해보았다. 몇 장이나 되는 자료를 수집하고, 분석하고, 연구 지식을 바탕으로 이해해야 하는 한 시간의 치료 세션에 비해, 이것은 불과 몇 초 동안의 사례에 불과하다. 이 기술을 습득하기 위해서는 상당한 경험이 필요하지만 가족에게 적절한 개입 방법을 결정함에 있어 매우 중요하다. 다시 한 번 말하지만 신중해야 한다는 것을 늘 기억하라. 특정 관계, 특정 상황, 특정 순간에 그 짧은 일련의 행동이 일어난 것이다. 동작 프로파일을 동일 인물의 상호 교류능력과 비교해보기 위해서는 다양한 상황에서의 보다 많은 정보가 필요하다. 어떻든 이런 종류의 작업에는 꼭 필요한 기술이다. 가족을 대상으로 작업한다는 것은 당신만 모르는 규칙을 알고 있는 한 무리의 사람들과 함께 카드 게임을 하는 것과 마찬가지다. 가장 먼저 그 가족이 언어로는 말할 수 없거나 말해주지 않을 가족 체계의 규칙을 알아내야 한다.

데이터는 사용하는 이가 어떻게 활용하기를 원하느냐에 따라 몇 가지 방법으로 정렬하고 분석할 수 있다. 그중 한 가지는 각 가족 구성원별로 근감각적인 행동의 횟수를 알아보는 것으로, 종종 연구에 가장 도움이 되는 방법이다. 이것은 특정 대상이나 그룹의 표준을 구축하는 데도 똑같이 유용하다. 예를 들면 문제 가정과 정상 가정을 비교하거나, 시간차에 따른 가족 내 변화를 비교하는 데 활용할 수 있다. 데이터의 임상적인 활용을 위해서는 수직적 형태로 치료 세션 중 반복되는 연속성과 패턴, 이에 수반되는 언어적인 내용을 파악하는 것부터 시작하는 것이 훨씬 더 효과적이다. 예를 들어 긴 데이터 배열 중에서 동작의 연속성을 볼 수 있을 것이다. 이때 만약 그 패턴이 나타날 때마다 이야기하고 있던 주제가 무엇인지 조사해본다면, 특징적인 가족대처양식을 알 수 있다. 어떤 사례에서는 친밀감이 주제로 나올 때마다 매번 어떤 특징적인 동작 패턴이 수반되었는데, 이는 가족의 친밀감 대처 방식을 나타내는 것이었다.

데이터 차트는 수직적이다. 이 사례에서 볼 수 있는 것처럼 한 가지 사건이 다른 한 가지 사건에 뒤이어 발생한다.

M-P/G > F(엄마, 아빠 쪽으로 자세/몸짓)
F-acc M(아빠가 엄마의 행동을 수용)
PP-dis.r ft(치료 대상인 내담자가 오른발을 뻗는다) 힘 있고 빠르게
M-P/G < F(엄마, 아빠로부터 떨어지는 자세/몸짓) (Dulicai, 1977)

유용한 무용/동작치료 기술

가족 관찰에 능숙해짐에 따라 이제 무용/동작치료 훈련에서 배운 기술 — 동작에서 말로 또 그 반대로 전환할 수 있는 능력 — 을 복습해보자. 첫 번째로 그리고 가장 중요한 것은 동작을 신뢰하라는 것이다. 움직임에는 의미가 있으며, 의미를 발견하는 것은 당신의 몫이다.

바르테니에프는 라반이 적은 이 글을 인용했다 — "어디로부터 동작의 완성과 최종적 완벽성이 나오는지가 곧 그 동작과 행동의 기원이 되는 인간의 내적 삶에 대한 이해다."(Bartenieff & Lewis, 1980) 무용/동작치료 세션에서 워밍업을 마친 후에 단순한 동작, 예를 들어 한쪽 발에서 다른 쪽 발로 체중을 이동하라는 움직임을 시작하면 곧 그룹 구성원 중 하나가 그 동작을 변형할 것이다. 이런 작은 변화를 따라다 보면 동작에 인격이 드러나는 것을 알 수 있는데, 이는 마치 대화에서 한 사람이 주제를 가져다가 특정한 관점으로 개인화하는 것과 같다. 이것은 얄롬(Yalom, 1985)이 묘사한 바와 같이, 당신이 만약 언어적 치료사라면 초기 개방을 경청하듯 그룹 과정을 관찰하는 것이다. 하지만 그렇게 지켜보는 동안 또한 당신은 자문해본다. 저 사람은 왜 양옆으로 흔들거리는 동작을 힘차게 그룹의 앞쪽으로 또는 아주 힘겹게 뒤로 움직이는 동작으로 변형한 걸까? 자기 자신에 대해서 말하고 있는 걸까 아니면 그룹 과정에 대해서 말하고 있는 걸까? 그룹이 시작 움직임을 어떻게 받아들이는지 지켜보다가, 그들이 보다 강하고 여러 방향으로 이루어진 동작을 받아들였다는 것을 발견한다. 표현 동작이 언어적 표현으로 전환되기를 바라면서 이 새로운 행동에 대해 몇 가지 질문을 해볼 수도 있을 것이다. 또는 동작을 방해하기 위한 방어기제로 언제나 말을 하고 싶어 하는 사람이 있다면, 반대의 경우가 될 수도 있다. 나는 종종 이런 종류의 사람에게 말하는 대신 '움직여보라'고 한다. 임상적인 판단이 이끄는 대로, 느낌에서 생각으로 전환하거나 또는 생각에서 느낌으로 전환하는 것은 중요한 기술이다. 무용/동작치료는 전체 세션 동안 아름답게 움직임을 계속하는 것이라고 배웠겠지만, 종종 개인과 마찬가지로 가족도 순간을 움직임으로 구체화해서 말을 해야 한다. 이 방식은 내담자에게 동작행위를 치료 도구로 인식하도록 가르치며, 그것을 받아들여 활용할 수 있게 한다.

그룹동작 세션의 간단한 사례가 이 모두를 잘 보여준다. 장기 입원 환자들을 위한 치료 세션을 진행하는 동안 늘 고개를 숙이고 서성거리며 치료실 안으로 들어오고, 직접

호명해서 말을 걸지 않으면 결코 상호작용을 하지 않는 한 신사가 있었다. 이 신사는 삽을 들고 구덩이를 파는 것과 비슷한 그룹 행위에 참여하고 있었다. 이 주제를 계속 진행하면서 나의 관심은 이 과정이 무덤 파는 것으로 이어지지 않을까 하는 것이었다.

이 경우, 나는 해당 그룹이 이 주제를 탐색할 준비가 충분히 되어 있지 않다고 판단해서 아래를 향해 삽질하는 동작을 허리 정도의 높이에서 천천히 앞쪽으로 움직이는 자세로 변형하도록 유도했다. 그러면서 어떤 도구가 이런 방식으로 사용되는지 물었다 (2차 과정). 이리저리 서성이는 그 환자는 자세를 바꾸어 몸을 똑바로 세우더니 그룹의 다른 환자들을 똑바로 바라보며 이렇게 말했다. "나는 한때 제빵사였어." 그는 한때 자신이 정말 즐겼던 직업에 대해 말했다. 그리고 이것이 동료들과 상호작용을 시작할 수 있도록 해주었다. 때로 치료 그룹에게 이 동작이 어떻게 느껴지는지 물어보면 당신은 1차 과정 수준의 대답을 예상했는데 2차 과정 수준의 답이 돌아올 때도 있고 그 반대의 경우도 있다. 하지만 일반적으로 자신을 잘 방어하고 통찰력 있는 환자가 계속해서 설명을 하거나, 의도적으로 애매하게 만들거나, 동작에 대한 의미를 부정하고 싶어 한다면, 세션을 느낌 수준으로 전환하는 기술이 필요하다. 가족치료에서는 전진하거나 후퇴하는 것이 필요하므로 전후로 편안하게 전환하는 것이 필수적이다.

사례연구

가족세션 하나를 사례로 들 텐데, 여기서 나는 무의식적인 내용과 특수한 역동을 드러나게 해줄 명백한 단서를 놓쳤었다. 이 가족은 다섯 자녀 중 환자로 지목된(presenting patient) 막내아이와 함께 왔다. 부모는 이 다섯 살 소년이 야뇨증, 손가락 빨기, 스트레스 상황에서 울화 터뜨리기, 애완동물 괴롭히기 등 여러 가지 문제가 있다고 설명했다. 첫 10~15분 동안은 부모와 세션이 진행되었고, 부모의 원 가족을 포함해 가족 구조에 대한 정보를 수집했다. 그 부부는 여러 번 별거를 했는데 매번 엄마가 집을 나갔다. 부모가 간단하게 설명을 하고 있는 동안, 환자로 지목된 소년은 의자의 가로대를 발로 쿵쿵 차면서 형을 찌르기 시작했다. 나는 아이가 지루해하기 시작했다고 잘못 판단해서 모두가 참가할 수 있는 가족 가계도 그리기를 시작했다.

가족이 3대에 걸친 가계도를 그리고 서로가 어떤 관계를 맺고 있는지를 이야기하는 동안, 다시 '떠나는' 것에 대한 주제가 나왔다. 이번에는 할머니의 죽음에 관한 것이었다. 갑자기 방이 깜깜해지고 몇몇 아이들의 떠들썩한 웃음소리로 혼란스러워졌다. 환자로 지목된 아이가 창이 없는 원웨이 스크린(one-way screened) 방의 조명 스위치를 발견했던 것이다. 다행히 나의 학습을 위해 동료 한 사람이 이 치료 세션을 기록하고 있었고 나는 그 기록을 검토하면서 내가 어떻게 첫 번째 단서를 놓쳤는지 발견할 수 있었다. 이 가족은 막내가 방해를 하는 동안에는 자신들의 갈등에 대해서 이야기를 하지 않고 있었다. 비록 무의식적이라 해도, 그 아이가 자신을 망가뜨리는 행동을 취하는 것으로 어려운 문제를 비껴갈 수 있다는 암묵적인 합의가 있었다. 나중에 나는 상실 또는 유기에 관한 문제들이 부모 자신들도 해결하지 못하고 있던 문제였으며 그것이 가족 내에서 부정적인 상호작용을 일으키고 있다는 것을 이해할 수 있었다. 부모 중 누구도 이 문제가 아들에게 충격을 주었으며 행동에 영향을 주고 있다는 것을 보지 못했다. 모순되게도, 부모는 아들을 깊이 사랑하면서도 그 아이의 '문제'가 아이만의 것이라고 생각했던 것이다.

동료가 기록한 내용을 확인한 후 우리는 치료 초기부터 나타난 패턴을 발견했다. 엄마나 아빠가 서로 의견이 일치하지 않는 어떤 문제에 대해서 이야기할 때, 엄마는 다리를 꼬아 아빠로부터 멀리 차단하고 몸을 가로막으며 상체를 뒤로 젖혔다. 그리고 불안하게 발을 떨었다. 아이는 그 발을 떠는 리듬을 따라서 자기도 발을 떨거나 때로는 의자 위에 놓인 손가락으로 리듬을 따라했다. 그 소년은 부모의 불안감, 특히 엄마의 불안감을 알아차리고 그들을 위해 '행동화(acting out)'했던 것이다. 그러면 부모 중 하나 또는 둘 다 대화를 멈추고 아이의 '나쁜' 행동을 지적한다. 그리고 다시 치료가 시작된다. 실제로 불이 꺼지기 전에 세 번이나 이런 일이 있었다.

이런 패턴을 확인했다면 치료사는 이것이 가족항상성(家族恒常性)에 어떤 기능을 하고 있는지 고려해보아야 한다. 이 연속적인 사건을 통해 우리가 무엇을 알 수 있는지 고려해보라. 이 시점에서 갈등의 원인이 무엇인지는 치료사가 알 수 없지만, 부모 사이에 해결되지 않은 갈등이 존재한다.

또한 막내아이가 엄마의 비언어적 행동에 채널을 맞추고 있으며, 때로 이것이 나쁜 행동으로 발전한다는 것을 볼 수 있다. 나이가 다섯 살이면, 아이는 유치원에 입학하고 독립성을 키우는 중요한 일을 시작한다. 가족 내에 별거의 문제가 있고 그 문제가 모든 가족 구성원에게 영향을 끼치고 있다. 그런데 왜 하필 막내가 유독 엄마의 불안감에 반응하는 걸까?

보스조르메니-나지와 스파크(Boszormenyi-Nagy & Spark, 1973), 보웬(Bowen, 1976)뿐만 아니라 일찌감치 언급했던 빌즈와 퍼버(1973) 같은 체계 순수주의자(system purist)들은 가족 내의 현재 상호작용 패턴과 과거의 대인관계 패턴 사이의 관련성에 흥미를 가졌다. 이 특정 가족 내 상호작용 스타일을 알게 됨으로써 막내아이가 이런 종류의 책임에서 벗어날 수 있는 기회가 생겼고 부모는 자신들의 갈등에 대해 이야기하기 시작했다. 그들의 가족 가계도를 살펴보니 또 다른 단서가 드러났다. 치료사는 가족 구성원에게 자신에게 가장 가까운 가족은 빨간색 선으로, 사이가 안 좋거나 어려운 관계는 초록색 선으로 연결해보게 했다. 환자로 지목된 아이는 두 부모 사이를 아주 또렷한 빨간색 선으로 연결했다. 또다시 선을 그려가자 형제들을 제외하고 두 부모와 아이의 관계가 빨간 삼각형을 이루었다.

가계도에 대해서 더 이야기를 나누면서 이 가족이 다문화적인 배경의 대도시 중산층 동네에서 살고 있다는 것이 드러났다. 두 부모 모두 고등학교 이상의 교육을 받았고 양쪽 모두 좋은 보수를 받는 유망한 직업에 종사하고 있었다. 아이들이 다니는 공립학교는 평판이 좋았고 더 큰 자녀들은 성적이 좋았다. 막내아이의 선생님은 아이의 행실에 문제만 없다면 학습적인 면에서는 우수할 거라고 말했다. 엄마의 아버지가 군인이었으며 어린 시절 수없이 이사를 했고 결국 그녀가 사춘기 때 가족을 버리고 떠났다는 것을 알게 되었다. 할머니는 특히 막내아이와 가까웠다. 아빠 쪽은 양 조부모가 나라 반대쪽에 살고 있으며 자주 방문하지 않지만 외동아들인 아빠는 부모와의 사이가 좋다고 말했다. 만약 이 가계도 활동을 녹화한 비디오테이프를 본다면, 비교적 좁은 공간임에도 불구하고 모든 가족 구성원 사이의 거리가 떨어져 있고 동작이나 자세의 수용이 거의 일어나지 않으며 접촉이 극히 드물다는 것을 볼 수 있을 것이다.

활기차고 매력적인 우리의 내담자는 자기 나이에 적합한 동작 레퍼토리를 갖고 있었다. 독자들은 피바디 운동발달척도(Peabody Developmental Motor Scale, Folio & Fewell, 1983) 같은 아동 평가도구를 사용할 수 있도록 훈련함과 동시에 케스텐버그(Amighi et al., 1999) 및 노스(North, 1972)의 연구도 익혀두기 바란다. 이것은 개인통합(Rosen, 1977)의 한 부분으로서 인지적인 발달을 조사하는 것만큼 중요하다. 이자드(Izard)의 연구에 의하면 운동적, 신경학적, 정서적, 인식적, 인지적 체계들은 서로 밀접하게 연관되어 있으며, 이를 통해 인간은 자율적인 사람임을 입증하는 조직화된 전체 집합체로서 발달하게 된다(Izard et al., 1984).

이 가족의 경우, 신경학적인 문제임을 나타내는 인지적인 장애나 동작 특성의 증거를 찾을 수 없었기에 보다 복잡한 동작 패턴을 생각해볼 필요가 있다.

라반이 에포트라고 언급한 요소들이 모두 존재한다. 그러므로 보이는 조합을 살펴보고 그런 조합이 단락들 속에서 어떻게 활용되었는지 살펴보자. 소년은 인터뷰하는 동안 세 가지 조합보다는 두 가지 요소를 더 자주 사용했다. 이것은 예상했던 바이다. 하지만 부모가 갈등주제에 다가갈 때 그리고 치료 활동을 하는 동안 행동으로 옮겨갔다. 가장 흔하게는 힘과 돌발성이라는 두 가지 요소를 사용했는데, 이것은 아이가 힘이 차고 넘치며 활기 있음을 나타낸다. 그리고 또한 뛰어오르는 갑작스러운 동작은 불안하면서도 억제되어 있는 경향을 보여준다. 엄마의 감정적인 동요를 감지하면, 아이는 평소의 활기찬 움직임 단계에서 강렬한 움직임 단계로 가속화되면서 강하고(strong), 직접적이며(direct)이며, 빠른(quick) 세 가지 요소로 옮겨갔다. 가끔 또 다른 세 가지 요소로 구성된 패턴이 등장하기도 했다. 특히 아빠가 엄마로부터 멀리 떨어지는 자세를 취할 때였다. 이 경우에는 비트는 동작이 나타났는데, 대개 작은 대상을 비틀고 쥐어짜는 것으로 시작해서 더 크고 더 많이 방해가 되는 대상들로 옮겨갔다.

모든 정보와 언어적 인터뷰, 가계도, 동작정보를 지도교수와 검토한 후 우리는 아래와 같은 목적과 목표를 세우고 다음 치료 시간을 계획했다.

1. 세대 간의 경계를 강화한다.
2. 부모로부터 독립된 형제관계를 증진한다.
3. 지정 내담자가 과장이나 가속화 없이 상위행동으로 이동할 수 있는 능력을 확장한다.

보스조르메니-나지와 스파크(1973)는 부모와 자녀 세대 간 경계를 확고하게 지켜야 하는 것과 이런 경계가 분명하지 않을 때 일어날 수 있는 행동화의 형태들이 중요하다는 것을 강조한다. 부모 사이의 해결되지 않은 갈등을 볼 때 막내아이가 '행동화'하는 이 사례에서 우리는 이 사실을 볼 수 있다. 아이의 역할은 치료 세션에서 부모의 관계에 대한 주제가 나올 때마다 방해를 하는 것이었다. 부모 또한 아이의 활동과 관련되어 있었다. 즉 아이의 행동이 갈등의 해결을 막는 기능을 해주어서 결과적으로 항상성(恒常性)을 지속시켜주었던 것이다.

루이스(Lewis)와 그의 동료들은 기능적인 가족과 비기능적인 가족연구 프로젝트를 토대로 가족 기능성 평가도구를 개발했다. 평가항목 목록 중 첫 번째는 공공연한 권력부터 평등까지 가족 간 힘의 사용 구조이다. 그다음으로 중요한 것은 부모 간 동맹인데, 부모 자식 간 동맹에서부터 부모 간 약한 동맹, 부모 간 강력한 동맹에 이르기까지를 망라한다(Lewis et al., 1976).

무용/동작치료 세션이 어떠해야 할지에 대한 가능성을 생각해볼 때, 이런 목표에 접근할 수 있는 다양한 방법이 있다는 것을 염두에 두어야 한다. 또 한 가지 고려해야 할 점은—보조치료사—다른 무용/동작치료사 또는 동작과 비슷한 다른 종류의 정신건강 치료사와 함께, 만약 가능하다면 여성/남성의 조합으로 가족치료를 하는 것이다. 다행스럽게도 나는 그렇게 할 수 있었다. 이 경우 훈련 기간 중 무용/동작치료를 많이 접해본 사회복지사 동료 중 한 사람에게 도움을 요청했다. 그러나 종종 이런 이상적인 상황은 반복되지 않아서 훨씬 더 힘들긴 하지만 많은 경우 혼자 작업을 했다.

우리는 이 가족이 어떻게 작용하는지 이해하기 위해 언어적인 표현만큼 비언어적인 표현을 많이 사용한다는 설명과 함께 다음 세션을 시작했다. 그리고 온 가족과 함께 워밍업으로 피하기 게임(Avoidance game)을 했다. 워밍업 중에 엄마는 지정 내담자 곁에 자리했고 아빠는 엄마의 정반대편에서 장녀 옆에 자리를 잡았다. 몇 분 후에 우리는 아이들과 부모가 각각 2개의 원으로 나눌 것을 제안했다. 보조치료사는 아이들을 더 넓은 공간으로 데려갔고 나는 어른들과 남았다. 그는 게임을 계속했지만 원 중앙에 있는 사람이 바뀜에 따라 원 주위에 있는 사람들의 위치를 바꿔보는 작업을 했고, 각자의 자리에서 게임을 할 때 어땠는지 이야기해보는 것으로 마무리했다. 부모들과 함께 작업하는 동안 신축성 있는 천을 활용해서 3명이 삼각형을 만들어보고 가장 먼 위치를 여러 가지로 잡아보는 놀이를 하였는데, 내가 가장 빈번하게 가장 먼 위치에 자리를 잡았다. 이론상 이것은 게임을 통해 삼각 구도에 대한 자각을 구체적으로 불러일으킬 것이다. 나중에 이 가족 체계에서 가족 구성원이 삼각 구도를 그리고 있음을 대화 수준에서 적용하도록 일깨울 수 있었다. 우리는 가계도를 검토하며 그 속의 삼각 구도에 대해서 이야기를 나누었다.

다음 세션은 이전 치료 세션과 지난 일주일간을 되돌아보는 것으로 시작했다. 내 보조치료사와 나는 부모를 마주 보고 함께 앉았고 아이들은 그 오른쪽과 왼쪽으로 나란히 앉았다. 지정 내담자는 보조치료사와 가장 가까운 위치에 앉아 있었다. 워밍업 도

중, 가족들에게 시간(time)으로 끝나는 다양한 에포트 변화 범위를 실행했다. 장녀에게 게임의 속도가 위험할 정도로 빨라지면 가장 먼저 '이제 그만'이라고 할 수 있는 심판 역할을 맡겼고, 지정 내담자에게는 게임이 너무 느려지면 '너무 지겨워'라고 말할 수 있는 심판 역할을 주었다. 비록 두 치료사가 계속 게임을 진행시키면서 아이들끼리 게임을 통제할 수 있게 해주었음에도 불구하고, 부모들은 몇 번이나 개입하고 싶어 했다. 우리는 치료사들이 어떻게 치료 계획을 세우는지, 생겨나는 변화에 어떻게 적응해야 하는지를 공개하는 것을 시작으로 누가 누구를 통제하는지, 좋은 리더가 되려면 어떻게 해야 하는지에 대해서 이야기할 수 있었다. 그다음에 이어진 치료 세션들은 단계별로 검토해보지 않고도 우리가 무엇을 하려고 했는지, 그러기 위해 동작과 대화 모두를 어떻게 사용해서 목적과 목표를 달성하려 했는지, 하지만 그럴 때 어떤 방식으로 삶의 변화들을 고려했는지 알 수 있을 것이다. 8개월 후에 우리는 부모들의 역할 수행능력이 증진되었으며, 아이들이 희생양이 되지 않도록 하면서 자신들의 불안과 갈등에 대처하는 새로운 메커니즘을 개발한 것을 목격할 수 있었다. 내담자로 지목되었던 아이는 유치원을 졸업했고, 불안감을 느낄 때 자신의 불안감을 행동화하고 싶은 충동을 점차 억제하며 말로 표현하는 경우가 늘어났다.

요약 및 결론

이런 사례들에 덧붙여, 부부만을 상담하거나 부부 상담과 가족 상담을 혼합한 형태의 작업을 요청받을 수도 있다. 클러프트의 논문(Kluft, 1981)은 부부의 비언어적 행동의 동작 측면에 대한 개괄이었는데 그녀는 이것을 계속해서 무용/동작치료에서의 치료적 개입을 안내하는 지침으로 활용했다. 로먼(Loman, 1998)은 아이들, 부모와 함께하는 발달모델 작업을 제안한다. 미컴스(Meekums, 1991)와 스비글리오(Sbiglio, 1999)는 학대가정의 아동에 대한 연구에 중점을 두고 있다. 이것은 아동폭력에 대해 치료사가 반드시 관련법을 숙지해야 하는 등의 특정한 문제를 제시한다. 이런 종류의 작업은 가능한 매우 엄중한 감독과 협력치료가 필요하다.

1960년대 후반에 연구자들은 의사소통의 비언어적 채널과 가족관계 내에서 이런 비언어적 채널의 중요성에 대해서 연구하기 시작했다. 데이비스(Davis)는 동작의 연속성과 이에 수반되는 언어를 조사해서 말과 에포트 표기법 내 경로를 입증했다(Davis,

1966). 같은 기간 동안 케스텐버그(1965)는 아동과 아동의 가족 관련 동작저술의 긴 역사를 시작하면서 라반의 개념과 이론을 정신분석학적 사고와 통합해나갔다. 10년 후에 나는 이런 선구자들의 영향을 받아 이들의 연구를 바탕으로 '가족 체계의 비언어적 평가'(1977)를 개발했고 그 후에 납에 노출된 아동들의 인지적 손상에 대해 연구했다(1995). 가족 간의 높은 상호작용 수준은 이런 아동의 인지적 기술에 도움이 되는 것으로 나타남에 따라 가족 간의 상호작용이 중개 변수라는 것이 증명되었다. 피터슨(Peterson, 1991)은 가족들의 비언어적 행동의 분포적 특징을 연구하기 위해 평가도구를 사용했다. 구딜(Goodill, 1980)은 정상 가정과 역기능 가정의 동작 특성에 적용하기 위해 주로 경영연구에 사용되었던 행동 프로파일 동작분석(Action Profile Movement Analysis, Ramsden, 1973)을 활용하기로 했다.

이런 일련의 연구는 다양한 환경, 문화, 형태의 가정들을 분석하는 지속적인 연구 중 가장 흥미로운 일부만을 보여주고 있다. 마지막으로 이전 졸업생 케이시 슬레이턴(Casey Slayton)의 논문이 된 가족치료의 임상 팀워크의 훌륭한 사례를 드는 것으로 글을 마치고자 한다. 그녀의 연구는 스트레스 상황하에 있는 전반적 발달장애 아동과 그 부모들을 조사하는 것이었다. 그녀는 대도시 경찰청 안에 속한 협력 프로젝트 내 정신건강센터의 이동팀에 참여하고 있었다. 경찰이 아동이 있는 가정에서 가정폭력이 발생했다는 신고를 받으면 정신건강팀에게 알리고 함께 대응에 나섰다. 즉각적인 대응을 통해 장기적인 정서적 악영향을 줄이고 아동의 외상을 해결할 수 있을 것이라는 이론이었다. 책임자인 버트 루텐버그(Bert Ruttenberg)는 아이들에게 동작개입이 즉각적으로 상처를 완화해주는 치료법으로 사용될 수 있음을 보고 무용/동작치료사가 팀에 배치되어야 한다고 생각했다. 응급실에서의 임상의와 비슷한 이 임무가 바로 슬레이턴의 일이었고 그녀는 이 임무를 잘 수행해냈다. 그녀의 논문은 이 연구에 관심을 가진 독자들에게 매우 중요한 자료가 될 것이다(Slayton, 2000).

참고문헌 이 장에서 논의된 드렉셀대학의 하네만(Hahnemann)의 창조적 예술치료분과에서 나온 논문들은 참고문헌 목록에서 별표로 명기했다. 이 논문들은 드렉셀대학의 ADTR 디렉터, 셰리 구딜(Sherry Goodill) 박사를 통한 도서관 상호대출을 통해 구할 수 있다(sg35@drexel.edu).

Amighi, J. K. L, Loman, S., Lewis, P., & Sossin, K.M. (1999). *The meaning of movement*. London: Brunner-Routledge; Amsterdam: Gordon and Breach.

Bartenieff, I., & Lewis, D. (1980). *Body movement: Coping with the environment.* New York: Gordon and Breach.

Beels, C.C. & Ferber, A. (1969). Family therapy: A view. *Family Process,* 8, 280–318.

Birdwhistell, R. L. (1963). The kinesic level in the investigation of the emotions, in P. H. Knapp (Ed.). *Expressions of the emotions in man,* New York: International Universities Press. p. 396.

Boszormenyi-Nagy, I., & Spark, G. (1973). *Invisible loyalties: Reciprocity in intergenerational family therapy.* Hagerston: Harper & Row.

Bowen, M. (1976). *Theory in the practice of psychotherapy.* New York: Gardner.

Davis, M. (1966). *An effort-shape movement analysis of a family therapy session.* New York: Dance Notation Bureau, 21.

Dulicai, D. (1977). Nonverbal assessment of family systems: A preliminary study. *International Journal of Art Psychotherapy,* 4(2), 55–62.

Dulicai, D. (1995). *Movement indicators of attention and their role as identifiers of lead exposure.* Unpublished research, The Union Institute, Cincinnati.

Folio, M. R., & Fewell, R. R. (1983). *Peabody developmental motor scales and activity cards.* Chicago: Riverside Publishing Co.

*Goodill, S. W. (1980). *A comparison of normal and dysfunctional families using the action profile movement analysis.* Philadelphia: Hahnemann University.

Izard, C. E., Kagan, J., & Zajonc, R. B. (1984). *Emotions, cognition, and behavior.* Cambridge: Cambridge University Press.

Kestenberg, J. (1965). The role of movement patterns in development: *International Psychoanalytic Quarterly,* 34, 1–36.

Kestenberg, J. S. (1975). *Children and parents: Psychoanalytic studies in development.* New York: Aronson.

*Kluft, E. (1981). *Nonverbal communication and marriage: An investigation of the movement aspects of nonverbal communication between marital partners.,* Philadelphia, Hahnemann University.

Lewis, J. M., Beavers, W. R., Gossett, J. T., & Phillips, V. A. (1976). *No single thread: Psychological health in family systems.* New York: Brunner/Mazel.

Loman, S. (1998). Employing a developmental model of movement patterns in dmt with young children and their families. *American Journal of Dance Therapy,* 20(2), 101–114.

Meekums, B. (1991). Dance/movement therapy with mothers and young children at risk of abuse. *The Arts in Psychotherapy Journal,* 18(#1), 223–230.

North, M. (1972). *Personality assessment through movement.* London: Macdonald and Evans.

Peterson, D. (1991). *The kinesics of family systems: Distributional features of nonverbal interaction.* Unpublished research, Minneapolis: Minnesota School of Professional Psychology.

Ramsden, P. (1973). *Top team planning: A study of the power of individual motivation in management.* New York: John Wiley and Sons.

Rosen, H. (1977). *Pathway to Piaget: A guide for clinicians, educators and developmentalists* (1st ed.). Cherry Hill: Postgraduate International, Inc.

*Sbiglio, M. G. (1999). *A pilot comparative study of nonverbal interactions in Puerto Rican families with and without a history of family violence.* Unpublished research, Philadelphia: Hahnemann University.

Scheflen, A. E. (1965). Quasi-courtship behavior in psychotherapy. *Psychiatry,* 28, 245–257.

Scheflen, A. E. (1972). *Body language and social order.* Englewood Cliffs, N.J.:

Prentice Hall.

Schmais, C. (1974). Dance therapy in perspective. In K. Mason (Ed.) *Focus on dance VII*. Reston, VA: American Alliance for Health, Physical Education and Recreation), pp.7–12.

*Slayton, C. (2000). *Mobile family dance/movement therapy for children with pervasive developmental disorder: A multiple case study*. Unpublished case study, Philadelphia: Drexel University.

Yalom, I. D. (1985). *The theory and practice of group psychotherapy* (3rd ed.). New York: Basic Books.

제9장

유아기 치료에서의
무용/동작 심리치료[*]

Suzi Tortora

들어가고 싶어요… 들어가고 싶어, 들어가고 싶어… 들어가고파. 이제 문이 열렸나
요? 이제 문이 열렸나요? 수지는 안에 있나요? 수지는 안에 있나요? 나는 들어가고
싶어요. 들어가고 싶어요. 나는 들어가고 싶어요.

나의 새로운 내담자인 여섯 살 난 티모시는 빠르고 딱딱 끊기는 듯한 노랫가락을 부르
고 있었는데, 나는 그 목소리를 스튜디오형 사무실의 닫힌 문을 통해서 들을 수 있었
다. 티모시는 별도로 명시되지 않은, 전반적 발달장애(PDD.NOS)라는 진단을 받았다.
문을 열자 반짝거리는 파란 눈을 가진 작고 마른 소년이 있었다. 티모시는 잠시 나를
보고는 곧 눈을 돌려 내 뒤 방 안의 실내장식을 둘러보았다. 발걸음은 앞으로 내딛는데
몸은 뒤로 가는 것처럼 보였고 좌우로 고개가 까딱까딱 흔들렸다. 팔짱을 낀 채 팔목
부근에 단단하게 서로 감긴 손을 짧고 빠른 박자로 잡았다 놓았다 하고 있었다. 티모시
는 리드미컬한 동작에 탄력을 받아 거의 위아래로 점프를 할 지경이었다. 이건 환영의

---

* 이 장의 일부 내용은 Tortora(2006)의 허락을 받아 고쳐 썼다. *The dancing dialogue: Using the
  communicative power of movement with young children*(춤으로 하는 대화 : 아동과 함께 움직임의 소통 능
  력을 이용하여). Baltimore, MD: Paul H. Brookes Publ.

춤일까 망설임의 춤일까? 나는 궁금해졌다. 동작을 지켜보고 아이의 행동을 따라해보면 금방 알게 되리라고 스스로를 일깨우듯 중얼거렸다. 아이의 행동 특성과 조율하다 보면 모든 것이 드러날 것이다.

망설이다가 앞으로 움직이고, 멈췄다가 잡은 손을 더 꽉 쥐고 주위를 둘러보며 한두 걸음 깡충거리며 티모시는 혼자 방에 들어왔다. 걸음을 앞으로 내딛고는 곧바로 약간 뒤로 물러선다. "춤출까? 안녕 수지. 춤춘다." 이건 질문일까 서술일까? 궁금하다. 나는 내 몸이 아이의 말이나 행동에 반응할 준비를 하면서 예민하게 날을 세우고 있다는 것을 깨달았다. 무용으로 대화를 시작하면서 이 아이가 나를 어디로 데려갈지는 알 수 없었지만 팔다리에 감각이 깨어나는 것을 느꼈다. 머릿속은 질문으로 가득 찼고, 감정적으로는 약간의 염려와 함께 일종의 흥분을 느꼈다. 매우 흥미로웠지만 조심스럽게 진행해야만 한다는 것을 직감하고 있었다. 나는 이런 반응을 메모해두었다. 아울러 이 순간 티모시가 느끼고 있는 감정과 이런 나의 반응이 어떤 식으로 연관될 수 있을지 궁금해졌다.

이렇게 티모시의 무용/동작치료가 시작되었다. 매주 방문하는 동안, 나는 티모시의 무용/동작치료사로서 내가 관찰한 바와 티모시가 경험하는 감각을 도구로 삼아 티모시가 자기 주위를 둘러싼 환경 속에서 어떻게 자신을 표현하고 경험하는지에 대해 이해할 것이다. 지극히 절충적이지만 구체적인 방법을 통해 나는 티모시의 고유한 언어로 티모시를 알아갈 것이며 티모시가 정서적, 사회적, 의사소통적인 환경 속에서 자신을 극복할 수 있는 능력과 더불어 자기 자신을 표현할 수 있는 안전한 '안아주는 환경(holding environment)'(Winnicott, 1982)을 만들어낼 것이다. 이 방법은 매우 신체 지향적이기 때문에 티모시는 신체적, 인지적 수준에서도 많이 발전할 수 있을 것이다. 이 장에서는 개별치료 세팅 및 병원이나 의료기관에서 적용했던 치료 사례를 활용해 내가 창시한 치료 방법에 대해 개괄적으로 설명할 것이다.

기본 방법

이 프로그램은 비언어적 동작관찰, 무용, 음악, 놀이를 활용해 아동 및 가족에게 평가, 개입, 교육 프로그램을 제공한다. 이것은 라반 동작분석(Laban Movement Analysis, LMA)의 원리, 진정한 움직임 원리, 무용/동작치료, 아동기 발달 연구, 놀이, 창의성,

집중명상, 최면 등에 기초한 다감각적 접근법이다. 사물을 바라보고 분석하고 자신과 타인에 대한 정보를 얻는 수많은 방법이 있다는 점을 강조하기 위해, 바라보는 방식(ways of seeing)이라는 표현을 선택했다. 이 방법을 활용하기 위해서 치료사는 관찰과 환자와의 상호작용을 통해 비언어적이고 다감각적인 경험들이 어떤 식으로 개인의 경험에 영향을 미치는지 깨달아야 한다. 여기서 말하는 개인에는 치료사 자신, 아동 그리고 아동 내담자의 치료나 교육 프로그램에 관련된 다른 가족 구성원이 포함된다. 치료사나 부모로서 각자의 개인적인 경험을 관찰하는 것은 지정된 내담자를 관찰하는 것만큼이나 핵심적인 요소이다. 바라보는 방식은 비언어적 그리고 개인적으로 '느낀 감각' 경험을 관찰하는 것이 자신과 타인의 이해를 독려하는 핵심적인 기술이라는 것을 강조한다.

기본 원리는 모든 개인은 훈련된 눈으로 관찰 가능한 비언어적인 동작 유형 또는 고유하고 독특한 동작 특성들로 구성된 프로파일을 만들어낸다는 것이다. 이런 동작 유형은 다양한 측면에서 그 동작자가 주위 환경을 어떻게 경험하는지를 드러낸다. 치료사와 부모에게 아이의 행동에 대한 첫인상을 넘어서서 더 깊이 들여다보기를 권장한다. 그리고 이렇게 자문해보라. "만약 이 행동이 대화로 표현되었다면 이 아이는 무엇을 말하려고 하는 것이었을까?" 역으로 치료사와 부모에게 아이의 행동에 대한 자신의 반응이나 대응에도 주의를 기울일 것을 촉구한다. 이 장의 후반에서 논의할 특정한 자기관찰 체계를 통해서 우리는 이런 개인의 내외적인 행동들이 어떻게 춤의 대화라고 표현되는 상호작용에 기여하는지 이해하게 될 것이다.

또한 이것은 관계를 기반으로 한다. 관계에서는 유대감의 강력함이 매개변수가 되는데 이는 모든 다른 발달 분야에서도 마찬가지다. 그룹치료든 별도의 개별치료든 모든 치료 과정에 부모가 참여할 것을 권장한다. 이 치료는 자폐증, 전반적 발달장애(PDD), 발달지체, 의사소통 및 언어장애, 감각통합장애, 주의력결핍 과잉행동장애, 뚜렛 증후군, 관계 기술 장애 문제, 입양, 외상, 부모 자녀 간 애착 문제를 가진 아동을 포함해서 다양한 범위의 아동에게 도움이 된다. 이 프로그램은 종합병원에서의 고통스러운 치료 과정에 도움을 주고자 하는 특수한 치료 계획과 함께 채택되었다. 이 장에서는 토론과 임상 사례 소개를 통해 이러한 각각의 프로그램 적용에 대해서 논의해 볼 것이다.

무용/동작 심리치료의 이론적 접근

무용/동작치료를 설명하기 위해 심리치료라는 용어를 덧붙인 것은 이 프로그램이 심리치료에 기반하고 있음을 강조하기 위한 것이다. 이런 형태의 치료는 심리학적인 것에 가장 중점을 두고 있다. 최우선 과제는 사회적, 감정적, 신경학적으로 안전한 환경을 만들어주는 것인데, 이 환경에서 아동은 자신의 감정과 핵심 문제, 관심사 그리고 심리적으로 최적의 기능을 하는 데 영향을 주는 과거와 현재의 경험을 자유롭게 표현할 수 있다. 무용/동작 심리치료는 정신적, 감정적 성장을 지원하는 치료 양식으로서 음악과 무용을 매개체로 활용한다. 이 치료의 가장 핵심적인 요소는 신체 움직임이다. 때문에 운동근육, 지각운동근육, 언어 과정 및 사회적 기술, 인지, 의사소통능력의 통합적인 성장도 지원하게 된다. 이런 치료 방법의 다중 기능적 측면 때문에 관찰자들은 자주 이 치료를 물리치료 또는 작업요법의 형태라고 잘못 분류하곤 한다.

　아동에게 자주 활용되는 여타 신체 중심 치료와 무용/동작치료를 구분하기 위해 심리치료가 강조된다. 여타 신체 중심 치료에서는 전형적으로 기술 중심의 악력개선, 근육강화, 근육이완 또는 조정력 향상과 같은 특정 기능기술을 목적으로 한다. 무용/동작 심리치료에서도 분명 이런 식의 향상이 나타나지만, 가장 우선적으로 감정표현, 관계 형성과 사회적 기술을 향상하는 데 초점을 두고 있다. 신체, 동작, 무용은 심리치료 과정에서 아동의 사회적이고 감정적인 현 상태와 과거의 경험을 끌어내기 위한 지원도구의 역할을 한다. 이런 비언어적인 표현 방법의 활용은 언어발달 이전의 무의식적인 외상 경험들을 드러낼 수 있게 해준다.

프로그램의 핵심 원리

이 프로그램의 핵심 원리는 다음과 같다.

- 모든 개인은 비언어적 동작 유형을 만드는데, 이 동작 유형은 고유한 동작 특성 조합을 구성해내는 다감각적 경험을 토대로 하고 있다.
- 이런 특성들은 그 동작 유형이 얼마나 인습적인지 또는 이례적인지와는 상관없이 그 아동의 표현적/전달적 유형이다.
- 아동의 비언어적 행동 특성의 내용을 통해 기술 및 발달 수준을 관찰한다.

- 동작에 심각한 제약이 있다 할지라도 거기에는 특징적인 요소들이 있다. 어쩌면 근육계의 긴장 수준이나 신체적인 습관으로 인한 자세 또는 눈 맞춤 빈도 등에서 나타날 수도 있다.
- 이런 특성을 가진 표현 방법들은 감각, 태도 그리고 그 환경에 대한 '동작자'의 반응을 이끌어낸다.
- 반대로 이런 행동들을 관찰하는 관찰자는 자신의 경험을 토대로 반응한다.
- 이런 행동–반응은 사회적/정서적 관계 발달에 영향을 주며 아울러 치료적 · 교육적 개입에도 영향을 준다.

진정한 움직임Adler, 1987, 2002)을 실행하면서, 치료사는 동작자의 세부적인 행동을 객관적으로 측정함과 아울러 특정한 자기관찰 과정을 통해 개인의 다감각 및 비언어적인 반응을 추적 관찰하고(목격자), 치료사 자신의 감각 중심 반응들을 알아차리고 반영하며(근감각적 관찰), 실제로 동작자의 행동을 '따라해보면서' 이런 식의 상호작용 경험에서 생겨나는 자신들의 감정적인 반응을 알아차리고 반영하도록(근감각적 공감) 요구된다. 이런 식의 작업에서 치료사는 아동과 함께 있는 동안 매우 적극적인 역할을 수행한다.

자신의 다감각적 반응과 대응을 인식하고 조율하는 것에는 두 가지 기능이 있다. 첫째, 치료사는 아동으로 하여금 주변 환경을 경험할 수 있는 다감각적 방법에 대해 더 개방적일 수 있게 해준다. 어린아이들은 주로 다감각과 비언어적인 경험을 통해 자신의 세계를 탐험하고, 발견하고, 표현한다. 둘째, 다감각 및 비언어적 반응에 대한 자기관찰 추적을 통해 치료사는 내담자와의 관계 발전 속에서 자신의 역할이 무엇인지 보다 미묘한 경험적 수준에서 의식할 수 있게 된다. 비록 다른 사람들과 관계하고 의사소통을 하는 동안, 비언어적 행동이나 반응이 언어적이고 인지적인 과정과 함께 동시다발적으로 일어난다 할지라도, 우리는 이런 비언어적 반응과 표현 방식을 의식하지 못하는 경향이 있다. 감각적 · 비언어적 의사소통의 세부 내용은 대부분 무의식적으로 기록된다. 치료사는 자신의 관찰 견해가 아동의 경험을 대변하고 있다고 추측하는 대신, 단지 자신의 견해일 뿐이라고 받아들여야 한다. 이것은 반드시 강조해야 할 중요한 점이다. 그 누구도 다른 사람의 경험을 진정으로 알 수는 없기 때문이다. 자기관찰 과정은 치료사가 관찰을 보다 주의 깊게 할 수 있게 해주며, 관계 발전과 치료 개입에 도움을 주는 새로운 시각을 추가적으로 제공한다.

이 장 처음에 소개한 이야기는 내가 티모시와 조율하기 위해 자기관찰 과정을 어떻게 활용했는지를 보여주는 전형적인 예이다. 나는 티모시의 행동과 사무실 문 밖에서 그 아이의 소리를 듣고 티모시가 방 안으로 들어올 때 내 머릿속에 처음 떠오른 생각을 주의 깊게 묘사했다(목격). 아이의 질문을 받아들이며 내 몸의 민감한 감각에 집중했다(근감각적 관찰). 그리고 티모시와 보다 깊이 관계하기 시작하면서 내가 약간 조심스러우면서도 감정이 흥분됨을 알아차렸다(근감각적 공감).

신체감각

그다음 핵심 개념은 신생아는 신체감각과 더불어 세상에 태어난다는 원리다. 이 신체감각은 최초로 주변 환경을 인식하고 자신을 표현하는 데 활용되었다. 스턴(1985)의 경험 중심의 핵심 자아감각을 토대로, 신체감각은 신생아의 자기 신체 경험, 대인관계, 개별화의 출현과 관련되어 있다. 그것은 신체적 경험과 정서적, 인지적, 지각적 경험이 서로 연결되어 있다는 개념에서부터 기능한다(Piaget, 1962, 1970; Piaget & Inhelder, 1970). 이는 신생아의 최초 경험은 신체를 통해 생겨난다는 사조를 토대로 발전되었다. 이런 경험들은 신체적, 근감각적, 감각적 수준에 입력된다(Gaensbauer, 2002, 2004). 신체 중심의 경험들은 신생아가 주위 환경을 이해하기 시작하는 방식과 감정, 행동, 움직임, 의사소통, 세상 속에 존재한다는 것을 인지하는 방식을 형성한다.

신체감각, 즉 타인의 신체뿐만 아니라 자신의 신체감각을 통해 신생아는 처음으로 관계의 춤을 시작한다(Stern, 1977, 1985, 2004). 신체 및 이런 상호적인 관계의 춤은 계속해서 다른 것들과 한데 얽혀 정보를 주고받으며 발전해나간다. 그러므로 치료사는 아동이 신체적 수준에서 세상을 경험하는 방식이 어떻게 그 아동이 경험을 받아들이고, 반응하고, 응답하는 데 영향을 미치는지에 대해 정기적으로 생각해야 한다. 나는 유아기에 대한 연구 및 이론 조사를 통해 이런 견해를 수립하게 되었는데, 이것은 후에 간략하게 논의할 것이다. 이런 신체감각 개념을 어떻게 사용하는지에 대한 사례는 나중에 치료 세션 중 티모시와 내가 한 활동들을 검토한 치료 과정 기록을 통해 볼 수 있다.

나는 티모시가 팔을 안으로 구부려 감싸 안고 손가락으로 상체를 꽉 움켜쥔 채 마치 몸을 둘러싼 듯한 형태를 하고 있는 것에 매우 흥미를 느꼈다. 이렇게 긴장된 자세에서 갑자기 손가락을 뻗어 간헐적으로 들쑥날쑥 손을 꽉 움켜쥐고 재빨리 다시 단단히 몸을 꽉 끌어안은 자세로 돌아갔다. 나는 아이가 손으로 만들어내는 순간적인 맥박리듬을 포착하고 유지할 수 있는 일정한 박자의 음악을 골랐다. 티모시는 신나 했다. 그것은 팔을 끌어당기는 방식에서 분명히 드러났으며 움켜쥐는 고정된 동작으로 잦아들어가는 듯 보이는, 좀 더 강한 리듬의 움직임을 만들어냈다. 목격─이 얼마나 흥미로운가. 티모시의 행동은 언어 표현과 일치했다. 아이는 이 생각에서 저 생각으로 재빨리 도약하다가 멈추고, 어떤 생각에 몰두하다가 자연스럽게 주고받는 대화의 순서를 놓치곤 했다. 근감각적 관찰─이 동작을 따라해보면서 나는 어떻게 내가 팔과 손의 감각에 사로잡히게 되었는지에 주목했다. 그것은 마치 바깥세상으로부터 보호해주는 단단한 방패막 같은 기능을 했다.

나는 아이에게 손을 얹고 몇 가지 다양한 방식으로 아이의 산발적인 리듬에 맞추었다. 손을 잡은 채 흘러나오는 음악의 박자와 비슷한, 보다 리드미컬한 박자를 강조해서 추가했다. 동시에 발로는 스텝을 밟았다. 티모시가 갑작스러운 긴장으로 억눌려서 멈추기 전까지 나와 함께 투스텝을 밟았다. 티모시는 나를 똑바로 바라보며 눈부시게 파란 눈으로 활짝 미소를 지었다. 근감각적 공감─나 또한 속에서 나를 감싸는 듯한 흥분을 느꼈다. 우리는 처음으로 듀엣 스텝을 밟으며 춤을 춘 것이다. 티모시의 열의도 뚜렷이 느껴졌다. 목격─티모시가 동작을 시작하는 방식과 중단하는 방식은 어떤 의도가 있다기보다는 충동적으로 보였다. 언어 사용과도 거의 흡사했다. 그래서 나는 흐름을 이어가고 지속하는 동작을 추가로 계속해야 했다. 이것은 아이가 신체적으로, 감정적으로 사회적 관계를 유지한다고 느낄 수 있도록 해줄 것이다.

이후 6개월간 티모시가 내 손을 잡는 동안 이 리드미컬한 춤은 점점 발전해서 박자에 맞추어 스텝을 밟고 방 전체를 돌아다니기까지 했다. 또한 왈츠 음악에 맞추어 부드럽게 흐르는 근감각적 경험을 더 발달시켜주는 춤을 추기 시작했다. 팔과 손을 꽉 움켜쥔, 티모시만의 특이한 자세는 점점 더 줄어들었으며 대화도 점점 더 길게 이어지기 시작했다. 나는 티모시의 생각이 어떻게 창의적이고 연상적인 방식으로 다음 생각과 연결되는지를 볼 수 있었고, 질문에 대답하거나 발언을 하는 능력이 발현되기 시작했다.

치료 세션을 이끄는 핵심 원리와 전략

치료사는 각각의 치료 세션을 시작하기 전에 다음과 같은 세 가지 질문을 던져보아야 한다.

1. 아동의 관계 방식과 움직임 특성이 어떻게 아동의 경험을 특징짓는가?
2. 아동의 특정 동작 구조를 통해 세상을 경험하는 것은 어떤 느낌인가?
3. 아동이 자기 방식으로 관계를 맺고 기능할 수 있도록 해줌과 동시에 이런 경험을 통해 환경과 상호작용하는 새로운 방법을 탐색할 수 있도록 어떻게 환경을 구조화할 수 있는가?

이런 질문들에 대한 답은 세션 동안 감정의 톤, 에너지 수준 및 전반적인 분위기에 유념하면서 아동의 동작 유형을 경험함으로써 발견할 수 있다. 감정의 톤은 아동의 감정적인 기분을 말한다. 에너지 수준을 측정한다는 것은 현재 활동이 요구하는 집중의 양과 관련해서 아동이 수행하는 신체 및 동작 활동을 평가하는 것이다. 아동의 에너지 수준은 높음, 중간 또는 차분, 낮음 또는 무기력이 있다. 전반적인 분위기란 아동—그리고 치료에 참여하는 다른 양육자들—과 함께 방에 있을 때, 방 안에 들어올 때, 치료 시간 중 상호작용을 하는 동안 감지되는 전반적인 느낌이나 감정을 말한다. 이런 요소들은 다음과 같은 사실, 즉 이런 느낌과 감정들이 전반적으로 치료사의 투사와 오해로 인한 주관적인 해석이거나 혹은 특정 순간에 아동의 면모를 볼 수 있는 능력의 부재 때문일 수도 있다는 사실을 늘 염두에 둔 채 평가되어야 한다. (위에서 논의된) 자기관찰 절차는 특히 이런 주관적인 반응이 관찰자의 관찰, 견해, 행동에 어떻게 영향을 미칠 수 있는지 보여준다.

사회적·감정적 대화를 하기 위해 실험적인 치료 활동을 만들어나가는 과정은 다음 네 가지 절차를 통해 일어난다.

1. 매치(match)—조율 혹은 미러링을 통해 비언어적 단서들의 특성을 느낀다.
2. 대화—이런 동작들을 이용해 대화를 만든다.
3. 탐구와 확장—이런 동작들을 탐구하고 확장하고 발전시킨다.
4. 비언어에서 언어로—의사소통기술을 이용할 수 있다면, 비언어적인 의사소통으

로부터 언어적인 대화로 옮겨간다.

조율과 미러링은 아동의 움직임으로 작업할 때 사용되는 두 가지 핵심적인 방법이다. 조율을 하는 동안 치료사는 아동 동작의 특질에 맞추게 되는데, 이때 아동과의 정확한 동조성과 동시성을 갖고 행동의 전반적인 모양, 형태, 리듬적인 측면을 완전하게 묘사하지는 않는다. 행동의 특성은 표현하지만 동일한 신체 부위, 동일한 공간집중, 동일한 강도로 나타나지는 않는다. 미러링에서 치료사는 아동 행동의 정확한 모양, 형태, 움직임의 특질을 똑같이 구현해 동작자의 거울 이미지를 만들어낸다. 이런 질적인 매칭에는 아동 동작의 정서적 표현을 묘사하는 것과 정서적 표현과 관련짓는 일이 포함된다. 정확한 미러링 동작은 매우 힘들기 때문에 나는 미러링 과정에서 일어나는 일들을 보다 정확히 설명하기 위해 수정된 미러링, 과장된 미러링, 약화된 미러링이라는 세 가지 분류를 개발했다. 수정된 미러링에서는 동작의 전반적인 스타일은 그대로 유지하면서 일부가 약간 수정될 수도 있다. 과장된 미러링에서는 치료사가 전반적인 느낌이나 동작 스타일은 그대로 유지하면서 동작 특성의 어떤 측면을 과장한다. 약화된 미러링에서는 치료사가 전반적인 느낌이나 동작 스타일은 여전히 유지하면서 동작 특성의 어떤 측면을 축소한다.

라반 동작분석을 활용한 동작 특성 평가

LMA 시스템의 다섯 가지 요소를 사용해 아동의 동작에서 비언어적인 특성을 분석한다(Bartenieff & Lewis, 1980; Laban 1976). 이런 다섯 가지 요소는 에포트(effort), 신체(body), 공간(space), 형태(shape), 구(phrasing)다. 여기에 간단하게 설명된 동작의 질적 요소들은 신체적 행동의 특정 서술적 요소들을 말한다. 이런 질적 요소들은 어떻게 동작이 행해지는지(에포트), 어떤 신체 부위가 움직이는지(신체), 그리고 다른 사람 및 공간적인 주위 환경의 측면에서 어디에서 행동이 일어나는지(공간)에 대한 정보를 제공한다. 동작의 형태는 동작자의 신체가 공간 속에서 만들어내는 형태를 묘사한다. 이것은 자신과 주위 환경에 있는 다른 사람과의 관계 속에서 동작자의 신체가 어떻게 변화하는지를 보여준다. 구는 움직임을 시작하고, 유지하고, 잠시 멈추고, 중단함에 따라 어떻게 움직임이 흐름이나 박자, 리듬 및 멜로디를 만들어내면서 일정 범위의 시간 동안 집중적으로 일어나는지를 말한다. 구는 동작 연속성의 흐름이 펼쳐지는 것을 나타낸다. 이런 세부사항들이 아동의 경험을 특징짓고 비언어적 표현에 영향을 준다. 비언어적 동작언어를 구성하는 것은 바로 이러한 질적 요소들이다.

역동적인 과정

치료 세션 동안 신체의 사용, 동작과 무용 중심의 활동을 통해서 역동적인 과정이 일어난다. 역동이라는 단어는 체계 이론 관점에서 사용되는데 주로 세션의 본질과 세션 내 변화와 성장이 단계적이라기보다는 동시다발적으로 일어난다는 점을 강조하기 위해 사용되었다. 네 가지 역동적인 과정이 치료 시간을 지배한다.

> 역동적인 과정 I : 라포 형성 — 각 세션은 아동의 사회적 · 정서적 · 의사소통 발달 및 애착을 증진하기 위해 노력한다.

> 역동적인 과정 II : 느낌 표현 — 각 세션은 느낌, 감정, 외상 그리고 의식적이고 무의식적인 과거와 현재의 사건들을 탐색하고 표현하도록 촉진한다.

> 역동적인 과정 III : 기술 구축 — 세션의 신체, 동작, 무용적인 측면은 신체적, 인지적, 대처기술을 증진시키고 발달시킬 수 있는데, 이 모두는 본질적으로 심리학에 근거한 사회적, 감정적, 의사소통적 강조와 연계되어 있다.

> 역동적인 과정 IV : 치유의 춤 — 각 세션을 통해 아동은 본질적으로 치유적이면서 즐거운 춤, 동작, 다감각적인 발견을 탐색할 수 있다.

개입 도구

세션에서 신체, 동작, 무용 활동을 활용하는 여러 가지 방법이 있다. 짧게 설명하기 위해 가장 보편적이고 기본적인 무용/동작치료 활동의 이론에 대해 간략하게 요약했다.

- **동작** : 동작자가 선택한 실제적인 행동을 관찰한다. 이때 동작자의 선택은 의식적일 수도 있고 무의식적일 수도 있다. 어떻게 행해졌는지를 구체적으로 기록하는 것은 그 사람에 대해서 엄청난 양의 정보를 제공해줄 수 있다.

- 무용 : 서정성을 강조한다. 움직임과 상호작용을 춤으로 보는 것은 동작들이 어떻게 서로 연결되는지 보는 치료사의 시각을 한 단계 높은 차원으로 끌어올린다.
- 드라마와 스토리텔링 무용놀이 : 동작, 팬터마임 및 드라마틱한 표현은 걸음마 단계의 아기나 좀 더 나이 많은 아동이 상상력을 발휘하고 감정을 상징적으로 표현할 수 있게 해주는 아주 유용한 도구이다.
- 운동 및 요가 : 이런 특별히 체계화된 동작 형태들은 세션의 즉흥적인 측면에다 구조적인 동작 탐색을 추가해서 활용될 수 있다.
- 이완 및 시각화 : 대개 호흡작업과 관련된 이런 경험들은 아동으로 하여금 보다 나은 신체 인식, 안정감, 신체 조율과 구조화를 이루게 한다.
- 공간 : 자신과 타인 그리고 사물의 배치, 공간적인 경로 유형, 그리고 어떻게 방 전체 또는 방의 일부를 활용하는지는 상당히 많은 정보를 제공하며 세션 진보에 큰 영향을 미친다.
- 신체 : 이것은 무용/동작치료사가 아동의 자기표현을 위해 사용하는 기본적인 도구이다. 치료사와 부모(부모가 참여할 경우)는 자신의 신체를 활용해 아이의 행동을 미러링하고 조율한다. 신체를 치료 도구로 사용하는 것은 자발적인 상호작용 구조를 제공한다. 표정 정서, 근육의 톤, 신체상, 접촉, 호흡, 소리 사용에서의 변화를 통한 질적인 요소들은 무한한 가능성을 갖고 있다.
- 감각적으로 풍부한 환경 : 스카프, 공, 천, 색 리본, 베개, 매트, 담요 등의 소품은 무한대로 아동의 상상력을 북돋아주는 데 활용될 수 있다.
- 음악 및 리듬 : 환경에 영향을 주는 데 활용할 수 있는 다양한 종류의 음악과 리듬을 광범위하게 사용한다. 리듬은 음악과 함께 또는 음악 없이 발전할 수 있다. 이런 요소는 방의 전체적인 분위기나 특정 개인의 기분에 변화를 줄 수 있다. 차분하고 이완되는 느낌을 만들 수도 있고, 표현과 기억을 자극하거나 혹은 동작자를 움직이고 활력을 불어넣어 주며 조절해줄 수 있다.

아동발달과의 접점

이 프로그램의 주요 요소는 초기 아동발달기 연구에 활용되어 왔다. 나는 특히 신생아의 기억, 언어 습득, 초기 두뇌발달, 다감각적 경험 및 부모와 신생아 간의 세부적인 비언어적 분석을 통한 애착발달에 중점을 둔 연구에 집중했다. 이 연구는 아이의 관계기술을 향상시키고 내적 감정표현능력을 증진하는 무용/동작치료 세션 동안 비언어적 활동을 통해 정확히 어떤 일이 벌어지는지에 대한 통찰력을 제공해준다.

애착 이론은 이 프로그램에 대한 많은 정보를 제공한다. 애착 이론의 아버지라 불리는 볼비(Bowlby, 1969)에 의하면, 엄마의 역할은 신생아에게 안전한 안식처를 만들어 주고, 아기의 신호를 정확하게 읽고 반응함으로써 아기에게 즐거움, 이해, 안정감을 줄 수 있는 굳건한 지지기반을 만들어주는 것이다. 이런 굳건한 기반을 통해 아기는 세상을 탐험할 수 있고 위험을 느낄 때는 엄마 품으로 돌아갈 수 있다고 느끼게 된다. 실제로 견고하고 안전한 애착 형성의 핵심적인 요소는 아기가 보내는 신호와 사인을 정확하게 읽고 적절하게 반응해주는 부모의 능력, 즉 민감성과 관련이 있다(Ainsworth, 1978; Egeland & Erickson, 1999). 이것은 개인적인 동작 레퍼토리의 비언어적인 개별 특성 분석의 광범위한 사용을 지지해준다. 이것은 아동의 경험과 자기표현, 부모와 아동의 관계 그리고 환경 속에서 아동이 다른 이들과 어떻게 상호작용하는지에 대한 통찰력을 얻기 위해 활용된다.

호퍼(Hofer, 1981)의 연구는 비언어적 상호작용의 역할과 상호작용을 지원하기 위한 비언어적 활동의 활용을 지지하고 있다. 호퍼(Tortora, 2004b)는 동물을 모델로 신생아 애착에 대한 대규모 연구를 했는데 모체의 행동이 어떻게 아기의 생리학적, 신경생리학적, 심리적인 기능을 형성하고 조절하는지를 연구했다. 그의 연구 결론은 생리학적인 조절물질이 엄마와의 관계 속에 내재되어 있다는 것이다. 엄마와 신생아 간 관계의 특성이 신생아의 생리적, 신경생리학적 그리고 심리적인 면에 영향을 주었다.

엄마와 신생아 간의 교류는 각 상호작용 중에 드러나며, 자기조절 및 상호작용 또는 공동조절과 관련되는 비언어적 수준에서 공동 구성된다(Beebe & Lachmann, 2002). 비브(Beebe)는 자기조절에 대해 '다른 사람과 관계하는 각 사람의 능력은 자신의 행동 및 내적 조절 상태에 의해 영향을 받는다'고 지적한다. 포지스(Porges, 2004)의 연구는 이런 발상에서 한 걸음 더 나아간다. 포지스는 신생아의 신경학적 조절에 대한 연구에서 이것은 사회적, 감정적 상호작용에 따른 발달 과정이라고 결론을 내렸다. 그는 신생아의 사회적 관계 형성을 지원하는 데 필요한 신경학적 차원에서 비언어적 및 언어적 신호를 통해 안정감이 형성된다는 것을 강조하기 위해 '뉴로셉티브(neuroceptive)'라는 용어를 개발했다.

강력한 관계 형성에 있어서의 의사소통 발달 및 역할에 대해 연구한 연구자들 또한 비언어적 경험은 경험을 언어로 전환하고 조직화하는 데 있어서 신생아와 양육자 간에 중요한 역할을 한다고 말한다(Bucci, 1993; Appelman, 2000). 부치(Bucci)는 인식, 즉 표상의 인식-행동 수준을 두 종류로 구분하였는데, 연속적인 하위 상징 유형과 비언어적인 상징 전 분류 유형이다. 그녀에 의하면 비언어적 경험은 하위 상징 경험으로 간주되는데, 이 경험은 다양한 비언어적 양식, 즉 감각적, 근감각적, 신체적인 방법으로 등록되어 비언어적 인식 이미지로 조직된다. 상징 전 비언어적 유형은 상징화 전에 일어나며 신생아는 사건, 사물, 경험을 별개의 원형 이미지로 분류할 수 있게 된다. 이런 인식 이미지는 언어의 자율성인 비언어적 상징이 된다(Appelman, 2000). 이들은 비언어적 경험이 언어적 표현으로 연결되는 기반이다.

이렇게 수많은 연구가 주목한 바와 같이, 안정적인 애착발달을 지원하는 비언어적 상호작용의 핵심 요소는 신생아가 유연성과 자발성을 갖고 의사소통을 할 수 있게 해주는 데 매우 중요하다. 양육자와 신생아 간의 자발적이면서 역동적인 비언어적 상호작용은 신생아의 경험을 구조화하는 정신적 표상을 만들어낸다(Bowlby, 1969). 관계 속에서의 유연성과 그 속에서 주위 환경을 독립적으로 탐색할 수 있는 어린아이의 능력은 건강한 기능의 핵심적인 요소가 된다. 텔렌과 스미스(Thelen and Smith, 1994)가 진술한 바처럼, 환경 속에서 새로운 것과 다양한 것에 반응하고 탐색할 수 있는 신생아는 훨씬 더 다양한 능력과 유연함을 보여주었다.

이런 개념들은 안전하다고 느껴지는 치료 환경을 만드는 데 활용된다. 이는 주양육자와 아동의 기본적인 관계역할을 이해하고, 상호적인 비언어적 무용대화에서 각 참여자의 역할을 계속해서 염두에 두며, 의사소통과 관계발달의 주된 수단으로 비언어적인 상호 교환을 중요하게 활용하기 위함이다. 각 세션은 아동의 리드에 따라 이루어졌다. 활동 또한 아동의 신호와 비언어적 지시에 조율됨으로써 즉흥적으로 만들어졌다. 주양육자는 대부분 치료 세션에서 적극적인 역할을 했다.

언어발달 이전 및 외상적 경험을 지원하는 비언어의 활용 및 역할

비언어적, 동작 및 신체 중심 활동의 활용은 치료 과정 동안 자연스럽게 유아기, 언어 이전, 비상징적, 근감각적, 무의식적 경험을 드러나게 해준다. 무용/동작 심리치료의 이런 측면은 특히 중요한데, 왜냐하면 너무 생애 초기에 일어나거나 외상적이어서 표면화하기 어려운 경험을 탐구할 수 있도록 일종의 진입로를 제공하기 때문이다. 겐즈바우어(Gaensbauer, 2004)는 신생아 기억에 대해서, 특히 초기에 발생한 외상적 사건에 중점을 두고 방대한 연구조사를 했다. 그에 의하면 신생아 기간 동안 아기는 언어 이전 및 감각 중심 기억 시스템이 발달하면서 감정적 경험과 신체적 경험을 인식하고 연결시킨다. 초기 경험들은 신체적, 감각적, 근감각적, 비언어적 방법을 통해 입력되고 구조화되면서 기억을 형성한다. 이런 경험으로부터 인식 이미지가 형성되고, 인식 이미지는 경험을 관찰 가능한 개인행동으로 전환해주는 '인식적-인지적-정서적-감각적-운동 도식'을 통해 나타난다. 이런 과정은 언어발달 이전의 감각 중심 기억 체계를 발달시키면서 감정적 경험과 신체적 경험을 연결한다.

이러한 지식은 '관찰하는 방법'에 대해 많은 정보를 제공한다. 치료사는 반드시 어떻게 지난 경험들이 내담자의 행동에 영향을 줄 수 있는지, 아울러 내담자의 개인적인 비언어적 동작 유형이나 선택하는 활동, 타인과 관계하는 방법, 무용치료 놀이 중에 발전해가는 스토리라인에 영향을 줄 수 있는지 늘 염두에 두어야 한다. 또한 치료사는 현재의 경험이 개인의 지속적인 발달에 어떻게 영향을 줄 수 있는지, 그리고 비슷한 방식으로 드러날 수 있다는 것 또한 염두에 두어야 한다. 비언어적, 근감각적, 느낌·감각기억들은 일생을 통해 일어난다. 이런 경험들은 엄청나게 충격적이어서 개인의 발달과 신체상 그리고 자아개념이 어떻게 발달하는지에 큰 영향을 줄 수 있다. 생애 초기 및 느낌감각, 근감각적 기억에 집중하는 것은 특히 소아암 병동 케어와 같은 의료 세팅의 경우 프로그램 개발에 큰 영향을 준다.

소아암 환자를 위한 의료 무용/동작치료

구딜(2003, p. 17)에 의해 '의학적 질병을 앓고 있는 환자, 간병인, 가족들에게 적용하는 무용/동작치료 서비스'로 정의된 의료 무용치료는 1970년대부터 특별한 분야로 발전해왔다. 나는 2003년부터 대도시의 암 전문 병원에서 소아암 환자를 위한 무용/동작 심리치료 프로그램을 개발했다. 이 프로그램은 통합의료 서비스 분과를 통해 제공되었다. 이 치료는 병원의 입원 환자 및 외래 환자 모두에게 제공되었으며 환자의 침대 옆에서 행해지는 개인치료와 놀이방에서의 그룹치료가 포함된다. 무용/동작치료를 받은 환자는 태어난 지 몇 주에 불과한 신생아부터 32세까지 다양하다. 이런 수많은 치료 시간, 특히 매우 어린 아이(신생아부터 5세까지)를 대상으로 한 세션은 아이와 함께 참여하는 가족 구성원이 포함된다. 세션의 목표는 다음과 같다.

1. 고통 완화/관리 및 안정
2. 암 치료로 인한 환자의 신체 변화와 관련된 신체 자각과 신체상/자아상의 강화
3. 이완기술 발달
4. 치료 과정 및 입원과 관련된 불안감 완화
5. 동작, 무용, 음악을 활용한 상징적 심상화와 즉흥 움직임을 통해 환자의 질병 경험에 대한 감정적 자기표현 지지
6. 창조적인 무용 표현을 통해 자신의 신체를 적극적으로 활용하는 재미와 즐거움 및 치유 측면
7. 아이와 함께할 수 있는 추가적인 방법을 제공함으로써 가족들이 정서적으로 아동을 지원할 수 있도록 정보 및 동작 활동을 공급

의료 세팅에서의 네 가지 질문 관찰기록

이전에 언급했던 세 가지 질문 관찰기록은 의료 세팅에서 환자로 하여금 이미 형성되어 있는 자아개념과 관계 방식에 질병과 치료 과정이 어떠한 영향을 미치는지 생각해 볼 수 있도록 약간 수정되었다. 치료사들에게 덧붙여진 추가 임무는 환자로 하여금 질병이라는 겉모습 안에 과연 내가 누구인지를 찾아내고, 질병이 현재 행동에 어떤 영향을 주고 있는지를 탐색하는 것이다. 궁극적인 목표는 환자가 최대한 스스로에 대해 편안하게 느끼고 자신의 모습을 친근하고 자연스럽게 여기도록 만드는 것이다.

1. 관계하고 움직이는 환자만의 독특한 방식이 어떻게 환자의 질병 경험을 반영하는가?
2. 환자의 질병 경험이 어떻게 관계하고 움직이는 자신만의 독특한 방식을 특징짓는가?
3. 환자의 특정 표현 동작 레퍼토리를 통해 세상을 경험하는 것은 어떤 느낌인가?
4. 치료적 환경을 어떻게 구조화하면 환자로 하여금 의사소통 도구로서 비언어적 표

현을 경험하게 하고, 동시에 이런 경험을 질병에 대처하는 새로운 방식을 탐구하는 데 활용하게 할 수 있는가?

이러한 질문은 다음과 같은 짧은 사례를 통해서 쉽게 떠올려볼 수 있다. 이런 치료의 비밀보장 특성 때문에, 다음의 사례들은 병원에서의 개별 무용/동작치료 세션을 여러 개 합쳐서 새롭게 구성한 것이다.

사 · 례 · 연 · 구

프란체스카

나는 가슴에 부착된 포트를 통해 수많은 튜브에 연결되어 있는 세 살짜리 소녀 프란체스카의 방에 들어섰다. 예전에는 평소 반짝이는 눈을 가진 활발한 이 소녀와 춤을 추었지만 오늘 아이는 가만히 있다. 아이의 아빠는 아이가 24시간 동안 움직이지 않았다고 했다. 프란체스카는 어제 간단한 외래 환자 치료를 위해 병원에 왔지만 혈액의 이상 현상 때문에 입원하게 되었다. 의료진은 아이를 관찰하고 더 많은 검사를 하고 싶어 했다. 프란체스카는 내가 처음에 춤을 추자고 하자 낙담했다. 나는 아이의 슬픔에 유념했으며 아이가 시선을 돌릴 때 내가 감지한 약간의 분노감이 맞는지 궁금했다. 나는 호소력 있는 중간 템포 박자의 신비한 멜로디를 갖고 있는 탱고 음악을 틀고 아이의 건너편에 앉았다. 프란체스카는 자기도 모르게 리듬에 맞추어 발을 구르기 시작했다. 나는 나의 근감각적 공감 반응을 의식하면서 아이의 박자에 맞추어가는데 프란체스카의 행동이 방어적이라는 것을 감지했다. 나는 빠르게 발을 까딱이는 아이의 리듬을 짧게 치는 손뼉으로 만들었다. 아이는 더 많은 동작을 했다. 아이의 감정을 좀 더 인정하기 위해 나는 손뼉의 강도를 높였다. 이런 식의 조율 과정에서 종종 일어나듯 우리가 만들어내는 리듬은 저절로 서로 어우러져갔다. 우리의 무용대화가 점점 더 재미있어지면서 분노감은 사라져버렸다. 갑자기 프란체스카가 침대 위에 올라 탱고 음악의 리드미컬한 박자에 맞추어 위아래로 펄쩍펄쩍 뛰면서 자기 몸에 연결된 튜브들을 높이 치켜들어 마치 아치형 다리인 듯 그 아래를 통과하고 주변을 맴돌았다. 간호사가 들어와서 이 춤에 휩쓸렸다. 허공에 팔을 파도처럼 흔들며 원을 그리고 돌았다. 프란체스카의 아빠도 신이 나서 동참했다. 우리는 차분한 왈츠로 치료 시간을 끝냈다. 모두 손을 잡고 강약 박자에 맞추어 스윙을 했다. 방을 나서며 나는 프란체스카가 하는 말을 어깨 너머로 들었다. "아빠 저랑 게임 하실래요?"

의료 무용/동작치료에 대한 다감각적 접근의 추가

무용/동작치료사로서 우리의 주된 치료 도구는 다감각기관인 신체이다. 수년간 신체를 표현의 도구로 활용해온 경험과 초기 아동발달 전문가로서 훈련을 받으며 생겨난 변화가 결합되어서, 나의 작업은 자연스럽게 의료적인 문제를 가진 환자들을 치료하는 것에 집중되었다. 이 접근은 무용/동작치료의 기본적인 원칙에 의거해 구축되었으며 초기 아동발달에서 다감각적 경험이 하는 중요한 역할을 통합하고 있다.

이 치료는 다감각적 경험이 어떻게 개인이 정보를 받아들이고 소화하며 자신을 표현하는 데 영향을 미치는지 고찰하며, 아울러 다감각적 경험이 어떻게 비언어적, 느낌 감각, 근감각적 양식과 같은 다차원적 수준의 기억을 통해 사건들을 저장하는 데 영향을 주는지 고찰한다.

의료적인 질병에 다감각적인 접근을 추가하는 것은 침습적이면서 고통스러운 치료 방법에 특히 중요하다. 본질상 생명을 위협하는 암 치료는 소아 환자의 인생에 외상을 형성할 가능성이 있다. 이런 환자들을 돌보는 전문 의료진의 부드럽고 친절한 태도에도 불구하고 환자들은 신체에 융단폭격과 같은 공격을 받는다. 치료 과정에서 몸 안팎을 탐색하고, 찌르고, 외과적인 수술을 통해 신체 부위를 제거하고, 불쾌한 맛의 약을 먹어야 하기 때문이다. 아이들의 몸에는 흔히 상체에 삽입되어 있는 의료포트를 통해 호스들이 연결되어 있거나 팔, 팔목 또는 손의 정맥에 바늘을 꽂아 약을 투입하는 정맥 내 주입관이 연결되어 있다.

이런 치료는 흔히 전체적인 몸의 움직임을 방해한다. 아이들은 신체적으로 약하고, 구역질이 나거나 무기력한 느낌을 받는 시기를 거쳐야 한다. 감정적으로 아이들의 반응은 굉장히 다양하다. 중요한 가족 구성원에 대한 애착이 커지거나 소외감, 두려움, 불안감, 부끄러움, 우울감, 방어심 및 분노 등을 포함한 다양한 감정을 겪는다. 이런 상황은 신체적, 감정적, 사회적, 의사소통, 인지적 발달 등 전반적인 수준에서 정상적인 발달 과정을 위협한다. 이런 의료 경험은 아이들의 신체상이나 자아개념이 자연스럽게 형성되는 단계에서 일어난다. 따라서 이런 의료 경험은 아이들이 신체상이나 자아개념, 내적 자아인식을 어떻게 구성할지에 잠재적으로 큰 영향을 줄 수 있다.

다감각적 접근은 자아인식과 신체인식의 증진을 촉진한다. 환자로 하여금 의료 경험 및 신체에 대한 통제감을 키울 수 있게 해준다. 고통스럽고 예측하기 힘든 질병과 치료 과정을 겪는 환자는 자신에게 일어나는 일들이 자신의 통제 밖에 있다고 느끼게 되므로 이것은 매우 중요하다. 환자가 아프다고 느끼거나 고통스러운 치료 과정을 겪는 동안, 이런 다감각적 접근을 활용하는 것은 특정 고통 부위나 불쾌한 신체 경험에 맞춰진 초점을 환기시켜 다른 쪽으로 주의를 돌리게 해줌으로써 고통을 경감시킬 수 있다. 환자는 감정적·신체적 대처전략을 발달시킨다. 이 치료는 말로 표현하기 힘든 느낌을 표현할 수 있도록 방법을 제공한다.

통증관리를 위한 다감각적 접근

통증관리에 다감각적 접근을 적용한 것은 어린 환자 및 가족들이 특별히 고통스러운 치료 과정을 극복하도록 돕는 데 매우 성공적이었다. 내가 개발한 특정 관찰기록은 관찰법의 모든 원리를 토대로 해서 최면실습기술(Olness, 1996), 명상(Kabat-Zinn, 1990) 및 통증관리(Gorfinkle, 1998) 등을 추가했다. 이런 분야들로부터 집중 호흡기술, 심상 안내, 집중력이 아동의 주의를 통증으로부터 돌려서 다른 쪽으로 붙잡아두는 데 사용될 수 있다는 개념을 통합했다. 여기서 어린아이의 자연스러운 판타지 성향과 상상놀이는 특히 유용하다. 어린아이는 다감각적인 도구를 통해 세계를 경험하며 배운다는 피아제식 이론에 근거해, 이 치료는 일곱 가지 감각(미각, 촉각, 청각, 후각, 시각, 자기 수용감각 및 전정신경감각) 모두를 활용해 신체적·교감적 수준에서 아동을 자극하고 다른 방향으로 주의를 돌리고 이완하는 환경을 만든다. 이런 지원은 아주 어린 아기의 통증관리에도 도움이 된다. 중요한 가족 구성원인 부모와의 기본 애착의 중요성은 특히 이런 치료 중에 큰 역할을 한다. 부모나 주양육자(보통 조부모)의 치료 관찰기록 참여를 적극 환영한다.

고통스러운 의료 과정 중 사용된 다감각적 도구

다감각적 기법의 활용에는 다음과 같은 특정 도구가 포함된다.

1. 접촉 — 마사지, 리듬에 맞추어 안고 흔들어주기
2. 호흡 인식
3. 스토리 만들기(걸음마 단계 아기들)
4. 녹음된 음악 — 편안하고 리듬감 있는 음악
5. 악기 — 드럼, 오션드럼, 레인스틱(빈 대롱에 속을 넣어 흔들면 빗소리가 나는 막대), 음막대(tone bar)
6. 통증을 통한 발성
7. 치료사의 음성 활용(발성, 톤, 단어 선택) — 위로가 되고, 높낮이 가락이 있는,

최면적인, 공감적인, 아동의 고통스러운 발성에 맞추거나 단조롭고 반복적인 발성

8. 천과 같은 물리적인 도구—스카프, 솜인형, 작은 플라스틱 동물 모형, 담요, 집에서 가져온 다른 물건들, 시각적 도구(형광봉, 부드러운 실내조명, TV나 컴퓨터 스크린의 시각자료)

9. 의료 도구—산소, 냉온 패드, 차가운 음료

10. 부모의 도움과 참여(부모에게 기술을 가르치는 것을 포함함)

복합적인 사례

다음에 묘사되는 내용은 이런 도구들이 통증관리에 어떻게 사용되었는지 가장 잘 보여주는 사례들이다. 다시 한 번 말하지만 이런 사례들은 여러 무용/동작치료 세션을 복합해 제시하는 것이다.

사 · 례 · 연 · 구

어니스트(24개월)

어니스트는 특정 치료에 대한 고통을 참기 힘들어하고 있었다. 이 치료에는 50분이 걸렸으며 상체의 의료포트를 통해 약물이 주입되는 과정에 걸리는 시간이다. 이 치료는 거의 모든 아이에게 매우 고통스럽다고 알려져 있으며 출산의 고통에 견줄 정도의 고통이라고 한다. 통증 완화를 위해 여러 가지 진통제를 투여하는 것이 일반적인 방법이지만 완전히 고통을 가시게 해주지는 못한다. 어니스트의 엄마에게는 아들이 이런 고통을 겪는 것을 보는 것은 특히 힘든 일이었고 무력감을 남겼다. 힘든 날에 20~30분 동안 계속되는 극도로 고통스러운 순간 동안, 어니스트는 울고 비명을 지르며 팔다리를 모아 공처럼 구르고 차고 숨을 참았다. 숨을 참는 것은 산소량을 떨어뜨려 추가적인 치료를 요청하게 만들기 때문에 특히 문제였다.

나는 치료 시간에 들어가 어니스트와 색색의 얇은 스카프를 가지고 놀이를 시작했다. 우리는 팔로 물결치듯 위아래로 부풀어 올리고 어니스트의 발로 스카프를 차게 해서 팔다리를 활발하게 움직일 수 있게 도왔다. 신체를 움직이면서 다른 활동을 하게 하는 것이 도움이 되었다. 우리는 깊게 숨을 들이마시고 스카프를 불면서 바람의 이미지를 상상했고, 팔을 양옆으로 활짝 펴서 새의 날개처럼 휘저었다. 진한 파란색의 스카프를 어니스트가 발로 차면서 대양의 파도를 넘어갔다. 나는 때때로 아이의 발을 손으로 맞잡고 눌러서 더 세게 발을 찰 수 있게 자극했다. 어떤 때에는 행동을 좀 느리게 하고 부드럽게 숨을 쉬면서 바다의 파도 위에 둥둥 떠 있었다. 그리고 하늘을 향해 날아올라 새처럼 자유롭게 날았다.

(계속)

이런 활동들이 아이의 상상력과 정신을 자극했고, 우리는 또한 고통이 찾아오는 순간 떠올릴 수 있는 심리적, 감각적 인상들을 만들어가고 있었다. 나는 배경으로 오케스트라의 연주가 깔린 파도 음악을 틀었다. 엄마는 이 모든 놀이에 동참했다. 어느 순간 어니스트의 동작에 활기가 덜해지더니 갑자기 그치고 발을 자기 몸 쪽으로 끌어당겼다. 이것은 갑작스럽게 일어났다. 아이는 갑자기 조용해지더니 엄마에게 의자에 앉아 무릎에 자기를 올려놓고 안아달라는 동작을 취했다. 나는 엄마에게 어니스트를 짧고 단조롭게 규칙적인 박자로 안아 흔들어주라고 안내했다. 어니스트는 신음하기 시작했다. 나는 신음소리를 미러링하며, 톤의 길이를 조금 늘려서 살짝 변화를 주고 지속적으로 소리를 내며 깊은 숨을 쉬는 등의 변화를 주었다. 어니스트는 나의 톤에 맞추어 울음소리를 내었으며 엄마도 따라했다. 우리는 음악에 맞추어 함께 몸을 흔들며 청각적, 전정신경적, 촉각적인 자극을 제공했다. 어니스트는 리듬에 맞추어 잠시 진정되기 시작하다가 다음 순간 격렬한 고통을 느꼈다. 격렬하게 다리를 버둥거리면서 다리 쪽에 통증을 느낀다는 것을 암시했다. 나는 손을 뻗어 발을 밀어주었고 아이는 금방 반응했다. 우리는 강렬한 밀기 리듬을 만들었고 아이는 곧 다시 긴장을 풀고는 엄마가 몸 전체를 안고 다시 흔들기 시작하자 곡조를 띤 신음소리를 내는 것으로 돌아갔다. 이번에 어니스트는 눈을 감고 좀 더 깊이 자리를 잡은 것처럼 보였다. 이것은 몸 전체에서 관찰할 수 있었는데 엄마의 몸 형태에 그대로 깊이 달라붙어서 엄마를 꼭 끌어안았다. 모든 감각적인 자극을 흡수하고 거기에 집중하면서 아이는 마치 명상 상태인 것처럼 보였다. 거의 잠든 것처럼 보였지만 잠들지 않았다. 이것은 다음에 일어난 사건으로 확인할 수 있었다. 간호사가 보통 치료 시점에서 하는 대로 두 번째 진통제를 주사해줄지 물어보러 들어왔다. 엄마는 두 번째 진통제 주사를 거절하며 어니스트가 '고통을 통과하고' 있음을 느꼈다. 이 순간적인 대화 때문에 엄마가 몸을 흔드는 것을 멈추었다. 어니스트는 눈을 뜨고 동요하며 칭얼거리기 시작했다. 감각적인 자극 중 하나가 순간적으로 멈추자 즉각적인 반응을 보였다는 것은 아이가 각각의 요소에 깊이 몰입해 있다는 것을 말해주었다. 각각의 감각요소들은 총체적으로 아이가 편안하고 고통에서 벗어난 상태로 있을 수 있게 해주었으며, 고통을 차단하고 아이의 관심을 돌릴 수 있는 완벽한 감각적 환경을 만들어주었다.

　　아이와 엄마는 계속해서 나머지 치료 시간에 이 상태를 유지했으며 나는 뒤에서 그들을 안고 흔들며 발성과 함께 엄마와 어니스트에게 속삭이며 안심시켰다. "깊이 숨을 들이마시고 내쉬고 잠이 들어요… 들이마시고 내쉬고… 쉬어요… 엄마 품에서 너는 안전하고 편안하단다. …" 모자는 모두 차분하고 편안한 상태로 서서히 잠들었다. 치료는 이렇게 평화로운 상태에서 끝났다. 그들은 평화롭고 서로가 결속되어 있음을 느꼈다. 그날 저녁 엄마는 어니스트가 이전 치료에서보다 훨씬 쉽게 전의 활동적인 모습을 빨리 되찾았다고 보고했다. 그들은 고통과의 싸움에서 승리를 통해 힘을 얻었고, 경험을 통해 이제 다음번에는 치료를 이겨낼 수 있는 수단을 갖고 있다고 느꼈다. 우리의 다감각적 활동은 매 치료 시간마다 적용하고 매일 밤 연습하는 의식이 되었다.

자바(5세)

자바는 외국에서 와서 영어를 몇 마디밖에 하지 못한다. 그는 어니스트가 받았던 것과 동일한 치료를 받으며 고통을 다스리려고 열심히 노력했지만 어려움을 겪고 있었다. 평소에는 강해 보이는 사교적인 소년으로 자신이 고통을 감내하지 못한다는 사실에 당황하면서 고통을 참지 못하는 자신의 무능력에 매우 실망스러워하고 있었다. 이런 괴로운 생각에 깊이 사로잡혀 치료를 시작할 때 아이는 매우 조용했다. 나는 안에 들어 있는 작은 금속 구슬들이 보이는 큰 북인 오션드럼을 꺼냈다. 드럼 천을 따라 구슬이 한쪽에서 다른 쪽으로 빠르게, 느리게, 그 중간 속도로 구르며 파도 소리를 만들어냈다. 어떻게 연주하느냐에 따라 잔잔하게 흔들리기도 하고 세차게 몰아치기도 했다.

자바는 드럼을 두드리고 구슬을 흔들었다. 이 부서지는 소리에 힘을 얻은 것처럼 느끼는 듯 보였으며 매우 활기차게 놀이를 하기 시작했다. 어느 순간 우리는 오션드럼의 표면을 입으로 불기도 하고 안의 구슬을 손으로 톡톡 치면서 입으로 바람을 불기도 했다. 마치 최면에 걸린 것 같았다. 자바는 힘차게, 멈추지 않고, 오래 입바람을 불 수 있었다. 스스로에게 깊이 빠져 있는 것처럼 보였다. 고통이 찾아왔을 때 아이는 엄마의 무릎을 베고 누웠다. 엄마는 둥글게 등을 문질러주고 때로는 머리도 쓰다듬어주며 튜브에서 나오는 차가운 산소를 머리 위에 빙글빙글 뿌려주었다.

다감각적인 춤은 엄마와 함께 조용히 청각적, 전정신경적, 촉감적인 자극을 주면서 발전하기 시작했다. 나는 방 안에 좀 더 많은 소리 층을 더했다. 오션드럼을 머리 위에서 굴리고 머리 위, 옆쪽에서 대칭적으로 흔들고 아이의 앞에서도 흔들었다. 그리고 나는 조용히 녹음된 자장가 테이프를 틀고 간헐적인 아이의 신음에 맞추어 곡조를 띤 소리를 내었다. 이 공명은 방 전체를 울렸다. 나는 아이의 발을 주무르고 아이가 발을 움직이고 찰 때마다 계속해서 반대로 밀어 저항력을 더해주어 꼬리뼈부터 발꿈치까지 전체적인 신체 활동을 하도록 만들었다. 몸을 주무르면서 엄마와 나는 우리의 호흡 흐름을 통해 아이를 자극해서 따라할 수 있게 했다.

이후 치료를 회상해보았다. 나의 경험을 목격하면서 노트에 다음과 같이 기록했다 — 이 감각적인 자극의 층을 만드는 것은 추가된 다감각적 자극이 안정적인 흐름과 같은 리듬을 띠어야 하는 것만큼이나 매우 중요하게 보인다. 우리는 진정으로 완전한 감각적 환경을 만들어내고 있다. 이 치유적인 다감각적 자극은 자바가 치료의 고통스러운 통증감각에 맞서고 또 주의를 다른 곳으로 돌릴 수 있도록 해주었다.

결론

무용/동작 심리치료의 접근방법은 수많은 분야의 연구, 특히 초기 아동발달에서 동작과 비언어적인 의사소통의 중요성을 지지하는 연구와 이론에 중점을 두고 통합적으로 발전해왔다. 우리의 신체는 우리의 경험을 말해준다는 생각을 통해 수립되었으며 (Tortora, 2004), 이런 경험은 신생아가 신체감각이 발달함에 따라 세상을 인지하기 시작하는 것처럼 인생을 시작하는 시점에서부터 축적되기 시작한다. 이 원리는 모든 아동의 신체감각, 반응, 표현, 경험은 섬세하게 자극을 받아들이는 아동의 신체로부터 온다는 것, 이러한 자극들이 초기 자아경험이며, 이런 신체 경험들은 자신이 누구인지 정의하고 자신이 누구인지에 대한 지속적인 정보를 준다는 것을 강조한다. 이러한 이해를 바탕으로 개입은 다음 내용에 중점을 둔다 — (1) 아동의 신체감각이 아동의 경험에 어떠한 영향을 미치는가, (2) 아동의 비언어적 유형이 어떻게 '아동의 존재 전체'에 영향을 주고 자아, 감정, 사회적, 지능적, 신체적, 의사소통적 측면의 발달에 영향을 주는가, (3) 자아의 모든 측면을 통합하는, 보다 복잡하고 기능적인 적응행동 및 관계 유형의 발달을 지원하기 위해 아동의 비언어적인 스타일에 반영된 신체감각이 어떻게 변형되고 정교해지는가, (4) 다감각적 경험의 역할에 대한 이해가 어떻게 어린 아동이 의학적인 치료 과정에서 겪는 고통을 이겨내는 데 활용될 수 있는가. 비언어적 관찰, 음악, 무용, 동작, 신체 자각과 놀이는 훈련받은 심리치료사가 유아의 성장과 변화를 가장 효과적으로 지지하는 데 활용할 수 있는 무용/동작치료 방법의 핵심적인 개입이다.

참고문헌

Adler, J. (1987, Winter). Who is witness? *Contact Quarterly XII*, 1, 20–29.

Adler, J. (2002). *Offering from the conscious body: The discipline of authentic movement*. Rochester, VT: Inner Traditions.

Ainsworth, M. D. S. (1978). *Patterns of attachment: A psychological study of the Strange Situation*. Hillsdale, NJ: Erlbaum.

Appelman, E. (2000). Attachment experiences transformed into language. *American Journal of Orthopsychiatry, 70*, 2, 192–202.

Bartenieff, I., & Lewis, D. (1980). *Body movement: Coping with the environment*. New York: Gordon and Breach.

Beebe, B., & Lachmann, F. (2002). *Infant research and adult treatment: Co-constructing Interactions*. Hillsdale, NJ: Analytic.

Bowlby, J. (1969). *Attachment and loss: Vol. 1. Attachment*. New York: Basic Books.

Bucci, W. (1993). The development of emotional meaning in free association. In J. Gedo & A. Wilson (Eds.), *Hierarchical conceptions in psychoanalysis* (pp. 3–47), New York: Guilford Press.

Egeland, B., & Erickson, M. F. (1999). Findings from the parent–child project and implications for early intervention. *Zero to Three: Bulletin of National Center for Clinical Infant Programs,* 20, 2, 3–16.

Gaensbauer, T. J. (2002). Representations of trauma in infancy: Clinical and theoretical implications for the understanding of early memory. *Infant Mental Health Journal,* 23, 3, 259–277.

Gaensbauer, T. J. (2004). Telling their stories: Representation and reenactment of traumatic experiences occurring in the first year of life. *Zero to Three,* 24, 5, 25–31.

Gorfinkle, K. (1998). *Soothing your child's pain: From teething and tummy aches to acute illnesses and injuries—How to understand the causes and ease the hurt.* Lincolnwood, IL: Contemporary Books.

Hofer, M. A. (1981). *The roots of human behavior: An introduction to the psychobiology of early development.* San Francisco: W.H. Freeman.

Kabat-Zinn, J. (1990). *Full catastrophe living: Using the wisdom of your body and mind to face stress, pain, and illness.* New York: Bantam Doubleday Dell.

Laban, R. (1976). *The language of movement.* Boston: Plays, Inc.

Olness, K. (1996). *Hypnosis and hypnotherapy with children,* 3rd ed. New York: Gilford.

Piaget. J. (1962). *Play, dreams and imitation in childhood.* New York: Norton.

Piaget, J. (1970). *Science of education and the psychology of the child.* New York: Penguin Books.

Piaget. J., & Inhelder, B. (1969). *The psychology of the child.* New York: Basic Books.

Porges, S. (2004, May). Neuroception: A subconscious system for detecting threats and safety. *Zero to Three,* 24 (5), 19–24.

Stern, D. (1977). *The first relationship: Infant and mother.* Cambridge: Harvard University Press.

Stern, D. (1985). *The interpersonal world of the infant.* New York: Basic Books.

Stern, D. (2004). *The present moment in psychotherapy and everyday life.* New York: Norton.

Thelen, E., & Smith, L. (1994). *A dynamic systems approach to the development of cognition and action.* Cambridge, MA: MIT Press.

Tortora, S. (2004a). Our moving bodies tell stories, which speak of our experiences. *Zero to Three,* 24 (5), 4–12.

Tortora, S. (2004b). Studying the infant's multisensory environment: A bridge between biology and psychology: An interview with Myron Hofer. *Zero to Three,* 24 (5), 13–18.

Winnicott, D. W. (1982). *Playing and reality.* New York: Tavistock.

제10장

희망으로 춤추기

치매 환자와 함께하는 무용치료

Heather Hill

> 이곳에 들어오는 이들이여 모든 희망을 버릴지어다.
>
> — 단테, 『신곡』

20세기 후반 이래 알츠하이머는 암과 함께 우리 시대의 가장 큰 위협 중 하나가 되었다. 어쩌면 암보다 더 큰 위협이 되었는지도 모른다. 왜냐하면 암은 신체를 공격하는 병리학적 과정인 데 반해, 알츠하이머는 인류의 가장 핵심이 되는 정신을 공격하는 과정이기 때문이다. 알츠하이머는 신체의 죽음이 아니라 우리 자신의 죽음을 가져온다.

그동안에는 정부 보조가 많은 부분 뒷받침해온 연구와 실습으로 치매 치료에서 생화학적 치료가 지배적이었다. 그러나 지난 20년간은 심리사회적 접근, 특히 인간중심의 치료가 생화학적 치료에 대한 도전이 되어 왔다. 이 두 접근법은 치매와 치매 환자 그리고 치료의 초점에 대해 아주 다른 관점으로 바라본다.

치매와 알츠하이머에 관한 생화학적 관점

알츠하이머는 최소 60가지 다른 종류의 치매 중 하나지만 가장 흔한 종류이기도 하다. 지난 세기에 알로이스 알츠하이머(Alois Alzheimer)가 이를 식별한 이후, 알츠하이머는 일반적 노화라고 여겨져온 노인성 치매와는 다른 비교적 젊은 세대(중년)에게 나타나는 희귀한 병리 과정(초로성 치매)으로 간주되다가 점점 더 많은 노인들이 희생양이 되고 있는 질환으로 이해되고 있다. 이는 노인 인구의 증가와 함께 악화될 수밖에 없는 진정한 유행성 질환으로 이해되고 있다. 생화학적 관점에서 치매의 핵심 측면은 다음과 같다.

치매의 이해

치매는 뇌의 병리학적 변화의 결과로 이해되고 있다. 이는 한 번 진행되면 돌이킬 수 없다. 치매 환자는 정신, 사회, 신체 모든 면에서 불가피하게 그 기능을 점진적으로 잃어간다. "알츠하이머는 우리를 우리 자신이게 하는 뇌세포 간의 필수적 교신을 점차 중단시킨다."(Snowdon, 2001, p. 93)

치매 환자

이런 관점에서 보면 치매는 한 인간, 자아가 없어지는 것이다. 치매가 진행된다는 것은 아무것도 남지 않을 때까지 그 사람이 조금씩 분해되거나 해체되는 것을 의미한다. 킷우드(Kitwood)는 이를 '육신을 떠나버린 죽음'이라고 했고(Kitwood, 1997), 사이먼즈(Symonds)는 '자신의 전적인 분리'라고 했다(Symonds, in Gidley & Shears, 1987). 그러므로 환자는 이 병리학적 과정에 대항할 수조차 없는 희생양이고 환자의 행동은 단순히 그 병의 증상이라고 할 수 있다.

치매 환자 치료의 초점

현재 치매의 진행을 더디게 해서 입원을 조금 연기할 수 있도록 치매 초기 환자에게 줄 수 있는 약이 있다. 그러나 치료약은 없으며, 일단 입원을 하게 되면 환자에게 할 수 있는 것은 환자를 자해로부터 보호하거나 약물을 통해 문제 행동을 통제하는 등 신체적으로 보호해주는 것만이 최상이다.

최근 사교 활동, 예술치료 등 삶의 질을 높여주는 활동의 필요성에 대한 인식이 높아지고 있기는 하나, 이는 본질적으로 신체적 돌봄과 증상의 억제를 목표로 하는 돌봄에 추가되는 부수적인 수단에 그치고 있다.

개인적 여정 : 치매 안에서 사람을 발견하기

무용치료사로서의 나의 첫 직장은 전통적인 정신병원이었다. 그곳은 지루하고 음울했으며 불안한 듯이 왔다 갔다 하거나 앉아 있는, 마치 영혼이 없어 보이는 노인들이 잔뜩 모여 있는 곳이었다. 장소와 진단명이 주는 우울함으로 가득한 곳이었음에도 불구하고 바로 그곳에서 치매 환자들을 위해 일해야겠다는 내 일생의 열정이 시작되었다. 나의 무용치료 시간은 창의적이고 유머러스했으며 감정과 열정이 가득했다. 나는 그곳에서 사람들을 발견했다. 치매 환자들과의 춤은 내게 가장 흥분되고 도전적이며 예술적인 무용치료의 한 분야가 되었다. 그러나 이 모든 일은 대체로 아무런 희망이 없는 가운데 이루어졌다.

'자신을 잃어버린' 것처럼 보이는 사람들 안에서 금을 찾는 것과 같은 일은 나의 무용치료 교육과 개인적 철학으로 보면 충분히 가능한 일이지만 당시 지배적이었던 치매 치료 방법의 관점에서는 말도 안 되는 일처럼 보였다. 그래서 인간중심치료에 대한 킷우드(1997), 개럿과 해밀턴-스미스(Garratt & Hamilton-Smith, 1995)의 연구에 대해 알게 되었을 때 나는 몹시 흥분되었다.

인간중심치료는 뇌 병리학의 중요성을 인정하면서 개인적 경험, 대처 방식, 성격, 문화, 현재 환경 그리고 가장 중요한 요소인 돌보는 사람과의 현재 관계 등 다른 많은 요소도 치료에 영향을 끼친다고 주장한다. 인간중심치료를 주장하는 연구자들은 치매 환자의 자아는 사실 계속 존재하며 주위의 도움으로 인해 건강 상태에 이를 수 있다고 믿는다. 또한 환자를 자신의 세상을 이해하기 위해서 노력하는 적극적인 참여자라고 본다. 환자의 행동이 우리에게는 의미 없어 보일지라도 그의 해체되고 혼란스러운 현실을 고려한다면 매우 의미 있는 일일지 모른다. 환자가 처한 현실로 들어가 함께 현실을 창조함으로써 의미와 건강을 되찾고자 하는 그들의 노력을 지지해줄 수 있을 것이다. 이러한 접근은 단지 환자 자신에게 희망을 심어줄 뿐만 아니라 환자의 인생이 달라지도록 도울 수 있는 보호자에게도 희망을 줄 것이다.

따라서 킷우드(1997)는 인간중심 관점에서 볼 때 치매 치료의 핵심적인 심리적 임무는 환자의 인간성을 유지하는 것이라고 주장한다. 물론 이는 최상의 신체적 돌봄을 포함하지만 정서적·사회적 돌봄을 부수적인 것이 아닌 동일하게 중요한 것으로 본다.

나는 치매 환자를 위한 무용치료를 하면서 내가 경험한 것의 의미를 이해할 수 있게 해준 이 인간중심 철학을 기쁨으로 받아들였다. 무엇보다도 인간중심 철학은 한 개인으로서 그리고 무용치료사로서 나의 믿음과 가치에 딱 들어맞았다. 무용치료와 인간중심치료는 많은 공통점을 가진 듯했다.

- 진단명보다는 사람과 함께 일하고, 관리하거나 통제하기보다는 촉진하는 전반적으로 인본주의적이고 전체론적인 접근이다.
- 치매를 가진 사람을 인지능력과 상관없이 창의적인 개인으로 인식하고 받아들인다. 치매를 가진 사람을 환자나 희생자보다는 적극적인 참여자로 본다.
- 그 사람의 현실을 받아들이고 그 현실과 함께 작업한다.
- 존재와 자신을 사용하는 관계를 소중히 함으로써 다른 사람의 건강과 성장을 촉진한다.

인간중심치료에 참여함으로써 나는 치매를 위한 무용치료사로서 내가 하고 있었던 일의 핵심에 더 집중할 수 있게 되었다. 그것의 본질은 자아감에 집중하는 것이었다. 그것은 모든 치료 작업 안에 분명히 존재하고 있었으나 치매에서는 극히 어려웠던 부분이었다. 이로 인해 나는 무용치료가 개인의 자아감을 키우고 건강 유지를 도움으로써 인간성의 유지라는 전반적인 목표에 기여한다고 보게 되었다. 이렇게 더 넓은 틀 안에서 나의 무용치료 원리를 통합함으로써 더 명확한 초점을 갖게 되었을 뿐만 아니라 내가 이미 하고 있던 작업을 확장할 수 있게 되었다.

인간중심 틀 안에서 무용치료를 통한 치매 치료

인간중심치료의 주요 목적은 인간성의 유지이며 이는 두 부분으로 나뉜다. 첫째는 치매 환자의 자아를 지지하고 돌보기이고, 둘째는 건강하다는 감각을 느끼도록 격려하기다. 실제로 이 둘은 분리되지 않고 온전히 연결되어 있다. 강한 자아감은 한 개인의 건강에 없어서는 안 되는 요소이기 때문이다.

이 절에서는 무용치료와 인간중심치료 이론에 근거해 치매 분야에서 발전된 무용치료 실제에 대해 설명하겠다.

공간 : 자기 자신이 되는 공간

저 작은 방이 우리에게 자신이 될 수 있는 모든 공간을 마련해주었다.

― 요양원 거주자

개럿과 해밀턴-스미스(1995, p. 33)는 치매 과정 가운데 발생하는 자아의 구조와 그로 인해 대면하게 되는 도전(괄호 안에 작성)에 대해 다음과 같은 의견을 냈다.

- 정체성(나는 누구인가?)
- 중요 인물들과의 관계(내게 중요한 사람들은 어디 있는가?)
- 기억(기억이 나질 않는다 ― 기억의 파편들)
- 자존감(나 자신이 쓸모없고 나 자신 같지 않으며 의존적으로 느껴짐)
- 현실 지향(나는 어디에 있고 왜 나는 여기에 있는가?)
- 능력(왜 나는 그것을 하지 못하는가?)

자신과 자신이 살고 있는 세계가 온통 의문투성이고 파편화되어 있으며 의미 없는 바로 그곳이 치매 환자들이 살고 있는 '공간'이다.

무용치료사로서 우리는 그들을 다른 공간으로 데려와야 한다. '무용 공간'을 창조하는 것이 무용치료 작업의 초석이다. 변화의 가능성을 허용하고 촉진하는 안전하고 수용적인 환경을 제공해야 한다. 치매 환자에게 이것은 초점이 있으며 사람을 담아주고 지지해줄 수 있는 환경, 파편화된 공간이 아닌 일관성이 있는 공간을 의미한다. 이는 그 사람과 그의 현실을 수용하고, 그들로 하여금 안전한 한계 안에서 자신을 드러내고 표현하고 의사소통하게 하도록 하는 자유를 주며 또 그렇게 하도록 초대하는 공간이다. 라반 용어로 표현하면 이 공간을 지배하는 움직임의 특성은 마술적 충동(spell drive, 무게, 공간, 흐름)이 될 것인데, 매력적이며 사람을 끌어당기고 흘러 들어오며 붙들어 이들을 하나로 묶는다. 이는 존재(무게, weight), 강한 집중(공간, space), 사람을 끌어당기는 계속되는 자석 같은 에너지다. 그럼으로써 그것은 파편화된 자아에게 강력한 지지 환경을 제공한다.

치료사와의 관계

치매에 있어서 기술과 지식의 가치와 필요 못지않게 치료사가 자신의 전적인 인간성 안으로 들어가고자 하는 의지가 가장 중요하다. 킷우드(1997)는 부버(Buber)의 말을 빌려 나-그것 관계가 아닌 나-너 관계의 필요성에 대해 말한다. 나-너 관계는 서로 나란히 걷는 동등한 관계임을 강조한다(Buber, 1965). 사람이 자신을 '통합'할 수 있는 것은 나-너 관계를 통해서이다.

무용치료사와의 신뢰관계와 움직임의 흐름을 통해 개인은 이 관계를 넘어 다른 이들과의 관계에 도달할 수 있다. 사회적 경험의 촉진은 확실히 무용치료 세션의 목적 중 하나이다.

자기 돌보기

킷우드(1997)는 인간성과 건강을 강화하는 행위들을 발견하고 '긍정적 인간 작업 (Positive Person Work)'이라 불렀으며, 이러한 행위는 인식, 협상, 협력, 놀이, 감각작업, 축하, 휴식, 확인, 지지, 촉진이다. 이 외에도 치매 환자 중 일부에게는 창조와 제공 또한 추가한다. 이 두 가지를 통해 치매 환자에게 받는 것만큼이나 주는 것 또한 중요하다는 것을 알 수 있다. 무용치료 세션에는 킷우드가 제안한 개입이 다음과 같은 주요 활동에 명백히 드러난다.

- 개인 간의 충분한 인사를 포함한 긴 워밍업과 천천히 진행되는 전체 그룹 워밍업. 2/4박자 또는 4/4박자의 리듬 있는 음악 또는 3/4박자의 왈츠가 최상의 효과를 주는 듯하다. 세션은 긴 작별인사로 마무리한다.
- 신체와 자기인식. 움직임, 터치해주기와 터치 받기를 통해 자신에 대한 느낌을 촉진한다.
- 숨쉬기와 스트레칭을 통해 자신의 개인공간과 공간 안에서의 자신을 사용해 자아감을 확장함으로써 조절하고 지배한다.
- 밀기, 당기기 등 힘(라반의 무게 요소)의 사용을 통해 자신을 느낌. 노인들은 자신

의 원기와 힘을 발견하고 보여주는 데 기쁨을 느낀다.

- 목소리를 사용해 "나 여기 있어요!"라고 주장하기.
- 노래하기. 그룹이 함께 노래하는 문화는 사람들을 하나로 묶고 움직임을 장려한다.
- 사람에게 집중하고 머무르게(신체로 자아감을 느낌) 하고 감각 계발을 위한 소도 구 사용하기. 밝은색의 스카프나 훌라후프는 주의를 집중시키고 다른 사람들과의 물리적 연결고리를 제공한다. 잘 늘어나는 재료는 당김, 멀어짐과 같은 다양한 관 계를 탐색하도록 도와준다. 내가 발견한 가장 유용한 소도구 중 하나는 큰 파란색 라이크라(신축성이 좋은 인조섬유 — 역자 주) 천 조각이다. 이것은 그룹을 위해 눈 에 보이는 연결고리와 집중의 대상으로, 그룹의 호흡 경험에 형태를 부여해주는 '파란 페'로, 자꾸 변화하는 기분을 바다라는 환경에 비유하는 것으로 활용된다.
- 의사소통과 존재감을 촉진해 사람들의 상호관계 참여를 돕고 해소와 이완을 가능 케 하며 그 순간에 집중하게 하기 위한 흐름 활동. 박수치기, 흔들기, 각자 그리고 파트너와 함께 신체 흔들기, 스카프나 사리를 활용한 무용 등이 포함된다.
- 집중과 응집을 격려하는 무용/동작의 사용 — 공간, 리듬, 신체 접촉 등의 직접적 인 사용.
- 사람들에게 보이고 인식됨. 내 치료 세션의 중요한 부분 중 하나는 그들이 창조한 움직임을 나머지 사람들에게 보여주도록 하는 것이다.
- 위에서 말한 방법 또는 모든 가능한 방법으로 사람을 확인하고 인정하기. 예를 들 어 그룹 안에서 자신의 움직임 아이디어를 사용하기, 개인적 기억에 다가가기, 참 여자들이 언어뿐만 아니라 움직임을 통해 함께 경험을 나누도록 격려하기.
- 드러나는 감정을 그대로 받아들이기. 행복한 감정과 유머 이외에 슬픔, 향수와 같 은 감정도 있다. 사람은 두 가지 감정을 모두 표현하고 느낄 수 있어야 한다.
- 치매 환자를 환자가 아닌 춤 파트너로 인식하는 것이 아주 중요하다. 어떤 사람은 제대로 참여하기 위해 누군가의 도움을 필요로 할지라도 마찬가지다.
- 좀 더 중증 치매 상태인 환자들과의 세션은 그룹 안에서도 일대일로 함께해주어 야 한다는 것을 의미한다. 많은 부분의 활동이 개개인과 이루어지는 상황일지라 도 무용치료사는 이것이 그룹과의 사회적 활동임을 잊어서는 안 된다. 그룹이 어 떻게 하느냐에 따라서 시간이 길어질 수도 짧아질 수도 있지만 나는 한 시간 정도 를 기준으로 한다. 노인들에게는 인사 시간이 더 많이 필요하기 때문에 실제 움직

임 활동에는 45분밖에 할애하지 못할 때도 있다. 보다 격렬한 활동들 사이의 회복 시간을 허락하기 위해 활동의 속도와 짜임새는 매우 중요하다. 그러나 노인들이 소유한 에너지와 열정을 과소평가해서는 안 될 것이다.

건강의 촉진

킷우드(1997)는 특별히 치매로 인해 위험에 처한 인간의 기본적 필요를 다음과 같이 정리했다.

애착
정체성
안위
의미 있는 직업
사랑과 관련된 모든 것

확실히 무용치료는 사람을 인정하고 개인적으로 의미 있는 것을 일깨우는 활동을 제공함으로써 안전감과 소속감을 느끼게 해주는 공감적이고 지지적인 관계를 통해 위와 같은 필요를 충족해준다. 위에 언급한 것을 보다 명확하게 보여주기 위해 나의 석사 논문 주제였던 치매 환자와의 무용치료 사례연구를 제공하겠다. 지금도 마찬가지지만 대부분의 치매 연구에서 치매 환자의 목소리는 배제되어 있었기에 이 연구는 의도적으로 무용치료의 임상적 이점보다는 한 여인의 경험에 초점을 두었다.

사 · 례 · 연 · 구

벽장에서 밝음 속으로

이 연구는 노인정신병원 환자였던 86세 치매 환자 엘시와 진행한 4세션 개별 무용치료에 대한 현상학적 연구이다. 나는 일부러 사전에 계획을 세우지 않고 일어나는 상황에 따라 즉흥적으로 작업을 하기로 했다. 음악치료사는 주로 우리의 움직임 상호작용을 관찰하면서 즉흥 연주를 해주었다. 매 세션이 끝나고 몇 시간 뒤 나는 엘시와 앉아 우리가 함께했던 세션의 녹화 비디오를 보았다. 그리고 그 비디오 보는 장면을 다시 촬영해 엘시가 본 것에 대해서 언어적으로, 비언어적으로 어떻게 반응하는지를 관찰했다. 녹화된 비디오를 보는 것은 엘시에게 무용치료 시간에 자신이 무엇을 했는지 돌아보게 했다. 이런 반응은 엘시에게 질문만 해서는 얻기 어려운 것이었다. 수집된 정보 중에서 나는 연구를 위해 첫 번째 세션에서 일어난 중요한 순간들을 선택했고, 그 외에 녹화된 비디오를 함께 본 모든 장면의 전사 자료를 토대로 엘시의 경험에 대한 결론을 이끌어냈다. 첫 번째 세션을 심층 연구하기로 한 선택은 옳았다. 그 세션에는 무용을 통한 관계의 발전과 엘시가 시작한 여정이 명확히 드러나 있었다. 엘시는 그날 나를 만나러 올 때 조금 피곤한 상태였고, 그녀가 연구에 참여하기로 선택했지만 그럼에도 불구하고 나는 그녀에게 그런 결정을 내리도록 한 데 약간의 죄책감을 느꼈다. 동시에 과연 이 시간을 통해 내 연구에 필요한 자료를 얻을 수 있을까 하는 몹시 불안한 마음도 있었다. 만약 실패하면 죄책감이 훨씬 더 커질 것이기 때문이었다. 그러는 동안 엘시는 피곤을 무릅쓰고 내게 도움이 되고자 노력했다. 우리가 마음을 내려놓고 (신체적으로 깊은 한숨과 쓰다듬음을 통해서) 피곤하다는 것과 어쩌면 아무 일도 일어나지 않을 수 있다는 사실을 받아들이는 순간 무언가가 일어나기 시작했다. 엘시는 마치 자신과 나를 시험이라도 하듯 밀고 당기는 움직임을 하였는데, 거기서 보이는 지배적인 움직임 특성은 힘이었다. 이 힘(strength)이 흐름(flow)으로 녹아들면서 결국 힘은 저절로 해소되었다. 우리는 아주 가끔씩만 움직였지만 그저 함께 있음으로써 강하게 연결되었고 음악이 지지 환경의 역할을 했다.

첫 번째 세션의 중요한 순간들에 대한 개관

처음의 중요한 두 시점에서 관계, 피곤, 에너지의 폭발, 강함의 시험, 유머 등의 요소가 나타났는데, 이 요소들은 이후 마지막의 중요한 순간에 보다 더 충분히 탐색되었다. 초기 단계에서는 피곤함 때문에 유머, 접촉, 힘에 반응하려는 엘시의 자연적 충동이 방해를 받았다. 나와 엘시가 이 피곤함을 수용한 것이 바로 그 힘으로부터 엘시를 자유롭게 하고 우리 사이에 보다 동등한 관계를 확립한 것으로 보인다. 이러한 자기수용과 나와의 신뢰관계 없이는 아마 엘시가 마지막의 중요한 순간에 일어났던 보다 모험적인 시험을 할 수 없었을 것이다.

세 번째 중요한 순간에 엘시는 자신과 나를 충분히 시험했으며 자신의 행동을 완전히 통제할 수 있었다. 그녀는 자신이 에너지가 넘치고 강하며 유머러스한 사람으로서 그렇게 자신을 통제할 수 있음을 즐기면서도 그 힘을 자신 있게 나눌 수 있음을 보여주었다. 세션의 최종 해답은 친구가 되는 장면에서 나왔는데, '존재함'이라는 말 그대로였다. 더 이상 뭔가를 하거나 행동하거나 시험하거나 증명할 필요가 없었다. 거기에는 단지 서로와 자신을 수용함만이 있었다.

엘시는 이 세션에서 중요한 여행을 했다. 그녀는 처음처럼 더 이상 피곤하지도 불확실하지도 않았다. 피곤함 자체는 더 이상 그녀의 적이 아니었다. 피곤함은 수용되고 이완과 존재의 안락함으로 변화되었다. 엘시는 더 이상 환자도 따라오는 자도 아니었으며 우정의 동등한 파트너였다(Hill, 1995 p. 60). (여기서 '우정'이란 둘 사이의 동등하고 상호적인 관계를 나타낸다.)

이 경험을 통해 분명히 드러난 것은 이 무용관계를 통해 엘시는 보다 '함께'할 수 있었고 더 확신에 찼으며 강한 순간들을 경험할 수 있었다는 것이다. 나는 이 순간들이 엘시가 자신과 그리고 나와 온전히 함께할 수 있었던, 온전히 함께 춤에 몰입할 수 있었던 순간들이라고 믿는다. 비디오를 함께 감

(계속)

상한 세션을 기록한 자료를 통해 나는 이 짧은 순간들의 특성을 넘어선 과정에 다가갈 수 있었고 그럼으로써 엘시의 경험에 대해 놀라울 정도로 이해를 확장할 수 있었다. 엘시의 말을 통해 이 전체 과정으로 인해 그녀가 자신과 다시 접촉하고 자아감이 강화되었으며 자존감이 높아졌다는 것을 볼 수 있었다. 이것은 그녀가 비디오에서 본 이미지에 대해 이야기하는 것을 봄으로써 더 확실해졌다. 첫 번째 세션에서 춤을 추던 여자는 다른 사람이었다. **"나도 저렇게 했으면 좋으련만 저건 내가 아니에요."** (Hill, 1995 p. 181). 그녀는 자신을 3인칭으로 말했으며 꼭 그렇게 해야만 한다고 고집을 부렸다. 두 번째 세션부터는 가끔 1인칭을 사용하기 시작했다. 세 번째 세션에는 비디오 안의 자신을 자기 자신으로 완전히 인정하고 그를 '예전의' 자신이라고 칭했다. 이는 많은 회상을 불러왔다. 재미있는 것은 엘시가 딸에게 치료 세션에 대해 이야기할 때 '물싸움'에 대해 말했다는 것이다. 그것은 엘시가 다른 사람들에게 자주 이야기했던 어린 시절의 중요한 기억을 상기시키는 것이었다. 무용치료 세션과 비디오로 자기 자신을 관찰하는 기회를 통해 시간이 지남에 따라 엘시의 자존감과 자신감이 높아졌다. 그녀는 언제나 자신의 일부분이었던 힘과 유머에 연결되었고(**"내가 강해서 난 기뻐"**, Hill, 1995, p. 188) 자신의 과거와도 연결되어 이러한 긍정적 감정들을 현재로 가지고 올 수 있었다. 그녀는 이 무용 경험과 우리의 관계가 이 과정에서 해낸 역할을 인식했다. **"내 안에 있던 흐리멍텅한 부분이 빛으로 나왔어."**(p. 204), **"이것이 나를 벽장 밖으로 나오게 해주었어."**(p. 202) **"당신을 만나서 정말 기뻐."**(p. 205)(마지막 세션에서 엘시가 했던 말) 함께 춤을 추는 동안 형성된 이 강한 유대감은 치료가 끝난 후에도 오랫동안 남아 있었다. 몇 달 후 내가 새 요양원에 있는 엘시를 방문했을 때 그녀는 내가 정확히 누구인지는 잊었지만 나를 과거에 특별한 무언가를 나눈 오래된 친구, 중요한 사람으로 기억하고 있었다.

치매 환자와 함께하는 무용치료의 핵심

치매 환자를 위한 무용치료는 본질적으로 '자아' 작업이다. 이는 병리를 다루는 일이 아니며 그 사람을 나오게 하고 돌보는 일이다. 이는 흩어지고 해체된 자아가 수용되고 지지받고 응집될 수 있는 공간과 좀 더 편안한 존재가 될 수 있는 기회를 제공하는 것이다.

무용치료의 다른 역할

놀란 등(Nolan et al., 2002)은 인간중심치료로부터 '돌봄관계를 뒷받침하는 상호 의존성과 상호관계'(p. 203)를 강조하는 보다 포괄적인 방식으로 가야 한다고 제안했다. 이 접근은 가족, 전문 돌봄 인력, 치매 환자들 간의 상호 영향을 고려하지 않는 매우 개인적인 관점을 반영하는 것으로 보인다. 이러한 이유 때문에 그들은 '관계중심'치료라는 용어를 제안한다. 이러한 더 넓은 관점에서 볼 때, 무용치료사들이 유용한 역할을 할 수 있을지 모른다.

가족, 치매 환자와 함께 작업하기

물론 가족 보호자에게도 스스로를 돌보고 같은 역할을 하는 다른 사람들과 함께할 기회가 필요하다. 이것이 바로 휴식, 긴장의 이완, 재미, 사회적 교류뿐만 아니라 좌절, 상실감, 분노, 슬픔, 내려놓음 등을 위한 작업에 무용치료 기술이 귀중하게 기여할 수 있는 분야이다. 또 무용치료의 아주 중요한 역할 중 하나는 치매가 있는 가족과 친지들이 함께 시간을 보내는 보다 만족스러운 방법을 찾도록 돕는 것이라 생각한다. 예를 들어 결혼한 부부에게 치매 진단을 받는다는 것은 남편과 아내의 관계에서 돌보는 사람과 돌봄을 받는 사람의 관계로의 아주 즉각적인 관계의 변화를 뜻한다. 치매로 인한 변화는 당사자에게 감정적·정신적 어려움을 가져올 뿐 아니라 그들의 배우자에게 보호자가 되어야 한다는 신체적 부담과 함께 마치 배우자를 잃은 것과 같은 상실감을 가져온다. 가족들은 배우자 혹은 친척이 예전 모습으로 돌아가는 불가능한 꿈을 가장 갈망하며 이제 마치 다른 사람이 되어버린 듯한 이 '새로운' 사람과 관계하는 데 상실감을 느낀다. 그들과 접촉하는 것은 이제 불편해졌고 가끔은 참을 수 없을 만큼 슬프기도 하다. 무용치료는 치매 환자와 그렇지 않은 사람 모두를 동등한 참여자로 포용함으로써 가족들에게 다시 인격적으로 함께할 수 있는 공간을 제공한다. 치료의 구조 안에서 상호작용이 이루어지도록 하고, '아름다움'을 통해 그들이 풍성하고 의미 있으며 가장 깊은 감정까지 만지는 창조적 시도에 참여하도록 해준다.

다시 남편과 아내가 됨

공동체 프로그램의 일부로 부부(둘 중 한 사람이 치매인 부부) 네 쌍이 '움직임과 이완' 세션에 참여했다. 이 프로그램 도중 나는 프로그램 진행자로서 원으로 남편과 아내가 서로를 마주보고 앉도록 하고 자신의 배우자에게 닿도록 손을 뻗으라고 했다. 갑자기 치매 환자인 아서가 의자에서 일어나 무릎으로 걸어 원 반대편에 있는 그의 아내에게 갔다. 그리고 아내의 손을 잡고 입을 맞췄다. 우리는 도저히 우리가 목격한 이 장면을 말로 설명할 수가 없었다. 참여자들의 평가와 내가 관찰한 것을 통해 이런 경험이 다시 남편과 아내가 되는 기회를 준다는 것을 확실히 알 수 있었다. 무용치료의 공간은 그들에게 자신의 배우자와 다시 의사소통할 수 있는, 굳이 말이 필요 없는 언어를 제공했다. 오후 티타임 시간에 좀 더 언어적으로 교류할 때에도 그들은 여전히 더 동등한 관계를 유지했으며 마치 여느 부부가 교류하는 사교 행사에 참여한 것처럼 보였다. 무용치료 시간이 끝난 뒤에 세션에 함께 참여했던 주최자가 내게 이런 글을 썼다. "마지막까지 택시를 기다리던 제이는 그동안 우울증 약을 먹고 있었는데, 오늘 이후로는 불면증에 시달리지 않을 것 같다고 했어요. 참 즐거운 오후였다고 말을 하는 동안에 발로는 가볍게 춤을 추고 있었어요."

스태프 훈련 : 나-너 돌봄관계를 향해

브리지스(Bridges, 2006)는 무용치료사들이 우리가 하는 특정한 일 이상의 더 많은 것과 연관되는 많은 기술을 갖고 있다는 데 주목했다. 그녀는 우리가 작업하는 보다 넓은 의미 안에서의 문제와 필요에 적용할 수 있는 독특한 기술을 식별하는 것이 중요하다고 했다. 나는 이 점이 치매 환자를 돌보는 데 있어 진실이라고 믿는다. 치매 분야의 훈련은 대개 치매의 생의학적 본질과 기술 등 사실에만 집중하고 있다. 그러나 이런 방법은 치료자로 하여금 보다 인간중심적인 치료를 하도록 돕는 데 그리 효과적이지 못했다. 쉬어드(Sheard, 2002)는 우리가 사실을 넘어 실제 감정과 삶까지 나아가야 한다고 주장했다. 스태프는 치매 환자들과 실제적으로 관계해야 하며 그럼으로써 환자들도 병을 앓고 있다는 사실을 빼고는 그들과 똑같은 사람이라는 것을 알아야 한다. 전문가들은 환자들의 경험과 그들이 왜 그렇게 행동하는지를 더 잘 이해하기 위해서 그들의 입장에서 볼 수 있어야 한다. 나의 박사 논문(Hill, 2005)에서 배움은 언어적·인지적 배움을 넘어서 체화된 배움을 통해 얻어야 하고 공감을 계발하는 데 집중하는 것뿐만 아니라 치매 치료의 모든 면에서 효과적인 배움의 수단이 되어야 한다고 말했다. 체화된 배움은 신체 경험을 바탕으로 하고 있기 때문에 인식에 제한되지 않는 인간 존재의 보다 깊은 곳까지 만져줄 수 있다. 토드레스(Todres, 2007)는 "살아 있는 신체는 새 지평과 의미를 보여줄 수 있는 세상에 밀접하게 참여함으로써 세상을 이해하며, … 사람과 관련된 '신체적' 세상의 질감과 생명을 이해하게 된다."(p. 2)고 했다. 또 다른 말로 이는 그저 추상적인 사실이 아닌 그 사람에게 근접한 이해를 가져온다는 것이다.

무용치료의 철학과 지식은 배움에 대해 다음과 같은 가치를 제안한다.

- 먼저 배움과 앎이 신체를 포함한 많은 형식을 통해 온다는 것을 인정함
- 한 사람이 이미 알고 있는 것을 인식하고 그가 지금 어디에 있는지를 받아들임
- 다른 방법과 새로운 가능성을 제공하기 위해 움직임을 촉진함
- 그 사람에게 질문하고 그를 반영하기를 격려함

인간중심치료에서는 자아, 특히 관계 안에서의 자아를 강조한다. 무용치료사는 관계 안에서의 자신을 인식하고 그런 기술을 계발하며 특히 치매에서 비언어적인 면의 중요성을 유념하고 있어 돌봄 인력들과 일하기에 좋은 위치에 있다. 깁슨(Gibson, 1998)은 치매 환자는 오히려 정서적·비언어적 환경에 더 민감하다고 한다. 그래서 치매 환자는 그들과 정서적·비언어적으로 관계를 맺을 수 있는 사람의 돌봄을 필요로 한다. 그러므로 스태프를 훈련할 때 배움과 관계, 이 둘의 본질을 체화하는 것을 고려해야 한다. 바로 이것이 무용치료사에게 익숙한 일이다.

결론

나는 무용치료사가 치매 환자 치료에 절대적으로 중요한 역할을 할 수 있다고 믿는다. 왜냐하면 무용치료사는 체화된 사람과 일할 수 있는 능력, 공감능력, 관계와 환경의 비언어적 측면에 대한 민감성을 갖고 있기 때문이다. 또한 무용치료사가 환자 가족 또는 전문 돌봄 인력들과의 작업 등 치매 분야의 더 넓은 이슈에 대해 자신의 기술과 인식을 적용함으로써 대단한 기여를 할 수 있다고 믿는다. 무용치료는 우리 모두 안에 있는 인간성을 강조함으로써 모두의 고통과 어려움을 인정하고 그들에게 희망을 제시해주어 치매를 안고 살거나 그들과 함께 일하는 사람들을 위한 강력한 목소리가 될 수 있을 것이다. 미국인 무용치료사인 리앗 슈스틱과 트리아 톰슨(Liat Shustik and Tria Thompson, 2001)이 이를 다음과 같이 요약했다.

> 타인들과 춤추고 움직이는 것은 인생의 두려움과 좌절뿐 아니라 신체 표현과 공동체적 유대감 안에 드러나는 놀라운 힘과 아름다움에 우리의 마음을 열게 한다. 치매 환자에게는 우리와 함께 나눌 희망의 선물이 있다. 그들은 단순함, 연약함, 깊은 지혜를 통해 파트너가 되어 함께 나눌, 인생의 우주적 안무라는 영원한 춤으로 우리를 인도한다. (p. 76)

Bridges, L. (2006). Applying dance movement therapy: Principles in treatment settings. *Moving On, 4*, 4, 21–23.

Buber, M. (1965). *The knowledge of man: A philosophy of the interhuman.* New York: Harper & Row.

Garratt, S., & Hamilton-Smith, E. (Eds.). (1995). *Rethinking dementia: An Australian approach.* Melbourne: Ausmed Publications.

Gibson, F. (1998, October–November). Unmasking dementia. *Community Connections, 6–7.*

Gidley, I., & Shears, R. (1987). *Alzheimer's.* Sydney: Allen & Unwin.

Hill, H. (1995). An attempt to describe and understand moments of experiential meaning within the dance therapy process for a patient with dementia. Master's dissertation, Latrobe University, Bundoora, Australia. Available online: http://www.lib.latrobe.edu.au/thesis/public/adt-LTU20041215.100826/index.html.

Hill, H. (2004). Talking the talk but not walking the walk: Barriers to person centered care in dementia. Doctoral dissertation, Latrobe University, Melbourne. Available online http://www.lib.latrobe.edu.au/thesis/public/adt-LTU20041215.100826/index.html.

Kitwood, T. (1997). *Dementia reconsidered: The person comes first.* Buckingham, UK: Open University Press.

Nolan, M., Ryan, T., Enderby, P. & Reid, D. (2002). Towards a more inclusive vision of dementia care practice and research. *Dementia, 1* (2), 193–211.

Sheard, D. (2002). Beyond mechanistic dementia care training are real feelings and real life. *Signpost to Older People and Mental Health Matters, 7* (2), 10–12.

Shustik, L., & Thompson, T. (2002). Dance/movement therapy: Partners in personhood. In A. Innes & K. Hatfield. (Eds.), *Healing arts therapies and person-centered dementia care* (pp. 49–78). London: Jessica Kingsley.

Snowdon, D. (2001). *Aging with grace: What the nun study teaches us about leading longer, healthier and more meaningful lives.* New York: Bantam Books.

Todres, L. (2007). *Embodied enquiry: Phenomenological touchstones for research, psychotherapy and spirituality.* Basingstoke, Hampshire: Palgrave Macmillan.

제11장

후천적 충격으로 인한 뇌손상의 재활 무용/동작치료

Cynthia Berrol

도입

테드라는 한 청소년이 어느 날 밤 고속도로에서 시속 100km가 넘는 속도로 차를 몰고 있다고 상상해보자. 그러다가 그는 갑자기 차를 통제할 수 없게 되었고 커브 길에서 미끄러져 나무를 정면으로 들이받았다. 마침내 차가 조용해졌을 때, 그의 머리가 차 앞 유리에 강하게 부딪혔다. 딱딱한 껍질에 싸인, 마치 젤리로 된 푸딩 같은 그의 뇌가 직접적인 충격과 충격에 의한 반향으로 앞뒤 두개골이 심하게 흔들거릴 정도로 부딪히며 움직였다. 그뿐만 아니라 뇌에 인접한 두개골 측면을 따라 돋은 뼈가 앙상한 측두엽의 표면을 찌르며 파고들었다.

의식이 없는 상태로 발견된 그는 치료를 위해 병원으로 급히 옮겨졌다. 2주간의 혼수상태 끝에 기적적으로 살아난 테드는 사고에 대한 아무 기억이 없어 자신이 왜 낯선 곳에서 이상한 옷차림을 한 사람들에게 둘러싸여 있는지 이해할 수 없었다. 그는 여러 단계에서 그의 행동과 작업 수행에 영향을 미치는 심각하고 분산적이며 폐쇄적인 뇌손상을 입었다.

두개골 손상을 야기하는 또 다른 예로, 총상 관통상 같은 물리적 부상은 보다 집중적인 손상을 야기한다. 또 다른 종류의 후천적 뇌손상인 뇌졸중은 대뇌반구 중 하나에 영향을 주는 내적으로 유발되는 손상으로서 병인학적으로 다르다. 기능적 영향은 폐쇄적 뇌손상으로 심각한 2차적 합병증의 가능성을 보이는 테드의 뇌손상과는 다르다. 테드와 같은 충격에 의한 뇌손상을 가지고 있는 환자들은 대개 사고에 대한 기억을 잃은 채 혼수상태에서 깨어나며 자신에 대한 마지막 기억은 사고 전 온전하게 기능한 자기 자신이다(Berrol, 1984).

폐쇄적 뇌손상은 정의에 의하면 6시간 또는 그 이상 혼수상태가 지속되는 시간에 의해서 결정된다. 그 예측은 대개 혼수상태가 지속된 시간과 충격 후 기억상실증 상태의 시간 길이를 기본으로 한다(Rosen & Gerring, 1986; Cook et al., 1987). 따라서 10시간을 혼수상태로 있었던 환자의 경우 2주간 혼수상태로 있었던 테드보다 제대로 회복될 가능성이 더 많은 것이다. 두 번째 결정 요소인 충격 후 기억상실증이란 부상 후 사고를 기억할 수 없거나 사고 후 기억력에 문제가 생기는 경우를 뜻한다. 관련 기간과 장소에 추가적으로 사고 후 기억을 지속적으로 해낼 수 있게 되는 데까지의 시간이 짧으면 짧을수록 그 결과는 더 좋아진다. 그러나 사고에 대한 기억은 아예 잃어버려 원래대로 회복되지 않는다.

이 장에서는 후천성 뇌손상, 충격성 뇌손상(폐쇄형과 개방형) 그리고 뇌졸중으로 인한 병의학적 대뇌의 부상과 회복 및 그로 인한 후유증과 정신적 · 신체적 충격에 대해 살펴볼 것이다. 세 가지 뇌손상에서 여러 다른 기능이 손상을 입지만 이들은 신경병리학적, 기능적 후유증 그리고 그 결과에 있어서 서로 다르다. 이 세 가지 예는 무용/동작치료가 그룹 또는 개인으로 지도되었을 때 어떻게 다른지를 보여주기 위해 결합시켰다. 첫 번째 예는 심각한 후천성 뇌손상을 앓는 환자이며, 두 번째는 뇌졸중으로 인한 뇌손상 그리고 마지막 예는 총상 관통 상처로 인한 신경적 충격을 앓고 있는 환자이다.

개관 : 뇌 해부학과 기능

뇌의 무게는 대략 3파운드 정도 되며, 뇌 표면은 부드럽게 주름이 진 호두 같이 보인다. 뇌는 200억만 개에서 1,000억만 개 정도의 신경으로 구성된 아주 손상되기 쉬운 구조이며 두개골로 보호되어 있다(Restak, 1984). 뇌의 정밀사진을 보면 3개의 다른 구역

─가장 외부에 가장 나중에 생긴 층인 대뇌피질, 뇌간(중뇌, 골수, 뇌교로 구성) 그리고 소뇌─으로 나뉘어 있다.

또한 뇌는 뇌신경의 의사소통을 유지하는 신경 섬유의 모임인 뇌량으로 이어진 2개의 동일한 반구로 나뉜다. 좀 더 자세히 나누면 이 각각의 반구는 전두엽, 두정엽, 측두엽, 후두엽이라는 위치와 기능이 다른 4개의 엽을 포함하고 있다. 엽들과 인접한 특정 기능이 없는 신경 세포들의 결합은 특정한 감각기관 혹은 움직임과 관련이 있다기보다는 복잡한 행동의 통합에 밀접하게 참여하고 있는 것으로 추측된다(Thompson, 1975).

스터스(Stuss, 1988)는 전두엽이 뇌의 모든 영역과 연결되어 있으므로 모든 인식적, 물리적, 감정적 행동에 있어서 중요한 역할을 한다고 주장한다. 전두엽의 변연계와의 연계는 감정의 장소라고 불리며 지능과 초등 감정을 제어한다. 전두엽 손상에서 이와 같은 균형이 깨지고 이는 감정, 정서의 변화와 감정적 안정의 파괴를 초래한다. 또한 루리아(Luria, 1970)는 다른 신경 출처에서 전해지는 완성된 공급의 책임을 맡고 있는 전두엽 대뇌피질 결합 부위의 손상이 개념화, 계획, 적절한 결정 내리기나 단순한 행동을 불가능하게 하는 인식적 장애의 원인일 수 있다고 주장한다. 안타깝게도 대개의 심각한 분산형 신경 충격에는 전두엽이 포함되어 있다.

충격성 뇌손상(TBI)의 구조

모든 인간 행동과 기능의 근본인 뇌는 부드러운 나선형 주름의 회색과 흰색 물질로 꼬인 덩어리라고 알려져 있다. 앞서 얘기한 테드의 교통사고에서와 같이 뇌손상은 머리가 앞 유리와 같은 딱딱한 물체에 부딪혔을 때 생기며 뇌 안에서 충격이 연속적으로 일어나는 일련의 움직임에 의해 신경 손상이 일어난다. 총알이 두개골과 뇌를 관통하는 예에서는 총알에 의한 집중된 힘이 뇌의 충격을 받은 부위의 손상이 확장된 범위 안에서 생긴다. 두 가지 경우 모두 환자가 생존한다면 뇌손상의 정도는 심각, 중간, 약함으로 구분되는데 여기에는 몇 가지 요소가 고려된다.

반대로 뇌졸중이나 대뇌혈관사고(CVA)는 내적인 원인으로부터 발생한다. 여러 가지 혈관 상태로 인해 발생하는 필수 요소는 뇌로 흘러 들어가는 혈액에 동맥혈관이 막히거나 또는 파열됨으로써 방해를 받을 때 일어난다. 두 가지 경우 모두 신경 세포 주변에 손상이 생긴다. 만일 한쪽 대뇌 반구에만 혈액순환의 문제로 인해 손상이 있을 경우 마비, 부분적 마비 또는 근육의 약화 등의 물리적 증상은 몸의 반대편에 나타날 것이다. 생존과 차후의 경과는 대뇌 손상의 위치와 정도에 따라 결정된다(National Stroke Association).

발생률과 인구통계학적 요약

질병통제센터(Centers for Disease Control, 2005)와 미국뇌손상협회(Brain Injury Association of America, 2006)에 의하면 매년 충격성 뇌손상을 입은 140만 명 중 5만 명이 사망하고 23만 5,000명이 입원을 한다. 그 원인은 여러 가지로 교통사고가 39%를 차지하며(이 중 19%는 보행자), 추락 28%, 총기 사고를 포함한 상해가 18%이다. 총기 사고(자해인 경우가 많음)는 TBI 사망의 주요 원인이 된다. 5~14세 어린이의 스포츠로 인한 부상 중에는 자전거 사고가 많으며 매년 35만 명의 어린이가 응급실로 보내진다. 성별에 있어서는 남자 어린이가 여자 어린이보다 1.5배 이상 충격성 뇌손상을 입을 가능성이 높은 것으로 나타났다. 가장 위험성이 높은 연령은 0~4세, 15~29세 그룹이었다. 75세 이상 그룹에게는 낙상 혹은 뇌졸중이 가장 흔한 원인으로 드러났다.

　이라크와 아프가니스탄 전쟁으로 인한 뇌손상의 주요 원인은 충격성 뇌손상이었음에도 불구하고 군인의 뇌손상은 민간인 자료에 포함되지 않는다. 국방재향군인뇌손상센터(Defense and Veterans Brain Injury Center)는 '이라크와 아프가니스탄 전쟁에 참전했던 군인 중 10~20%는 어떤 종류든 뇌손상을 앓고 있다'(U.S. Department of Veterans Affairs, 2008, p. 1)고 추정했다. 미국 군인들에 관해서는 지난 5년간 전쟁 중 거의 5,000명이 뇌손상을 입은 것으로 진단되었다. 그러나 군 내부 기록에 의하면 폭발로 인한 충격으로 나타난 뇌손상은 같은 5년 동안 30만 명으로 추산된다(Sayer et al., 2008, Tanelian & Jaycox, 2008).

후천적 뇌손상의 후유증

경미한 혹은 심각한 신경 충격 이후, 신체적·인지적·사회심리학적 기능 등 모든 인간 행동의 기능은 다양한 단계를 방해한다. 이미 말했다시피 뇌손상의 심각성을 결정하고 결과를 추측하기 위한 기준 중 하나는 혼수상태로 있었던 기간이다. 혼수상태에서 회복된 환자는 그 기간과 상관없이 사고 기억이 영원히 사라진다. 자신에게 일어난 일을 감당할 수 없으며 이상하고 새로운 세상에서 눈을 뜨게 되는데 깨어난 환자는 혼란스럽고 두렵기도 하다. 이를 행동 분열의 시간이라 한다.

그 후에는 회복의 과정이 천천히 시작되는데 이는 몇 주, 몇 달, 몇 년 혹은 평생이 걸리기도 한다. 그 과정이 얼마나 의미 있는지와 상관없이 심각한 뇌손상은 환자가 본래 자기 자신으로 온전히 돌아가는 것을 불가능하게 만든다. 성격, 행동, 인식, 감정 그리고 육체적 특징 등 모든 면이 영향을 받는다. 후유증에 대해 전혀 준비가 되지 않은 가족과 친구들은 이 새로운 사람과 그에게 생긴 변화를 잘 받아들이지 못한다. 그 강도에 따라 병리생리학에는 개인차가 있긴 하지만 장기 혹은 단기적 쇠약은 환자와 그의 가족, 친구들의 재활 과정을 돕는 의료 전문가들의 외부적 도움을 필요로 한다(Di Joseph, 1981; Generelli, 1984; Berrol, 1984). 초기 치료 이후 재활 전문가들은 심리학자, 물리치료사, 직업치료사, 언어치료사, 무용/동작치료사 등 전통적인 치료사를 치료에 포함하기도 한다.

무용/동작치료사가 다음과 같은 후천성 뇌손상의 신체적 · 심리사회적 · 인지적 특징과 이들이 환자의 인생의 모든 부분에 어떤 영향을 끼치는지를 이해하는 것은 중요하다.

신체적 후유증

후천성 뇌손상 환자에게는 흔히 운동의 문제가 나타난다. 장애의 정도는 뇌손상의 위치와 범위에 따라 달라진다. 이와 같은 장애는 몸의 한 부위 이상에 발생하는 부분마비, 심각한 근골격 약화, 또는 여러 부위 근육의 비정상화 그리고 전신마비 등을 포함한다. 뇌손상이 확산될수록 장애의 정도는 더 심각해진다.

지각적 후유증

시각-운동 지각능력의 공간 방향과 판단, 눈-손의 협동, 좌우 구별, 깊이 지각, 시각 능력 장애(시각 분야의 사각지대), 자신의 몸 부위와 위치의 지각 등 신체 조직에 문제가 나타날 가능성 등이 있다.

감각적 후유증

감각의 손상은 감촉, 통증, 압력이나 온도를 감지하는 능력의 상실 또는 감소를 포함한다. 감촉, 통증, 압력, 온도에 대한 과민반응 등 정반대의 문제가 나타날 수도 있다.

인지적 후유증

사고 전후 충격으로 인한 기억상실은 후천적 뇌손상의 전형적 후유증이지만 대부분의 기억 회복을 기대할 수 있다. 단기 기억, 장기 기억, 복구 기억과 관련된 뇌 부위가 손상된 경우 해당 기능의 제한은 지속될 것이다. 기억과 추상적 사고를 통제하는 전두엽 손상으로 인한 문제 해결 능력과 관련된 사항은 심리사회적 문제를 함께 야기한다. 또한 이로 인해 발생하는 집중력 약화, 학습능력의 문제는 특히 초등학생에게 종종 나타난다(Rosen et al., 1986; Berrol & Katz, 1985).

심리사회적 후유증

가족들은 충격성 뇌손상에서 오는 신체적 장애를 비교적 잘 받아들이는 데 반해 성격의 변화는 그들의 관계를 파괴하기도 한다. 그들이 원래 알고 사랑했던 사람은 다른 사람이 되었고 더 이상 익숙하지 않다. 사고 1년 차 환자들이 가장 흔히 겪는 심리사회적 문제는 공격적 행동, 스트레스 관리, 우울증, 감정적 불안정, 충동적 행동 등이다(Baguley et al., 2006; CDC, 2005).

　중간 단계 혹은 심각한 단계의 뇌손상을 입은 228명의 환자의 공격적 행동에 대한 최근 연구에서 배걸리 등(Baguley et al., 2006)은 (5년간의) 횡적 · 종적 방법론을 통합한 연구 설계를 사용했다. 측정 지수는 글래스코 혼수척도(Glascow Coma Scale), 혼수상태 지속기간, 외현적 공격성 척도(Overt Aggressions Scale, OAS), 벡의 우울척도(Beck Depression Scale), 생활만족척도(LSL) 등이 포함되었다. OAS와 벡의 우울척도는 부상 후 6개월, 35개월, 60개월 후에 세 번 측정되었다. 이들 중 대부분은 자동차 사고(66%)로, 다음으로 낙상(17%), 상해(12%), 기타 이유(5%)로 뇌손상을 입었다. 특히 흥미로웠던 부분은 시간이 지남에 따라 공격성의 정도, 부상으로 인한 장애, 심각도가 변하지 않았고 부상 이전의 요소들이 부상 이후의 공격적 행동을 전혀 예측할 수 없게 만들었다는 점이다. 이 같은 연구 결과는 사고 당시 나이가 어릴수록 공격성의 가능성이 높아지고 삶에 대한 만족감은 떨어진다는 것을 드러냈다. 특히 중요한 것은 공격적 행동과 우울증 사이에 중요하고 지속적인 관계가 기록되었다는 것이다. 따라서 저자는 치료에 있어서 우울증을 관리하는 것이 중요하다고 결론지었다.

뇌 가소성 : 뇌손상과 회복의 신경물리학적 구조

현재 인간 물리학적 개발과 기능의 원리는 자기조절관리, 자기조직화 그리고 항상성을 강조한다(Campbell, 2000; Schore, 1994; Stern, 1985/2000). 다시 말하면 내적 체계는 신경물리학적 체계의 균형을 유지하기 위해 꾸준히 행해진다. 비슷하게, 뇌 충격 이후 이러한 체계는 스스로를 회복하기 위해 힘쓴다. 대뇌 안에서 신경 유연성은 그 어떤 것보다 중요한데 이는 회복을 촉진하는 진행형 과정인 역동적 재구성을 뜻한다. 뇌의 유연성은 나이가 듦에 따라 속도가 감소하지만 여러 종류의 강화와 촉진은 새로운 신경 연결을 유발하고 이미 약해진 것들을 강화할 수도 있다. 신경 연락 능력 해리, 측부발아, 제신경의 극섬세화 등 세 가지 형태를 살펴보겠다(Bach-y-Rita, 1981; Di Joseph, 1981).

신경 연락 능력 해리

이는 '대뇌 혈액순환의 부종 또는 변화'를 의미하며(Di Joseph, 1981), 회복과 관련된 기본 체계 중 하나이다. 손상의 최초 충격으로 인해 촉진되어 뇌 기능을 방해하거나 약화시킨다. 신경계 내의 이와 같은 문제가 서서히 또는 몇 년에 걸쳐 해결되면서 관련된 기능들의 회복이 서서히 일어난다.

측부발아

다른 형태의 신경 가소성인 측부발아는 대뇌 내 온전한 지역의 측색돌기들이 반응성 시냅스 생성(reactive synaptogenesis)과 같이 새로운 시냅스의 연결을 형성하기 위해 손상을 입은 지역에 수상돌기 순을 보내는 과정을 말한다. 이는 회복을 촉진하는 요소로 알려져 있기는 하지만 새로운 연결이 손상된 부위의 수용기관과 화합이 되지 않을 때는 오히려 그 적응을 방해할 수도 있다.

제신경의 극섬세화

이 신경적 반응은 손상을 입은 지역 주변 섬유질이 감각·지각적 정보를 전송하는 시냅스의 신경화학물질에 극도로 민감하게 반응하는 현상을 말한다. 보통의 상황에서는 감소된 신경 섬유질의 숫자는 자극에 반응하지 않으나 이런 변화된 상황에서는 과흥분이 발생하는데, 이는 남아 있는 뉴런들이 원래는 모든 영역의 책임이었던 자극에 반응할 권한이 주어지는 것을 의미한다.

기타 고려사항

나이, 환경, 약물치료 등은 뇌의 활동적 재조직화에 영향을 미치는 다른 요소들이다. 일반적으로 환자의 나이가 어릴수록 경과가 좋고 재활이 빠를 것으로 이해된다(Rosen & Gerring, 1986). 바크-이-리타(Bach-y-Rita, 1981)는 긍정적 상호작용의 증가 같은 사회적 자극을 주는 것이 회복의 가능성을 극대화한다는 데 주목했다. 뿐만 아니라 특정 약물은 중추신경계의 기능을 안정시키는 데 도움이 되기도 한다.

중요하게 고려해야 하는 것 중 한 가지는 중추신경계가 신경 가소성의 선천적 체계를 통해 자기조절을 하려 하기 때문에 자연적으로 회복되며, 특히 부상 후 1년 안에는 각각 다른 정도의 차이로 회복된다는 것이다. 뇌졸중의 경우 그 경과는 일반적으로 충격성 뇌손상의 경우보다 제한되어 있고 예측하기 쉽다. 예를 들면 좌뇌손상의 결과로 자주 나타나기도 하는 언어의 단계는 부상 후 4개월부터 천천히 시작되어 1년에 걸쳐 천천히 진행된다(Wikipedia, 2008). 그러나 충격성 뇌손상, 특히 혼동스러운 후유증은 시간이 지남에 따라 진정되는 폐쇄형 충격성 뇌손상의 경우 부상 후 1년이 되면 개선되는 속도는 확실히 줄어들지만 그에 대한 예측은 하기 힘들다. 하지만 기능의 향상은 몇 년에 걸쳐 지속적으로 나타난다. 충격의 심각한 단계가 의학적으로 진정된 이후 기능의 회복을 최대화하기 위해서는 전체적인 재활 활동이 필요할 것이다.

치료의 원리

중간 단계 또는 심각한 단계의 뇌손상으로 인한 분산적 기능장애, 특히 폐쇄적 뇌손상은 심리사회적, 신체적 그리고 행동과 수행의 인지적 영역의 치료를 위한 다양한 조직적 팀으로서 접근하는 것이 필요하다. 이 접근은 보다 약한 경로를 활성화하고자 촉각,

시각, 청각과 움직임 등 개인의 강점에 접근하는 다른 감각 체계의 동시 자극에 집중한다. 다른 감각 경로들의 동시다발적 자극으로 인한 제2감각 교육은 흔히 사용되는 교육적 기술이며 특히 특별한 도움을 필요로 하는 학생의 경우에 더욱 그렇다.

무용/동작치료의 표준 원리와 대부분의 치료 및 교육적 원리는 다음을 포함한다.

1. 개인의 현재 기능적 수준에서 시작한다.
2. 익숙한 동작(동등함에서 조건반사까지)과 숙달된 동작을 먼저 만들고 질병 발생 전의 방식으로 유지한다.
3. 환자에게 의미 있는 자극으로 동기를 부여한다. 중추신경계는 개인적으로 위협적이거나 자극적이라고 느낄 만한 상황이 같은 감정적 고조에 반응하는 것으로 알려져 있다. 중립적으로 받아들여진 일은 스스로 걸러내는 경향이 있다(Di Joseph, 1981).
4. 무용/동작치료의 일반적 성격이기도 한 적극적, 자발적 참여를 권장한다. 치료 효과는 수동적 반응의 참여보다는 자발적 참여로 인해 증가되고 지속되는 것으로 알려졌다.
5. 의식적인 반복 활동과 습관화를 방지하기 위한 변화를 혼합하는 체계적이고 지속적인 방식을 계발해야 한다.

초기 정도의 규모에는 직접적 치료사가 치료의 동기를 유발하는 접근이 권장된다. 치료 관계에 친근감과 신뢰가 쌓일수록 보다 환자 주도적인 치료가 권장된다.

개입의 영역

치료 원리들의 체계 안에서 집중할 치료 분야가 결정된다. 치료의 목적은 후천적 뇌손상의 일반적 후유증에 대한 결과를 얻는 것이다. 그리고 다음과 같이 심리사회적, 신체적, 인지적으로 분류된다(표 11.1). 이 같은 기능의 분야는 다음과 같이 확대된다.

치료에 참여하는 사람이 환자 자신인지 혹은 그의 가족 또는 친지인지에 따라 재활 목표가 달라진다. 가족, 친지의 경우에는 성격 변화의 약화된 결과와 인지적 장애가 종종 우선이다. 반대로 환자의 경우 개인적 상호작용과 삶의 변화에 대한 적응 등의 심리

표 11.1 후천적 뇌손상 환자를 위한 무용/동작치료 기능의 기본 영역

심리사회적	신체적	인지적
신체상	운동력	기억
자아개념	움직임의 영역	단기/장기
사회적 기술	균형	주의/집중력
영향/자기관리	운동계획	의사소통
	운동순서	
	공간개념	
	공간판단	
	리듬식별	

사회적 문제보다는 마비나 기능장애 등 신체적 한계에 집중하게 된다.

임상 사례

다음의 개입들은 무용/동작치료가 세 가지 다른 후천성 뇌손상을 입은 환자들과의 치료에 각각 어떻게 사용되었는지를 보여준다. 첫 번째는 심각한 충격성 뇌손상을 앓고 있는 환자 그룹이고 두 번째는 뇌졸중을 앓고 있는 노인 그룹이다. 세 번째는 치명적 총상을 이기고 생존한 성인 남자이다. 여러 가지 요인이 무용/동작치료에 영향을 주지만 그중 치료 구조의 본질과 사명, 어떤 경우에는 여러 신경심리적 기능의 평가를 기본으로 한 재활팀이 제시한 목적 등이 있다.

그룹 사례 : 충격성 뇌손상(Berrol and katz, 1985)

무용/동작치료의 개입은 심각한 충격성 뇌손상을 입은 환자의 재활을 위한 프로그램에 집중할 수 있도록 변화 가능한 요양원에서 행해졌다. 환자들은 큰 가정집을 개조한 재활시설에서 대부분의 치료를 받았다. 무엇보다 중요한 목적은 환자의 공동체 생활 능력 향상을 극대화하고 전체적 삶의 질을 향상하기 위해 심리사회적 일상 기술 향상을 돕는 것이었다.

이 사례는 1년 동안 매주 한 번씩 열린 무용/동작치료 프로그램 시간의 형태와 내용을 보여준다. 그룹은 사고를 당한 지 6~10개월쯤 지난 20~60대의 환자 8명(7명의 남성, 1명의 여성)으로 구성되어 있다. 이 그룹 중 2명의 환자는 거동을 할 수 없고 대부

분은 언어와 표현적 언어장애를 앓고 있다. 모두가 각기 다른 정도의 기억상실, 계획과 판단의 어려움, 조직과 개념화의 어려움이 있다. 뿐만 아니라 일반적으로 자발성과 자기 동기부여에 문제가 있었다. 정도는 다르지만 참가자들은 심각한 뇌손상으로 인한 고전적 장애들을 동반했다. 매 시간의 형식은 워밍업, 주제별 확장, 마무리로 나뉘었다.

워밍업 워밍업은 그룹과 몸을 준비시키며 인식적 단계를 촉진하고, 그룹의식과 그룹교류를 촉진하고 치료자로 하여금 즉각적 취지와 참가자들의 필요를 파악하도록 하는 등 여러 가지 목적이 있다. 바크-이-리타(1981)는 그룹의 교류를 통한 사회적·인지적 자극의 중요성에 대해서 주장했다. 치료자로서 나의 역할은 분명한 경계를 정하고 주의를 집중시키기 위해 대체로 원을 먼저 만들도록 하는 것이다. 음악의 외부적 도움에 힘입어 이미 관찰된 움직임들로 시작하고(체이스 기법, Chaiklin & Schmais, 1993 참조) 참가자들이 돌아가며 리더가 되고 나머지 사람들은 리더의 움직임을 따라하도록 격려한다. 이와 같이 우리는 신체 부위를 사용하는 제자리 움직임을 사용하는데 처음에는 부분적으로 시작해서 점차 구부림, 곧게 뻗기, 몸 흔들기 등 몸 전체의 통합적 사용으로 옮겨갈 것이다. 기본적 움직임의 활동성을 통합해 우리는 빠르게 혹은 느리게, 강하게 혹은 가볍게, 크게 혹은 작게, 개방적으로 혹은 폐쇄적으로 등 여러 가지 영역과 특징을 탐험할 것이다.

인지적 기능의 시작을 위해 기초적 이미지로 상징적 과정으로서 달리는 자동차를 제안한다. "이 움직임을 하면 어떤 느낌이 드세요? 혹은 무엇이 생각나시나요?" 같은 기초적인 질문은 "파리를 찰싹 내려치는 거요.", "나는 헤엄치고 있어요.", "웨이브가 좋네요.", "공을 던져요." 등의 대답을 이끌어낼지도 모른다. 자극의 용도로 사용된 이미지는 움직임의 특정한 특징이나 분야를 강조한다.

주제 새로운 주제는 그룹으로 하여금 움직임을 통해 그들의 공통된 염려를 연구하도록 한다. 이 환자들뿐만 아니라 심각한 뇌손상을 입은 대부분의 환자들에게 반복해서 나타나는 문제는 자신에 대한 의식을 잃어버리는 현상인 자신의 삶에 대한 제어를 상실하는 것이다. 재활의 추진이라는 것은 개인을 더 독립적이 될 수 있게 준비하는 것인데 모순적으로 재활 과정은 무의식중에 그들의 의존성을 강화할 수도 있다. 현실은 매우 조직적인 환경 가운데 직접적 접근을 계획하고 때로는 가장 단순한 선택을 하는 것에 있어 개인의 판단과 능력에 장애를 초래하기도 하기 때문이다. 대부분의 경우 신경병리학적 정도와 범위, 회복의 정도와 환경 조건 등의 요소들이 인지적·정신 정서적·사회적 혼란의 정도를 결정한다.

한 시간 동안 둘이 짝이 되어 활동하는데, 능동적인 역할과 수동적인 역할을 서로 번갈아 한다. 능동적인 짝은 자신의 짝의 자세를 고쳐주기 위해 촉각적 속임수를 사용한다. 활동의 두 번째 파트에서는 이전에 수동적이었던 짝이 움직이기를 거부해야 한다. 재미있게도 원래 고분고분했던 이들은 움직임을 유지하는 데 어려움을 겪고 최소한의 노력으로 금방 포기한다. 우리는 이어서 협동 활동을 계속했다. 두 그룹으로 나눠서 순서를 바꿔가며 한 사람이 다른 한 사람을 그룹 작품의 일부로 만들도록 했다.

언어 단계도 계속된다. 참가자들은 능동적인 역할과 수동적인 역할 중 어느 것이 더 편안하게 느껴졌는지, 자신이 수동적이거나 속임을 당한 듯한 느낌이 든 기억이 있었는지, 저항할 때의 기분은 어땠는지, 그룹으로 하나로 합쳤을 때 기분은 어땠는지 등 자신의 경험과 관련된 질문 몇 개를 받았다. 수동적인 역할이 편했고 다음에 뭘 할지 몰랐다는 대답에서부터 수동적인 것이 편했고 저항하는 데는 불편함을 느꼈다는 등 여러 가지 대답이 나왔다. 토론이 진행됨에 따라 어떤 참가자는 "사람들은 그냥 당신을 밀어요."라고 대답했다. 또 다른 사람은 "당신 자신을 스스로 지켜야 해요."라고 했다. 또 다른 사람은 "나는 모두와 함께 있는 것이 즐거웠어요. 기분이 좋아졌어요."라고도 말했다. 협동적 경험 안에 표현된 모든 즐거움은 그룹 작품 활동을 통해 가능해졌다.

마무리　모든 시간은 일반적으로 몸에 다시 한 번 집중하고 지난 한 시간 동안의 활동을 되돌아보는 조용한 시간으로 마무리한다. 언어 또는 움직임을 통해 그동안 이루어졌던 요소들을 기억하고 순서대로 되짚어보며 함께한 경험을 되돌아보는 것은 기억을 보강하는 중요한 인지적 도구다. 마찬가지로 감각적 움직임 인식, 신체상의 향상, 집중력 강화, 내면 반영의 촉진을 위해 이완과 호흡 기술이 자주 포함된다.

그룹 사례 : 뇌졸중

연방정부의 자금으로 진행된 연구 프로젝트(Berrol et al., 1997)에서 추정되고 인용된 다음 사례는 뇌졸중으로 인한 신경충격을 앓고 있는 노인 무용/동작치료 참가들의 예다. 치료는 미국 전역의 5개 지역에서 5개월간 진행되었으나 의학적 견본은 캘리포니아 샌프란시스코에 위치한 노인 요양원에서 수집되었다. 최소 60세 이상 된 8명의 흑인 노인 그룹을 대상으로 일주일에 두 번, 45분씩 무용/동작치료가 진행되었다. 그룹 구성원 중 몇 명은 휠체어나 워커(지팡이처럼 짚고 걸을 수 있는 도구)를 필요로 할 만큼 모두 움직임이 자유롭지 않았지만 언어적 어려움은 없었다. 이 연구를 위한 치료가 목표하는 치료의 영역은 신체적 기능, 인지, 기분, 사회적 상호작용, 일상 기술 등을 포함한다. 이전 예와 동일하게 각 시간은 워밍업, 주제, 마무리로 구성되었다. 다음은 이 프로젝트의 마지막 달에 내가 관찰한 한 시간을 요약한 것이다.

워밍업 그룹 구성원의 신체적 제약을 고려해 워밍업은 대부분 이동이 없는 움직임을 집중적으로 한다. 간단한 신체 부분 움직임에서부터 좀 더 전체적인 협응을 필요로 하는 움직임으로 서서히 옮겨간다. 의식(ritual)은 중요한 요소로 세션 내내 포함된다. 출석 체크를 위해 원으로 앉아 오늘의 의식으로서 "오늘 기분은 어떤가요?"라는 말로 시작한다(그리고 이것은 마무리 단계에서 다시 반복된다). 손바닥을 마주 붙였다가 양팔을 180도로 벌리며 말하는 것 등의 행동으로 기분의 상태가 개인적으로 표현된다. 예를 들면 1번은 기분이 가장 좋지 않음을 상징하는 손바닥 마주치기 그리고 10번은 가장 기분이 좋다고 표현하는 팔 180도로 벌리기 등이다. 각 참가자의 출석 체크는 개인의 설명으로 충분하다.

주제 온몸을 사용한 즐거운, 치료자가 인도하는 워밍업부터 활동은 보다 전체적이다. 주제는 리더가 즉흥적으로 다음 사람으로 바뀔 때마다 달라진다. 누군가 앉아 있는 자세에서 서 있는 자세로 바꾼다면 휠체어나 워커 또는 다른 사람의 팔을 의지하든지 해서 모두 일어나 음악에 맞춰 움직인다. 참가자들이 보다 적극적으로 인도할 때 치료사는 단지 전체의 에너지가 약해졌을 때만 직접적인 참여를 하게 되고 그 외에는 지나치지 않게 돕기만 하는 참가자의 입장이 된다. 스윙, 재즈, 블루스 음악을 제공함으로써 참가자들에게 에너지를 공급하고 상상력을 펼치게 하는 일치된 움직임의 촉매가 되는 듯했다. 한번은 모두가 피아노, 기타, 관악기, 드럼, 지휘자 등 각자 다른 악기를 연주하는 밴드가 된 듯 연기하기도 했다.

마무리 다시 집중하고 되돌아보는 시간을 가지며 참가자들은 자신의 경험과 느낌, 기억을 나눴다. 그들은 서로 긍정적인 의견을 나누고 그룹으로 지원을 주고받았다. 서로 만져주거나 두들겨주고 손이나 어깨를 잡거나 손을 미는 등 스스로를 마사지하는 시간을 통해 통합된 접촉이 보였다. 누군가 한 사람이 자기 자신을 포옹했을 때에도 자발적 결과가 나타났다. 모두가 이를 보고 "나는 나 자신을 사랑해."라는 합창에 동참했다. 이것은 또한 아이를 부드럽게 흔들어주는 것과 같은 전체적 움직임으로 발전했다. 자기 자신을 흔들어주면서 대화 주제는 자연스럽게 그들의 자녀로 옮겨갔고 각자 몇 명의 자녀가 있는지 이야기를 나눴다.

마무리 출석 체크 과정에서는 참석자들의 팔이 더 벌어지고 숫자가 상승한 것을 충분히 알아차릴 수 있을 정도였다. 이쯤에서 언어적 표현과 생생한 상호 대화의 증가가 명백했다. 참가자들은 다른 참가자들의 향상된 반응에 박수를 치거나 웃거나 "힘을 내.", "넌 할 수 있어.", "점점 더 잘하고 있어.", "오늘은 더 튼튼해 보여.", "좀 더 힘을 내. 넌 할 수 있어. 나는 뇌졸중 이후로 걸을 수 없었는데 지금의 나를 봐. 너도 할 수 있어." 등의 지지와 공감의 표현으로 반응했다.

개인 사례 : 총상

다음의 사례는 내가 그룹과 개인 무용/동작치료 프로그램을 시작해서 진행했던 덴마크 코펜하겐에 소재한 대학 내 후천성 뇌손상을 입은 성인들을 위한 집중치료 프로그램에서 일어난 일이다. 재활팀에는 신경심리학자 몇 명, 특별 교육 전문가 2명, 물리치료사 1명, 언어치료사가 있었다. 오직 8명의 학생(이라고 부르기로 했다)만이 학교 학기와 같은 4개월의 시간에 걸쳐 진행된 각각의 치료 시간에 참석하도록 허락되었다. 프로그램에 참석할 학생은 취업 가능성, 학업적·직업적 교육, 의사소통 가능 여부, 그의 상태에 대한 정보, 치료받고자 하는 동기, 이동성 등의 기준에 기초해 주의 깊게 선정되었다.

L.G.의 프로파일 35세 남성 L.G.는 뇌간과 소뇌 사이에 보호된 오른쪽 측두엽이 아내가 쏜 총에 맞아 심각한 뇌손상을 입었다. 이로 인해 그는 1개월의 혼수상태와 3개월간의 입원 끝에 1년간 입원 환자로서 재활치료를 받았다. 부상을 입은 지 4년이 흘렀고 최소한의 치료만을 받던 중에 그는 우리 프로그램에 참석했다. 그는 쇼핑, 집안일, 요

리 등을 돕는 여동생, 누나와 같이 살고 있었지만 스스로 자신을 돌보고 일상생활이 가능한 정도였다. 그는 대중교통을 이용해 우리 치료센터를 오고 갔다.

그는 일을 시작하려고 하는 의욕 부족 문제와 청력, 인식 과정의 어려움이 있었다. 예를 들면 짧은 라디오 뉴스를 들을 때 한 번에 한 가지 사실 이상을 구별해낼 수 없거나, 들으면서 기록하는 등 한 번에 한 가지 이상의 일을 할 수 없었다. 언어와 신체 반응에 있어서는 무언가에 반응하기까지 시간이 걸리는 것을 볼 수 있었는데, 재미있는 사실은 단기 기억은 온전해 한 가지 정보를 반복해 습득한 후에는 그것을 기억해낼 수 있었다는 것이다.

그는 방해가 있으면 그것을 견디지 못해 금방 포기하는 모습을 보였다. 대체로 "난 못하겠어."라고 하며 갑자기 하던 것을 멈추는 것이었다. 감성에 있어서는 그의 전 부인이나 사고와 같은 감정적으로 힘들 수 있는 문제를 대면했을 때 아무런 감정도 보이지 않았다. 그가 그 사고에 관해 이야기하긴 했지만, 그에 대해 어떻게 느꼈냐고 물으면 아무것도 느끼지 못했다고 말하곤 했다. 그는 인생의 시간이 멈추고 그냥 조용히 서 있는 것 같다고 자신에 대한 의구심을 드러냈다. 자신과 자신의 미래에 대한 희망이 없다는 것이 지배적인 문제였다.

신체적으로 L.G.는 균형감각과 자세의 문제를 보였다. 왼쪽 부분의 약화로 그의 걸음은 안정되지 않았고 아주 작게 발걸음을 뗐으며 멈추기도 했다. 그의 움직임은 활력이 부족하고 불확실하며 제한되어 있었다. 아주 단순한 움직임도 조정하거나 반복할 수 없었다. 머리와 상반신이 습관적으로 앞으로 기울어진 상태여서 앉아 있든 서 있든, 움직이든 움직이지 않든 그의 시선은 항상 아래로 향해 있었다. 그러나 일대일로 직접 대화를 하는 경우에는 눈을 맞출 수 있었다.

치료의 심리사회적 · 인지적 · 신체적 목표는 프로그램이 시작되기 전 L.G.의 의견과 재활팀의 의견을 반영해 결정되었다. 왜 항상 시선을 아래로 하고 있느냐고 물었을 때 그는 발이 있는 곳, 자신이 어디를 향하고 있는지를 보기 위해 그렇게 한다고 대답했는데, 이는 명백히 부상으로 인한 고유수용성 · 균형의 문제였다. 4년간의 적응 끝에 그는 이것만이 그가 성공적으로 이동할 수 있는 유일한 방법이며 그렇지 않고서는 넘어질 것이라고 믿었다. 그는 균형감각과 신체적 약화를 개선하고 싶다고 했다. 그러므로 이런 신체적 영역은 그의 심리사회적 · 인지적 문제를 해결하기 위한 동기부여로서의 디딤돌이자 주요한 통로가 되었다.

치료 세션의 구성 그의 치료 계획에서 중요한 부분인 인지 과정을 자극하기 위해서 우리는 일반적으로 그전 시간에 다룬 것들에 대해서 검토하고 이번 시간에 무엇에 대해 이야기를 나눌지 상의하는 것으로 시작했다. 인지 강화의 전략으로 항목들을 잘 보이게 칠판에 필기해 사용했다. 안정적이고 안전한 환경을 위해 매주 약간의 변화를 주거나 부분 수정한 움직임 활동이 포함되었다.

일반적으로 우리는 L.G.로 하여금 잘 지탱하고 서 있는 자신의 무게를 느낄 수 있게 하기 위해 고유수용감각계의 활동으로 시작했다. 여러 다른 자세로 우리는 서로에게 기대어 밀었다. 내가 균형을 잃도록 밀어내는 도전은 그에게 효과적인 동기부여가 되었다. 가끔은 그의 약한 부분인 왼쪽 발목에 더해진 무게를 수정된 감각정보를 통해 증가시키기 위해 사용했다. 이와 같이 정기적으로 포함된 활동은 시선 활용과 속도 변화를 시도하는 것이었다. 초반에는 음악이 중요한 외부 리듬 구성으로서 그가 연결할 수 있는 안정적 리듬을 제공했다. L.G.는 걷거나 박자를 맞출 때 시선을 평행으로 유지하는 데 문제가 있었고 후에는 한 특정 물체에 시선을 집중하기 힘들어했다. 곧 그는 음악 대신 스스로 소리 내어 박자를 맞추게 되었다. 처음 박자를 결정한 후 그는 큰 소리로 숫자를 세고 움직이면서 계속했다. 후에는 속으로 숫자 세는 것이 가능해졌으며 결국에는 여러 가지 다른 스텝과 자세를 내면화할 수 있게 되었다. 박자를 바꿔가며 방향과 집중도 변경했다. 그는 점점 더 자신의 움직임의 공간적·임시적 결정에 대한 책임을 지는 것처럼 보였는데, 이것이 자발적 참가의 예다.

그는 새로 발견한 자신의 몸에 대한 통제력을 즐거워하며 마치 약속에 늦은 사람처럼 굉장한 집중력을 가지고 건물 복도를 빠르게 이동했다. 라반은 이를 빠르고 직접적인 움직임이라고 표현했다. 다른 직원들은 곧 그의 걸음걸이와 행동의 급격한 변화를 눈치채고 한 마디씩 했다. 이 과정 중 자신의 발전에 대해 그는 이제야 길을 걸으면서 바깥세상과 주위 사물들을 볼 수 있게 되었고 이전보다 자유롭게 느껴진다고 말했다.

제한된 개인공간과 움직임 레퍼토리라는 신체 도식으로 인한 어려움에 대해 말하면서, 우리는 종종 미러링으로 움직임 변형을 탐색했다. 서로 맡은 파트를 바꿔가며 우리는 종종 거울에 비친 이미지처럼 동시에 혹은 조금 시간을 두고 똑같이 행동을 따라하기도 하고 빠르게 혹은 느리게, 가볍게 혹은 무겁게, 크게 혹은 작게 등 움직임의 특성에 변화를 주기도 했다. 그는 자신이 리드할 때는 천천히 대칭되는 움직임으로 돌아가곤 했다. 마지막 시간에 내가 불규칙적인 빠른 움직임을 계속했을 때 놀라운 변화가 일어났다. 반대로 그가 리드할 때 그는 속도를 늦춰 다시 그의 습관적인 대칭적 자세로 돌아왔다. 때로는 그가 여러 다른 모양의 움직임을 나에게 따라하도록 하며 즉흥적으로 자신의 속도를 찾아가는 변화가 일어나기도 했다. 그는 결국 움직임의 양적 · 질적 부분의 영역을 확장하는 것을 보여주기 시작했다.

마지막 과정을 하는 동안에 치료 중 가장 의미 있었던 것이 무엇이냐고 질문했을 때 그는 "내게도 몸이 있다는 것을 알았어요."라고 대답했다.

치료자의 관찰　전문가들은 프로그램의 다른 측면이 어떻게 일반화되었는지를 주목하며 무용/동작치료가 L.G.의 신체적 · 행동적 발달에 크게 기여했다고 말했다. 그룹이 함께할 때 L.G.는 의자에 허리를 펴고 앉을 수 있었으며 프로그램 초기의 한정된 의사소통과 대조되는 매우 적극적인 참여자가 되어 있었다. 그는 내내 주의 깊고 상냥했으며 유머러스하기까지 했다. 특별 교육 전문가는 그가 보다 자신감 있고 예전에는 거부하면서 쉽게 포기해버렸던 인지적 활동을 참고 하려고 했다는 것에 주목했다. 그와 오랜 시간 함께해온 심리학자는 움직임 경험이 그의 심리적 · 인지적 발달에 촉매가 되었고 그에게 있어 신체적 회복이 정신상태의 회복을 가져온 것으로 보인다고 말했다.

L.G.가 자신의 움직임이 개선되었고 자신의 신체적 기능을 보다 원활하게 통제할 수 있음을 깨달았을 때 보다 긍정적인 자아상과 자신감이 돌아왔다.

치료 후　치료가 끝나고 2년 후 L.G.는 독립적으로 살며 스스로 쇼핑과 요리를 한다고 기록되어 있었다. 직장을 구하지는 못했지만 자신의 아파트를 새로 칠하고 고치는 등 개인적 프로젝트를 수행했다. 대학과 동등한 교육을 받으면서 그는 단순히 통과할 수 있는 정도의 성적보다 더 높은 학점을 얻었다. 요약하자면 그의 인생은 의미와 목적을 다시금 찾은 듯했다.

요약 및 결론

후천성 뇌손상의 지배적 구성요소의 검토는 신경적 충격을 받은 환자와 그의 가족들이 얼마나 큰 타격을 입게 되는지 보여주었다. 그러므로 재활은 여러 측면의 단계가 필요하며 잘 구성된 전문 치료자 팀이 이 일을 할 수 있다. 일부 경우에서는 무용/동작치료가 협력의 일부가 되어 왔다.

이 장은 후천성 뇌손상을 입은 환자들의 재활과 관련된 주요 측면을 다루었다. 무용/동작치료 관련 문제들의 광범위한 영역에 걸쳐 주제는 후천성 뇌손상, 특히 충격성 뇌손상과 뇌졸중의 본질과 체계, 병인학, 인구통계학적 자료, 부상의 편재한 기능적 결과, 치료에 영향을 끼치는 신경심리학적 요소, 치료의 원리와 목표 영역 등을 포함한다. 마지막 부분은 무용/동작치료가 사용된 세 가지 실례를 제시하는데 첫 번째는 요양원에 거주하는 심각한 신경성 충격을 앓는 그룹이었고 두 번째는 뇌졸중으로 인한 장애를 앓고 있는 노인 그룹에 집중했으며 마지막은 총상으로 만성적인 신경병리학적 손상을 입은 성인 남자였다. 약간 독특한 것은 마지막 사례는 대학 내에 위치한 뇌손상 센터에서 이루어져 의학적이라기보다는 교육적 환경인 곳에서 이루어졌다는 사실이다.

모든 그룹에서 도구를 사용하는 동안, 두 그룹에서의 처치는 그룹 과정의 고유 본질을 이용한다는 공통점을 나누면서 행해졌다. 이는 다음과 같이 분류된다 — (1) 참여자들을 정돈하고 리듬에 맞춘 움직임을 통한 상호적 의사소통과 개인 표현을 촉진하기 위한 원과 음악의 사용, (2) 워밍업으로 시작해서 점차적으로 주제로 발전되고 특정한 마지막 과정을 통해 마무리.

일대일 무용/동작치료 과정은 인지적·심리사회적 문제를 강조한 재활센터의 목표에 의해 제한된다. 그러나 문제점과 관련해 움직임의 제한과 강한 동기부여를 보이는 '학생들'을 우선적 관심의 대상으로 선정했다. L.G.가 자신의 신체에 대한 통제력을 되찾으면서 심리사회적·인지적 영역에서도 당연히 개선된 것으로 나타났다. 이번 연구는 마음-몸 연결 강화제와 인간 행동과 기능의 촉진제로서 움직임의 잠재능력이 관찰을 통해 증명된다는 것을 보여준다. 무용/동작치료 재활 프로그램에서는 치료사가 여러 종류의 뇌손상과 필수적인 기능적 영향에 대한 이해를 갖는 것이 필요하다. 이와 같이 심리치료적 관점에서 보면 신경성 병리학의 다른 차원의 관점에서 바라보는 것을 인식하는 것이 중요하다. 특별한 경우에는 신경성 기원의 문제가 정신작용에 의한 문제를 모호하게 만들 수 있다. 다른 한편으로는 유기적 문제가 실수로 인해서 정신작용에 의한 문제로 판명되기도 한다. 이러한 변수들은 훈련과 재활의 가능성을 결정하는 데 도움을 줄 뿐 아니라 치료 과정에 영향을 미치기도 하고 치료 목적의 공식화를 만들어내기도 한다. 치료 양상이 마음-몸의 과정을 근거로 하기에 무용/동작치료는 신경성 충격을 앓고 있는 개인과 그룹의 재활에 귀중한 기여를 할 수 있을 것이다.

Bach-y-Rita, P. (1981). Central nervous system lesions: Sprouting and unmasking in rehabilitation. *APMR, 62*, 413–17.

Baguley, I., Cooper, J., & Felmingham, K. (2006). Aggressive behavior following traumatic brain injury. How common is common? *The Journal of Head Trauma Rehabilitation, 21*(1): 45–56.

Berrol, S. (1984). Coma management in perspective. Paper presented at Braintree Hospital's Fifth Traumatic Head Injury Conference, October 1984. Braintree, MA.

Berrol, C. F. (1990). Dance/movement therapy in head injury rehabilitation: *Brain Injury, 4*(3), 257–65.

Berrol, C. F., Ooi, W. L., & Katz, S. S. (1997). Dance/movement therapy with older adults who have sustained neurological insult: A demonstration project. *American Journal of Dance Therapy, 19*(2): 135–160.

Berrol, C. F., & Katz, S. S. (1985). Dance/movement therapy in the rehabilitation of individuals surviving severe head injuries. *American Journal of Dance Therapy*, 8, 46–66.

Brain Injury Association of America. Causes of brain injury. Accessed 1/30/06 from: http:www.biausa.org/pages/causes_of_injury.html.

Campbell, S. (2000). The child's development of functional movement. In S. Campbell, D. V. Linden & R. Palisano (Eds.), *Physical therapy for children* (2nd ed., pp. 3–44). Philadelphia: S.B. Saunders.

Centers for Disease Control (2005). Traumatic brain injury in the United States: A report to Congress. Accessed 2/7/2006 from http://www.cdc.gov/doc.do/id090001f3ec800101e6.

Chaiklin, S., & Schmais, C. (1993). The Chace approach to dance therapy. In S. Sandel, S. Chaiklin, & A. Lohn (Eds.), *Foundations of dance/movement therapy: The life and work of Marian Chace* (75–97). Columbia, MD: Marian Chace Memorial Fund of the American Dance Therapy Association.

Cook, J., Berrol, S., Harrington, D. E., et al. (Eds.). (1987). *The ABI handbook: Serving students with acquired brain injury in higher education.* Sacramento, CA: California Community Colleges.

Di Joseph, L. (1981). *Traumatic head injury: Mechanisms of recovery.* Paper presented at the Coma to Community, Workshop presented at Santa Clara Valley Medical Center, San Jose, CA.

Generelli, T. (1984, October). *Recent developments in acute pathophysiology of head injury.* Paper presented at Braintree Hospital's Fifth Traumatic Head Injury Conference, Braintree, MA.

Kay, T., & Lezak, M. (1990). Debunking Ten Myths of "Recovery." D. W. Corthell, (Ed.) *Traumatic Brain Injury and Vocational Rehabilitation.* University of Wisconsin-Stout: The Research and Training Center.

Luria, A. R. (1970). The functional organization of the brain. *Scientific American, 222*(3): 66–78.

National Stroke Association: What is stroke? http://info stroke.orf/siteInfo. (Retrieved 2/7/06).

Restak, R. (1984). *The brain.* New York: Bantam Books.

Rosen, C. D., & Gerring, J. (1986). *Head trauma: Educational reintegration.* San Diego: College Hill Press.

Sayer, N. A., Chiros, C. E., Sigford, B., Scott, S., Clothier, B., Pickett, T., & Lew, H. L. (2008). Characteristics and rehabilitation outcomes among patients with blast and other injuries sustained during the Global War on Terror. *Archives of Physical Medicine and Rehabilitation, 89*(1): 163–70.

Schore, A., N. (1994). *Affect regulation and the origin of the self: The neurobiology of emotional development.* Hillsdale, NJ: Lawrence Erlbaum.

Stern, D., N. (1985; 2000). *The interpersonal world of the infant: A view from psychoanalysis and developmental psychology.* New York: Basic Books.

Stuss, D. (1988, April). *What the frontal lobes do.* Paper presented at Rehabilitation: Coma to Community, San Jose, CA.

Tanelian, T., & Jaycox, L. H. (Eds.), *Invisible wounds of war: Psychological and cognitive injuries, their consequences and services to assist recovery.* Santa Monica, CA: RAND Corporation, MG-720-CCF, 2008, 492 pp., available at http://veterans.rand.org/.

Thompson, R. F. (1975). *Introduction to physiological psychology.* New York: Harper & Row.

U.S. Department of Veterans Affairs (2008). Understanding the effects of blasts on the brain. *VA Research Currents,* May-June, 1.

Wikipedia. *Stroke Recovery,* http://en.wikipedia.org/wiki/Stroke_rehabilitation. (Accessed June 11, 2008).

제3부

무용/동작치료 실제에
필수적인 측면

제12장

라반의 동작 이론

무용/동작치료사의 관점

Elissa Queyquep White

도입

1960년대 초, 마리안 체이스는 뉴욕 시의 터틀베이 음악학교에서 유명한 3주 무용치료 과정을 가르치기 시작했다. 그 과정을 끝내고 난 뒤 체이스는 학생들을 개별적으로 만나 수업하는 동안의 학생들의 발전사항을 평가했다. 그런 후에 학생들은 그들의 방식대로 하도록 남겨지게 되었다. 일부는 운 좋게 체이스의 견습생으로 워싱턴 D.C.의 세인트엘리자베스병원에서 경험을 쌓으며 공부할 수 있었고 나머지 학생들은 자원봉사를 할 수 있는 장소를 찾아 그들이 새롭게 발견한 기술을 연습하고 무용치료 세션 중에 어떤 일이 일어났는지 토론하기 위해 무용치료 과정을 함께 공부한 다른 학생들과 모임을 만들었다.

이 시나리오는 다음과 같은 질문을 남겼다 ─ 내가 뭘 하고 있는 거지? 내가 어떤 도움을 주고 있는지를 어떻게 알 수 있지? 내가 뭘 하고 있는지 어떻게 설명할 수 있을까? 도움을 주고 있기보다는 해를 주고 있는 건 아닐까? 예전에 무용수였던 이들이 무용 수업을 다시 시작하기 위해 돌아가는 것은 꼭 필요하고 중요한 일이었다. 이는 자신의 신체 움직임을 이해하기 위해서였다. 다시 말해 자신이 춤을 추면서 무엇을 표현하

229

고 전달하려고 했었는지를 알아보기 위한 것이었다. 무용가로서 중요했던 것은 형태와 기술적인 정확함이었다. 이제 질문이 달라졌다 — 내가 움직일 때 환자들은 무엇을 보고 경험하는가? 나는 내가 말하고자 하는 것을 과연 몸으로 표현해내고 있는가? 내 동작을 통해서 환자들과 소통할 수 있을까? 내 몸은 느낌을 명확하게 표현하고 있는가? 나는 사람들이 따라할 수 있도록 정확하게 다른 이들의 동작을 끄집어낼 수 있을까? 질문은 끝이 없었다.

초기 훈련의 발전

이런 질문들이 초보 무용치료사들의 머릿속에 맴도는 동안 엄가드 바르테니에프는 뉴욕 시의 무용기록사무국(Dance Notation Bureau, DNB)에서 동작분석(Effort-Shape)에 관한 과정을 가르치기 시작했다(Bartenieff & Davis, 1965). 거의 같은 시기에 체이스도 뉴욕에서 교육과정을 지도하고 있었다. 바르테니에프는 마사 데이비스(Martha Davis)와 포레스틴 폴레이(Forrestine Paulay)를 훈련시켰고 그들은 함께 DNB에서 동작분석 수료 프로그램을 시작했다. 동작분석은 동작을 관찰하고, 기록하고, 분석하는 체계이다. 이것은 루돌프 라반(Rudolf Laban)의 동작 이론에 기반하고 있으며 특히 행동 요소 또는 에포트에 근거하고 있다(Laban, 1960; Laban & Lawrence, 1974). 셰이프(Shape)는 워렌 램(Warren Lamb)(Dell, 1970)에 의해 개념화되었다. 미국에서 동작분석이 소개되기 전 무용을 기록하기 위한 라반의 체계인 라바노테이션(Laban, 1956)은 무용계에서 꽤 잘 알려져 있었고 DNB에서 그 체계를 가르쳤다. 1978년에 라반/바르테니에프 움직임 연구소(Laban/Bartenieff Institute of Movement Studies, LIMS)는 독립기관이 되었으며 현재 동작분석을 포함하는 라반동작분석(Laban Movement Analysis, LMA)이라고 알려진 수료 프로그램을 제공하고 있다. 나는 1971년에 완성된 DNB 내에서 진행되던 최초의 수료반을 졸업했다.

무용/동작치료에서의 활용

라바노테이션 이외의 어떤 체계를 사용해서 동작의 본질을 관찰하고, 기록하고, 분석하는 법을 배울 수 있다는 것은 초보 무용/동작치료사들에게 매력적이었다. 동작분석을 통해 우리는 환자에 대해 스스로 정보를 얻을 수 있고 다른 정신건강 관련자에게 무용치료 세션 중에 환자에게 무슨 일이 있어났는지에 대해 정보를 줄 수 있고 가르쳐줄 수 있을 것이다. 동작분석은 모든 이가 이것을 공부했다고 가정하고, 이러한 '비언어적' 세션은 다른 사람들과 이 공통된 언어를 통해 토론할 수 있는 도구가 될 수 있다.

1968년 초에 나는 무용/동작치료사와 함께하는 워크숍을 진행하고 당시 배우고 있던 에포트-셰이프(Effort-Shape)에 관해 가르쳐줄 것을 의뢰받았다. 내가 무용치료사로 일한 지 1년이 지난 시점이었다. 이 워크숍의 경험을 평가한 후 나는 에포트-셰이프가 단지 우리가 환자들과 함께 춤추고 움직일 때 배우고 평가할 수 있는 유용한 도구일 뿐만 아니라 자신이 선호하는 동작 레퍼토리를 알 수 있게 해준다는 것을 깨달았다. 무용치료사들을 위한 동작분석이 신예 정신분석학자들의 정신분석과 비슷하지 않을까(Schmais & White, 1968)? 사람들은 동작분석의 체계가 무용치료사들이 자신의 강점과 한계 그리고 지속적인 동작 패턴을 알고, 보다 다양한 동작 레퍼토리를 개발하고 활용할 수 있는 방법을 배우는 데 도움을 줄 수 있다고 믿었다. 이보다 다양해진 동작들은 무용치료사로 하여금 보다 폭넓은 층의 사람들에게 무용 동작을 적용할 수 있게 해줄 뿐만 아니라 환자의 동작 표현의 보다 미묘한 측면을 포착하고 공감하고 발전시킬 수 있게 할 것이다.

무용/동작치료에서 치료사는 자신과 내담자들 사이에서 일어나는 무용 동작 대화에 주의를 기울인다. 여기서는 대부분 그룹 무용치료에 대해 언급할 것이지만 개별 내담자와의 작업에서도 비슷한 현상이 일어난다고 믿는다. 세션 동안 무용/동작치료사는 춤을 추면서 자신이 보는 것에 주의를 기울일 필요가 있다. 치료사는 내담자의 무용 동작을 공유하면서 동작을 '집어내거나' '공감적 반영'(Sandel, 1993)을 하게 된다. 움직임 대화가 계속되면서 내담자의 움직임을 통해 표현된 감정은 치료사가 활용할 수 있게 된다. 내담자의 감정을 반영해주기 위해 춤동작을 어떻게 짤 것인지는 내담자가 무엇을 표현하고 있는지, 치료사의 움직임 레퍼토리에서 어떤 것이 내담자를 지지하고 춤을 통해 소통하고 있는 것이 무엇인지 보다 명확한 그림으로 안내할 수 있는지를 포착하는 치료사의 민감성에 달려 있다. 많은 경우, 상징적인 이미지를 언어화하는 것은 확정된 동작 표현과 내담자가 자신이 무엇을 표현하고 있고 느끼고 있는지 알 수 있도록 도와주고(Stark & Lohn, 1993), 더 건강한 기능을 향해 나아가도록 해준다. 언어 표현은 환자의 동작과 감정적인 과정을 격려하고 지지하기 위해 무용/동작치료 시간에 지속적으로 사용된다.

라반 연구의 추가적인 활용

인생은 움직임이고 움직임이 곧 인생이라는 루돌프 라반의 철학은 키네토그래피 (Kinetography)(Laban, 1956), 공간적 조화(Space Harmony)(Laban, 1966), 에포트 (Effort) 또는 동작 요소(Laban, 1960)라고도 알려진 라바노테이션을 창조하고 체계화한 그의 관심사의 바탕을 이루고 있다. 그는 무용가, 안무가, 동작 합창단원, 예술가, 건축가, 수학자이자 교사였다.

　라반은 예술 분야와 과학 분야를 자유롭게 오갔고 이것은 그에게 동작에 대한 이론과 기록 체계를 개념화할 수 있는 지식과 자유를 주었다. 교사로서 그는 자신의 학생들 모두에게 잠재력을 계발하고 사용하도록 격려했고 이것은 그의 제자들이 각자 흥미를 가진 방법으로 연구 자료를 더 발전시켜 나가는 결과를 가져왔다. 그리하여 에포트-셰이프의 '셰이프(shape)'와 '셰이핑(shaping)'을 발전시키는 데 중요한 역할을 했던 워렌 램이 나올 수 있었던 것이다(Dell, 1970). 그는 평가와 치료사 훈련 용도로 라반의 자료를 발전시켰다(Lamb, 1965) 마리온 노스의 *Personality assessment through movement*(동작을 통한 성격분석, 1972)는 각 동작 요소(effort)의 수많은 단계적 차이와 의미 그리고 조합에 대해 알려준다. 워렌 램, 포레스틴 폴레이와 함께 공부하고 일했던 정신분석가 주디스 케스텐버그(Judith Kestenberg)는 자신의 샌드포인트 아동 발달 그룹(Lewis & Loman, 1990)과 더불어 케스텐버그 동작 프로파일을 창안했다. 나아가 무용가인 마리 비그만, 한야 홀름(Hanya Holm), 쿠르트 요스(Kurt Jooss) 그리고 이들의 제자들과 같이 한 라반의 작업은 현대 무용에 지대한 영향을 끼쳤다.

관찰의 범주

내가 무용치료를 가르치고 실행하는 데 있어 크게 유용하게 느낀 LMA의 측면을 아래에 상세하게 기술했다. 관찰의 세 가지 유형, 즉 신체, 공간(공간적 조화), 에포트 (동작 요소)로 나누어 설명한다. 라반은 신체 부위, 공간적 구분, 동작 요소들의 상징 기호를 창안했으며 이들은 그의 저서나 라반 자료에 대한 저서들에서 찾아볼 수 있다

(Bartenieff & Lewis, 1980; Bartenieff & Davis, 1965; Dell, 1970; Laban, 1960; Laban & Lawrence, 1974; Lepczak, 1989; North, 1972; Preston, 1963). 일종의 속기와 같은 이 기호에 익숙해지고 나면 동작을 다시 단어로 옮기는 것보다 동작이 진행됨과 동시에 보다 효율적이고 빠르게 동작을 관찰하고 기록할 수 있다. 동작분석의 가르침에도 불구하고 내가 에포트에 대한 배움을 가지고 공부하였을 때 여기에서의 순서는 뒤바뀐다. 처음에 무용치료 대학원생들에게 동작분석을 가르치기 시작했을 때 우리는 학생들이 에포트 용어를 사용하는 경향이 있다는 것을 발견했다. 예를 들어 'float(뜨기)', 'punch(때리기)', 'light(가벼운)', 'direct(직접적인)' 등의 표현이다. 이것은 역효과를 낳게 된다는 것이 증명되었는데, 그 학생들이 감정, 이미지나 동작으로부터 발전한 은유를 받아들이는 것에 대한 방어 수단으로 에포트 용어를 사용했기 때문이다. 학생들은 자기가 본 것을 명료화하기 위해 자신의 느낌을 철저히 탐구하기보다는 에포트 용어의 인지적인 사용에 의존했다. 그래서 그다음 학기 학생들에게는 이미지나 상징들을 말로 표현할 수 있게 하기 위해서 공간이나 공간 조화 측면에 대해 먼저 가르치게 되었다.

위에 언급한 바와 같이 여기에 분류된 관찰의 범주는 '신체(body)', '공간(space)', '에포트(effort)'이다. 라반(1960)은 신체에 대해 이렇게 말하고 있다. "동작의 흐름은 움직이고 있는 신체 부위의 순서에 강력하게 영향을 받게 된다."(p. 21) 이 전제하에 마리온 노스는 1970년대 초반의 워크숍에서 신체, 공간, 에포트에 대한 관찰이 어떻게 서로 겹쳐지는지를 언급했다. 그러나 비록 이런 세 가지 측면이 관찰하는 동안 분리되어 보일 수 있다 할지라도 '신체' 범주가 종종 먼저 눈에 들어온다는 것을 보여주었다. 이런 세 가지 분야는 따로 논의될 것이지만 전체적인 분석을 통해 차츰 통합될 것이다.

신체

신체 부분 활용 및 시작점

일반적으로 사람들은 매번 동작구(movement phrases)를 같은 신체 부위로 시작한다. 이것은 또한 무용치료 세션에서도 적용된다. 예를 들어 어떤 무용치료사는 무용적인 패턴 안에서 보통 발만을 이용해 중심 이동만 하면서 치료 시간을 시작할지도 모른다. 그리고 같은 무용치료사가 다른 신체 부위를 이용해 시작할 때, 예를 들어 팔이라고 해보면, 아마 치료받는 그룹의 내담자들은 이것을 눈여겨보고 변화를 알게 될지도 모른다. 내담자가 신체의 다른 부위를 이용해 동작을 시작한다면 이것은 많은 것을 말해줄 수 있다. 무용치료사에게는 이 새로운 사용을 깨닫는 것이 굉장히 중요한 결과로 나타날 수 있다. 어쩌면 이것은 변화가 일어나고 있음을 알려주는 것일지도 모른다. 신체 부위에 대한 라반의 관찰 및 분석 체계를 이해하는 것은 어떤 신체 부위로 움직임을 시작하는지 보는 법을 배우는 사람으로서 매우 중요하며 이것은 아주 핵심적인 요소일 수 있다.

신체 셰이프

신체 셰이프(body shape)는 네 가지, 즉 폭이 좁은 형태(narrow), 폭이 넓은 형태(wide), 곡선형(curve), 비틀린 형(twist)으로 구분된다(North, 1972). 이런 셰이프는 변화할 수도 있고 고정되어 있을 수도 있으며 상체에서 볼 수 있다. 폭이 좁은 신체 셰이프는 마르거나 날씬한 사람들에게서 볼 수 있고 폭이 넓은 셰이프는 체중이 많이 나가는 사람들에게서 볼 수 있다고 생각할 것이다. 하지만 이런 신체 셰이프에 대해 정밀하게 검토해보면 마른 사람에게서도 폭이 넓은 셰이프를 볼 수 있고 반대의 경우도 마찬가지다. 곡선 셰이프와 비틀린 셰이프는 보다 명백하다. 이런 셰이프에 대한 관찰은 말 그대로이다. 흔한 곡선 형태는 '많은 부담을 가지고 있는' 것처럼 보이는 사람들에게서 나타난다. 패션모델의 사진은 일반적으로 곡선 셰이프를 보여준다. 신체 셰이프의 변화 또한 매우 중요한 의미일 수 있다. 신체 셰이프 변화의 가장 흔한 사례는 사람이 신체적으로 아플 때 더 곡선 셰이프가 된다. 설사 평소에 원래 곡선 셰이프인 사람의 경우라도 그렇다. 신체 셰이프의 관찰은 정신과 환자들에게서 특히 신경 써야 한다. 이들의 신체 셰이프는 고정되어 있으며 (체형이 보이는) 상체를 따라 움직임이 관찰되면 이것은 곧 변화가 일어날 것이라고 말해주는 것일 수 있다.

제스처-자세

이 범주의 명칭은 꽤 분명하다. 제스처(gesture) 동작은 나머지 다른 신체 부위의 움직임에는 영향을 미치지 않는 신체의 한 부위에서 일어나는 움직임을 말한다. 제스처 동작은 또한 동시에 여러 다른 신체 부위에서 일어날 수도 있으며 다른 신체 부위들에 영향을 미치지 않는다. 자세(posture) 동작은 신체 한 부위에서 시작해 몸 전체를 통해 이동하면서 나타난다. 무용치료에서 전신 활동을 하기 위한 작업을 할 때 이것은 어쩔 수 없이 감정의 가득한 표현이 나타난 자세 동작을 포함할 것이다. "자세 변화의 통합과 심리적인 태도의 변화 사이에는 긴밀한 관계가 있다."(Chaiklin & Schmais, 1993, p. 77)

동시적-연쇄적 동작

동시적 동작은 신체의 두 부분(또는 그 이상)에서 동시에 일어나는 동작을 말한다. 예를 들어 물건을 잡기 위해 양팔을 동시에 뻗는 것과 같은 동작들이다. 연쇄적 동작은 일반적으로 신체 한 부분에서 일어난 다음에 다른 부위의 동작으로 연결되는 것을 말한다. 내담자가 이런 연속적인 동작 패턴을 경험해보는 것은 보다 큰 감정과 느낌의 다양성을 참작한다.

공간

라반의 작업은 모두 '움직임 구(球)' 또는 개인공간(kinesphere) 안에서 일어난다 (Laban, 1950, 1966). 신체가 조화롭게 움직이고 공간의 한 지점에서 다른 지점으로 물 흐르듯이 움직일 수 있는 여러 가지 방법이 있다(모두 26가지로, 27번째 지점은 '제자리'이다). 한 지점에서 다른 지점으로 몸이 움직일 수 있는 방법은 굽히고, 펴고, 형태를 바꾸고 유연하게 움직일 수 있는 수많은 몸의 능력을 나타낸다(Laban, 1950, 1966; Preston, 1963). 이런 26개 지점은 몇 개의 스케일(scale)에서 찾아볼 수 있다. 여기에서는 공간 조화 부분에서 3단계만 소개될 것이며 매우 기본적인 관계만을 보여줄 것이다. 더 많은 연구 결과는 공간 조화에 대한 라반의 두 번째 저술인 *Choreutics*(Laban, 1966)에서 찾아볼 수 있다.

　스케일은 무용동작치료를 배우는 학생들에게 가장 유용하다. 습관적인 방법 외에 공간을 통한 움직임의 다른 경로를 포함할 수 있게 도와주기 때문이다. 이런 스케일의 요점은 내담자가 자신의 무용동작이 무엇을 표현하는지에 대해 명쾌하게 밝힐 수 있도록 도와주는 수많은 가능성을 열어준다. 예를 들어 중요한 감정적인 내용을 포함하고 있는 한 동작구가 꽤 풍부하게 표현되었다면 이 동작구를 같은 경로에서 반복하는 것은 굉장히 강렬한 경험이 될 수도 있다. 무용치료사는 감정과 인지의 정점에 다다른 이 순간이 언제인지를 이해할 필요가 있으나 환자가 그 경험에 대해 좀 더 완전한 경험과 그 표현의 이해가 필요할 수도 있다는 것을 알아야 한다. 하나의 다른 공간적인 경로가 환자에게 이런 '정점'을 제공해줄 수도 있다.

개인공간

이것은 가만히 서 있거나 동작을 할 때 팔다리를 움직일 수 있는 몸 주변의 공간을 말한다. 흔히 당신의 개인공간은 당신이 어디를 가든 함께 간다고 한다. 또 다른 이미지는 몸이 '공기방울' 안에 있다고 상상하는 것이다. 팔다리는 몸 주위의 '가까운(near)' 공간, '중간(middle)' 공간, '길게 뻗는(far reach)' 공간 속에서 움직인다. '가까운' 공간을 사용하는 사람은 (먼 공간을 활용해서) 물건을 잡으려고 팔다리를 쭉 뻗지 않고 몸을 그 물건 가까이로 움직여갈 것이다. 머리를 위로 쭉 뻗어 올린다든지 원을 그리고 선 건너편에 있는 누군가를 향해 몸을 쭉 뻗는다든지 하는 것처럼 길게 뻗어야 하는 먼 공간을 활용하는 것은 때로 환자들에게 매우 어려운 일이다. 나의 무용치료 세션에서 한 환자는 원을 그리고 선 반대편에 있는 다른 사람에게 몸을 뻗어 닿으라고 하자 길게 뻗는 먼 공간을 활용하는 대신 그냥 그 사람에게 걸어갔다. 이런 개인공간 사용의 사례는 일상생활에서 볼 수 있다. 컴퓨터를 사용할 때는 가까운 공간을 활용한다. 마룻바닥을 빗자루로 쓸 때는 가까운 공간과 중간 공간을 활용한다. 그리고 높은 선반에 놓인 물건을 꺼내려고 몸을 쭉 뻗는 것은 길게 뻗는 먼 공간 사용의 예이다.

공간 표기

이런 영역들을 구분하는 데 공간의 지점을 말로 하는 것보다 상징기호를 사용하는 것이 더 도움이 된다는 것은 경험을 통해 볼 수 있었다. 정해진 지점들은 구체적이며 일단 식별된 후에는 관습적으로 사용하지 않는 지점들 사이의 공간에서 쉽게 움직일 수 있다. 이는 무용/동작치료 세션에서 어떤 공간이 더 빈번하게 사용되고 덜 사용되는지를 보다 명백하게 확인하는 데 있어 치료사에게 도움이 된다. 예를 들어 많은 문화권에서는 '앞(F)' 공간을 사용하는 것이 일반적이고 '뒤(B)' 공간은 무시된다.

공간의 기본적인 구역

신체 주변 공간의 세 가지 기본 부분은 다음과 같다.

위(H) : 몸 위 공간

중간/중심(M) : 몸 둘레 공간

아래(D) : 허리 아래 공간

다른 공간 명칭은 다음과 같다.

왼쪽으로(L)

오른쪽으로(R)

앞으로(F)

뒤로(B)

가운데로(C)

공간은 세 가지 면(plane)으로 나뉘는데(각 평면의 중간에 몸을 그려보라), 이는 몸의 3차원성(수직면, 수평면, 시상면)과 일치한다. 각 면은 1차원과 2차원을 갖고 있다(그림 12.1 참조).

1차원의 움직임

수직축(H에서 D)

수평축(L에서 R)

시상축(B에서 F)

2차원의 움직임

수직면의 수평(L에서 R)

수평면의 시상(B-F)

시상면의 수직(H-D)

공간 속에서 1차원과 2차원의 각 평면이 만나 네 면의 모서리를 형성하는데, 이를 문(Door), 테이블(Table), 바퀴(Wheel)라고 부른다(Preston, 1963).

수직면 : 문 — 위 오른쪽(HR), 아래 오른쪽(DR), 아래 왼쪽(DL), 위 왼쪽(HL)

수평면 : 테이블 — 오른쪽 앞(RF), 왼쪽 앞(LF), 왼쪽 뒤(LB), 오른쪽 뒤(RB)

시상면 : 바퀴 — 앞으로 위(FH), 앞으로 아래(FD), 뒤로 아래(BD), 뒤로 위(BH)

일상생활에서 우리는 모든 평면을 다 사용하지만 일부 사람들은 한 가지 또는 그 이상의 평면 속에서 계속 움직이고 편안해하는 성향을 가지고 있다. 문 평면을 사용하는 것을 편하게 느끼는 사람은 전시 모드에 있다고 할 수 있다. 테이블 평면을 사용하는 사람은 의사소통에 더 관심이 많고 바퀴 평면에 있는 사람은 실행에 관심이 많을 가능성이 높다.

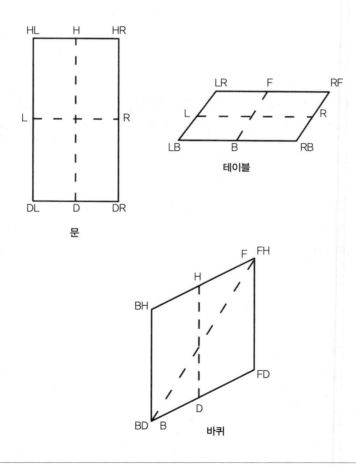

그림 12.1 1, 2차원의 3개의 면과 모서리

1차원 스케일

1차원 스케일(dimensional scale)에서의 공간 영역(Preston, 1963)은 때로 3차원 교차로(Laban, 1950) 또는 방어 스케일(Bartenieff, 1980)로 불리며 오른쪽에서 시작되어 차례로 연결된다 ─ H(위), D(아래), L(왼쪽), R(오른쪽), B(뒤), F(앞).

이러한 연속성은 그 몸이 공간의 개별적인 차원을 느낄 수 있게 해주며 이것은 몸의 중심으로부터 온다. 이것은 연속적인 동작으로 행해진다. (오른쪽 팔을 사용해) 올리고(H), 내리거나 떨어지고(D), 옆으로 닫히고(L), 옆으로 열리고(R), 물러섰다가(B) 전진한다(F). 한 지점에서 다른 지점으로의 전환은 몸의 중심을 통과해서 했는지 아니면 지점들 가장자리로 연결했는지에 따라 매우 다른 감정을 만들어낼 수 있다. 이 기본적인 스케일은 몸의 위아래 또는 수직 차원에서, 양옆 그리고 앞뒤 차원에서 가능한 한 가장 완벽하게 입체적으로 느껴볼 수 있게 도와준다. 이런 차원에서 움직이는 것은 또한 그 사람이 어떤 공간 영역에서 편안하게 느끼는지 또는 어떤 평면을 회피하거나 지나치려고 하는지를 보여준다.

스케일

스케일(Scale)은 각 평면의 네 모서리로 구성되는 영역이 문, 바퀴, 테이블의 순서에 따라 이어진 것으로 구성되어 있다. 공간 속에서 한 평면에서 다른 평면으로의 전환은 부수적이며 만약 이 모든 지점을 선으로 연결해서 그린다면 정이십면체(icosahedron)의 모형을 보게 될 것이다(그림 12.2). 다음은 오른쪽 팔에서 시작해 몸 옆으로 순차적인 스케일 연속성이다. 이것이 관례적인 시작이긴 하지만 어떤 문 지점에서든 시작할 수 있다.

(시작점은 LB) HR, BD, LF, DR, BH, RF, DL, FH, RB, HL, FD, LB

한 지점에서 다음 지점으로의 경로에 따라 몸이 느끼는 경사는 '평평함', '가파름', 또는 '가로지름'으로 구분될 것이다. 각각의 이러한 경향들로 몸통과 팔다리는 각 지점에서 다음 지점으로의 부차적인 전환 때문에 일상생활의 동작에서 흔히 겪을 수 없는 몸을 비틀고, 뻗고, 최대한 늘리고, 움직이는 방법을 경험할 것이다(Preston, 1963; Bartenieff & Lewis, 1980). 이런 스케일은 무용동작치료사에게 공간을 통해 다르고 흔

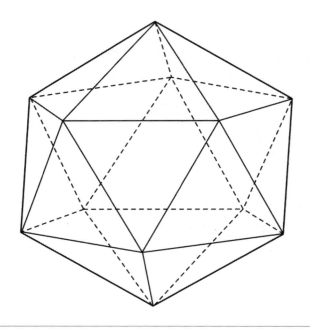

그림 12.2 정이십면체

하지 않은 움직임을 환자들에게 소개하는 더 많은 선택사항을 준다. 이러한 선택사항이 있을 때 춤은 보다 흥미롭고 즐거워진다. 이것은 이 스케일에 대한 아주 기본적인 소개이며 이 스케일을 더 깊이 공부하는 데는 프레스턴(1963) 및 바르테니에프와 루이스(1980)가 도움이 될 것이다.

3차원 스케일

3차원 스케일(Diagonal Scale)은 각 평면의 1차원 중 하나로 구성되며 이런 차원들이 공간 속에서 만나는 지점에서 나타난다. 인간이 만들어진 방식 때문에 이 측정을 아주 정확하게 할 수는 없다. 우리 몸이 일부 사선을 가로막기 때문이다. 그래서 근사치에 시도한다. 이 스케일은 공간 속에서 가장 유동적이다. 정육면체 속에 몸이 있다고 생각해보면 위쪽 모서리 한 지점에서 반대편 바닥의 모서리로 가는 경로는 8개의 직선경로 또는 4개의 완전한 사선경로이다. 이 스케일은 몸의 중심을 가로지르기 때문에 중심 이동(central transitions)이라고 불린다. 무용/동작치료에서 이 스케일의 중요성은 마리안 체이스가 지지한 바와 같이 이것이 전신 활동을 할 수 있게 도움을 준다는 것이다(Chaiklin & Schmais, 1993). 완전한 에포트 행동들이 동반되었을 때(후에 다시 얘기함) 자르기, 흔들기, 스포츠 동작이나 집안일 등을 쉽게 달성할 수 있고 세션 중에 뒷받침될 수 있다.

스케일은 다음과 같다.

HFR(위, 앞, 오른쪽)에서 DBL(아래, 뒤, 왼쪽)
HFL(위, 앞, 왼쪽)에서 DBR(아래, 뒤, 오른쪽)
HBL(위, 뒤, 왼쪽)에서 DFR(아래, 앞, 오른쪽)
HBR(위, 뒤, 오른쪽)에서 DFL(아래, 앞, 왼쪽)

무용/동작치료사들을 위해 반복하지만 실습을 통해 스케일을 배우는 것은 매우 유용하게 쓰일 수 있다. 이런 신체 지식은 공간 속에서 조화롭고 다양하며 흥미롭고 즉흥적으로 움직일 수 있는 방법을 제공해준다. 전문 종사자로서 빠질 수 있는 함정 중 하나는 모두가 우리의 동작 패턴에 매여 있고, 확실히 우리와 함께 작업하는 사람 중 대다수가 동작에 대한 교육을 받지 않았으며, 때때로 제한된 패턴은 그들의 아픔을 반영한다는 것이다. 이런 종류의 대화는 제한된 패턴으로 정해지고 기껏해야 공간 속에서 반복적인 동작이 나타날 뿐이다. 나는 동작 패턴을 바꾸면 사람도 변화한다는 이론을 옹호하는 사람은 아니다. 내 경험으로 볼 때 사람들은 변화할 준비가 되었을 때 변한다. 변화의 미묘한 신호는 무용/동작치료에서 누군가의 동작에 '차이'를 보고 느낄 수 있을 때이다. 이 시점은 무용동작치료에서 움직임의 새로운 방법을 소개하는 가능성을 탐구해보기 위해 무엇이 발전되어 왔는지를 사용할 수 있는 때이다. 예를 들어 무용치료에서 단지 수직면으로 위아래로만 움직이는 동작을 보이는 환자가 동작의 리듬을 포함하게 될 때, 대각선 중 한 곳에서 움직임을 할 수 있도록 권장하기 시작한다. 이를 통해 환자는 공간의 다른 영역을 사용하기 시작할 수 있으며 훨씬 다양한 동작과 표현을 할 수 있게 해준다.

에포트-동작 요소

신체 동작의 표현적이고 소통적인 측면은 라반의 '에포트'라고 지칭되는 많은 변화들의 공간 이동과 동작 요소를 사용해 확실히 보고 알 수 있고, 기록되고, 집대성될 수 있다. "사람의 에포트는 그의 신체 움직임의 리듬 속에서 눈으로 볼 수 있게 표현된다." (Laban & Lawrence, 1974, p. 2) 라반은 운영 컨설턴트였던 로렌스와 함께 제2차 세계대전 동안 영국 공장에서 일하는 사람들이 동작을 가장 효율적으로 활용할 수 있도록 도왔다. 비록 에포트 훈련이 이들의 산업적인 연구를 위해 특정한 방법으로 사용되긴 했지만, 라반은 에포트의 원칙들은 무용과 마임 기술에도 밀접하게 관련이 있고 적용된다고 믿었다(Laban, 1960; Laban & Lawrence, 1974).

사람들이 움직이기 시작할 때, 그들의 몸은 뚜렷하게 구분되는 유형이나 성격을 표현해내는 중요한 질적인 차이를 보여주는 방식으로 공간 속을 통과한다. 동작의 이런 질적인 또는 역동적인 측면은 에포트 용어로 설명된다. 이와 유사하게, 음악에서 악보에 적힌 음표는 구조적(공간적 위치)이라고 볼 수 있고 질적인 측면(조금 여리게, 강하게, 느리게, 빠르고 경쾌하게 등)은 에포트와 동일시 될 수 있다. 무용/동작치료에서 한 사람의 뚜렷한 에포트 요소를 알고 이해한다는 것은 환자의 고유한 동작을 집어내고 생각이나 감정을 알려고 할 때 더할 나위 없이 중요할 수 있다. 이러한 능력은 신중하게 알게 되고 환자에게 치료 과정에 필요한 신뢰관계를 확립하는 비언어적인 방식으로 반응을 보인다. 그 원칙의 입증은 마리안 체이스가 아주 깊게 자세히 설명한다—그 사람의 상태에서 사람을 만나라는 것이다.

에포트 이론에는 네 가지 동작 요소, 즉 공간, 무게, 시간 그리고 흐름이 있으며 각 요소는 두 가지 상반된 양극성을 갖고 있다. 라반에게 이런 동작 인자들은 의식적이든 무의식적이든 간에 내면의 충동과 에너지가 움직임을 통해 드러나는 것이다(Laban, 1950). 그들은 의도와 요지를 갖고 하는 것이지 수동적인 동작들이 아니다(Laban, 1950, 1960; Laban & Lawrence, 1974; North, 1972; Preston, 1963).

공간(space) 요소는 '직접적인(direct)' 그리고 '유연한(flexible)', 때로 '간접적인(indirect)'이라고 불리는 요소로 구성된다. 직접적인 동작은 직선적인 경로를 보이는 반면 유연한 동작은 회전교차로같이 빙 돌거나, 구불구불하거나, 높낮이가 있는 경로이다. 실에 바늘을 꿰는 것은 직접적인 동작의 예이다. 군중 속을 헤치고 가거나 목적 없이 거니는 것은 유연함을 나타내거나 간접적인 접근이다.

무게(weight) 요소는 '강한(strong)' 그리고 '가벼운(light)'으로 이루어진다. '강한'은 때때로 '단단한'으로 나타내지는데 단호하거나 활동적인 동작으로 보일 수 있다. 일상생활에서 힘은 주먹으로 때리기, 땅 위에서 발을 구르기 또는 무거운 물건을 들어올리는 동작에서 보일 수 있다. 가벼운 동작 또는 섬세한 접촉 동작은 섬세하고 예민하거나 부드러운 존재의 모습에서 볼 수 있다. 가벼움의 예는 신생아를 어루만지는 동작이나 사람의 시선을 끌기 위해 가볍게 어깨를 두드리는 동작에서 볼 수 있다.

시간(time) 요소는 '갑작스러운(sudden)'이나 '빠른(quick)'으로 표현되는 즉각적이거나 급한 느낌을 보여주고, '느려지는(sustained)'이나 '느린(slow)'으로 표현되는 행동 요소들은 미적거리고 끝이 없는 혹은 한가해 보이는 느낌을 준다. 갑작스러운 또는 재빠른 동작의 예는 뜨거운 스토브를 만지거나 위험한 상황에서 펄쩍 뛰어오르는 동작에서 볼 수 있다. 느려지는 또는 느린 동작은 종종 느릿느릿한 걸음이나 질질 끌며 늘어지는 동작에서 볼 수 있다.

흐름(flow) 요소는 '통제되는(bound)' 또는 '자유로운(free)'이다. 통제되고 절제된 또는 중간에 중단될 수 있는 동작은 통제되는 흐름(bound flow)이라고 불린다. 이런 종류의 흐름은 울퉁불퉁한 바윗길을 조심스럽게 걸어가거나 아주 작은 물건을 조심스럽게 들어올릴 때 유용하다. 멈추기 힘들어 보이거나 쉽게 유지되는 동작을 자유로운 흐름(free flow)이라고 한다. 전후좌우 흔들리는 동작(음악에 맞춰 엉덩이를 흔드는 것, 바람에 나뭇가지가 흔들리는 것)이나 전후좌우로 부드럽게 흔드는 것(아기를 안고 흔드는 것)은 자유로운 흐름의 예를 보여준다. 두 친구가 예상치 못하게 만났을 때 열광적으로 반가움을 쏟아내는 것 또한 자유로운 흐름의 예이다. 많은 정신병 환자들은 약물 치료나 질병 때문에 움직임에서 주로 통제되는 흐름이 보인다. 통제되는 흐름은 마치 하나로 뭉치려는 듯이 보이는 시도가 있는 것처럼 상체에서 보이는 경우가 많다.

라반(1960)에 의하면 "공간에 자신을 연관 짓는 것을 배운 사람과 신체적으로 이것을 완전히 습득한 사람은 주의집중을 갖는다. 또한 에포트에서 무게 요소와의 관계를 완벽하게 터득한 사람은 의도를 갖고 있으며 시간에 맞추어질 때 결정을 한다."(p. 85) 동작의 편의성, 제한 또는 행동의 정확성은 흐름에 의해 통제된다.

이런 에포트 부분의 자료는 추상적이며 이것에 관해 단지 읽는다고 해서 습득할 수는 없다. 일단 '움직임'을 해봐야 하고 운동감각적인 경험을 통해 몸을 움직일 때 일어나는 각각의 에포트 요소의 느낌을 체험해봐야 한다. 공간-주의, 무게-의도, 시간-결정, 흐름-정확성에 대한 더 많은 연구와 조사 자료는 노스(1972)의 저술에서 소개되며 동작에서 볼 수 있는 동작 요소 정도의 개선된 의미를 제공한다.

사람의 일상적인 움직임 구는 두 가지 또는 세 가지 동작 요소들의 조합 사이를 왔다 갔다 한다. 두 동작 요소의 결합은 움직이는 이의 내적 태도를 반영하며 "마음의 내적 상태를 드러낸다."(North, 1972, p. 246) 그들은 간단하게 여기에서 그들의 내적 상태를 나타낸다 — 공간과 시간(깨어 있는 상태, awake state), 흐름과 무게(꿈같은 상태, dreamlike state), 공간과 흐름(희미한 상태, remote state), 무게와 시간(가까운 상태, near state), 공간과 무게(안정된 상태, stable state), 시간과 흐름(유동적 상태, mobile state)(Laban, 1960; Preston, 1963). 세 가지 동작 요소의 결합은 충동(drive)이라고 부른다. 이런 충동에는 네 가지가 있다 — '열정(passion)'(공간 요소 없음), '환상(vision)'(무게 요소 없음), '마술(spell)'(시간 요소 없음), '행동(action)'(흐름 요소 없음). 자유로운 흐름 또는 통제되는 흐름은 종종 동작충동(action drive)을 수반하며 이럴 때는 완전한 에포트 액션이라고 불린다(Bartenieff & Lewis, 1980). 이들에 대한 설명은 이 장의 범위를 넘는 것이지만 우리는 모두 매일의 일상적인 동작의 한 부분으로서 이런 내적 상태와 충동을 움직이며 무용/동작치료 세션에서도 종종 나타날 수 있다.

라반 이론에서 구전으로 전해 내려온 흥미로운 측면은 동작 요소들이 특정 공간 영역에서 더 자연스럽거나 수월하다는 개념으로 이를 공간 및 에포트 관련성(effort affinity)이라고 한다. 라반(1950)은 이렇게 말하고 있다.

> "3차원적 교차는 … 상하 차원 속(가벼운-강한) 무게의 동작 요소들, 양옆 차원으로 넓게 퍼지는 공간(직접적-유연한) 그리고 시간 속에서 … 전후 차원을 만들어내는 활동(느리게-빠르게)에서 연관지어 볼 수 있다." (p. 125)

모든 공간 구역에서 에포트가 일어날 수 있지만, 동작 요소들은 공간적인 친밀감 속에서 더 쉽게 행해지고 배울 수 있다.

무용/동작치료의 목적에서 때로 '기본 에포트 행동 충동(Basic Effort Action Drives)'(Laban & Lawrence, 1974; Bartenieff & Lewis, 1980)이라고 불리는 이 여덟 가지 기본 에포트는 그 가치의 소중함이 증명된 바 있다. 그것은 전신 움직임(표 12.1)을 지지하고 장려하는 무용/동작치료의 원칙 때문이다. 이런 행동들은 환자의 동작 속에서 표현되고 있는 느낌과 전달하고자 하는 메시지에 대해 보다 쉽게 의식할 수 있게 해준다. 이 동작충동(공간, 무게 및 시간)은 자신의 공간적 관련성(spatial affinity)과 함께 행해졌을 때 동작을 수행한 이로 하여금 가장 역동적인 동작과 공간 속에서의 유동적인 움

표 12.1 기본 에포트 동작충동

에포트 동작	명칭	공간적 관련성
가벼운, 유연한, 느려지는	뜨기	HRF(위, 오른쪽, 앞)
강한, 직접적인, 빠른	때리기, 찌르기	DLB(아래, 왼쪽, 뒤)
가벼운, 직접적인, 느려지는	미끄러지기	HLF(위, 왼쪽, 앞)
강한, 유연한, 빠른	베기	DRB(아래, 오른쪽, 뒤)
가벼운, 직접적인, 빠른	가볍게 두드리기	HLB(위, 왼쪽, 뒤)
강한, 유연한, 느려지는	비틀기	DRF(아래, 오른쪽, 앞)
가벼운, 유연한, 빠른	튕기기	HRB(위, 오른쪽, 뒤)
강한, 직접적인, 느려지는	누르기	DLF(아래, 왼쪽, 앞)

직임을 가능하게 해준다. 이것은 마치 공간 속의 여덟 가지 사선방향이 여덟 가지 에포트 행동과 연결된 정육면체 안에 있는 것처럼 배우고 행해진다(그림 12.3 참조).

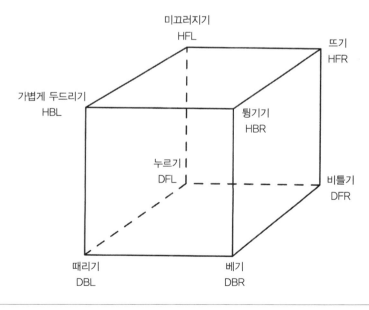

그림 12.3 에포트 동작의 3차원 스케일

무용/동작치료 시간에 치료사가 공격적이거나 분노의 감정을 표현하는 것일 수 있는 '빠른' 동작을 반복하게 하거나 리듬감 있게 '주먹으로 치기' 또는 '두드리기', '쿵쿵거리기' 동작을 지지하는 것은 흔한 일이다. 또한 베기, 비틀기, 누르기 동작 역시 분노의 다른 측면을 표현한다. 비틀거나 누르기 동작에는 지속성이 수반되며 괴로움 또는 힘의 느낌을 가져올 수 있다. 때로 사람들은 격렬하게 휘두르는 자유를 느낄 필요가 있다. 왜냐하면 무용/동작치료 세션에서 리듬과 형태를 기반으로 하는 이런 격렬한 감정표출은 매우 안전하고 통제된 것이기 때문이다.

전환

무용/동작치료 과정을 유지하는 중요한 조건 중 하나는 움직임과 감정 사이에 전환을 활용하는 것이다. 무용/동작치료를 경험해보면 그 시간 안에는 몇 번의 중대한 지점(상징, 신체 활동, 언어 표현을 동반한 치료자의 개입)과 그 지점 사이의 전환 움직임이 있을 것이다. 전환에는 수많은 가능성이 있다. 전환은 점진적인 전환, 덜 점진적인 전환, 갑작스러운 전환으로 구성될 수 있다(Preston, 1963). 점진적인 전환의 예를 들면 '떠다니기' 동작에서 '미끄러지기' 동작으로 가는 것인데 여기서는 유연한 공간에서부터 직접적인 공간으로 하나의 동작 요소, 즉 공간만 바뀌는 것이다. 덜 점진적인 전환의 예로는 '떠다니기'에서 '가볍게 두드리기'로의 전환처럼 공간(유연한 공간에서 직접적인 공간), 시간(느려지는 시간에서 빠른 시간으로)이라는 두 가지 동작 요소가 변화하는 것이다. 마지막으로 갑작스러운 전환에서는 세 가지 동작 요소가 변화한다. '떠다니기'에서 '때리기' 동작으로의 전환이 그 예이다('가벼운, 느려지는, 유연한'에서 강한, 빠른, 직접적인). 각각의 이런 동작 전환의 유형들은 무용/동작치료사가 무엇을 반영하는지에 따라 다른 동작이나 감정을 만들어낸다. 이 전환을 인지하는 데 중요한 특징은 환자가 쉽게 할 수 없는 동작을 경험해보도록 도와주기 위해서 그 사람이 편안해하는 동작 성향을 활용할 수 있어야 한다는 것이다. 예를 들어 환자가 늘 '때리기'(강한, 직접적인, 빠른) 같은 동작충동 패턴으로 움직인다는 것을 관찰했다면 무용/동작치료사는 직접적이고 빠른 속성은 유지하면서 한 요소에 변화를 주면 된다. 강한 요소를 가벼운 요소로 바꾸면 '가볍게 두드리기' 같이 부드럽고 세심한 표현을 경험하게 해줄 것이다. 여기 제시된 모든 라반 자료처럼 이 '충동(drive)'의 힘을 이해하고 이런 에포트 동작의 경험을 기억하면서 '움직임'을 해봐야 한다. 이것은 글로 쓴 것을 보고 읽고서는 배울 수 없다.

이 장은 동작에서 나오는 사건들을 다른 동작으로 옮겨갈 수 있도록 하기에 이를 이해하고 숙달하는 것은 중요하다. 이것은 무용치료 과정을 끊이지 않고 지속적으로 연결하게 하며 그 감정들에 대해 하나의 자연스럽고 이해할 수 있는 발전적인 바탕이 되기 때문에 소중하다. 예를 들어 '떠다니기'(세심한/가벼운, 오래 끄는/느려지는, 충족적/유연한)에서 '때리기'(단단한/강한, 초점이 있는/직접적인, 빠른) 동작(자신을 드러내고 목표물을 적중시키는 느낌)으로의 갑작스러운 전환은 '떠다니기'에서 '미끄러지기'로의 점진적인 전환과는 전혀 다른 감정을 일으킨다. 이와 같은 점진적인 전환에서는 세심함과 여운은 유지되지만, 유연한 태도가 직접적인 태도로 바뀌면서 자신이 공간의 어디에 있는지를 정확하게 알아차리게 해준다.

나와 함께 작업한 한 내담자는 움직이거나 무용을 할 때 동작 요소 중 시간을 지속적으로 사용했다. 그녀의 동작에서 아주 지배적이었던 요소는 '빠른' 동작의 사용이었다. 그녀는 또한 통제된 흐름과 '직접적인' 공간 요소의 특성을 갖고 있었다. 이는 실행하기 어려운 패턴인데 '빠른' 동작 요소는 계속해서 연속적으로 움직여야 하기 때문이다. 이것은 계속해서 박자를 유지하는 것이 문제가 아니라 그녀의 지속적인 상태가 급하고 정신이 없었다는 것이다. 함께 움직이는 동안 그녀가 이런 상태를 인지하고 있다는 것이 분명해졌고 속도를 늦추면 어떻겠냐고 묻자 그녀는 속도를 늦추면 자신의 감정을 깨닫기 시작하게 될 것 같다고 말했다. 그녀가 환상 충동(무게 요소 없음)의 상태에 있다는 점을 감안했을 때 그녀에게 빠르고, 통제된 흐름과 직접적인 요소를 줄이거나 바꾸라고 하기는 굉장히 어려웠다. 함께 춤추는 동안 주기적으로 강렬한 에포트 요소인 무게를 도입했다. 이것은 사실 의식적으로 선택한 것은 아니었지만 내가 받은 무용훈련과 라반 연구에 대한 훈련 덕분에 강한 요소를 도입하는 것이 그녀의 동작에서 지배적인 요소들을 바꾸는 것보다 가장 쉽고 어려움을 최소화하며 신체적으로 일관성 있는 방법이라는 직감이 내 몸에 각인되어 있었던 것이다. 나중에서야 내 노트를 기록하는 동안 어떤 일이 일어났는지 이해할 수 있었다. 춤을 추는 동안 나는 그녀가 긴급함이나 정신없는 느낌을 줄이거나 포기하기 전에 긴장감 또는 자기존재감을 느끼는 것이 더 중요하고 그렇게 하는 것이 더 쉬웠다는 것을 깨달았다. 나는 어떤 누군가와 채널을 맞추고 동작을 포착해서 반영하고 춤을 추며 공감하면 각자의 몸의 기억 또는 무의식이 어디로 가야 하는지를 인도해줄 것이라고 믿는다.

결론

무용/동작치료 세션에서는 계속해서 춤이 이어지기 때문에 기록을 하거나 자세하게 동작을 분석할 시간이 없다. 정말 중요한 것은 무용치료사가 치료 시간이 끝난 후에 이런 감정들을 되돌아보고 재창조할 수 있도록 신체 감각적으로 자신의 신체(근육기억과 감정 상태)를 환자의 무용동작에 결합할 수 있어야 한다는 것이다. 그리고 난 후 무용치료사는 환자의 개선 상황을 기록하는 데 참조하기 위해 무용동작을 기록할 수 있는 것이다. 라반의 이론에 관한 훈련을 통해 얻은 전문성은 이런 신체와 동작에 대한 이해를 향상시켜준다. 이는 춤을 추는 동안 동작을 관찰하는 것과 공감적 반영이 하나가 되기 때문이다(Sandel, 1993).

무용/동작치료사가 되기 위한 영감은 그 사람에게 무용이 어떤 의미였는지에 대한 인식에서 온다. 대학원 과정에 등록하는 셀 수 없이 많은 학생들의 지원서에서 가장 흔한 주제는 '춤이 나의 인생을 바꾸었다'는 것이었다. 이들은 때때로 춤을 통한 이런 종류의 전환이 다른 사람에게도 가능하다고 가정했다. 실제적으로 무용/동작치료사들이 직면하게 되는 것은 수련 기간 동안 자신과 내담자를 위해 어떻게 이런 춤을 계속 생동감 있게 유지하느냐는 것이다. 이것은 라반의 이론에 대한 지식을 통해 가능하다. 왜냐하면 춤을 추는 동안 엄청나게 많은 역동적이고 공간적인 안무 기법의 선택권을 배울 수 있기 때문이다.

마리안 체이스(1993)는 무용/동작치료에서의 춤을 '기본적인 춤'이라고 불렀다. "이 용어는 … 의사소통보다는 즐거움을 위해 신체 기교에 의존하는, 인공적이고 화려한 형식의 춤과 차별화하기 위해 고안되었다."(p. 410) 학생들을 가르치는 동안 체이스는 치료사와 내담자 모두에게 춤의 예술성과 미학과 우아함이 건강함의 지표라고 느낀다고 말했다. 그녀는 내담자의 건강한 부분과 작업해야 한다고 주의를 주었다. 무용/동작치료사는 탄탄한 무용 경력이 필요한데, 그것은 치료사가 비록 언어적인 표현을 사용할지라도 내담자들과 비언어적인 방법으로 의사소통을 하는 기본 도구가 춤이기 때문이다. 무용/동작치료 훈련 기간 동안 학생들이 춤을 이루는 원칙, 즉 동작구, 리듬, 스텝 구성(어떻게 함께 스텝을 밟는지) 등은 유지하면서 특정한 무용훈련 기술을 버리는 법을 배워야 한다는 것은 참으로 역설적이다. 라반의 연구는 공간 패턴과 역학들을 사용해 무한한 가능성을 줌으로써 우리가 이런 동작에 대한 이해의 지평을 넓혀나갈 수 있게 도와준다. 이 동작 지식으로 내담자의 움직임이 표현하고자 하는 것과 전달하고자 하는 의미에 자동적으로 집중하면서 동시에 그들의 춤에 생명을 주고, 이해하고, 의미를 부여해줄 수 있을 것이다.

어떤 이가 움직임을 통해 경험하는 것은 결코 말로 표현될 수 없다. 단순한 발걸음 속에 우리가 거의 인지하지 못하는 존경이 담겨 있을지도 모른다. 그러나 그것을 통해 단순한 애정보다 고귀한 무언가 그리고 헌신이 우리 속에 또 우리로부터 흘러나올 수도 있다. (Laban, 1975, p. 35)

참고문헌

Bartenieff, I., & Davis, M. (1965). *Effort-shape analysis of movement: The unity of function and expression*. New York: Albert Einstein School of Medicine.

Bartenieff, I., & Lewis, D. (1980). *Body movement: Coping with the environment*. New York: Gordon and Breach Science.

Chace, M. (1968). Talk for Louisiana State Community Ballet Group Conference. In S. Sandel, S. Chaiklin, & A. Lohn, (Eds.) (1993). *Foundations of dance/movement therapy: The life and work of Marian Chace*. Columbia, MD. The Marian Chace Memorial Fund of the American Dance Therapy Association. 408–414.

Chaiklin, S., & Schmais, C. (1993). The Chace approach to dance therapy. In S. Sandel, S. Chaiklin, & A. Lohn, (Eds.) (1993). *Foundations of dance/movement therapy: The life and work of Marian Chace*. Columbia, MD: The Marian Chace Memorial Fund of the American Dance Therapy Association.

Dell, C. (1970). *A primer for movement description using effort-shape and supplementary concepts*. New York: Dance Notation Bureau, Inc.

Laban, R. (1950). (Revised by Ullman, L. 1988). *Modern educational dance*. London: Northcote House.

Laban, R. (1956). *Principles of dance and movement notation*. London: Macdonald and Evans.

Laban, R. (2nd ed. by Ullman L., 1960). *The mastery of movement*. London: Macdonald and Evans.

Laban, R. (1966). *Choreutics*. London: Macdonald and Evans.

Laban, R. (1975). *A life for dance*. London: Macdonald and Evans.

Laban, R., & Lawrence, F. C. (1974). *Effort: Economy in body movement*. London: Macdonald and Evans.

Lamb, W. (1965). *Posture and gesture*. London: Duckworth.

Lepczak, B. (1989). Martha Graham's movement invention viewed through Laban analysis. Overby, L. Y., & Humphrey, J. H. (Eds.) *Dance: Current selected research*, (Vol. 1). New York: AMS. 45–62.

Lewis, P., & Loman, S. (1990). *The Kestenberg movement profile: Its past, present applications and future directions*. Keene, NH: Antioch New England Graduate School.

Lovell, S. M. (1993). An interview with Warren Lamb. *American Journal of Dance Therapy, 15* (1): 19–34.

Newlove, J. (1993). *Laban for actors and* dancers. New York: Theatre Arts Books.

North, M. (1972). *Personality assessment through movement.* London: Macdonald and Evans.

North, M. (1990). *Movement and dance education.* London: Northcote House.

Preston, V. (1963). *A handbook for modern educational dance.* London: Macdonald and Evans.

Preston-Dunlop, V. (1970). *Readers in Kinetography Laban: Motif writing for dance.* London: Macdonald and Evans. Series B, Books 1–4.

Sandel, S. (1993). The process of empathic reflection in dance therapy. In S. Sandel, S. Chaiklin, and A. Lohn, (Eds.) (1993). *Foundations of dance/movement therapy: The life and work of Marian Chace.* Columbia, MD: The Marian Chace Memorial Fund of the American Dance Therapy Association.

Schmais, C., & White, E. Q. (1968). Introduction to dance therapy. Proceedings, Postgraduate Center for Mental Health Conference on Research in Dance Therapy. Reprinted (1986), *American Journal of Dance Therapy*, 1, 23–30.

Schmais, C., & White, E. Q. (1968). Movement analysis: A must for dance therapists. Proceedings, Fourth annual conference of the American Dance Therapy Association. Reprinted (1989) *A collection of early writings: Toward a body of knowledge.* (Vol. 1). Columbia, MD: American Dance Therapy Association. Columbia, MD: The Marian Chace Memorial Fund of the American Dance Therapy Association, 120–135.

Siegel, M.B. (1968). Effort-Shape and the therapeutic community. *Dance Magazine,* June.

Stark, A., & Lohn, A. F. (1993). The use of verbalization in dance/movement therapy. In S. Sandel, S. Chaiklin, & A.F. Lohn (Eds.), *Foundations of dance/movement therapy: The life and work of Marian Chace.* Columbia, MD: The Marian Chace Memorial Fund of the American Dance Therapy Association.

Thornton, S. (1971). *Laban's theory of movement: A new perspective.* Boston: Plays, Inc.

White, E. Q. (1974). Effort-shape: Its importance to dance therapy and movement research, *Focus on Dance, VI,* I: 33–38.

제13장

무용/동작치료에서
케스텐버그 동작 프로파일의 적용

Susan Loman, K. Mark Sossin

케스텐버그 동작 프로파일(Kestenberg Movement Profile, KMP)은 비언어적 행동을 기술, 평가, 해석하는 복합적인 도구이다. 케스텐버그는 폴 쉴더(Paul Schilder)와의 훈련(1950) 이래로 오랜 기간 비언어적 행동의 특성과 중요성을 끊임없이 탐구했다. 그녀는 1950년대 초에는 루돌프 라반의 동작 요소에 관한 연구(Laban & Lawrence, 1947; Laban, 1960) 및 그 이용과 구조에 대한 워렌 램의 해석(1965)을 기반으로 하는 에포트/셰이프(Effort/Shape) 분석에 대한 광범위한 연구에 매진했다(Ramsden, 1973). 그녀가 1953년에 3명의 아동을 대상으로 시작한 움직임 패턴에 대한 장기 연구는 이후 20년간 이어졌다. 이후 치료와 평가에서 비언어 행동의 역할에 대한 그녀의 연구는 샌드포인트움직임 연구그룹(Sands Point Movement Study Group)과의 협력적 배경 내에서 더욱 발전했다. 그녀는 유아, 아동, 성인에 대한 관찰을 통해 의학적, 이론적으로 중요한 기여를 했다.*

---

* 이 장은 다음의 개정판이다―K. M. & Loman S.(1992), Clinical applications of the Kestenberg Movement Profile. In S. Loman & R. Brandt(Eds.), *The body mind connection in human movement analysis*. Keene, NH: Antioch New England Graduate School.

KMP와 관련된 최초의 해석 체계는 안나 프로이트의 발달정신분석학적 심리학이었으며(Freud, 1965), 이는 발달학, 임상, 정신분석학의 연구와 이론에 기여하면서 오랜 기간 발전했다. 최초의 연구 그룹은 정신분석학 관점에서는 움직임에 관해 알려진 것이 거의 없으며 표준화된 것은 그보다도 더 적다는 것을 알게 되었다. 나아가 그들은 성인뿐만 아니라 언어 습득 이전 유아와 아동에게도 관심을 가졌으며 유아, 아동, 성인에게 유사한 측정법을 적용하는 방법론을 모색했다. 새로이 발전되고 있던 방법을 적용하는 이 방법론은 신생아실의 유아는 물론 보육원과 소아병원의 아동을 관찰하고 기록했다. KMP가 새롭게 나타남에 따라 이스라엘 집단거주지에서 아동에 대한 관찰은 물론 추적연구가 이루어졌다. 1972년부터 1990년까지 롱아일랜드에 위치한 아동발달연구소의 부모아동센터는 비언어와 움직임 과정, 부모-신생아/유아 관계, 가족관계에 초점을 맞추어서 태아기부터 4세까지의 아동을 위한 새로운 1차 예방법을 적용하고 개발했다. 가족들은 임신 기간부터 참여했다. 주기적인 움직임 관찰은 지속적 평가의 필수적인 부분이기 때문에 KMP 평가에서 가장 많은 수를 차지하는 부분은 실제 관찰, 사진 촬영, 비디오 녹화였다. KMP 평가는 임상적으로 알려진 성인과 아동과 관련해 KMP의 진단 효용을 적용하고 명확히 할 수 있는 기회를 제공했다.

KMP는 케스텐버그와 그 동료들의 30년 이상의 연구 과정에서 점차 발전했다(Kestenberg, 1975, Kestenberg et al., 1971; Kestenberg & Sossion, 1979; Kestenberg, Amighi, Loman, Lewis, & Sossin, 1999). 그들의 연구 결과는 특정한 움직임 패턴을 발달 단계 및 심리적 기능과 연결시켰다. 움직임 관찰은 성별, 임신과 산모의 느낌, 트라우마, 강박 관련 장애를 포함해 발달의 여러 측면에 대한 케스텐버그의 관찰 결과(1975, 1976, 1980a, 1980b)를 보완해주었다. 많은 연구의 주된 초점은 심리치료 기법 및 정신분석학 이론을 바탕으로 하는 정서장애의 1차 예방을 위한 기술의 개발이었다. 개인 내적 심리적 기능에 관한 KMP의 정보는 모든 연령대에 적용될 수 있으며 일부 패턴은 자궁 내 태아에 대해서까지 연구되었다(Loman & Brandt, 1992; Loman, 2007). 2개 이상의 프로파일(예 : 아동과 엄마)을 서로 비교해 개인 간 갈등과 조화의 영역에 관한 정보를 산출할 수 있다. 부모아동센터에서는 이 프로파일을 가족 구성원 간의 개인 간 역동성(예 : 갈등과 조화) 평가는 물론 선천적 움직임 선호도, 발달 성취도 수준, 발달지체나 퇴행, 인지 및 사회능력을 평가하는 데 사용했다.

KMP 요약

KMP에는 2개의 발달 경로를 나타내는 9개의 움직임 패턴 범주가 포함된다. 시스템 I, 즉 KMP 왼쪽의 도표는 태아와 신생아에서부터 시작해 생애 전체에서 보이는 움직임 패턴으로 시작되는 발달 경로를 보여준다. 긴장-흐름 리듬(tension-flow rhythm)은 내적 욕구에 관한 것으로 발달 단계 조직화와 특별한 대응관계를 가지고 있으며, 긴장-흐름 속성(tension-flow attribute)은 기질 및 쾌/불쾌와 관련시킴으로써 가장 쉽게 설명할 수 있다. 시스템 I은 학습 방식 및 환경적 문제에 대한 반응에서 더욱 발전된 패턴을 반영하는 전 에포트(pre-effort)와 에포트로 진행된다. 전 에포트 움직임에는 전통적으로 방어라고 간주된 반응이 포함되며, 에포트 패턴은 적응 및 숙달과 연관된다. KMP의 오른쪽 도표에 반영된 시스템 II는 사람과 사물에 대한 관계를 다루는 발달 경로를 보여준다. 이 도표의 제일 위쪽의 단극 셰이프-흐름(unipolar shape-flow)과 양극 셰이프-흐름(bipolar shape-flow)은 태아기와 신생아기부터 시작해 생애 전체에서 계속되는 움직임 패턴을 보여주며, 각각 대칭적 신체 확장 및 축소와 비대칭적 신체 확장 및 축소를 의미한다. 양극 셰이프-흐름 패턴은 안락함과 불편함의 경험과 연결되는 반면 단극 셰이프-흐름은 접근, 후퇴와 더욱 관련된다. 다음으로 셰이프-흐름 디자인은 신체를 향하거나 또는 신체로부터 멀어지는 움직임 경로를 나타내며, 그 후에 방향에서의 셰이핑(shaping)은 선형 벡터를 형성하는 패턴을, 마지막으로 면에서의 셰이핑은 1개 또는 그 이상의 공간면 안에서의 타원형 디자인을 나타낸다. KMP는 29개의 극면과 120개의 고유한 움직임 요소를 도표로 그리고, 신체 태도 묘사와 최종 수치 자료를 포함한다. 전 에포트, 에포트, 방향에서의 셰이핑, 면에서의 셰이핑과 관련해서는 제스처 패턴과 자세 패턴이 구분된다(Lamb, 1965). 9개 KMP 도표 각각은 특정한 종류의 움직임 패턴을 가리킨다(그림 13.1은 KMP 프로파일 양식의 예이다). KMP의 움직임 패턴이 가진 관찰적·발달학적·해석적 특징은 다음과 같이 요약된다.

긴장-흐름 리듬

발달 과정에 대한 KMP의 관점은 발달 단계의 순서대로 진행되며 이는 긴장-흐름 리듬에 해당한다(Kestenberg & Amighi et al., 1999 참조). 발달이 각 단계별로 진행되면

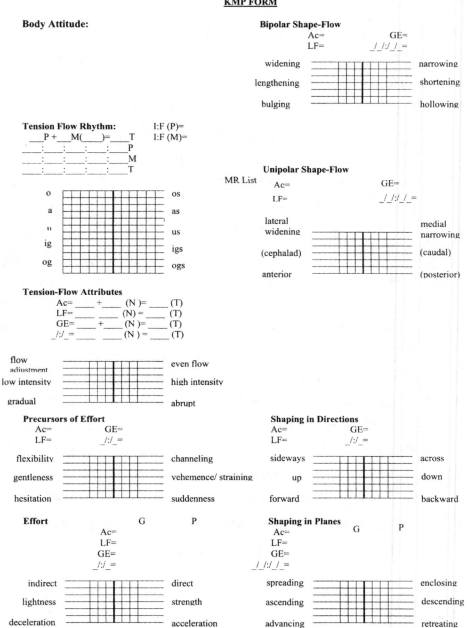

그림 13.1 KMP 서식

서 여러 움직임 표면에 대한 선호 및 그 변화는 가장 많이 이용되는 움직임의 특징에 반영된다. 자유로운/통제되는 흐름 간의 변화는 그 간격은 불규칙할지라도 리듬을 갖는다. 10개의 리듬 패턴이 확인되었으며, 그 패턴들은 각각 2개씩 주요 발달 5단계, 즉 구강기(oral), 항문기(anal), 요도기(urethral), 내부 생식기(inner-genital), 외부 생식기 (outer-genital) 단계를 갖는다(Kestenberg, 1975). 10개의 기본적 리듬은 빨기(sucking), 잡기/물기(snapping/biting), 비틀기(twisting), 압박하기/풀기(strain/release), 달리기/ 흘러가기(running/drifting), 시작하기/멈추기(starting/stopping), 흔들기(swaying), 밀려오기/밀려나가기(surging/birthing), 점프하기(jumping), 분출하기/부딪치기 (spurting/ramming) 리듬이다(표 13.1). 우리는 각 단계에서 해당 단계에 가장 일반적인 리듬에 대한 선호도가 가장 크지만 리듬 모두를 이용할 수 있을 것이라고 예상한다. 예를 들어 구강기/빨기 리듬은 구강기 충족(indulging) 리듬의 가장 두드러진 리듬일 것이다. 신체 모든 부위가 모든 리듬을 보여줄 수 있으며 이 리듬 패턴은 강도의 차이는 있지만 모든 단계에서 나타난다. 빈도의 분포가 일관된 개인 간 차이를 반영하는 것

표 13.1 KMP 도표 이해하기

긴장-흐름 리듬	고유 리듬
o	구강기 빨기
os	구강기 잡기/물기
a	항문기 비틀기
as	항문기 압박하기/풀기
u	요도기 달리기/흘러가기
us	요도기 시작하기/멈추기
ig	내부 생식기 흔들기
igs	내부 생식기 밀려오기/밀려나가기
og	외부 생식기 점프하기
ogs	외부 생식기 분출하기/부딪치기

주 : 고유 리듬은 특정 욕구에 대한 운동근육적 표현(motor expressions)이다. 운동근육은 자신의 부위에서 기능에 대해 명확하게 조직화되고 적응하는 방법으로 욕구를 만족시키도록 명령받는다. 혼합 리듬은 특정 배경에 대한 개인의 편애와 적응을 반영하는 경향이 있다. 그러한 혼합은 최적의 기능을 감소시킬 수도 있으며 욕구가 충족되는 방법의 조정에 도움이 될 수도 있다.

으로 보인다. 손가락 또는 발가락과 같은 다른 신체 부위 또한 이러한 리듬을 보여주며 신체의 여러 영역은 일관된 리듬 또는 비일관된 리듬 패턴을 표현할 수 있다. 이것은 10개의 기본 리듬과 더불어 혼합된 리듬, 즉 2개 이상 리듬의 다양한 조합이 있음을 알 수 있다. 특정 긴장-흐름 리듬에 대한 개인의 선호는 선호하는 욕구 분출 방법을 의미한다. 어머니와 아동 같은 대인관계에서 긴장-흐름 리듬 패턴의 비교는 욕구 면에서 관계 내의 잠재적인 상호 보완성 또는 갈등의 영역을 드러내 준다.

긴장-흐름 속성

긴장-흐름은 생기 있는 근육 탄력성의 외부 표출이다. 통제되는 흐름은 근육과 반작용 근육이 동시에 수축할 때 일어나는 제약적 움직임이며 자유로운 흐름은 근육의 수축이 반작용 근육에 의해 상쇄되지 않을 때 일어나는 이완 움직임이다. 중립적인(드러나지 않는) 흐름은 근육의 처짐, 비활동성, 또는 마비에서 관찰되는 제한된 범위의 흐름을 가리키며 수축된 정서 상태 또는 악화된 건강으로 인해 증가한다. 긴장-흐름은 또한 이 3개 영역 간의 강도 변화를 기술하는 그 속성(또는 강도 요인)의 면에서 분류될 수 있다. 긴장-흐름 속성(tension-flow attributes, TFA)은 흥분 또는 침묵, 투쟁 또는 충족 패턴과 관련된다. TFA에서 어느 패턴을 선호하는지는 신생아 시기부터(심지어 그 이전부터도) 존재하며 성숙해감에 따라 발달 요인과 개인 기질의 영향을 받아 점차 안정화된다. 긴장-흐름 패턴은 생애 전체에서 명확한 의미를 가지며 분명하게 드러나지만 시간이 흐르면서 특히 목적을 가진 행동에서는 더욱 고차원의 움직임 요인에 포함되기도 한다.

이러한 내용을 해석적으로 표현하자면, 긴장-흐름은 감정 조절과 관련된다. 그중 통제되는 흐름과 공격(fighting) 속성은 신중한 느낌과 관계가 있으며, 자유로운 흐름과 충족(indulging) 속성은 느긋한 느낌과 관계를 갖는다. 더욱 정교하고 복잡한 감정은 긴장-흐름 속성들의 조합과 관련된다.

에포트의 전조

라반(1960)은 공간, 무게, 시간과 관련한 움직임 변화(긴장-흐름을 포함)를 기술하기 위해 에포트라는 용어를 사용했다(Laban & Lawrence, 1947). 전 에포트라고도 불리는 에포트의 전조는 발달상 에포트보다 선행되며 이는 외부 환경에 대처하는 정서적 방법으로서 방어 기제와 학습 방식의 움직임 측면을 나타낸다. KMP는 집중하는 대 유연한(channeling vs. flexible), 압박하는/격렬한 대 온화한(straining/vehemence vs. gentle), 급작스러운 대 망설이는(sudden vs. hesitating)의 전 에포트를 갖는다. 각 쌍의 전자는 투쟁적이며 후자는 충족적이다. 예를 들어 집중하는 전 에포트는 긴장의 수준을 공간상의 정확한 경로를 따르도록 유지시키며 투쟁적 특징을 갖고 있다. 그 반대로 유연한전 에포트는 긴장 수준이 공간 주변을 흐르도록 만들기 때문에 보다 충족적이다. 방어기제 면에서 고립(생각과 행위가 보호를 목표로 관계나 느낌으로부터 분리되는 현상)은 긴장—흐름 안에서 집중하는 형태를 취할 수 있으며 회피는 유연한 형태를 취하면서방어적으로 이용될 수도 있다. 방어 그 자체와 마찬가지로 전 에포트는 문제가 있는 결말 또는 건설적인 결말을 촉진할 수 있다. 예를 들면 고립(중립적인 흐름에 의해 증폭될 가능성이 있음)은 감정적 해리나 객관적 사고의 지표가 될 수 있다. 전 에포트들은통제되는/자유로운 긴장—흐름 변화 면에서는 신체 지향적인 동시에 공간, 무게, 시간면에서는 현실 지향적이기 때문에 긴장—흐름과 에포트 간의 매개 역할을 한다.

에포트

에포트는 공간, 무게, 시간 면에서 외부 현실에 대처하는 운동 요소이다. 공간은 직접적인(direct) 공간과 간접적인(indirect) 공간으로 구분되며, 무게는 강함(strength)과 가벼움(lightness), 시간은 빨라지는(acceleration), 느려지는(deceleration) 시간으로 구분된다. 직접적인, 강한, 빨라지는 것은 투쟁적 에포트 요소이며, 간접적인, 가벼운, 느려지는 것은 공간, 무게, 시간을 다루는 더욱 수용적인 방법이다. 에포트 요소의 발달 경로는 특정한 전 에포트로 나아가 특정 긴장—흐름 속성 패턴으로까지 거슬러 올라갈 수있다. 개인에 있어 에포트 요소는 공간—주의(attention), 무게—의도(intention), 시간—결정(decision)의 선호도를 나타낸다.

양극 셰이프—흐름

셰이프—흐름에서의 변화는 주변 사물과의 감정적 관계에서의 이동을 의미한다. 양극

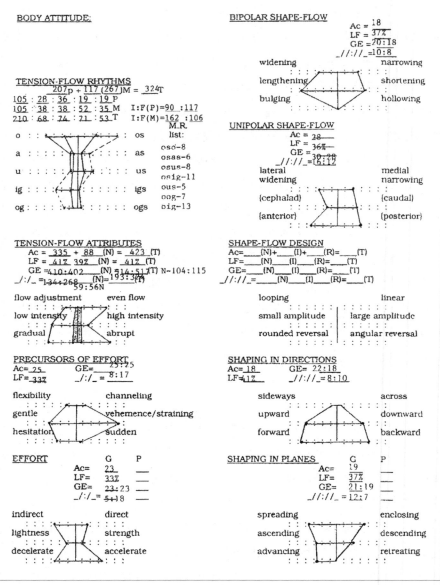

그림 13.2 16개월 된 정상발달 남아의 KMP 샘플

(bipolar) 셰이프-흐름은 환경 자극에 대한 반응으로서의 신체의 대칭적 확장과 수축이다. 예를 들어 호흡을 보면 우리는 들숨에 확장되고 날숨에 수축된다. 확장과 수축은 3개의 면, 즉 수평면(너비), 수직면(길이), 시상면(깊이)에서 일어난다. 양극 셰이프-흐

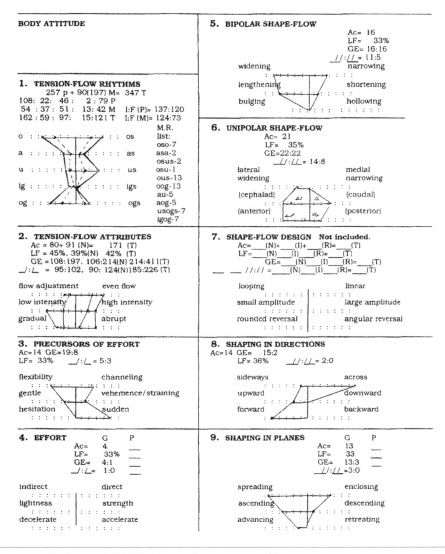

BODY ATTITUDE

1. TENSION-FLOW RHYTHMS
257 p + 90(197) M= 347 T
108: 22: 46: 2 : 79 P
54 : 37: 51: 13: 42 M   I:F (P)= 137:120
162 : 59 : 97: 15:121 T   I:F (M)= 124:73

		M.R.
o	: :	os	list:
			oso-7
a	: : : :	as	asa-2
			osus-2
u	: : : :	us	osu-1
			ous-13
ig	: : : :	igs	oog-13
			au-5
og	: :	ogs	aog-5
			usogs-7
			igog-7

2. TENSION-FLOW ATTRIBUTES
Ac = 80+ 91 (N)=   171 (T)
LF = 45%, 39%(N) 42% (T)
GE =108:197, 106:214(N) 214:411(T)
_/:L_ = 95:102, 90: 124(N)185:226 (T)

flow adjustment   even flow
low intensity   high intensity
gradual   abrupt

3. PRECURSORS OF EFFORT
Ac=14 GE=19:8
LF= 33%   _/:L_ = 5:3

flexibility   channeling
gentle   vehemence/straining
hesitation   sudden

4. EFFORT   G   P
Ac=   4   ___
LF=   33%   ___
GE=   4:1   ___
_/:L_=   1:0   ___

indirect   direct
lightness   strength
decelerate   accelerate

5. BIPOLAR SHAPE-FLOW
Ac= 16
LF=   33%
GE= 16:16
_//:// =_ 11:5
widening   narrowing
lengthening   shortening
bulging   hollowing

6. UNIPOLAR SHAPE-FLOW
Ac= 21
LF= 35%
GE=22:22
_//:LL_ = 14:8
lateral   medial
widening   narrowing
(cephalad)   (caudal)
(anterior)   (posterior)

7. SHAPE-FLOW DESIGN   Not included.
Ac=___(N)+___(I)+___(R)=___(T)
LF=___(N)___(I)___(R)=___(T)
GE=___(N)___(I)___(R)=___(T)
___ //:// ___(N)___(I)___(R)=___(T)

looping   linear
small amplitude   large amplitude
rounded reversal   angular reversal

8. SHAPING IN DIRECTIONS
Ac=14 GE=   15:2
LF= 36%   _//:LL_ = 2:0

sideways   across
upward   downward
forward   backward

9. SHAPING IN PLANES   G   P
Ac=   13
LF=   33
GE=   13:3
_//:LL_ =3:0

spreading   enclosing
ascending   descending
advancing   retreating

그림 13.3　심근증으로 심장이식을 한 17개월 여아의 KMP 샘플

름은 환경에 대한 감정적 반응을 표현하며 투쟁적 충동과 충족적 충동 또는 동기의 표출에 구조를 제공한다. 앞서 언급되었듯이 양극 셰이프-흐름은 특히 (예를 들어 실제 또는 상상의 주변 환경에 대한) 편안함과 불편함의 감정을 표현한다. 그러므로 양극 셰이프-흐름을 통해서 자신이 이 세상에 속해 있다는 느낌이 전달된다.

단극 셰이프-흐름

단극 셰이프-흐름에서는 신체가 비대칭적으로 확장되고 수축되며 각각의 자극에 대해 끌림과 밀어냄을 표현한다. 단극 셰이프-흐름 또한 3개의 면, 즉 수평면(측면 대 내측), 수직면(위 대 아래), 시상면(앞 대 뒤)에서 일어난다. 수직 단극 움직임에서는 신체가 위 또는 아래 방향으로만 확장된다(이에 비해 수직 양극 움직임에서는 위와 아래 방향 양쪽으로 길어진다). 단극 셰이프-흐름은 반사행동으로부터 발전되며 공간 내에서의 신체 확장 시스템(방향에서의 셰이핑)에 기여한다.

셰이프-흐름 디자인

신체 셰이프의 변화와 함께 신체 움직임 또한 개인공간 내에서 디자인을 형성한다. 이러한 움직임은 신체로부터 멀어지는 방향(원심) 또는 가까워지는 방향(구심)일 수 있다. 움직임은 또한 선형성(線形性), 진폭, 모서리 면에서 분류된다. 셰이프-흐름 디자인은 일정 부분 긴장-흐름과 유사하게 기록되지만 긴장보다는 공간과 관련된 조건을 활용한다. 셰이프-흐름 디자인 패턴은 개인의 관계 방식과 관계성 느낌을 반영하며, 이들은 환경적 조건, 선천적 선호도, 발달 단계, 상황적 요소의 영향을 받는다. 셰이프-흐름 디자인의 방법론적 어려움은 3차원적 현실에서 (신체와 가까워지고 멀어지는) 2개의 극과 관련이 있다.

방향에서의 셰이핑

방향(direction)에서의 셰이핑은 신체를 면 공간으로 직선 투영할 때 형성된다. 이러한 방향성 움직임은 멀리 있는 대상과 자기(self)를 연결한다. 공간 내 방향에는 인체를 가로지르는 움직임과 측면 움직임(수평), 상향 움직임과 하향 움직임(수직), 전진과 후퇴 움직임(시상)이 포함된다. 방향 패턴은 전 에포트, 외부 자극에 대한 방어, 환경적 학습 반응과 관계를 갖는다. 폐쇄 셰이프(closed-shape) 방향(옆으로/위로/앞으로 움직임)은 신체 접근의 외부 한계선을 형성하며 새로운 경계를 만든다. 예를 들어 인체를 가로지르는 움직임은 앞과 옆에서 오는 공격으로부터의 방어막을 형성하는 반면 신체와 평행한 움직임은 뒤와 옆으로부터의 공격을 막아준다. 학습된 반응은 이러한 대인관계 방어와 연결된다. 예를 들어 전방 공격에 대한 방어인 후방 움직임은 갑작스러움과 연결되어 공격자를 빠르게 피할 수 있도록 해준다.

면에서의 셰이핑

면(plane)에서의 셰이핑은 오목 또는 볼록 형태로 공간을 구성한다. 수평 셰이핑은 펼치기 또는 에워싸기, 수직 셰이핑은 오르기 또는 내려가기, 시상 셰이핑은 나아가기 또는 물러나기를 나타낸다. 각 공간면에는 주방향과 보조방향이 있다. 수평면에서 보조방향은 시상이며 펼치기(spreading)과 에워싸기(enclosing) 동작으로 탐색에 사용된다. 수직면에서 보조방향은 수평이며 올라가기(ascending)와 내려가기(descending) 동작으로 예상 가능한 행동에 사용된다. 시상면에서 보조방향은 수직이며 나아가기(advancing)와 물러나기(retreating) 동작으로 예상 가능한 행동에 사용된다. 해석적으로 본다면, 면에서의 셰이핑은 표상적 경험 및 내면화된 이미지와 연결되는 사물뿐만 아니라 사람과의 다차원적 관계를 표현한다.

두 시스템

그림 13.1의 KMP 왼쪽 도표에서 보이는 긴장-흐름/에포트 시스템(시스템 I)은 내적·외적 현실을 다루는, 발달상으로 진화하는 패턴을 묘사한다. 오른쪽 도표에서 보이는 셰이프-흐름/셰이핑(shaping) 시스템(시스템 II)은 대상관계의 점차 증가하는 복잡성을 표현하는 공간적 움직임이 발달상 진화하는 패턴을 묘사한다. 이 두 시스템은 공명한다. 즉 공격적 긴장-흐름/에포트 패턴은 수축하는 셰이프-흐름 및 폐쇄 셰이핑과 관련되며 충족적 긴장-흐름/에포트 패턴은 확장하는 셰이프-흐름 및 개방 셰이핑과 관련된다.

KMP의 기타 필수적인 특징

KMP는 통계적으로 구축되며 기술적 도구로서의 이용을 최적화하도록 조직화되지만 인간의 움직임에 포함되는 복잡한 과정을 요약만 할 수 있다. 기초 기록 자료는 특히 개인의 특징적 패턴이 담긴 기록으로 프로파일을 보완할 수 있다. 기록의 서론, 주요 주제, 결론 또는 과도기에서 특정 패턴이 더 나타날 수도 있다.

움직임은 신체의 한 부분만을 사용하는 제스처 또는 신체 전체를 이용해 자세 (posture)로 일어날 수 있다(Lamb, 1965, 1987; Ramsden, 1973). 움직임 구(phrase)는 때로는 제스처로 시작해 그다음에 포스처로 이어지거나, 또는 그 반대 순서로 된 패턴을 보인다. 이러한 순서를 제스처-포스처 조합(gesture-posture merging) 또는 포스처-제스처 조합(posture-gesture merging)이라 부르며, 일반적으로 청소년기가 되어서야 통합된다. 해석적으로 본다면 제스처에 비해 신체 참여 수준이 더 큰 포스처가 더욱 전폭적인 움직임이라고 할 수 있다. 의식과 열망의 영향을 받는 행동은 포스처 움직임에서 더욱 명확히 나타나는 경우가 많다.

부하율(load factor)은 하나의 행동에 포함되는 요소의 수를 보여줌으로써 각 하위 시스템에서 움직임의 복잡성을 보여주는 통계치다. 부하율의 범위는 1~3(부하 요인 33~100%)이다. 부하율은 각 하위 시스템의 상대적 복잡성을 비교한다.

또 다른 중요한 통계치는 움직임 흐름 요소의 수(감소) 대비 하위 시스템당 움직임 요소의 수(증가)를 비교하는 증가-감소비이다. 증가-감소비는 다른 하위 시스템과 관련해 해석되며 각 영역에서 감정 조절(비흐름 움직임 패턴) 대 감정 자발성(흐름 패턴)의 상대적 수준을 알 수 있게 해준다. 이러한 감정적 요소는 시스템 I 또는 II에서 각각 통제되는 흐름(통제) 대비 자유로운 흐름(느슨함)의 비율 또는 줄어드는(불편함) 대비 확장하는(편안함)의 비율로 더욱 세분된다.

흐름의 요소

긴장-흐름과 셰이프-흐름은 감정의 경험과 표현에 기초가 된다. 통제된 흐름은 억제, 불연속 그리고 위험과 관련된 감정(불안)에 해당하는 반면 자유로운 흐름은 충동의 촉진, 연속성, 이완 및 안전과 관련된 감정에 해당한다.

긴장-흐름 조율

KMP를 이용해 감정 조율(느낌의 공유)을 측정할 수 있다. 긴장-흐름에서의 상대적 유사성 또는 차이는 조율의 기본적인 측정 단위이다. 긴장-흐름에서의 조율은 양육자/아동의 관계 같은 개인 간의 공감을 나타내는 핵심으로 보인다(Kestenberg, 1985). 두 개인 간 긴장-흐름 속성의 높은 일치성은 더 높은 조율을 유추하게 하며(Sossion & Birklein, 2006; Birklein & Sossion 2006), 시간적 부호화(temporal coding, 단위 시간당 하나의 뉴런에서 발생하는 신경충동의 빈도로서 자극의 강도를 부호화함 — 역자 주)를 사용해 관계에서의 취약성 분석이 즉시 관찰될 수 있다.

충돌은 비조율의 한 형태를 나타낸다. 예를 들어 어떤 환자는 높은 어조와 퉁명스러운 어조의 긴장-흐름 속성을 이용해 이동하고 말할 수도 있다. 이 환자에 대해 낮은 강도와 부드러운 어조로 응답하는 의사는 충돌, 즉 조율되지 않은 패턴을 보일 것이다. 치료사는 저마다 자신의 기질을 갖고 있지만, 치료 과정에서는 환자와 합리적인 수준으로 조율해 상호작용하는 것이 필수적이며 조율로부터의 지나친 이탈은 치료사와 환자의 의사소통을 방해할 것이다. 화가 나 있고 격렬한 상태의 아동은 낮은 강도로 이야기를 하는 치료사에게는 응답하지 않을 수도 있다. 치료사가 높은 강도로 아동과 조율하면 아동은 더욱 낮은 강도, 즉 안정된 상태로 치료사를 따를 수도 있다(Loman, 1998). 이와 같은 변화에 있어서 어려운 과제는 움직임의 특이성과 뉘앙스이다. KMP는 부모-자녀, 치료사-아동 상호 조절에서 이용되는 이러한 패턴에 대해 도식적이고 사실적인 표현을 제공한다(Sossin & Charone-Sossin, 2007).

셰이프-흐름 적응

양극 셰이프-흐름에서 커지기의 확장과 줄어들기의 수축을 통해 일차적 자기애의 신체적 기초가 발견된다(Kestenberg & Borowitz, 1990). 이러한 양극 패턴으로부터 안녕감을 평가할 수 있다. 이상적으로는 셰이프-흐름 조절을 통해 부모는 자녀로, 아이는 양육자로 성장해간다. 부모의 반응과 상호작용이 없다면 아동은 외부 세계로의 과도한 확장, 즉 과도한 결핍을 보일 수 있다.

공감과 신뢰

공감은 긴장-흐름에서 설명하듯이 타인의 욕구와 느낌에 대한 조율인 반면, 신뢰는 셰이프-흐름에서 설명하듯이 조율 및 예측 가능성 창출을 위한 반응의 조절이다

(Kestenberg & Buelte, 1977a, b). 부모와 신생아 간에 상호 조절되는 셰이프-흐름에 의한 분리와 재결합은 신뢰의 핵심이자 이후 분리-개별화의 발달 경로를 따라 발전되는 상호 기대감을 만든다. 셰이프-흐름에서의 완벽한 조화는 적절치 않은 조합을 통하기 때문에 완벽한 화합이 최종 목표가 아니다. 그러나 치료적 관계 또는 보호자-아동 관계를 막론하고 공감이나 신뢰가 만들어지고 유지되기 전에 우선은 안전한 환경이 필요하다. 여기에는 부모-자녀 두 구성원을 위한 해석자, 매개자, 보호자가 필요하며, 자녀에게도 동일한 환경을 제공할 수 있도록 하기 위한 부모를 위한 환경의 조성 또한 필요하다. 케스텐버그 등(1977a)이 관찰했듯이 스스로를 지지받기 전에 타인을 지지한다는 것은 건강한 발달에 도움이 되지 않는다. 신뢰는 미러링과 동일시를 통해 셰이프-흐름 리듬에서 상호 관계성 패턴으로부터 발달한다. 이와 유사하게, 치료 과정은 내담자가 동일시적 미러링 경험으로부터 효과를 볼 수 있는지 아니면 분화(differentiation) 경험으로부터 효과를 볼 수 있는지에 따라 '관계성의 재조정' 또는 해석을 통해 다르게 진행된다. 신뢰에는 편안함-불편함 조절과 접근-후퇴 조절 영역에서의 예측 가능성이 포함된다.

아동의 공간 구성은 양육자가 안아주고 받쳐줄 때 양육자 면에서의 셰이핑을 본떠 만들어진다. 신뢰와 불신의 느낌은 셰이프-흐름에서 발달된다. 예를 들어 좁아짐, 짧아짐, 공허해짐으로 편향된 양극 셰이프-흐름은 문제를 가진 자기애 발달과 자기(self)에 대한 작고 불안하고 공허한 느낌을 시사한다. 지속적인 건강한 발달에는 아동의 성숙 단계에 따라 양육자와 자녀 간의 (특히 흐름에서의 움직임 불일치에서 관찰되는) 갈등은 물론 (특히 흐름에서의 움직임 일치에서 관찰되는) 조율이 관계한다(Kestenberg, 1965a, 1965b, 1975). 완벽한 조절 및 긴장-흐름 동시성은 발달에서 부적응성을 발생시킨다.

케스텐버그의 최초 연구 이후로 신생아-양육자 상호작용에 관한 연구 중 상당수는 초기 의사소통 조직화에서의 주기적 결합/협동의 중요성(Trevarthen, 1998) 그리고 중간 범위 상호 결합과 최적의 사회적 의사소통 간의 연결관계(Beebe et al., 2000)를 강조했다. 이러한 접근 방식은 일시적·우연적 요소들의 작용을 발견한 반면 KMP는 개인적 의미 및 대상관계적 의미와 관련된 움직임 패턴의 다른 특징을 관찰할 수 있는 특별한 창을 제공한다. 건강한 자아(ego)의 경계 구축을 위해서는 충돌과 개인화된 패턴이 필수적이라는 점을 기억해야 한다. 현저한 관계 문제를 가진 일부 환자들은 실제로

(치료사를 포함한) 타인의 욕구와 느낌을 알아보는 능력에서 이상한 공감을 보일 수도 있다. 그들의 감정 통합 능력은 과도하게 발달하고 부적절한 방향으로 진행되며, 그들의 긴장–흐름 조율은 극단적이고 일방적이며 대개는 지속되지 않는다.

그러한 왜곡의 발생 과정을 알아내기 위해서 통제된 흐름과 높은 불안감의 상태에서 자신의 유아를 돌보는 엄마를 예로 들어보자. 그녀의 불안감은 한쪽 방향으로만, 즉 자녀만을 향해서 흐르며 감정적 피드백을 받을 능력을 제한한다. 그러므로 그녀와 조율하는 신생아의 능력은 한정되며 그녀는 아이의 감정이 자신과 같을 때만 아이의 감정을 느낄 수 있다. 진정한 공감의 결여로 인해 신생아는 일방적 조율을 경험하며 이는 잘못된 자기감(sense of self)의 발달로 이어진다(Winnicott, 1965). 이러한 상호작용 관점은 진단 범위 전체의 환자에게 적용될 수 있다. 심각한 장애에서는 부모의 일방적 공감에서도 신뢰와 편안함이 결여된다. 타인에 대한 경험에서 상호 조절이 이루어지지 않기 때문에, 관계성에 대한 느낌 없이 동일하다는 느낌이 발전된다. 이는 다시 이러한 공포스러운 느낌에 대해 방어를 필요로 하게 된다.

치료사는 공감과 이해만이 아니라 지지, 구조, 자신감 또한 주고받기를 원한다. 과도하게 흥분한 환자는 "걱정하지 마세요. 다 괜찮을 거예요."와 같은 낮은 강도의 흐름 조절로 반응하는 것을 들었을 때는 자신이 이해받고 있다는 느낌을 느끼기 어려울 것이다. 또 반대로 환자와 똑같이 격분하고 흥분한 치료사는 치료적 지지 환경을 파괴한다. KMP는 움직임의 발달 경로는 물론 시스템 I과 II 간의 밀접한 관계와 조합을 고려해, 이러한 상황의 복잡한 이해에 대한 근거와 치료적 보조 및 화합을 향한 단계들의 윤곽을 그리기 위한 틀을 제공한다.

무용/동작치료에서 KMP

KMP와 움직임 발달 관련 훈련을 받은 무용/동작치료사는 이것을 평가와 치료 계획 수립에서 전형적 움직임 패턴의 순서를 이해하기 위한 일종의 틀로 이용한다. 치료 절차는 긴장–흐름 조율과 예측 가능성을 통한 내담자와의 신뢰와 일체감의 수립으로 시작된다. 이 절의 목표는 무용/동작치료에서의 응용을 특별히 강조하면서, 진단과 치료 계획 수립에서 유용한 KMP의 일부 측면을 제시하는 것이다. 예방과 치료 환경에서 아동과 성인 모두에 대한 저자들의 연구에서의 일화들을 소개할 것이다.

무용/동작치료사는 임상 중재의 틀을 구축할 때 점차 정신역동적 모델과 발달학적 모델에 의존하고 있다(Dosamantes, 1990; Goodill, 2005; Kornblum, 2002; Lewis, 1984, 1986, 1990, 2002; LeMessurier & Loman, 2008; Loman, 1998, 2005; Loman & Foley, 1996; Loman & Merman, 1996; Sandel, 1982; Siegel, 1974, 1984; Tortora, 2006). KMP는 성장을 촉진하고 측정하는 데, 그리고 발달 과정을 고려하는 중재를 도입하는 데 이용될 수 있는 발달학적 틀을 제공한다(La Barre, 2001). 이는 정상과의 편차는 물론 장점과 내재된 잠재력 확인에 도움이 되는 움직임 면에서의 일반적 발달 과정을 기술한다. KMP는 다른 어떤 결합된 해석 접근 방식으로부터 분리된 기술 도구로 이용될 수 있지만, KMP를 이용해 발전된 다면적 정신역동적 틀은 욕구 발달, 감정, 욕구로부터의 방어, 자아와 초자아 기능으로부터의 방어, 대상관계, 자기애, 대상관계와 정신역동의 조화와 갈등에 관한 정보를 제공한다.

KMP의 진단적/해석적 적용은 특정한 초기 발달상의 결핍 및 정신적 갈등의 발견으로 이어질 수 있으며 어떤 움직임 패턴이 해소와 성장을 자극할 가능성이 높은지를 시사해준다(LeMessurier & Loman, 2008). 예를 들어 프로파일은 발달 단계에 적절한 움직임 패턴의 부족한 양이나 과도한 양을 보여줌으로써 발달상 어떤 것이 지연·누락·왜곡되거나 과도하게 성숙되었는지를 알려줄 수 있다. 특정한 아동기에서의 학대, 분리, 질병과 같은 트라우마에 의해 발생하는 특정 문제는 KMP의 도식 형태에 영향을 미칠 수 있다. 이러한 문제를 경험한 아동은 자아상 형성에 영향을 미치고 흔히 이후 생애 전체에까지 지속되는 부적절감을 느낀다. 신체상 왜곡, 움직임의 제약, 사건에 대한 노출 모두가 아동기 트라우마의 유물이다. KMP는 아동의 움직임 레퍼토리 및 심리사회적 경험에 대한 형성적 영향을 가졌거나 갖고 있는 특정 보호자와 아동 간의 (부적절한 지지 또는 기본적 기질의 차이와 같은) 초기 갈등과 가장 관련성이 높은 특정 움직임 패턴을 식별할 수 있다.

움직임 패턴 형성에서의 결핍된 또는 문제를 가진 영역이 KMP에서 확인되면 다양한 경로의 중재가 탐구될 수 있다. KMP는 개인의 움직임 레퍼토리를 식별하는, 그리고 그것을 심리적 경험과 연계할 수 있는 체계적 방법을 제공함으로써 치료 접근을 위한 전략을 제공해준다. 무용/동작치료사는 정서적 공감을 발달시키기 위해 긴장-흐름 조율을, 신뢰 구축을 위해 셰이프-흐름 반응성을 흔히 이용한다(Kestenberg & Buetle, 1977a). 이러한 과정들은 내담자가 준비되었을 때는 더욱 성숙된 움직임 상호작용으로 발전할 수 있다.

무용/동작치료사는 여러 전문적 배경에서 활동하는데, KMP는 내담자를 발달학적 · 정신역동적 면에서 평가할 수 있는 강력한 도구를 제공한다. KMP를 최적으로 이용하기 위해서는 치료사가 완벽한 치료 전/후 프로파일을 이용해 내담자의 진전을 평가해야 한다. 치료 계획 수립에서 KMP는 결점은 물론 장점을 확인하고 치료사의 움직임 접근 방식을 안내하며, 치료사가 환자에게 조율, 미러링, 유사 움직임 패턴을 이용할지 여부를 결정하는 데, 또는 파쇄나 재수정이라는 맥락에서 움직임 경험에서 특정한 충돌이나 불일치를 선택하는 시점을 결정하는 데까지 도움을 준다(Loman, 1994).

예를 들어 비틀기 단계와 관련된 발달 지연이 있는 아동이나 성인은 유연성이 부족할 수도 있고 외부의 변화에 대한 적응에 어려움을 느끼며 친숙하지 않은 상황에서 불편함을 느낄 수도 있다. 무용/동작치료사의 목표는 이러한 불안정함이 변화와 발견의 능력으로 전환되도록 돕는 것이다. 처음에는 내담자가 경직되고 호응하지 않으며 접근이 어려울 수도 있다. 신뢰를 얻고 안전하고 안정적인 환경을 구축하기 위해서는 시간과 신중한 노출이 필요하다.

내담자가 가장 잘 반응하는 중재는 근육 긴장을 이용한 근감각적 동일시 및 관련된 움직임 형태의 공감인 조율이다. 예를 들어 치료사는 환자의 긴장 흐름과의 일치를 위해 환자와 손바닥을 마주하는 접촉을 할 수 있다. 더 높은 또는 더 낮은 긴장의 변화를 도입한 후에 약간의 비틀기 또는 흐름의 조절을 할 수도 있다.

치료사는 비틀기 움직임, 유연하고 간접적인 움직임, 탐험하기 또는 흩뿌리기와 관련된 움직임이나 이미지를 제안할 수도 있다. 까꿍 놀이, 좋아하는 장난감을 눈이나 손으로 따라가기, 웃긴 얼굴표정 따라하기와 같은 흐름 조절을 필요로 하는 게임에 참여시킬 수도 있다. 아동은 흔히 뱀이나 물고기와 같은 동물을 모방한 움직임에 반응한다. 스카프나 리본 막대와 같은 유연한 도구도 이용될 수 있다. 치료사는 흐름 조절과 유연하고 간접적인 움직임을 이끌어내기 위해 창의성을 발휘할 수 있는 많은 여지를 갖고 있다.

치료에서 발달 과도기의 중요성

발달 과도기는 아동에게는 특히 취약한 시기이다. 공격성의 유입은 새로운 발달상의 과제를 익히는 데 필요한 에너지를 축적할 수 있다는 점에서 명확히 나타난다. 이러한 공격성은 정상이지만 이가 나는 시기에 사람을 물거나 항문기에 물건을 집어던지거나 외부 생식기를 사람이나 사물에 일부러 부딪치는 것과 같은 반사회적인 행동으로 이어질 수도 있다. 이 저항적 행동에 대한 과잉반응은 아동으로 하여금 그것에 대처했던 부적응적 시도를 지속적으로 채택하도록 만든다. 무용/동작치료사는 공격성을 표현할 수 있는 다른 허용 가능한 범위의 출구를 제공할 수 있다. 예를 들어 물기용 장난감과 같이 깨물기 긴장-흐름 리듬을 위한 안전한 물체를 이가 나는 시기의 유아에게 제공한다면 이전까지는 다른 것을 물었던 아동에게 성공적인 다른 방향을 제시할 수 있다. KMP 접근 방식의 핵심은 아동이 중요한 발달상의 이정표를 거치는 것을 제한하지 않으면서 유사한 움직임 패턴을 이용해 창의적 출구를 제공하는 것이다.

아동기의 트라우마는 일반적 발달을 방해하며 성인 내담자는 그러한 아동기의 특징적인 문제와 방어, 움직임 패턴을 간직하고 있을 수도 있다. 만일 이가 나는 시기에 트라우마를 경험했다면 일종의 방어 기제로 깨물기 리듬이 유지되며 그러한 행동이 과도하게 또는 과소하게 나타날 수도 있다. 이와 같은 특성은 KMP에서 이가 나는 단계 움직임 패턴의 편향된 비율로 나타날 수 있다.

치료사는 내담자의 공격성과 관련된 발달상의 단계를 식별할 수 있으며 그들이 적절하고 안전한 환경에서 공격성을 표현하도록 도울 수 있다. 급성 정신병 환자들을 위한 무용/동작치료 그룹 세션에서 조현병(정신분열증) 여성은 병실에서와 마찬가지로 걷기를 계속했다. 무용/동작치료사는 요도기 투쟁 단계로 2.5세 유아에게서 흔히 나타나는 갑자기 시작하고 멈추는 불규칙적 리듬을 이용한 걷기를 그룹 움직임 상호작용에 도입했다. 그 환자에게 음악이 나오면 걷기를 시작하고 음악이 멈추면 걷기를 중단하도록 하면서 그에게 그룹 세션의 일부분을 주도하도록 했고 음악이 나오고 멈추는 시점을 결정할 권리를 부여했다. 그 환자는 자신이 선호하는 시작과 중단 리듬의 움직임 특징을 유지할 수 있는 이 시간에는 극도로 활동적이 되었다. 환자는 이러한 방법으로 자신의 걷기를 적절한 움직임 순서로 연계할 수 있었다. 이 중재는 그녀의 발달 수준에서의 성향과 일치하는 요도기 공격 리듬을 이용했기 때문에 그녀는 이 제안에 대해 매우 만족한 반응을 보였다. 특정한 맥락(자주 하는 움직임인 걷기)과 선택된 과업(시작하고 멈추기 선택하기), 치료적 미러링은 공명 경험으로 이끌어 근감각적 울림에서 내담자가 친숙함을 인식하고 정서적 연결성으로 이어지며, 그리고 그렇지 않고서는 접근할 수 없는 반영적인 연결을 가능하게 해줄 수 있다.

KMP 관찰은 내담자의 움직임 레퍼토리의 강도와 한계를 드러낸다. 이로 인해 무용/동작치료사는 내담자의 힘을 촉진하고 '비언어적 어휘'에 보다 적절한 선택과 균형을 제공하기 위해 부적절하게 표현된 내담자의 움직임 형태를 발달시키도록 돕는다.

양육자-아동 관계에서의 치료 중재

부모-자녀가 함께하는 치료와 치료를 목표로 하는 보육기관에서의 임상 중재는 대개 상호 관계, 상호 호혜적, 감정의 조율을 통해 양육자와 아동의 상호 적응 개선을 목표로 한다. 위니컷(1965)에 따르면 치료사의 위치는 자녀와 부모 사이의 '잠재적 공간'에 있다. 치료적 공간은 이러한 잠재적 공간의 놀이터로, 즉 치료 관계자들이 초기 부모-자녀의 상호작용에서 반응성, 상호 관계, 상호 호혜성을 촉진할 수 있는 중간 영역이다. 초기 부모-자녀 상호작용에 대한 프레임별 미세분석(Beebe & Lachmann, 2002; Beebe & Stern, 1977; Stern, 1971, 1995; Brazelton, Koslowski & Main, 1974)은 초기의 정서적 · 사회적 경험에 관해 많은 것을 발견했다. 엄마의 우울증으로 인해 감정 조절 문제가 발생했을 때의 상호 조절 과정의 붕괴(Tronick et al., 1997)는 감정 조절과 스트레스 상태 전이에서 움직임 의사소통과 암시적인 몸짓 의사소통의 중요성을 보여준다(Sossin & Birklein, 2006). 브래즐턴 등(Brazelton et al., 1975)은 붕괴된 엄마-자녀 상호작용에서 비동시성 때문에 성장 장애와 같은 중증의 병리로 발현될 수 있다고 언급한다.

개인 내에서의 정서적 장애 또는 양자 관계나 가족 내에서 관계상의 장애를 보여주는, 상호 조절 피드백 시스템의 왜곡 여부를 알아보기 위해 부모와 자녀 간의 리듬과 움직임 조율을 측정했다. 중재는 연결이 왜곡되는 지점에서 시작된다. 이상 패턴 또는 감각 조절 이상이 있는 아동은 '거부적'으로 인식될 수 있으며(Thoman, 1975), 이는 문제를 갖고 있는 투사적 동일시(projective identification)로 이어질 수 있다. 치료사는 올바른 경험 구축을 위해 부모-자녀 간에 내재된 잠재력을 이용(그리고 극대화)하기 위해 노력할 것이다. 움직임 경험과 인식은 치료적 비디오 피드백을 통해 강화될 수 있다. KMP는 부모-자녀 간의 움직임 패턴을 도식화하기 위한 관찰 언어를 제공하며 이는 진단과 치료 계획 수립에서 매우 가치 있는 도구이다(Sossion, 2002).

자폐증과 KMP

KMP는 전반적 발달장애 아동에 대한 초기 위험 요소 평가, 치료 계획 수립과 연구에 큰 잠재력을 갖고 있다. KMP를 이용한 미래의 연구는 자폐 스펙트럼(그리고 기타 진단 그룹) 아동들에 대한 더욱 명확한 설명을 제공할 수 있다. 여기에서 특별하게 필요한 사항은 기술적 평가의 다른 측정법을 이용한 상관관계 연구이다[예 : 자폐증과 이상 아동을 위한 행동 평정도구(Behavior Rating Instrument for Autistic and Atypical Children, BRIAAC) — Ruttenberg Kalish et al., 1974; 기능적 감정평가 척도(Functional Emotional Assessment Scale, FEAS), Greenspan, Degangi & Wieder, 2001, 진단관찰 스케줄(Diagnostic Observation Schedule, ADOS), Lord et al., 2000]. 이 성격에 대한 일부 연구가 진행 중이다. 반복적, 전형화된 움직임 패턴을 특징으로 하는 그룹을 대상으로 한 연구에서는 그들의 편향된 빈도 분포를 설명할 수 있는 수정된 프로파일링 절차를 필요로 할 수도 있다(아마도 2개의 각 프로파일은 전형적 행동과 비전형적 행동일 것이다).

행동 묘사

초기 자폐증 발병과 같은 전반적 발달장애가 있는 아동은 일반적으로 상호 관계적 반응성과 의사소통기술에서 전체적 손상이 있는 이상적·반복적 움직임 패턴을 보인다. 일반적인 자폐성 움직임에는 찡그리기, 몸을 앞뒤로 흔들기, 팔 흔들기, 점프 계속하기가 포함된다. 이러한 행동은 회전하는 장난감과 같은 어떤 자극에 의해서도 악화된다(Wing, 1975). 자폐증 아동에게서 발견되는 다른 움직임에는 허리를 굽힌 채 앞발과 뒷발로 흔들기, 발끝으로 걷기, 제자리에서 회전하기, 이상한 자세 등이 포함된다. 자폐증 진단이 가능한 가장 초기의 한 사례에서 케스텐버그(1954)는 한 소년의 기괴한 신체 도식을 다음과 같이 기록했다. "[그의 다리는 유연하고] 자기 신체 부분처럼 보였지만, [상체는] 고정되고 통제되어 있으며 마치 존재하지 않고 자기 신체 부분이 아닌 것처럼 거부되었다."(pp. 37~38)

자폐증의 기타 특징

KMP에서 정의한 바와 같이 자폐 아동의 특징적인 찡그림과 흔들기 패턴은 몇 가지 다른 뚜렷한 특징을 갖고 있다. 셰이프-흐름을 예로 들어보자. 어느 자폐증 아동은 한 방향으로 입 오므리기, 크게 벌리기, 오목하게 말기를 이용한 삐딱한 표정을 자주 보였으며 이때 높은 긴장 강도로 입술을 모으는 움직임이 특히 강조되었다. 높은 저항성으로 보이는 입의 좁힘과 넓힘의 충돌은 주변 사람에게 대인 접촉에 대한 혐오를 보여주었으며 의사소통을 방해했다. 자폐증 아동이 보이는 대인 자극에 대한 이러한 특징적 혐오는 셰이프-흐름의 줄어드는(shrinking) 패턴에 대한 선호를 수반한다. 폐쇄적인 줄어드는 양극 패턴 또한 이갈기, 자기 깨물기, 자기학대와 같은 내향적 공격성을 위한 구조를 제공한다. 자폐증 호흡 리듬을 가진 아동은 들숨에 비해 날숨이 더욱 두드러지며(Blau & Siegel, 1978), 이는 그들의 다차원적 대상관계 능력의 부족을 반영해준다. 대상 항상성(object constancy)이 발달된 후에야 자폐증 아동들이 면에서의 셰이핑을 보여주기 시작했다.

치료적 시사점

자폐증에서는 주양육자와 아동과의 유대가 정상적으로 발전하지 않는다. 치료 접근 방식은 KMP와 같은 발달상의 움직임 패턴을 바탕으로 할 수 있다(Adler, 1968; Kalish, 1968; Loman, 1995). 치료보육기관에서 3세 자폐증 아동을 대상으로 KMP를 포함한 치료 전략이 활용되었다. 치료 목표는 치료보육기관과 가정에서 엄마와 자녀 간의 상호작용을 촉진하는 것이었다. 여기에는 공격성을 외부로 내보내기 위해 아동의 긴장-흐름과 셰이프-흐름 패턴을 밀접하게 연관짓는 것과 셰이프-흐름과 긴장-흐름의 고의적 충돌을 포함했다. 긴장-흐름 조율(밀고 당기기, 주고받기 게임), 노래 부르기, 부모 심리치료를 통해 공감이 촉진되었다. 그 소년은 급작스러운 시작과 함께 자신의 엄마보다 더 적은 중립적인 흐름과 더 명확한 신체 경계를 갖고 있었다. 엄마는 중립적인 흐름에서 불편함을 느꼈는데, 이것이 치료에서 다루어지면서 그녀의 공감능력이 강화되었다. 흐름의 변화에 보다 반응을 잘하게 되면서 아이와 접촉하고 안아줄 때 더 조율을 잘하게 되었다. 소년은 흐름을 더 많이 모방하고 흐름이 끊기거나 고립되는 경우가 줄었다. 이렇게 조율이 향상되면서 눈 맞춤의 빈도와 지속시간이 늘어났다. 엄마와 아동 간의 공동 호흡이 활용되었다. 즉 모든 신체 면에서 리듬을 타며 서로를 향해 확장하고 또 서로 떨어졌다(셰이프-흐름). 처음에는 자녀의 반응이 예측할 수 없고 안정적이지 않았으나 상호 조율의 증가와 함께 개선되었다. 미러링과 동일시로 이어지는 셰이프-흐름 조정의 전형적인 과정(Kestenberg & Buelte, 1977a) 또한 셰이프-흐름 조화로 인한 관계 패턴의 개선에서 관찰되었다.

발달학적 개인 차이와 관계 기반(DIR) 모델(Greenspan & Wieder, 2006)과 같은 중재 방법은 움직임, 몸짓, 기타 비언어적 행동에 대한 신속한 관심을 보여주었지만 일반적으로 그렇게 하기 위한 움직임 언어가 부족했다. 트레버덴(Trevarthen, 2000; Trevarthen & Daniel, 2005)은 상호 주관성 획득에서 초기 발달의 '동시적 리듬성(synrhythmia)'의 중요성을 강조했으며 리드미컬한 감정적 상호작용 속에서 움직일 수 있는 경험을 촉진하는 음악치료가 자폐증 아동에게 효과가 있음을 지적한 바 있다. 이러한 접근 방식은 강도 및 타이밍과 같은 요인들의 중요성을 보여주는 반면, 치료에서 보다 발전된 움직임 패턴은 물론 자기조절과 이인 공동조절에 관여하는, 인식 가능한 긴장-흐름과 셰이프-흐름 패턴이 명시될 수 있고 다루어질 때 더 넓은 치료의 창이 열린다는 인상을 받았다.

치료 과정에서의 중립적인 흐름

자폐증 아동이 보이는 일반적으로 축 늘어진 신체는 긴장-흐름과 셰이프-흐름의 과도한 중립성, 탄력성과 유연성의 부족이 그 원인이다. 이는 흔드는 동작과 함께 때로는 과긴장의 경직, 분리, 운동신경학적 운동의 부족, 관성 등의 현상으로 나타난다. 이러한 현상은 가끔씩 중립적인 흐름으로부터 빠져나오지만 다시 복귀하는 것을 선호한다. 성인에게서는 중증 우울증, 극단적 흥분, 피로, 의식의 변성 상태에서 과도한 중립적인 흐름이 발견될 수 있다. 중립적인 셰이프-흐름에는 신체 경계의 손실이 포함된다. 즉 자폐증 아동의 신체는 해리된 듯 보인다. 다른 한편으로 자폐증 아동은 흔히 주변에 강력한 통제적인 긴장을 만들고 유지한다(예 : 손가락 꼬기). 아마도 이는 다르게는 존재하지 않는 신체 경계를 만드는 것이며 특히 움직이지 않는 대상과 관련해서는 일정 수준의 중립적인 긴장-흐름 이용이 정상이다. 그러나 자폐증 아동은 스스로 바퀴나 돌아가는 물체처럼 되기 위해 중립적인 긴장-흐름을 이용하는 것으로 보인다. 이는 불편하고 느낌이 없는 세계에 들어가 아동과 조율하려는 치료사에게는 문제가 된다. 케스텐버그에 따르면 접촉을 위해서는 반드시 중립 지대로 들어가야 한다(Kestenberg & Buelte, 1977a, b). 아동은 중립 지대에서 접촉을 조절한 후에 주고받기 게임으로 접촉을 확장할 수 있다. 자폐증 아동은 거의 모방을 하지 않기 때문에 치료사가 그들을 모방할 수도 있다(시각적 접촉보다는 근감각적 접촉이 선호된다). 이러한 조율 과정에서 아동과 치료사는 발달선상으로 옮겨가기 전에 가장 기본적인 긴장-흐름 속성을 사용할 것이다.

치료 과정에서 중립적인 흐름의 다른 사례

다음 사례에서 엄마와 자녀의 음식 먹이기 관찰을 통해 중립적인 흐름을 어떻게 관찰하는지를 알아볼 것이다. 초기 먹이기 경험에서 충돌을 일으키는 패턴은 특히 중요한데 그 이유는 아동이 음식 섭취를 조절하기 시작하는 시기로, 충돌은 섭식장애로 이어질 수 있기 때문이다(Charone, 1982). 다음과 같은 시나리오를 생각해보자. 13개월 남아가 숟가락으로 음식을 먹여주는 엄마와 얼굴을 마주하고 있다. 이 유아의 긴장-흐름은 점진적이고 낮은 강도와 흐름 조절을 보이는 반면 아이의 관심은 실내 곳곳을 맴돌고 있다. 엄마는 음식 먹이는 것을 실패했음에 좌절한다. 그녀는 미간과 어깨를 좁히고 이때 긴장감과 퉁명스러움의 강도가 올라간다. 그녀의 충동성이 포함된 통제된 흐름에서는 숟가락을 자녀의 입으로 옮기는 것 이외의 모든 것이 차단된다. 이러한 충돌 패턴은 계속, 특히 음식을 먹일 때 반복된다. 때로는 이것이 짜증나게 하지만 그만큼 자주 엄마와 아이가 진정한 접촉 없이 중립 지대에서 만나게 되며 음식 먹이기라는 과제는 관계성의 현저한 부족과 함께 끝나게 된다. 중립 지대에서의 만남이라는 현상은 매우 일반적으로 찾을 수 있는 것이며 엄마가 우울한 상태일 때 흔히 발견된다. 자녀는 이러한 중립성이 엄마와 최소한이나마 접촉할 수 있는 유일한 방법이라는 것을 알게 된 것으로 보인다.

중립적인 흐름의 또 다른 예는 인지와 기억 기능이 상당히 손실된 어느 고령 환자에게서 나타났다. 움직임 관점에서 보면 그녀는 경직된 움직임과 형태가 없는 모습, 신체 경계의 모호함을 통해 중립적인 흐름을 많이 보였다. 인지 자극을 이용한 실험치료의 사전 단계로 서로의 손을 통한 긴장-흐름 조율을 이용하는 무용/동작치료 중재를 시작했다. 중재 결과 그녀의 관계 형성 능력이 다시 나타났으며 언어 표현이 늘어났고 기억 기능도 크게 향상되었다.

결론

무용/동작치료사에게 있어서 KMP는 움직임 패턴의 기록, 분류, 해석을 위한 정교한 틀을 제공한다. 분석, 진단, 치료에서 KMP가 가진 관찰 체계 및 폭넓은 적용 범위는 이 방법을 이상적인 연구 도구가 되도록 해준다. KMP에 관한 지식 및 관련 연구의 지속적인 증가는 임상가들이 언어 전 행동과 비언어 행동에 대한 더욱 깊은 고찰과 이해를 할 수 있도록 해준다. 잠재적으로 유익한 연구 및 임상 적용의 많은 영역은 아직 추구되지 않았다. 평정 척도와는 달리, KMP는 신뢰성과 숙달성이 입증된 숙련되고 경험이 많은 기록자를 필요로 하는 복잡한 도구이다. 추가적인 연구는 KMP로 하여금 임상 도구로 진화할 수 있도록 해줄 것이다. 지금까지 KMP의 발달 모델은 아동, 청소년, 성인에 대한 종단적 연구를 포함해 주로 수백 개의 임상 연구를 바탕으로 해왔다 (Kestenberg, 1965a, b, 1967; Kestenberg & Sossin, 1979). KMP가 좀 더 폭넓은 연구 주제에 적용되면서 KMP의 해석적 틀 및 임상적 효용성은 발전할 것이다. 최근의 연구들은 부모-유아(Sossin & Birklein, 2006; Birklein, 2005), 우울증(Brauninger, 2005), 성별과 리더십(Koch, 2006), 학습 스타일(Beier-Marchesi, 2007; Kestenberg Amighi, 2007), 산후 정신병(Lier-Schehl, 2008), 엄마-유아 상호작용(Koch & Brauninger, 2005)에서의 스트레스 전이에 관한 KMP의 적용에 초점을 맞추고 있다. 미래의 연구들은 문화, 연령, 성별 전체 범위에 걸친 건강한 그룹과 병리 그룹에 대한 기준이 작성되어 진단 지표에 대한 통계적 표준이 도출될 수 있다(Sossin, 2003). KMP를 이용한 종단적 연구는 신생아 시기부터의 (공격성, 자기애, 초자아 발달, 성격과 같은) 특정한 발달학적 주제를 추적함으로써 정신역동 이론을 발전시킬 수 있다. 그룹 내 개인 간 편차의 범위를 수립하기 위해서는 특정한 진단 그룹에 관한 상세한 연구가 필요하다. 연구 대상이 될 수 있는 다른 주제로는 조산아, 정신 질환, 역할 의존 또는 배경 의존적 행동들에 대한 연구가 포함될 수 있다. 또한 미숙한 신생아 및 아동을 대상으로 한 위험 요인, 예방, 초기 중재 접근 방식에 대한 우리의 이해를 증가시킬 수 있다(Kestenberg & Buelte, 1983; Sossin, 2007).

방법론적인 연구는 현재 기록들의 신뢰성을 측정할 수 있으며(Sossin, 1987; Cruz & Koch, 2004; Koch, Cruz, & Goodill, 2002), 특정 분야에 대해 응용될 수 있도록 개선된 프로파일링 절차를 개발할 수 있다. 컴퓨터 프로그램은 점수 측정 과정 및 프로파일과의 상관관계 분석을 더욱 용이하게 해줄 수 있다(Lotan & Tziperman, 1995, 2005). 현재의 해석적 체계의 타당성을 조사할 수 있으며 특정한 분포를 IQ, 우울증, 신경 손상, 방어 기제, 체계적 갈등과 같은 임상적으로 관련된 변수들과 관련지을 수 있다.

KMP 교육을 받은 치료사는 의사소통에 도움이 되는 포괄적인 움직임 어휘 도구를 구비하고 있다. 이러한 도구는 직관적 지식의 타당성을 검증해줄 수 있으며 변화를 계획하고 실행하며 모니터링할 수 있는 시스템이다. KMP는 무용/동작치료사에게 환자의 비언어적 언어를 관찰하고 평가하며 치료할 수 있는 심층적인 시스템을 제공해준다. KMP 접근 방식은 발달에 일반적인 움직임 단계들의 순서에 대한 이해를 향상시킬 수 있으며 치료사로 하여금 발달 과정이 환자에게서 효과를 보이도록 전개되는 적절한 환경의 제공을 가능케 한다. 또한 기록 및 프로파일을 통해 수집된 정보를 바탕으로 각 개인의 고유성을 염두에 둔 특화된 중재를 설계하고 실행할 수 있다.

참고문헌

Adler, J. (1968). The study of an autistic child (film and presentation). *Proceedings of the American Dance Therapy Association, Third Annual Conference* (pp. 43–48). Madison, WI: American Dance Therapy Association.

Beebe, B., Jaffe, J. Lachmann, F., Feldstein, S. Crown, C., & Jasnow, M. (2000). System models in development and psychoanalysis: The case of vocal rhythm coordination and attachment, *Infant Mental Health Journal, 21* (1–2), Special Issue in honor of Louis Sander, 99–122.

Beebe, B., & Lachmann, F. (2002). *Infant research and adult treatment, Co-constructing interactions*. Hillsdale, NJ.: Analytic.

Beebe, B., & Stern, D. (1977). Engagement–disengagement and early object experiences. In N. Freedmand & S. Grand (Eds.), *Communicative structures and psychic structures*. New York: Plenum.

Beier-Marchesi, K. (2007). Emotions and second language learning: The role of body experience and empathy in the classroom. In S. Koch & S. Bender (Eds.). *Movement analysis: The legacy of Laban, Bartenieff, Lamb and Kestenberg* (pp. 161–173). Berlin: Logos.

Birklein, S. B. (2005). Nonverbal indices of stress in parent–child interaction. *Dissertation Abstracts International, 66* (01):542B. (UMI No. AAT 3161860).

Birklein, S. B., & Sossin, K.M. (2006). Nonverbal indices of stress in parent–child dyads: Implications for individual and interpersonal affect regulation and intergenerational transmission. In S. Koch and I. Bauninger (Eds.) *Advances in dance/movement therapy: Theoretical perspectives and empirical findings.* (pp. 128–141). Berlin: Logos.

Blau, B., & Siegel, E. V. (1978). Breathing together: A preliminary investigation of an involuntary reflex as adaptation. *American Journal of Dance Therapy, 2*, 35–42.

Brauninger, I. (2005). *Tanztherapie. Verbesserung der Lebensqualitat und Stressbewaltigung. [Dance Therapy. Improvement of Quality of Life and Coping]*. Weinheim,

Germany: Belz Verlag.

Brazelton, T. B., Koslowski, B., & Main, M. (1974). The origins of reciprocity. In M. Lewis and L. A. Roseblum (Eds.), *The effect of the infant on its caregiver.* New York: Wiley Interscience.

Brazelton, T. B., Tronick, E., Adamson, L., Als, H., & Wise, S. (1975). Early mother–infant reciprocity. In *Ciba Foundation Symposium 33: Parent–infant interaction.* New York: American Elsevier.

Charone, J. K. (1982). Eating disorders: Their genesis in the mother–infant relationship. *International Journal of Eating Disorders, 1,* 15–42.

Cruz, R. F. & Koch, S. (2004). Issues of validity and reliability in the use of movement observations and scales. In R. F. Cruz & C. Berrol (Eds.), *Dance/movement therapists in action: A working guide to research options.* Springfield: Charles C Thomas.

Dosamantes, E. (1990). Movement and psychodynamic pattern changes in long-term dance/movement therapy groups. *American Journal of Dance Therapy, 12,* 27–44.

Freud, A. (1965). Normality and pathology in childhood: Assessments of development. In *The writings of Anna Freud (Vol. 6).* New York: International Universities Press.

Goodill, S. (2005). *An introduction to medical dance/movement therapy: Health care in motion.* Philadelphia: Jessica Kingsley.

Greenspan, S. I., DeGangi, G., & Wieder, S. (2001). *The Functional Emotional Assessment Scale (FEAS): For infancy and early childhood.* Bethesda, MD: Interdisciplinary Council on Development & Learning Disorders.

Greenspan, S. I., & Wieder, S. (2006). *Engaging autism: Using the floortime approach to help children relate, communicate, and think.* Cambridge, MA: Da Capo.

Kalish, B. (1968). Body movement therapy for children with autism. *Proceedings of the American Dance Therapy Association, Third Annual Conference* (pp. 49–59). Madison, WI: American Dance Therapy Association.

Kestenberg, J. S. (1954). The history of an "autistic child": Clinical data and interpretation. *Journal of Child Psychiatry, 2,* 5–52.

Kestenberg, J. S. (1965a). The role of movement patterns in development: 1. Rhythms of movement. *Psychoanalytic Quarterly, 34,* 1–36.

Kestenberg, J. S. (1965b). The role of movement patterns in development: 2. Flow of tension and effort. *Psychoanalytic Quarterly, 34,* 517–563.

Kestenberg, J. S. (1967). The role of movement patterns in development: 3. The control of shape. *Psychoanalytic Quarterly, 36,* 356–409.

Kestenberg, J. S. (1975). *Children and parents.* New York: Jason Aronson.

Kestenberg, J. S. (1976). Regression and reintegration in pregnancy. *Journal of the American Psychoanalytic Association, 24,* 213–250.

Kestenberg, J. S. (1980a). Ego-organization in obsessive-compulsive development: A study of the Rat-Man, based on interpretation of movement patterns. In M. Kanzer & J. Glenn (Eds.), *Freud and his patients.* New York: Jason Aronson.

Kestenberg, J. S. (1980b). The inner-genital phase: Prephallic and preoedipal. In D. Mendel (Ed.), *Early feminine development: Contemporary psychoanalytic views.* New York: Spectrum.

Kestenberg, J. S. (1985). The flow of empathy and trust between mother and child. In E. J. Anthony and G. H. Pollack (Eds.), *Parental influences: In health and disease.* (pp. 137–163). Boston: Little Brown.

Kestenberg, J. S., & Borowitz, E. (1990). On narcissism and masochism in the fetus and the neonate. *Pre- and Perinatal Psychology Journal, 5,* 87–94.

Kestenberg, J. S., & Buelte, A. (1977a). Prevention, infant therapy and the treatment of adults: 1. Toward understanding mutuality. *International Journal of Psychoanalytic Psychotherapy, 6,* 339–366.

Kestenberg, J. S., & Buelte, A. (1977b). Prevention, infant therapy and the treatment of adults: 2. Mutual holding and holding-oneself-up. *International Journal of Psychoanalytic Psychotherapy, 6,* 369–396.

Kestenberg, J. S., & Buelte, A. (1983). Prevention, infant therapy and the treatment of adults: 3. Periods of vulnerability in transitions from stability to mobility and vice versa. In J. Call, E. Galenson, and R. Tyson (Eds.), *Frontiers of infant psychiatry.* New York: Basic Books.

Kestenberg, J. S., Marcus, H., Robbins, E., Berlowe, J., & Buelte, A. (1971). Development of the young child as expressed through bodily movement. *Journal of the American Psychoanalytic Association, 19,* 746–764.

Kestenberg, J. S., & Sossin, K. M. (1979). *The role of movement patterns in development (Vol. 2).* New York: Dance Notation Bureau.

Kestenberg Amighi, J. S. (2007). Kestenberg Movement Profile perspectives on posited Native American learning style preferences. In S. Koch & S. Bender (Eds.). *Movement analysis: The legacy of Laban, Bartenieff, Lamb and Kestenberg* (pp. 175–185). Berlin: Logos.

Kestenberg Amighi, J. S., Loman, S., Lewis, P., and Sossin, K.M. (1999). *The meaning of, developmental and clinical perspectives of the Kestenberg Movement Profile.* New York: Routledge.

Koch, S. C. (2006). Gender and leadership at work: Use of rhythms and movement qualities in team communication at the workplace. In S. C. Koch and I. Bauninger (Eds.). *Advances in dance/movement therapy: Theoretical perspectives and empirical findings.* pp. 116–127.

Koch, S. C., & Brauninger, I. (2005). International dance/movement therapy research: Theory, methods, and empirical findings, *American Journal of Dance Therapy 27* (1), 37–46.

Koch, S. C., Cruz, R. F., & Goodill, S. (2002). The Kestenberg Movement Profile: Performance of novice raters. *American Journal of Dance Therapy, 23,* 71–87.

Kornblum, R. (2002). *Disarming the Playground: Violence prevention through movement and pro-social skills.* Oklahoma City: Wood and Barnes.

Laban, R., & Lawrence, F. C. (1947). *Effort.* London: MacDonald & Evans.

Laban, R. (1960) *The mastery of movement* (2nd ed.). London: MacDonald & Evans.

La Barre, F. (2001). *On moving and being moved: Nonverbal behavior in clinical practice.* Hillsdale, NJ: Analytic.

Lamb, W. (1965). *Posture and gesture.* London: Gerald Duckworth.

Lamb, W., & Watson, E. (1987). *Body code: The meaning in movement* (2nd ed.). Princeton, NJ: Princeton Book Company.

LeMessurier, C., & Loman, S. (2008). Speaking with the body: Using dance/movement therapy to enhance communication and healing with young chilren. In D. McCarthy (Ed.). *Speaking about the unspeakable: Non-verbal methods and experiences in therapy with children* (pp. 45–49). London: Jessica Kingsley.

Lewis, P., (Ed.), (1984). *Theoretical approaches in dance-movement therapy, Vol. II.* (2nd ed.). Dubuque, IA: W.C. Brown-Kendall/Hunt.

Lewis, P., (Ed.), (1986). *Theoretical approaches in dance-movement therapy, Vol. I.*

Dubuque, IA: W.C. Brown-Kendall/Hunt.

Lewis, P. (1990) The Kestenberg Movement Profile in the psychotherapeutic process with borderline disorders. In P. Lewis & S. Loman (Eds.), *The Kestenberg Movement Profile, its past, present applications, and future directions.* Keene, NH: Antioch New England Graduate School.

Lewis, P. (2002). *Integrative holistic health, healing, and transformation: A guide for practitioners, consultants, and administrators.* Springfield: Charles C Thomas.

Lier-Schehl, H. (2008). *Bewegungsdialoge bei Mutter und Kind.* Hamburg: Dr. Kovac.

Loman, S. (1994). Attuning to the fetus and the young child: Approaches from dance/movement therapy. *Zero To Three, Bulletin of National Center for Clinical Infant Programs. 15,* 1 August/September.

Loman, S. (1995). The case of Warren: A KMP approach to autism. In F. J. Levy (Ed.) *Dance and other expressive art therapies.* New York: Routledge.

Loman, S. (1998). Employing a developmental model of movement patterns in dance/movement therapy with young children and their families, *American Journal of Dance Therapy. 20,* (2) 101–115.

Loman, S. (2005). Dance/movement therapy. In. C. Malchiodi (Ed.). *Expressive therapies.* (pp. 68–89). New York: Guilford.

Loman, S. (2007). The KMP and pregnancy: Developing early empathy through notating fetal movement. In. S. Koch & S. Bender (Eds.). *Movement analysis: The legacy of Laban, Bartenieff, Lamb and Kestenberg.* (pp. 187–194). Berlin: Logos.

Loman, S., & Brandt, R. (1992). *The body mind connection in human movement analysis.* Keene, NH: Antioch New England Graduate School.

Loman, S., & Merman, H. (1996). The KMP: A tool for Dance/Movement Therapy. *American Journal of Dance Therapy (18),* (1). pp. 29–52.

Loman, S. with Foley, F. (1996) Models for understanding the nonverbal process in relationships. *The Arts in Psychotherapy. (23),* (4), 341–350.

Lord, C. Risi, S., Lambrecht, L., Cook, E. H., Leventhal, B. L., DiLavore, P. C., Pickles, A., & Rutter, M. (2000). The Autism Diagnostic Observation Schedule-generic: A standard measure of social and communication deficits associated with the spectrum of autism. *Journal of Autism and Developmental Disorders, 30,* 205–223.

Lotan, N., & Tziperman, E. (1995, 2005). *The Kestenberg Movement Profile Analysis* www.deas.harvard.edu/climate/eli/KMP (revision).

Ramsden, P. (1973). *Top team planning.* New York: Halsted/Wiley.

Ruttenberg, B., Kalish, B., Wenar, C., & Wolf, E. (1974). A description of the Behavior Rating Instrument for Autistic and other Atypical Children (BRIAAC). Therapeutic process: Movement as integration: *Proceedings of the Ninth Annual Conference* (pp. 139–142). New York: American Dance Therapy Association.

Sandel, S. L. (1982). The process of individuation in dance-movement therapy with schizophrenic patients. *The Arts in Psychotherapy, 9,* 11–18.

Schilder, P. (1935, 1978) *The image and appearance of the human body.* London: Routledge.

Siegel, E. V. (1974). Psychoanalytic thought and methodology in dance movement therapy. *Focus on Dance, 7,* 27–37.

Siegel, E. V. (1984). *Dance movement therapy: Mirror of our selves and the psychoanalytic approach.* New York: Human Sciences.

Sossin, K. M. (1987). Reliability of the Kestenberg Movement Profile. *Movement Studies: Observer Agreement, Vol 2* (pp. 23–28). New York: Laban/Bartenieff

Institute of Movement Studies.

Sossin, K. M. (2002). Interactive movement patterns as ports of entry in infant–parent psychotherapy: Ways of seeing nonverbal behavior. *The Journal of Infant, Child and Adolescent Psychoanalysis, 2* (2), 97–131.

Sossin, K. M. (2003, October). Recent statistical and normative findings regarding the KMP: Implications for theory and application. *Proceedings of the American Dance Therapy Association 37th Annual Conference*, Burlington, VT.

Sossin, K. M. (2007). History and future of the Kestenberg Movement Profile. In S. C. Koch & S. Bender (Eds.), *Movement analysis: Bewegungsanalyse.* (pp.103–118). Berlin: Logos Verlag.

Sossin, K. M., & Birklein, S. (2006). Nonverbal transmission of stress between parent and young child: Considerations, and psychotherapeutic implications, of a study of affective-movement patterns. *Journal of Infant, Child, and Adolescent Psychotherapy,* 5, 46–69.

Sossin, K. M., & Charone-Sossin, J. (2007). Embedding co-regulation within therapeutic process: Lessons from development. *Journal of Infant, Child, and Adolescent Psychotherapy, 6,* 259–279.

Stern, D. N. (1971). A micro-analysis of mother-infant interaction: Behavior regulating social contact between a mother and her three-and-a-half-month-old twins. *Journal of the American Academy of Child Psychiatry, 10,* 501–517.

Stern, D. N. (1995). *The motherhood constellation: A unified view of parent–infant psychotherapy.* New York: Basic Books.

Thoman, E. (1975). How a rejecting baby affects mother–infant synchrony. In *Ciba Foundation Symposium 33: Parent–infant interaction.* New York: American Elsevier.

Tortora, S. (2006). *The dancing dialogue: Using the communicative power of movement with young children.* Baltimore: Brookes.

Trevarthen, C. (1998). The concept and foundations of infant intersubjectivity. In S. Braten (Ed.), *Intersubjective communication and demotion in early ontogeny.* (pp. 15–46). New York: Cambridge University Press.

Trevarthen, C. (2000). Autism as a neurodevelopmental disorder affecting communication and learning in early childhood: Prenatal origins, post-natal course and effective educational support. *Prostaglandins, Leukotrienes and Essential Fatty Acids, 63,* 41–46.

Trevarthen, C., & Daniel, S. (2005). Disorganized rhythm and synchrony: Early signs of autism and Rett syndrome. *Brain & Development,* 27(1), S25–S34.

Tronick, E. Z., & Weinberg, M. K. (1997). Depressed mothers and infants: Failures to form dyadic states of consciousness. In L. Murray & P. Cooper (Eds.), *Postpartum depression and child development.* New York: Guilford, pp. 54–81.

Wing, L. (1975). Diagnosis, clinical description and prognosis. In L. Wing (Ed.), *Early childhood autism (2nd ed.).* Oxford, England: Pergamon.

Winnicott, D. W. (1965). *The maturational processes and the facilitating environment.* New York: International Universities Press.

제14장

이모토릭스

정서 움직임 행동의 분석과 해석을 위한 정신운동 모델[1]

Yona Shahar-Levy

…내 신체가 하나님을 볼 것이다.

— 욥기(Book of Job)

신체는 정신의 가장 좋은 그림이다.

— 비트겐슈타인(Wittgenstein)

이모토릭스의 중심 개념

- 정서 움직임
- 정서 움직임의 전형적 유형
- 원형적 관계 환경
  - 양육자의 보호막 안에서의 자신
  - 비교적 열린 대인관계 공간의 강력한, 수직적 자세에서의 자신
- 정서 움직임의 보편적 원형
  - 애착 정서 움직임 원형

- 강력한 마주 보기 정서 움직임 원형
- 정서 움직임의 전형적 잠재성 대 개인의 움직임 패턴
- 물리적 중력 대 대인관계의 인력(引力)
- 정신운동성 선택
- 가능한 정서 움직임 요소의 2진 매트릭스
  - 22개의 2진 잠재성
  - 3개의 동적 변경 요인
  - 2진 전환과 조합
- 1차적 움직임 행동 대 2차적 움직임 행동
- 되찾은 기억의 무리

도입

움직임 체계는 뇌 기능과 심리적 과정의 표면화된 양상이다. 움직임 체계는 눈에 보이는 신체 형태, 신체 자세의 태도, 외형적으로 드러난 긴장, 리듬 패턴이라는 언어로 말을 한다. 이 언어의 기본 문법은 근육 수축 대 근육 이완, 움직임 흐름 대 움직임 억제, 신체 부분과 관절의 통합, 공간, 시간, 대상에 대한 신체의 다양한 관계로 이루어진다.[1]

현대 신경과학의 역설 중 하나는 보이지 않는 뇌의 작용을 보기 위해 정교한 방법과 기구를 계발했지만 정서 움직임에 대해서는 그만큼 체계적인 시도를 하지 않았다는 점이다. 눈에 보이는 신체의 움직임 과정은 명확한 분석적 개념과 도구로 다루어지지 않고, 대신 '행동', '경험', '활동' 등 일반적인 용어로만 언급된다.

일부 신경과학자는 움직임 과정의 중요성을 강조한다(Evarts, 1976; Damasio, 1994; Panksepp, 2003). 판크세프(Panksepp)는 핵심 자아는 움직임 회로와 감정 회로 사이의 근본적 짜임으로 구성된다고 주장한다.

> 나는 포유류의 뇌에서 정서 의식의 가장 근본적인 형태는 다양한 감각과 고등 지각 학습 체계가 작동하는 안정적인 자기지시적 내부 움직임 조절을 제공하는 신경 역학적 발판으로부터 발생한다고 믿는다. (p. 115)

그러나 이러한 이해는 아직 움직임 행동의 포괄적인 유형과 그 중심 구성요소를 정의

하는 체계적 시도를 위한 기초로 인정받지 못했다.

내가 개인적으로 체계적인 움직임 분석 방법을 만나게 된 것은 노아 에시콜(Noah Eshkol, 1956~1960)의 수업과 에시콜-워치만(Eshkol-Wachman)의 책 *Movement Notation*(움직임 표기법)(1958)을 통해서였다. 에시콜-워치만 모델은 공간(축과 각도로 측정) 및 시간과 관계하는 신체 각 부분의 움직임을 연구한다. 이 모델은 정확한 움직임 표기를 위한 정교한 도구를 제공하기 때문에 안무가, 움직임 교사, 연구자들이 사용한다. 에시콜-워치만 모델이 훌륭한 도구라고 생각하지만, 여기에는 의도적으로 움직임과 정서의 관계가 배제되었기 때문에 나는 다른 방향을 택해야 했다.

대조적으로 지난 35년간 아동, 청소년, 성인, 가족을 대상으로 무용/동작치료를 하면서 나는 최종적으로 인간의 움직임 행동에는 드러나거나 혹은 잠재된 정서적 요소가 담겨 있다는 결론에 이르렀다. 다시 말해 인간의 움직임은 항상 정서 움직임이다. '정서 움직임'이란 움직임 경로를 통한 욕구, 감정, 지각, 대인관계의 복합적인 표현이다.

정서 움직임에 대한 이해를 확장하기 위해 나는 발달적, 관계적, 정신분석적, 신경과학적 패러다임을 기반으로 정서 움직임의 개념에 대한 이론적 연결과 상관관계를 찾고자 했다.

이모토릭스(Emotorics)는 정서 움직임을 중심으로 하는 심리 진단 모델이다. 이모토릭스는 체계적인 진단 도구는 정서 움직임의 보편적 본질에 관한 이론적 틀과 정서 움직임 구성요소의 체계적 표현을 혼합해야 한다는 전제를 토대로 구성되었다.

이모토릭스 구성 과정은 두 가지 전략을 포함한다.

1. 개인의 움직임 특성을 평가하기 위한 준거틀로 사용될 신체-움직임-정신의 연결에 관한 전형적인 전제의 매트릭스를 만드는 것. 이 모체는 건강한 신체의 보편적 양상과 정신분석적, 발달적, 신경생물학적 패러다임과의 상관관계와 관련된 것이다. 이것의 이론적 전제는 다음 몇 가지 경로에서 얻은 정보를 통합한 것이다.
   - 임상 DMT 과정
   - 아기 관찰
   - 발달적-정신분석적 접근
   - 뇌에서 정서적 회로와 움직임 회로 간의 생물학적 연관성에 대한 신경정신분석학의 발견

2. 정서 움직임 과정의 2진 핵심 잠재성의 전형적인 매트릭스를 정의하는 것. 각각의 핵심 잠재성은 신체 움직임과 정서적 양상을 대표하며 움직임 관찰, 표기, 분석에 있어 진단적 표식으로서 사용된다. 이 매트릭스 전체는 정서 움직임 핵심 잠재성 사이의 복잡한 혼합을 나타낸다(제2부 참조).

이 장은 정서 움직임 체계의 분석과 해석을 위한 정신운동 모델인 이모토릭스에 대한 것이다. 이모토릭스는 신체-움직임-정신 패러다임(BMMP)(Shahar-Levy, 1996, 2001, 2004)에 기초한다. 여기서 패러다임은 개인의 정서 움직임 행동의 현상학과 정서 움직임 행동의 보편적인 생물학 특성 사이의 구분을 나타낸다.

BMMP-EMOTORICS에 의하면 정서 움직임의 구성요소는 다음과 같다.

어머니-아이 간 신체적 관계의 보편적 원형
정서 움직임의 핵심 잠재성과 보편적 원형
정서 움직임 정신역동적 표식의 2진 매트릭스, 즉
　22개의 2진 잠재성
　4개의 동적 변경 요인

이러한 잠재성 단위의 활성화 혹은 활성화의 회피는 치료적 개입뿐만 아니라 정서 움직임 분석을 위한 진단적 표식으로 사용된다.

이 모델을 계발할 때 다음과 같은 보충 자료를 참고했다.

Theoretical and clinical aspects of dance-movement therapy(무용/동작치료의 이론과 임상) : Gordon Benov, Bernstein, Krantz, Melson, & Rifkin-Ganor(1991); Sandel, Chaiklin, & Lohn(1993); Gapy(pers. comm.); Bernstein & Singer(1982), Siegel(1984).

Observation and analysis of the moving body(움직이는 신체의 관찰과 분석) : Feldenkrais(1949), Gesell(1977); Eshkol & Wachman(1958), Lowen(1958, 1967), Brown(1975).

Psychoanalytic paradigms(정신분석적 패러다임) : Freud(1965), Mahler, Pine,

& Bergman(1975), Winnicott(1974), Khan(1974), Kohut(1977), Rorty(1980), Stern(1985), Haynal(1993).

Contemporary neuropsychoanalysis and brain researchers(현대 신경정신분석과 뇌 연구자들) : Evarts(1976), Ekman(1980), van der Kolk & van der Hart(1989), Le Doux(1996), Damasio(1994), Panksepp(1998b, 2003).

이 연구에 착수하면서 나는 에포트/셰이프 모델(Jean Newlove, 2003) 또는 KMP (Kestenberg, 1975, Kestenberg & Sossin, 1979, Kestenberg-Amighi et al., 1996)를 수정하거나 통합하고자 하지 않았다. 라반과 케스텐버그의 체계와 다른 관점에서 이모토릭스를 발전시켰으나 신체라는 통일된 요소 때문에 특정 개념에 있어서는 일부 유사점이 있을 수도 있다. 그러나 전반적인 관찰 방법은 매우 다르다.

제1부 : 이모토릭스의 전형적 전제

이모토릭스의 진단 표식은 전제의 조합에 기초하는데, 공간과 관계하는 신체의 원형적 구조(전제 1), 정서 움직임으로서 인간 움직임의 본질(전제 2~3), 유아 발달의 원형적 단계(전제 4, 6), 정서 움직임의 핵심 원형(전제 5), 정서 움직임의 신경생물학적 핵심 잠재성(전제 7, 8)을 포함한다.

신체 역학의 원형적 측면

> 나는 분석적 상황에서 단순히 언어로 말하는 내용과 정서적 반응만 보는 것이 아니라 환자를 한 개인으로서 그들의 신체를 봄으로써 환자에 관한 지식과 경험에 도움을 주는 논문을 본 적이 없다.
>
> 칸(Khan, 1974, p. 246)

신체 구조

인간의 신체는 서로 다른 관절, 근육 조직, 유연한 척추와 팔다리의 계층적 구조와 같은 보편적 특성을 포함한다. 신체의 신경해부학적 배열이 가능한 움직임 패턴의 범위를 결정한다. 해부학적으로 어떤 움직임은 가능하지만 어떤 움직임은 불가능하다(그

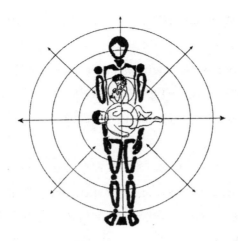

그림 14.1 신체 구조는 구(球)와 같은 공간의 중심이 되는 주관적 환상을 제공하는 반원 또는 원 모양의 윤곽을 창조한다.

림 14.1).

근골격계(관절 분절)의 구조로 인해 신체 움직임은 동심원 형태를 띤다. 모든 움직임은 몸으로부터 확장해나가거나 아니면 몸을 향해 수축하는 두 가지 움직임 중 하나로 나뉜다. 이는 개인의 몸이 구 모양의 공간에서 중심이라는 주관적 환상을 일으킨다.

비슷한 관점으로 보면 유아의 생리운동 발달은 자기 몸에서 주변 공간으로 점진적 운동 확장을 위한 생물의 잠재성을 활성화하는 과정으로 볼 수 있다.

중력 : 물리적 공간의 우주적 측면

그 목적이 무엇이든 모든 움직임은 결국 반(反)중력 행위이다.

펠덴크라이스(1949)

물리적 중력은 시시각각 우리 몸의 형태를 만드는 숨겨진 동인(動因)이다. 움직임 활동은 언제나 수직축을 따라 아래로 작용하는 중력의 영향을 받는다. 중력축 자체는 보이지 않지만 중력의 작용에 몸이 대처하는 방식은 자세와 움직임으로 추측된다. 이론적으로 말하자면 상향 운동, 즉 반중력 운동은 중력을 따라가는 하향 운동보다 더 많은 근육의 운동을 요한다. 아래로 작용하는 중력의 힘을 저지하려면 반대로 위쪽으로 작

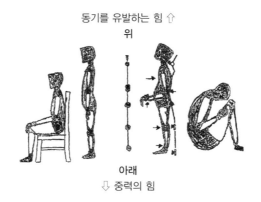

동기를 유발하는 힘 ⇧
위

아래
⇩ 중력의 힘

그림 14.2　신체 자세는 중력의 힘과 동기를 유발하는 힘으로 형성된다.

용하는 강한 힘이 필요하다. 이러한 힘의 원동력은 생물학적 충동과 욕구, 감정, 의도의 심리적 에너지이다. 나는 동기라는 용어를 같은 수직축을 따라 작용하는 반중력의 포괄적인 개념으로 사용한다. 중력과 동기 사이의 역학관계는 한 개인의 움직임 행위의 효능을 결정한다. 관찰자에게 이 역학관계는 개인의 물리적 · 정서적 힘에 대한 정보를 제공한다(그림 14.2).

대인관계 인력 : 대인관계 공간의 원형적 양상

대인관계 인력은 수평축을 따라 자신과 다른 사람들 사이에 작용하는 심리적으로 끌어당기는 힘이다. 한 방향(하향)으로만 작용하는 물리적 중력과 달리 대인관계 인력은 양방향으로 작용한다. 대인관계 인력은 물체나 사람을 향하는 힘('접근')으로 작용할 수도 있고 접촉으로부터 철회하는 것('철회')로 작용할 수도 있다. 해부학적으로 얼굴, 가슴, 팔다리를 포함하는 움직임 체계의 주요 부분은 수평축을 따라 상호작용이 가능하게 만들어졌다는 점이 의미가 있다.

원형적인 정서 움직임 : 움직임, 감정, 지각, 동기 사이의 혼합

> 나는 1차 과정 기본 의식의 원천은 뇌 안의 외수용성 감각 과정보다 내재적 움직임과
> 더 밀접하게 관계되어 있다고 믿는다.
>
> 판크세프(1998b, p. 115)

그러므로 정동(affect)이란 동시에 생리적인 조정이자 가시적인 표현(의사소통)이며 주관적인 경험이다. (Haynal, 1993, p. 61)

움직임 행동 아래에는 다양한 정서적 힘이 작용한다. '정서 움직임'이라는 용어는 움직임, 정서, 동기, 지각, 신체 기억, 대인관계 사이의 상호 연결성을 말한다. 정서 움직임은 정신물리학적 조직과 자기표현의 가장 초기 형태이다.

첫날부터 모든 움직임 패턴은 곧 상호적인 정서 색채를 띤다. 따라서 기능적 수준 아래에 심리 상태와 감정적 태도가 작용한다는 의미에서 움직임 패턴은 항상 정서적이다. 정서적 자극은 움직임 체계를 활성화시켜 활발한 방출이 일어나게 한다.

무용/동작치료사이자 정신분석가인 일레인 시겔(Elaine Siegel, 1984)은 다음과 같은 글을 썼다.

정동은 내면과 외부 세계, 정신과 신체를 완전히 연결해주는 아주 강한 연결고리이며 가장 완전한 접근 도구이다. 정동은 신체-정신 통합에 있어서 구체적이고 눈에 보이며 느껴지고 살아 있는 전달이 되는 대리인이다. 정동이 표출과 자기관찰의 수단이 되려면 가장 성숙된 모습(예를 들어 2차적 수준과 완전한 표현)이 되어야 한다. 바로 정동의 불완전함이 문제를 일으킨다. (p. 74)

깊은 분석에서 모든 움직임은 느낌, 감정, 기억, 동기에 영향을 받는다. 펠덴크라이스(1949)는 "일반적으로 정서 상태뿐 아니라 얼굴의 근육 패턴과 근육 전체가 모든 태도에 일치한다."(pp. 98~99)고 했다.

정서 움직임의 역학적 측면/정서 움직임의 핵심 변경 요인

프로이트는 임상 상황에서 가장 중요하고 유의미한 것은 환자가 무엇을 숨기고 있는지가 아니라 그것을 어떻게 숨기고 있는지라고 항상 강조했다. 어떤 인간도 자기 내면의 현실과 진실을 온전히 드러낼 수 없다. 문제는 그들의 사생활이 진정한 자신과 관계를 맺느냐 아니면 진정한 자신과 타인의 연결을 편집적이고 공격적으로 단절하느냐 하는 것이다.

칸(1974, p. 218)

작든 크든 모든 움직임은 세 종류의 핵심 변경 요인에 의해 변형된다.

- 에너지 변경 요인
- 형태 변경 요인
- 태도와 리듬 변경 요인

이 세 가지 변경 요인을 주의 깊게 점검하면 움직이는 사람의 내면 현실에 대한 중요한 정보를 얻을 수 있다.

에너지 변경 요인

에너지 변경 요인은 긴장 조절, 흥분 정도, 움직임 가동화 정도, 중력에 대한 태도, 흐름과 억제 사이의 움직임 주기를 반영한다. 일반적으로 이런 요소들은 사람이 감정을 표현하고 소망을 추구하는 데 얼마나 많은 에너지를 사용하는지를 보여준다.

형태 변경 요인

형태 변경 요인은 신체 부위의 활성화, 신체의 형태, 공간의 축과 움직임의 범위를 반영한다. 형태 변경 요인은 사람이 성취하고자 하는 것, 즉 의도라는 측면과 관련이 있다.

태도와 리듬 변경 요인

태도 변경 요인은 리듬 변경 요인과 분화 변경 요인을 포함한다.

- 리듬 변경 요인은 시간과 관련된 움직임 표현을 반영한다. 간접적으로 이들은 열정의 정도와 협응의 정도를 반영한다.
- 분화 변경 요인은 신체 조직과 조절, 학습 능력, 주의 조절, 일반적인 수준의 분화와 기능(1차적, 2차적, 높은)을 반영한다(그림 14.3).

원형적 정서 움직임 주기

욕구, 감정, 동기부여의 기억들은 자극→활성화→이완의 리듬을 만들어낸다. 전형적으로 자유 흐름과 폐쇄 흐름 두 가지 주기가 있다(그림 14.4).

자유 흐름 주기　근육 활성화는 즐거운 감각의 풍성한 근원이다. 자유로운 움직임은 신

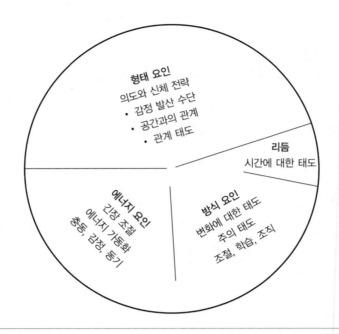

그림 14.3 핵심 변경 요인의 요약

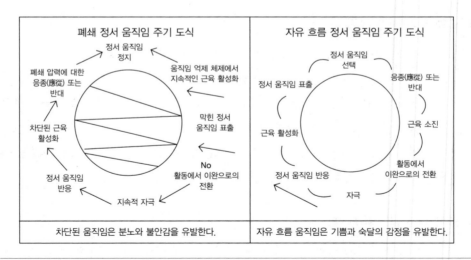

그림 14.4 폐쇄 흐름 움직임/자유 흐름 움직임 주기

경의 자극으로부터 활동적인 움직임으로 그리고 근육의 이완으로 계속 변화하는 특징이 있는 건강한 순서를 형성한다. 움직임 활동 주기는 몸 전체를 활성화하고 자존감을 강화해준다.

폐쇄 흐름 주기 정서 움직임 주기는 주관적 감정과 동기 그리고 외부의 격려 또는 억압의 영향을 받는다. 정서 움직임 표출의 체계적 억제, 특히 생애 초기의 억제는 지대한 영향을 미치는 병리를 일으키는 결과를 낳기도 한다. 이는 범불안(general anxiety)과 정신운동적 갈등을 야기하기도 한다. 병리적 주기는 막힌 에너지 흐름과 분화되지 않은 근육 수축으로 특징지어진다. 그 결과 경직된 고착이 탄력성을 대신하게 된다. 페니헬(Fenichel, 1945)은 이를 다음과 같이 설명했다.

> 정서가 막힌 상태의 물리적 효과는 근육 체계에 잘 반영된다. 병리적 방어는 일반적으로 차단된 충동을 움직임이지 못하게 하는 목적이 있다. … 따라서 병리적 방어는 항상 어떤 움직임을 차단하는 것을 의미한다. (pp. 246~247)

인간의 신체는 긴장의 외형, 움직임 패턴, 습관적 자세라는 부호로 기억을 저장한다

몸은 사실을 기록한다.

밴 더 콜크(Van der Kolk, 2000)

인간의 신체는 감각, 움직임, 정서적 요소, 시간 및 공간과 대상과 맺는 습관적인 관계의 복합적인 짜임새로 명시적·암묵적 정서 움직임 기억을 저장한다(Shahar-Levy, 1994, 2001). 움직임 체계가 움직임 패턴과 신체 자세로 초기 언어능력 발달 이전의 신체 기억을 저장한다는 사실은 극도의 주의를 기울인다면 신체 형태와 태도를 기반으로 움직이는 사람의 내면 정신 상태를 재구축하는 것이 가능하다는 것을 말해준다.

그러나 초기 기억은 긴장의 외형과 움직임 패턴에 저장되고 DMT 기술이 저장된 긴장과 움직임 패턴의 다양한 층을 활성화하기 때문에 이들은 숨겨진 기억의 무리에 강력한 연결고리를 제공할 수 있다. 기억이 가장 생생하게 살아나는 그러한 순간에 의식의 독특한 상태가 나타난다.

신체가 사실을 기억한다는 것은 정서 움직임의 개념에 깊이를 더해준다. 신체의 형태와 공간적 형태와 같은 '사실'의 시각적 측면은 숨겨진 암묵적 기억 집합의 존재를 반영할 수 있다. 그렇다면 이것들은 진단적 표식으로 사용될 수 있다.

원형적 대인관계 환경

개인의 움직임 패턴은 대인관계 세계 안에서 발달된다(Stern, 1985). 이모토릭스에 따르면 영아의 대인관계 세계는 두 가지 확연히 다른 물리적 환경으로 나뉜다.

- 양육자의 보호막 환경(그림 14.5)
- 마주 보는 환경(그림 14.6)

양육자의 보호막 환경 : 양육자의 보호막이라는 폐쇄된 공간 안에서의 자기신체

인간 발달의 초기 단계에서 영아의 작은 몸은 양육을 하는 타인에게 안겨 있으며, 양육자의 신체, 목소리, 냄새, 근육 긴장, 리듬, 움직임이 물리적 양육 보호막을 형성한다. 아이의 신체 표면은 여러 종류의 양육 접촉에 노출되어 있다. 이 시기는 영아가 사람이나 대상이 자기에게 다가오기를 기다려야 하는 인생의 짧은 단계이다. 아기는 스스로 중력을 감당할 수 없으므로 이와 같은 양육 보호막 안에서 부모의 신체적 지지에 의

그림 14.5 양육자의 보호막 환경

그림 14.6 마주 보는 환경

존한다. 영아는 근육조직이 미숙한 상태이므로 손을 뻗어 물체를 잡을 수 없다. 아기는 음식, 위생, 움직임의 충족을 위해 양육자에게 의존한다.

양육자의 보호막이라는 개념은 영아 발달의 복잡한 본질을 강조한다. 그것은 이중적인 가능성을 내포한다. 공감적인 보호막은 유익한 발달 과정을 보장한다. 인생 초기 양육자의 보호막이라는 피할 수 없는 공간에서 공감을 느끼지 못하면 여러 형태의 누적된 심리적 외상이 발생할 수 있다.

전형적으로 양육자의 보호막은 발달 시간표에서 '0시'에 해당된다. 이 보호막은 형태상으로만 보면 몇 달이 채 가지 않지만 정신물리학적 흔적은 암묵적 신체 기억에 영원히 저장된다.

수직적으로 마주 보는 환경 : 확장되는 공간에서 자기 몸으로 타인의 몸을 마주 보는 것

수직적으로 마주 보는 환경은 움직임 기술과 자세를 잡는 기술이 성숙되는 생후 2~3년 무렵 나타난다.

양육 보호막 안의 관계적 인력과 마주 보는 환경에 존재하는 대인관계의 인력은 아주 다르다. 양육 보호막이라는 공간에서는 부모로부터 분리되거나 철회될 가능성이 아주 적다. 이러한 행위는 사실 아기가 자기 신체 자세를 조종할 때만 가능하다. 반대로 마주 보는 환경에서는 이동과 신체 분리가 다양한 상호작용 가능성을 열어준다.

정서 움직임의 핵심 원형

전형적인 관점에서 볼 때 각각의 관계 환경은 특정한 가능성과 특정한 정신운동 원형을 제공한다. 한 원형은 양육 보호막 환경과 맞는 핵심 잠재성 그룹을 포함하고 또 다른 원형은 마주 보는 환경과 맞는 핵심 잠재성 그룹을 포함한다.

- 양육 보호막 환경은 둥근 신체 형태와 척추의 수직적인 지지가 부족한 특징을 가진 애착 움직임 원형에 의해 제공된다.
- 마주 보는 환경은 목표 지향적이고 투사적이며 강한 움직임으로 특징지어진 강력한 수직 원형에 의해 제공된다.

[P-0] 움직임 원형 — 양육 보호막 환경과의 양립성

이 원형은 양육 보호막 안에서의 신체 상태와 척추가 지탱하는 직립 자세를 유지할 수 없는 수준의 움직임 체계 성숙도와 양립할 수 있는 가능성을 포함한다. 양육 보호막이라는 신체적 경계와 움직임 체계의 생리적 미성숙이라는 두 가지 제한 요인의 융합이 인간의 발달에서 아주 독특한 짧은 시기를 창조한다. 이 시기에 아이의 감정표현 언어, 대인관계 의사소통, 자아 방어는 이후에 나타나는 행동의 모든 모습과는 판이하게 다르다. [P-0] 움직임 원형의 전형적인 움직임 특징은 다음과 같다.

자율적 통제가 거의 없고 인지적 의도가 없음
몸통 움직임 지배
구부린 자세의 지배 : 구부린 자세는 둥글고 부드러운 체형을 만들어 영아의 몸과
　양육자의 보호막 사이에 물리적 상호 연결을 강화해준다.
총체적 운동 움직임의 지배
중력을 완전히 감당할 수 있는 능력의 부재
수직 자세를 유지할 수 있는 능력의 부재
다리를 적절하게 땅에 딛고 직립 자세를 지탱할 수 있는 능력의 부재

전반적인 신체 활성화 : 신체는 '모두 한꺼번에' 또는 '전부 아니면 아무것도 아닌'
　이라는 원리에 의해 움직인다. 이는 전반적인 강한 근육 수축과 완전한 이완 사
　이의 긴장 변동과 전반적인 구부리기 또는 전반적인 (짧은) 확장하기 사이에서
　관찰된다.
미성숙한 신체적 · 정신적 분화

연대순으로 이런 원형은 생후 첫 1년 동안 지배적이다. 생후 1년의 말기까지 더 공격적
인 목표 지향적이고 강력한 움직임 원형이 점점 더 두드러지며 두 가지 원형이 복잡한
패턴으로 혼합된다.

[P-1] 마주 보는 환경 내에서 공격적인 강력한 원형

생후 2~3년쯤 강력한 목표 지향적 움직임과 자가 척추 지지가 양육 보호막에 맞는 움
직임에 더해진다. 이러한 움직임 특성들이 어린 아기에게 분리-개별화(Mahler et al.,
1975) 과정을 위한 준비로서 척추와 팔다리를 세울 수 있는 움직임 도구를 제공해준
다. 그 안에는 또한 긍정적 공격성과 부정적 공격성의 가능성이 포함되어 있다.
　[P-1] 움직임 원형의 전형적인 움직임 특성은 다음과 같다.

팔다리와 몸통의 연장이 움직임과 자세 레퍼토리에 추가된다.
총 움직임 활동이 두 원형에서 모두 감정표현의 지배적 양식이 된다.
수직 자세와 척추 지지의 습득
반중력 움직임과 자세
손을 뻗고 확장하는 강하고 목표 지향적인 움직임
독립적인 접지와 이동
자발적인 움직임 선택과 의도적인 팔다리 활동
감정 표출 시 움직임 활성화의 우세
감정 표출 차단 시 움직임 활성화의 우세
움직임 활성화에 기초한 방어의 우세

두 원형적 환경은 생후 2~3년 동안 나란히 존재한다. 유아는 한 구조에서 또 다른 구

조로 빠르게 옮겨갈 수 있다. 그러나 아이가 성장할수록 학교, 직장, 사회 모임에서 마주 보는 환경이 점차 지배적인 신체 조직으로 발달한다.

기본 움직임 기술을 습득함으로써 척추의 지지와 수직 자세를 토대로 강력한 반중력 움직임이 가능하게 된다. 건강한 아이에게 이러한 움직임 특성은 강렬한 숙달과 기쁨의 감정과 연관된다.

그러므로 '세상에 대한 애정'(Mahler et al., 1975, p. 70)은 동시에 자신의 신체에 대한 애정이기도 하다.

원형적 발달의 방향성

정신운동 발달은 개인 삶의 조건에 영향을 받는다. 그러나 모든 인간에게 공통적인 원형적 방향성이 있다. 모든 건강한 사람은 다음의 방향성으로 발달한다.

양육자의 보호막 환경에서 마주 보는 환경으로
애착 원형의 지배에서 강한 원형의 지배로
충동적 움직임에서 자발적이고 인지적으로 통제된 움직임으로
암묵적 정신운동 선택에서 명시적 · 인지적 선택으로

1차적인 수준에서 더 높은 수준으로 상승하는 가능성은 움직임 측면과 감정 측면에 모두 적용된다. 성숙한 성인의 정서 움직임 행동은 2차적 수준 정도여야 한다. 그러나 생물적 · 시간적 성숙을 따르는 신체 움직임 단계와 달리 더 높은 심리 움직임 단계의 획득은 자아의 인생 경험에 달려 있다. 1차적인 패턴은 2차적인 수준과 더 높은 수준의 기능을 위한 원료가 된다. 그러나 단지 시간만이 기초 수준에서 높은 수준의 기능으로의 변화를 보장해주지는 않는다.

정서 움직임의 원형적 핵심 잠재성

이모토릭스에서 원형적 핵심 잠재성과 개인의 정서 움직임 패턴 사이에는 차이가 있다. 개인의 정서 움직임 패턴은 우주적인 생물적 핵심 잠재성으로부터 발달한다. 핵심 잠재성은 신체의 원형적 특성과 그것의 물리적 · 대인관계적 공간과의 관계 안에 내재되어 있다.

이론적으로 잠재성은 2진 단위로 정의되는데, 다음과 같은 양극의 가능성을 포함하기 때문이다.

근육 수축 대 근육 이완
움직임 흐름 대 움직임 억제
구부리기 지배 대 펴기 지배
중력을 따라가는 것 대 중력에 반하는 것
강한 활동 대 강한 움직임 활동의 회피

2진 핵심 잠재성의 구체적인 체계 개념은 움직임 특성의 우주적인 두 가지 원형에 기초를 두고 있다. 정의상 핵심 잠재성은 신체적 발달 측면뿐 아니라 심리적 발달 측면을 갖고 있다. '2진'이라는 용어가 비판단적인 접근을 나타낸다. 이는 짜인 행렬에서 반대되는 것을 보완적인 구성 단위로 여긴다. 개인의 정서 움직임 패턴은 개인의 삶의 환경이라는 맥락에서 잠재성의 강화 또는 억제의 긴 과정을 통해 발달된다.

그러므로 우주적 잠재성 자체가 본질적으로 긍정적인 것이다. 생물학적 잠재성에 관해서는 '좋다' 혹은 '나쁘다'처럼 판단적인 개념은 아무 관련이 없다. 핵심 잠재성은 생물학적 원료일 뿐이다. 실제 복합 패턴은 개인의 정서 움직임 행동 면에서 특정 잠재성의 활성화와 특정 잠재성의 회피로 나타난다.

전형적인 생물학적 잠재성과 실제 움직임 행위 간의 불일치는 유력한 진단 척도를 제시한다.

움직임 활동은 계속 진행 중인 정신운동 선택의 과정이다

정서 움직임 행동은 감정 표출과 표현이자 전 상징적 사고의 주요 경로이며 정보 수집과 의사소통 그리고 개인의 환경을 정신적으로 조직하는 중요한 수단이다. 그 활동은 연속적인 선택의 진행형 과정이다.

움직임 체계는 충동과 감정을 시시각각 실제 선택으로 옮겨준다(예 : 어떤 신체 부위를 사용할지, 어떻게 움직일지, 어디로 움직일지, 얼마큼의 에너지를 사용할지, 얼마큼의 힘을 동원할지, 어느 방향으로 움직일지, 타인과의 관계에서 얼마큼의 거리를 둘지 등). 게다가 영아는 자신의 움직임이 '안전한지' 아니면 '위험한지', '옳은지' 또는

'그른지' 하는 평가를 요약해 직면한 상황에 대해 전체적인 해석을 내린다. 아이는 어떤 감정이 움직임 활동으로 표현되도록 부모에게 허용되는지 그리고 어떤 감정과 행동이 억제되어야 하는지를 지시하는 '표현 규칙'(Ekman, 1980, pp. 80~81)을 빠르게 배운다. 그렇다면 정서 움직임은 의사결정과 주요 심리적·신체적 형성체의 사전 인지적 유형이다.

신체의 해부학적 구조는 선택을 기초로 한 행동을 위한 토대를 제공한다. 신체 기관은 근육 수축과 근육 이완, 굽히기와 늘리기, 수축과 확장의 정도 사이에서 눈에 보이지 않는 선택을 끊임없이 한다. 정서 움직임 행동은 계속 진행되는 선택의 과정이다. 각각의 자세와 모든 움직임은 여러 선택 중 단 하나의 선택이다.

어떤 선택은 자발적이다. 이들 중 대부분은 암묵적 선택이다. 이런 선택은 잠재의식 수준에서 일어나며 자신의 인지적 인식이나 외부 관찰자에 의해서는 알기가 어렵다. 발달 과정 중에 이런 자발적 인지적 선택은 절차적 선택에 추가된다.

움직임이 일련의 선택으로 구성된다는 전제는 인간의 행동이 비효율적인 선택을 정정할 잠재성을 갖고 있다고 가정한다. 이는 치료의 역할에 대한 낙관적 시각이다.

원형적 대인관계 환경의 유형학과 정서 움직임 원형은 정서 움직임 평가를 위한 2진 체계의 토대를 세워준다

이 두 가지 정신운동 원형과 그들의 핵심 잠재성은 2진 진단 모델 구축을 위한 기초로 사용된다.

- 양육자의 보호막 환경을 제공하는 움직임 원형은 원형 0[P-0]으로 정의된다.
- 마주 보는 환경을 제공하는 움직임 원형은 원형 1[P-1]로 정의된다.

이 두 가지 정신운동 원형은 두 그룹의 잠재성 단위, 즉 [P-0] 잠재성 단위와 [P-1] 잠재성 단위로 나뉜다. [P-0], [P-1] 움직임 원형과 잠재성 단위는 초기 발달의 연속적인 두 단계를 가리킨다. 동시에 이들은 준(準) 2진법 원리에 기초한 한 체계의 두 부분을 구성한다.

2진 원리에 대한 일반적인 견해

2진 모델은 행동의 모순적으로 보이는 부분들 사이를 분리하기보다는 상호 조화의 원리를 강조하기 위해 선택되었다. 나는 게젤(Gesell, 1977)의 굽히기-펴기와 주동근-길항근 활성화의 '나선형 상호 조화'에 관한 묘사로부터 용어를 빌려와 확장해 응용했다.

0과 1이라는 숫자의 끝없는 조합에 기초한 컴퓨터 언어와 유사하게 정신운동 행동을 [P-0]과 [P-1] 사이의 계속되는 상호작용과 상호 조합으로 볼 수 있다.

2진 체계에는 '좋다' 또는 '나쁘다'라는 잠재성 사이의 판단적인 구분이 없다. 둘 다 건강한 정신운동 기능의 원료이다.

추상적으로 말하자면 2진법 원리는 생물학적 체계의 모듈식 기능을 반영한다. 그러므로 2진법 원리의 모듈 본질은 정서 움직임 행동과 같은 동적 시스템의 분석을 위해 적합한 도구가 된다.

다음에서는 2진 체계의 중심 도구와 측면을 설명할 것이다.

제2부 : 정서 움직임 평가를 위한 2진 모델

> 반대되는 것 사이의 상호작용 개념은 변화와 진보 원리의 밑받침이 된다.
>
> 로웬(Lowen, 1971)

움직임 주관적 경험은 항상 주변 공간과 관련이 있다. 확장과 수축, 접근과 후퇴 사이를 계속 오갈 수 있는 신체 능력이 2진 잠재성 체계를 구성한다. 이모토릭스의 진단 체계는 둥글게 보이는 공간 경계 안에 2진 역학의 개념을 포함한다. (그림 14.7의 2진법 표식을 보라.)

정서 움직임 분석의 전형적인 2진 매트릭스

2진 체계의 정의에 의하면 두 가지 정신운동 원형의 움직임 특성은 두 그룹의 22개 잠재성 단위로 구분된다.

각 잠재성 단위는 [P-0] 극과 [P-1] 극을 포함한다. 22개의 [P-0] 극 그룹은 [P-0] 원형의 움직임 특성을 나타내고 [P-1] 극 그룹은 [P-1] 원형의 움직임 특성을 나타낸다.

잠재성 단위의 일부는 신체 자세, 일부는 공간에서의 축, 일부는 근육 움직임, 일부는 지각적 도식을 가리킨다. 잠재성 단위의 2진 매트릭스는 2진 표(표 14.1)와 2진 원형 도표(그림 14.7), 2개의 표기법 도표로 정리되었다. 도표에는 각각의 잠재성을 위한 빈 동그라미가 포함되어 있다.

[P-0] 잠재성 단위와 [P-1] 잠재성 단위 사이의 2진 전환 연결과 짜임

이론적으로 복잡한 움직임 패턴은 [P-0] 잠재성 단위와 [P-1] 잠재성 단위 사이의 전환과 짜임 과정으로 형성된다. 2진 전환과 짜임은 움직임 행동 단위가 모여 복합적인 패턴을 만드는 조합 과정을 반영한다.

건강한 상태, 예를 들어 흐르는 움직임 주기에서는 전환이 쉽게 흘러간다. 병리적 상태, 예를 들어 차단된 움직임 주기에서는 전환이 단편적이거나 전체적으로 제한되어 있다.

평가 도구로서 2진 잠재성 단위는 치료사로 하여금 과거의 주관적인 경험과 현재의 신체 전략과 갈등, 고착, 퇴행에 대한 잠정적 작업가설을 세울 수 있는 섬세한 신체 단서를 파악할 수 있게 해준다.

2진 잠재성 단위의 동적 짜임은 생물학적 체계 내 입자의 상호 짜임을 나타낸다.

2진 핵심 잠재성/행동 단위는 움직임에 드러나는 신체 전략과 갈등, 고착, 퇴행을 펼치는 외부의 열쇠를 치료사에게 제공한다.

도표를 보면 2진 매트릭스는 2개의 동심원과 동적 변경 요인을 나타내는 3개의 부분으로 정리되어 있다. 안쪽 원은 [P-0] 원형과 [P-0] 잠재성 단위를 나타내고 바깥 원은 [P-1] 원형과 [P-1] 잠재성 단위를 나타낸다. 각각의 원에는 22개의 둥근 동그라미(모두 44개)가 있다. 각 핵심 잠재성은 표시된 동그라미를 갖는다. 원에 표시된 숫자는 표 안에 적힌 숫자와 상관이 있다. 2진 원형 도표는 하나의 포괄적 체계 안에서 [P-0] 원형과 [P-1] 원형, 핵심 잠재성, 동적 변경 요인 짜임을 보여준다.

2진 도표에서 움직임 과정의 표기법

기본 2진 프로파일은 변경 범주로 나뉘는 [P-0] 잠재성 단위와 [P-1] 잠재성 단위를 포함한다. 거기에 관찰된 정서 움직임 행동에 따라 [P-0] 잠재성 단위와 [P-1] 잠재성 단위 사이의 전환적 연결 신호가 삽입된다. 2진 프로파일에 의한 움직임 평가는 네 가지 상호 보완적인 측면에 기초한다.

표 14.1 2진 핵심 잠재성

[P-0] 2진 극			[P-1] 2진 극		
비가시적 움직임	I	II	가시적 움직임	I	II
1. 근육의 비수축			1. 근육 수축		
2. 움직임 흐름			2. 움직임 억제		
3. 무게감			3. 강함		
4. 낮은 강도			4. 높은 강도		
5. 순(順)중력 정렬			5. 반중력 정렬		
6. 내향 움직임			6. 외향 움직임		
7. 몸통 활성화			7. 팔다리 활성화		
8. 굽히기			8. 펴기		
9. 둥근/곡선 형태			9. 똑바른/선적인 형태		
10. 대칭			10. 비대칭		
11. 파도, 물결 움직임			11. 목표 지향적, 투사적 움직임		
12. 회전			12. 통제된 진전		
13. 양방향			13. 한 방향		
14. 작은 범위			14. 넓은 범위		
15. 수평 배열			15. 수직 배열		
16. 빠른 움직임			16. 느린 움직임		
17. 단편적인 움직임			17. 계속 이어지는 움직임		
18. 진동, 이동			18. 고정		
19. 반복			19. 조절, 변화		
20. 비분화			20. 분화		
21. 간접적인 움직임			21. 직접적인 움직임		
22. 분산된 주의			22. 집중된 주의		

이 표는 각각의 핵심 잠재성을 위한 빈칸을 포함한다.

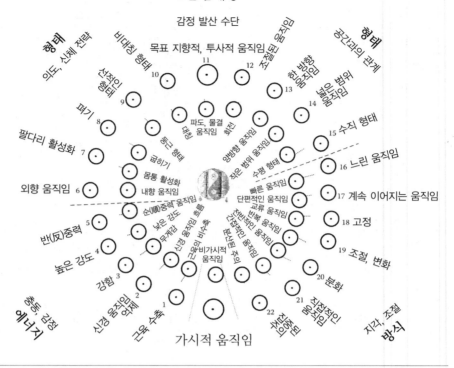

그림 14.7 2진 원

1. [P-0] 원과 [P-1] 원 안의 핵심 잠재성의 활성화
2. [P-0] 원과 [P-1] 원 사이의 과도기
3. [P-0] 잠재성 단위와 [P-1] 잠재성 단위 사이의 상호 짜임과 조합(무리)
4. 동적 변경 요인 사이의 균형

[P-0] 원과 [P-1] 원 안의 핵심 잠재성의 활성화

움직임 과정을 관찰할 때 첫 번째 단계는 다음을 기록하고 표기하는 것이다 — 어떤 잠재성 단위가 활성화되고 어떤 잠재성 단위가 활성화되지 않는가?

활성화/비활성화 신호를 각각의 해당 칸에 삽입할 때 표시되지 않은 2진법 프로파일을 받는다. 표기를 위한 기본 표시는 비활성화된 잠재성은 빈 구멍에 작은 점으로, 활성화된 잠재성은 다 채운 구멍으로 표시한다(그림 14.8).

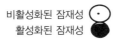

비활성화된 잠재성

활성화된 잠재성

그림 14.8 잠재성 활성화

    작은 점은 우리가 볼 수 없을 때에도 원형적 잠재성은 절대 사라지지 않는다는 전제를 의미한다. 원형적 잠재성은 정서 움직임 체계 안에 항상 존재하며 알맞은 조건이 만들어지면 다시 활성화될 수 있다.

    활성화/비활성화 신호는 다음 사항을 한눈에 볼 수 있게 해준다.

- 각 원에서 몇 개의 핵심 잠재성이 활성화되는가
- 각 변경 요인 범주에서 몇 개의 핵심 잠재성이 활성화되는가
- 반복적 활성화가 있는가
- 과도한 활성화가 있는가
- 어느 잠재성이 체계적으로 회피되는가 등

[P-0] 원과 [P-1] 원 사이의 전환

활성화/비활성화 기본 신호가 2진법 원의 각 칸에 삽입되면 2진 전환의 특성이 표면으로 드러나게 된다. [P-0] 원과 [P-1] 원 사이에 전환 신호가 삽입된다(그림 14.9).

[P-0] 잠재성 단위와 [P-1] 잠재성 단위 사이의 상호 짜임과 조합(무리)

프로파일에서 활성화된 잠재성 사이의 줄은 조합과 무리를 만들어낸다(그림 14.10).

    우세한 무리가 갈등, 분노, 불안, 매력, 기쁨 등과 같은 정서 상태를 반영할 수 있다(그림 14.11).

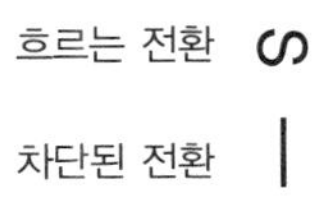

흐르는 전환   S

차단된 전환 |

그림 14.9 2진 전환

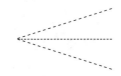

그림 14.10 2진 무리 신호

[P-0] / [P-1] 핵심 변경 요인 사이의 균형

잠재성 단위는 세 범주의 동적 변경 요인으로 분류된다. 에너지 범주는 5개의 잠재성 단위를 포함하고, 형태 범주는 10개의 잠재성 단위를 포함하며, 리듬-방식 범주는 7개의 잠재성 단위를 포함한다.

[P-0] 원과 [P-1] 원의 활성화/비활성화 신호가 동적 변경 요인 사이의 균형을 나타낸다.

2진 프로파일의 내용

2진식 도표는 치료 과정의 다양한 상황과 부분을 기록하는 데 사용될 수 있다. 분석과 해석을 위한 확실한 기반을 위해 치료사는 일련의 2진 프로파일을 필요로 한다. 연속적인 프로파일은 움직이는 사람의 정서 상태에 대한 누적된 정보를 표면화해준다. 또한 치료 과정 중에 고착 영역과 변화 영역을 드러낸다.

프로파일의 다양한 종류는 다음과 같다.

- 한 세션의 프로파일
- 여러 다른 시간 부분의 몇몇 프로파일을 합친 누적된 프로파일
- 몸의 상반신과 하반신에 대한 각각 다른 프로파일
- 팔다리와 몸통에 대한 각각 다른 프로파일
- 양자(兩者) 프로파일
- 가족에 대한 각각 다른 프로파일

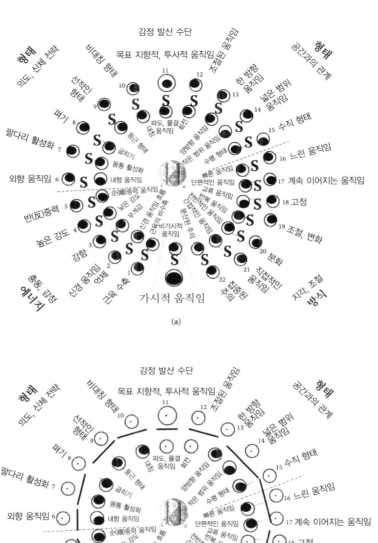

그림 14.11 [P-0]에서 [P-1]으로 그리고 [P-1]에서 [P-0]로 전환하는 유형. (a) 흐르는 전환 (b) [P-0]에서 [P-1]로 차단된 전환

제3부 : 2진 프로파일에 기초한 정서 움직임 행동의 차별화된 평가

개인 2진 프로파일의 예를 설명하고자 한다. 아래에 소개한 짧은 삽화는 치료 과정을 설명하지 않는다. 치료 중 움직임 분석에서 2진 진단 모델의 역할을 설명하기 위해 필요한 부분을 발췌했다.

사 · 례 · 연 · 구

베라 : 의료적 악습의 피해자

베라는 두 번의 자살 시도 끝에 심리치료사의 소개로 내게 왔다. 그 치료사의 말에 따르면 베라의 남편이 예정보다 일찍 집에 돌아왔을 때 피투성이가 되어 욕조 안에 있던 베라를 발견했다고 한다. 남편이 재빨리 병원으로 옮겨 베라는 목숨을 건졌지만 심각한 우울증에 빠졌다. 심리치료를 위해 입원했으나 아무런 반응을 보이지 않았다. 당시의 치료사가 베라에게 무용치료를 권유했는데, 놀랍게도 베라가 바로 수락했다.

약속 시간이 되자 키가 크고 아주 아름다운 여성이 치료실에 나타났다. 이야기를 시작하면서 나는 그녀의 달변과 날카로운 지성에 감탄했다. 베라는 자신의 신체로부터 분리된 것에 대해 이야기했다. 자살 시도 몇 달 전에 두 차례 유산을 경험했다고 했다. 한 번은 자연 유산이었고 또 한 번은 임신 5개월째 원인불명의 출혈로 인한 의료 조치의 결과였다고 했다. 베라는 그것이 너무나도 고통스러운 경험이었다고 말했다. 그녀의 말을 빌리자면 "나는 거기에 강제로 다리를 벌리고 무기력하게 누워 있었어요. 의사들이 나를 바라볼 때, 아니 출혈이 있는 나의 질을 볼 때 의사들을 봤는데, 너무나도 수치스러웠어요. 마치 강간을 당한 것 같았어요. 그러나 아무도 알아차리지 못한 것 같았어요. 일주일 뒤 마치 아무 일도 없었다는 듯 저를 집으로 보내더군요. 바로 그때부터 저는 자살을 계획하기 시작했어요."

말을 할 때 베라의 신체는 분열된 것처럼 보였다. 얼굴은 나를 향하고 있었지만 몸의 다른 부분은 내 시선을 피해 비스듬히 틀어져 있었다. 몸통은 휘어져 있고 다리와 팔은 굽혀서 엄청난 긴장으로 서로 꽉 쥐고 있었다. 마치 그렇게 함으로써 하반신을 보호하려는 듯 보였다. 말은 자유롭게 했지만 몸은 움직이지 않았다. 아무런 감정의 흔적 없이 단조롭게 말이 나왔다.

나는 베라가 무용치료를 하기로 결정한 것을 그런 '얼음' 상태에서 풀어지고자 하는 소망으로 해석했다. 나는 손의 긴장을 약간 풀기 위한 가벼운 움직임을 제안했다. 이어서 일어난 일은 전혀 예상하지 못한 것이었다. 그녀는 내 제안을 따르려 했지만 바로 멈추고는 양탄자 위에 몸을 던졌다. 누워서 몸을 웅크리고 있었다. 그녀는 보이지 않는 물체를 향해서 울며 발로 찼다. 10분 정도 후 서서히 울음이 흐느낌으로 바뀌고 멈추었다. 그녀는 계속 안절부절못하며 옆으로 누워 있었다. 내가 앉아 있던 곳으로 돌아왔을 때 극심한 질 통증을 호소했다.

비슷한 일이 반복되었다. 어떤 움직임이든 그녀에게 같은 고통스러운 경험을 불러왔다. 그녀의 반응 또한 항상 같았다 ─[P-0] 움직임(그림 14.12).

질의 통증은 어떤 이미지나 인지적 기억과 함께 나타난 것이 아니었다. 베라는 성폭행과 유사한 신체 기억이 있다고 생각했다. [P-0] 움직임의 지배적 양상으로 인해 나는 근원적 외상이 성적인 것이 아닌 의료적인 것이라는 가설을 세우게 되었다. 나의 작동 가설은 [P-1] 원형이 나타나기 전 생애 초기 단계에서 충격이 발생했다는 것이었다.

이것은 움직임 기관이 아직 발달되지 않은 아기의 전형적인 모습이다. 이러한 아기는 외부의 침투로부터 자신을 방어할 수 없다. 싸우지도 못하고 도망가지도 못한다. 오직 웅크리고 굳어버리는 것만이 가능한 방어이다. 이 단계에서 그런 무시무시한 기억은 어떤 물리적 외상, 아마도 의료적 외상으로부터 온 것이라는 사실이 더욱 타당하다.

그녀는 무용치료에 오기로 선택했지만 어떤 종류의 움직임도 거부했다. 그럼에도 자신의 신체 감각과 만성적인 불명의(암묵적) 불안 그리고 몸으로부터의 분리에 대해 이야기하기를 간절히 원했다. 베라는 자신이 기억할 수 없는 성폭력의 희생양이라고 생각했다. 그러나 두 원형 전형 때문에 나는 단순한 결론에 이르지 않을 수 있었다. 베라의 움직임에서 [P-0] 잠재성의 지배적인 활성화와 [P-1] 특성의 부족은 내용이 아닌 경험의 신체적 측면(움직임 체계의 미성숙을 포함)을 보유한 초기 신체 기

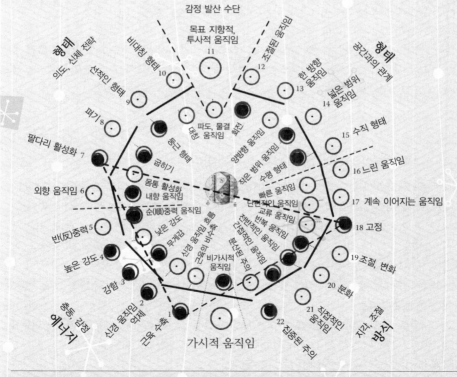

그림 14.12 베라의 치료 초기 단계의 누적된 2진 프로파일 : 움직임 방어적 차단

억인 것처럼 보였다. 나는 그 근원적 외상이 어린 시절 의료적 충격이 아닌가 의심했다. 언어적 과정에서 나는 실제 사건은 그것에 대한 정신운동적 방어, 특히 굳어버리는 경향보다 중요하지 않다고 주장했다.

우리는 불명의 외상의 고통에 몸을 무감각하게 하려는 신체 방어 조작에 작업을 집중하기로 했다. 우리는 신체의 갈등과 신체 부위 그리고 고통과 쾌락을 일으키는 신체 부분들의 기능에 대해 이야기를 나누었다. 베라는 이 발상을 좋아했지만 세션에서 움직이지는 못했다. 대신 일주일에 두 번 헬스클럽에 운동을 하러 가기로 했다.

3년 후 치료가 끝났을 때 베라의 정서 움직임은 바뀌지 않았다. 그녀의 방어적 고착과 부동성은 끝까지 유지되었다. 그럼에도 베라는 (움직임에 대해서는 별로 아니지만) 자신의 신체에 대해 느낀 새로운 연결에 대해 감사함을 표현했다.

종결 6개월 뒤 베라가 전화를 걸어 1회 세션을 요청했다. 그녀는 자리에 앉아서 다음과 같이 말했다. "저에게 무슨 일이 일어났는지 선생님께 말해야겠더라고요. 요가 수행을 갔는데 참 즐거웠어요. 명상을 하다가 한번은 작은 아기였던 제가 누워 있고 엄마가 제 질에 뭔가를 하고 있는 생생한 장면을 '봤어요'. 얼마나 고통스러웠는지 아무것도 할 수 없었어요. 그러고 나서 집에 와서 엄마에게 그런 비슷한 일이 정말 있었느냐고 물었어요. 엄마 말을 들어 보니 그 기억이 사실이었어요. 지독한 피부 발진이 났는데 얼마나 지독하던지 엄마가 기저귀를 갈 때 피부가 벗겨질 정도였다고 하더군요. 그러니 선생님 말이 맞았어요."

우리는 새 정보를 감안해 우리의 작업을 다시 살펴봤다. 아기로서 싸울 수도 도망갈 수도 없고 자신이 느끼는 것을 말로 표현할 수도 없었던 무능함에 직면해 끈질긴 파국적 기대, 공포, 무력감의 더미가 그 방 안에 존재하고 있었다. 그녀는 출구가 없는 기억의 더미 속에 갇혀 있었다.

사·례·연·구

니나 : 근친상간의 기억에 대한 정서 움직임 방어

니나는 허리를 꼿꼿이 펴고 성큼성큼 걸어 내 방으로 들어왔다. 양탄자 위에 가방을 던지고는 우리 사이의 거리를 쟀다. 그리고 비스듬히 앉아 이렇게 말했다. "나는 피해자가 아닌 생존자로서 대우받고 싶어요." 니나는 짙은 갈색 눈과 꿰뚫어볼 것 같은 눈빛을 가졌다. 키가 크고 움직임이 갑작스럽고 강했다. 긴장되고 못 미더워하는 것 같았다. 쉴 새 없이 움직이는 눈, 위축된 몸 그리고 이스라엘의 여름은 아주 무더움에도 불구하고 겹겹이 껴입은 옷에 그녀의 방어 전략이 드러났다. 니나는 자신의 몸을 격렬한 활동으로 유지하고 가려야 할 필요가 있다고 말했다. 그녀는 매일 조깅을 하고 일주일에 서너 번 춤을 춘다(그림 14.13).

치료의 초기 단계에서는 [P-1] 강한 원형이 지배적이었다. 니나는 바닥에 눕기처럼 자신을 이완되거나 '약한' 자세로 내버려두지 않았다. 항상 똑바로 서서 여러 방향으로 팔을 움직이면서 시작했다. 이렇게 함으로써 보이지 않는 잠재적 침입자를 밀치는 듯 보였다.

하루는 활동적으로 움직인 뒤 양탄자 위에 앉았다. 천천히 손가락으로 양탄자를 긁기 시작했다. 긁

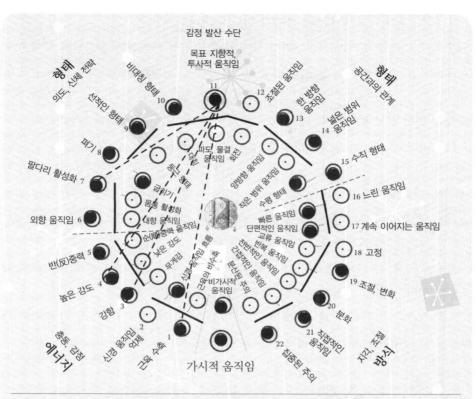

그림 14.13 치료 초기 단계 니나의 누적된 2진 프로파일 : 움직임 방어 과잉행동

기가 점점 격렬해지더니 흐느껴 울기 시작했다. "그의 털 많은 등이 느껴져요. 너무 싫어요. 역겨워요. 그를 밀어내려고 손톱으로 꼬집으려고 하지만 그는 너무 무겁고 강해요." 그녀는 뒤로 자빠지며 무언가를 차려는 듯 보였다. 얼굴이 확 비틀어지고 이를 으드득거리며 보이지 않는 가해자에게서 벗어나려는 듯 손으로 밀어내려고 했다. 나에게 이 장면은 2명이 등장하지만 한 사람이 지워진 편집된 비디오테이프처럼 보였다. 그러나 남은 한 사람의 움직임은 온 힘을 다해 강렬하게 계속되었다.

니나는 계속했다. "내 위에 있는 그의 몸이 느껴져요. 손목이 아파요. 오래된 고통이 돌아오는 것같아요. 아빠의 손아귀에서 벗어나려고 애쓰지만 아빠는 더 세게 내 손목을 잡아서 때릴 수도 없어요." 그 후 그녀는 어떻게 아빠가 밤에 자신의 방으로 들어와서 성폭행했는지 설명했다. 그 일은 그녀가 4세 때 처음 시작되었으며 14세 때까지 계속됐다. 니나의 기억은 그녀의 움직임 특성이 반영하는 것과 딱 들어맞았다.

니나의 2진 프로파일에서는 [P-1] 강한 원형이 지배적이었다. 동시에 [P-0] 원형은 배경으로 사라졌다. 이 원형은 집 안에 숨어 있던 위험에 대항해 자신의 몸을 전투태세로 유지해야 했던 상황에서는 어떤 도움도 되지 않았던 것이다.

누적된 2진 프로파일에 기초한 베라와 니나의 비교

두 초기 프로파일은 베라와 니나의 외상에 대한 방어의 차이점과 유사점을 보여준다. 두 프로파일 모두에 [P-0]과 [P-1] 원형 사이의 분열이 있다. 이 분열의 방향은 다르다. 베라는 잠재성의 [P-0] 원에 갇혀 있고 니나는 잠재성의 [P-1] 원에 갇혀 있다. 두 경우 모두 두 원형 사이에 전환이 없다.

치료 과정 중 베라의 움직임 행동은 별로 변하지 않았다. 초기 프로파일은 끝까지 똑같이 유지되었다. 반대로 니나는 초기의 과도한 강함을 띤 움직임 지배 [P-1]로부터 양탄자에 오랜 시간 움직이지 않고 누워 있던 것과 같은 [P-0] 특성으로 놀랄 만한 발전을 보였고 점차 혼합된 [P-1]/[P-0] 움직임 패턴이 등장했다. 그림 14.14는 그 단계를 요약된 그림을 통해 (왼쪽에서 오른쪽으로) 보여준다.

움직임 즉흥에 나타나는 정서 움직임 패턴은 연속적인 움직임에 의해 부호화된 정보를 포함하고 있다. 이모토릭스의 두 원형 모델은 움직임 분석에 유형학적·발달적 좌표를 소개한다. 이는 치료사로 하여금 움직이는 사람의 정서적 태도와 신체 방어 전략에 관한 미세한 신체적 단서를 지각할 수 있게 해준다.

결언

치료를 받으러 오는 사람은 개인의 불안과 희망, 즐거운 기억과 고통스러운 기억이 뒤섞인 혼합물을 가지고 치료실에 온다. 내담자의 드라마에서 보이는 부분은 신체이다. 우리는 신체 자세를 보고 움직임 패턴을 보고 대상과 공간에 대한 기본적인 신체 태도를 보지만 육안으로 개인 내면세계의 정신적인 부분을 볼 수는 없다.

이모토릭스의 2진 모델은 2진 좌표에 배열된 신체, 공간, 시간, 관계의 표시들로 움직이는 사람의 과거 역사와 현재 해결되지 않은 문제에 대한 복합적인 정보를 정리할 방법을 제공한다. 내 노력의 중심에는 정서 움직임의 복합적인 현상이 있다.

아론과 앤더슨(Aron and Anderson, 1998)은 신체를 자아 대리인의 물리적 체화보다는 분석적 관찰을 위한 대상으로 본다. 자아의 능동적 대리인으로서 신체의 역할은 계속적으로 무시된다. 예를 들면 서언에서 아론은 전형적인 조언을 인용한다. "몸을 생각하라. 섹스를 생각하라. 더럽다고 생각하라."

움직임 체계와 기능의 역할을 무시하는 것은 정신분석의 오랜 잘못된 전통이다. 대

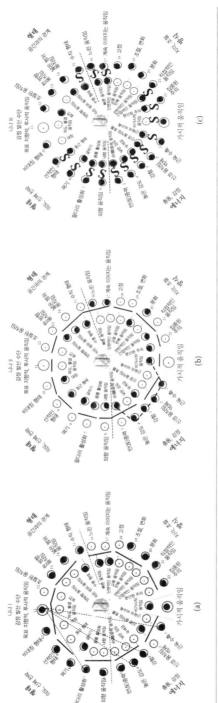

그림 14.14 나나의 무용/동작치료 과정의 단계

조적으로 지난 수십 년 동안 움직임 행동을 보다 균형 잡힌 위치에 놓은 이들은 바로 뇌 연구자와 신경과학자들이다.

뇌 과학자인 에바츠(Evarts, 1976)는 '뇌 기제와 움직임(Brain Mechanisms and Movement)'이라는 글에서 다음과 같이 결론지었다.

> 만일 뇌의 작동이 감각의 입력이 아닌 움직임의 출력 면에서 분석된다면 가장 복잡한 지능 기능에도 불구하고 인간의 신경계에 대한 이해가 풍성해질 수 있음이 진정 가능해 보인다. (p. 223)

신경생물학자 판크세프(1998b)에 의해 약 25년 후 비슷한 관점이 제시되었다.

> 이 문제에 관한 전통적 사고와 반대로 위의 분석은 정서 의식이 들어오는 감각보다 더(적어도 똑같이) 내생적 움직임 관련 과정의 진화에 완전하게 관련될지 모른다는 것을 확인해준다. 감정 체계는 뒤쪽의 감각/지각 영역보다는 전면의 움직임/계획 영역에 훨씬 더 집중되어 있는 것으로 보인다. (p. 122)

이런 인용문들이 신체를 생각할 때 '더러운' 연상이 아니라 정서 움직임 과정과 연결하도록 하는 관점을 지지한다.

나의 목적은 인생의 모든 영역에서 움직임 체계의 복합적인 역할에 주의를 기울이고 움직임 이해의 도구를 개선하는 데 기여하고자 하는 것이다.

후주

1. 이모토릭스의 본 버전은 샤하르-레비(Shahar-Levy)의 정서 움직임 체계의 분석과 해석을 위한 신체-움직임-정신 패러다임(A Body-Movement-Mind Paradigm for Analysis and Interpretation of Emotive Motor Systems)에 기초한다. 보다 포괄적인 버전은 히브리어로 된 *The visible body reveals the secrets of the mind: A body-movement-mind paradigm for the analysis of emotive motility*(보이는 몸은 정신의 비밀을 드러낸다 : 정서 움직임의 분석을 위한 신체-움직임-정신 패러다임)(Jerusalem: Shahar-Levy, 1996, 2001, 2004)이다. 영어와 독일어 버전을 준비 중이다.

   이모토릭스는 1985년 이래 모든 이스라엘 DMT 훈련 프로그램에, 1996년 이래 독일의 본에 있는 독일 무용치료와 정신분석을 위한 연구소(DITAT) 훈련 프로그램에 포함되었다.

Aron L., & Anderson F.S. (1998). *Relational perspectives on the body*, Hillsdale, NJ: Analytic Press.

Averil R.J. (1980). Emotion and anxiety: Sociocultural, biological, and psychological determinants. In Rorty, A.O., *Explaining emotions* (pp. 37–68). Berkeley, CA: University of California Press.

Bernstein, P.L., & Singer, D. (Eds.). (1982). *Choreography of object relations*. Keene, NH: Antioch/ New England Graduate School.

Brown, B. (1975). New mind, new body. New York: Harper & Row.

Damasio, R.A. (1994). *Descartes' error: Emotion, reason and the human brain*. New York: Avon Books.

Damasio, R.A. (1999). *The feeling of what happens: Body and emotion in the making of consciousness*. New York: Harcourt, Brace.

Ekman, P. (1980). Biological and cultural contributions to body and facial movement in the expression of emotions. In Rorty, A.O. *Explaining emotions*. Berkeley, CA: University of California Press.

Eshkol, N., & Wachmann, A. (1958) *Movement notation*. London: Weidenfeld & Nicolson.

Evarts E.V. (1976), Brain mechanisms in movement. In: *Progress in psychobiology: Readings from* Scientific American. San Francisco: W. H. Freeman.

Feldenkrais, M. (1949). *Body and mature behavior*. London: Routledge and Kegan Paul.

Fenichel, O. (1945). *The psychoanalytic theory of neurosis*. New York: W. W. Norton.

Freud, A. (1965). *Normality and pathology in childhood*. London: Hogarth Press and the Institute of Psycho-Analysis.

Gesell, A. (1977). Reciprocal interweaving in neuromotor development. In Payton, O.H. and Newton, R. (Eds.) *Scientific bases for neurophysiologic approaches to therapeutic exercise*. Philadelphia: Davis.

Gordon Benov, R., Bernstein B., Krantz A., Melson B., & Rifkin-Ganor I. (1991). *Collected works by and about Blanche Evan unedited: Dancer, teacher, writer, dance/movement/word therapist*. San Francisco: Blanche Evan Dance Foundation.

Haynal, A. (1993). *Psychoanalysis and the sciences*. London: Karnac.

Khan, R.M. (1974). *The privacy of the self*. New York: International Universities Press.

Kohut, H. (1977). *The restoration of the self*. New York: International Universities Press.

Mahler M.S., Pine F., & Bergman, A. (Eds.) (1975).*The psychological birth of the human infant*. New York: Basic Books.

Newlove, J. (2003). *Laban for all*. London: Nick Hern Books.

Panksepp, J. (1998). *Affective neuroscience: The foundations of human and animal emotions*. New York: Oxford University Press.

Panksepp, J. (2000). The periconscious substrates of consciousness: Affective states and the evolutionary origins of the self. In S. Gallagher and J. Shear (Eds.) *Models of self*. Thorverton, U.K.: Imprint Academic.

Panksepp, J. (2003). At the interface of affective, behavioral, and cognitive neurosciences: Decoding the emotional feelings of the brain. *Brain and Cognition 52*, 4–14.

Rorty, A.O. (1980). *Explaining emotions*. Berkeley, CA: University of California Press.

Sandel, S., Chaiklin, S., & Lohn, A. (1993). *Foundations of dance/movement therapy: The life and work of Marian Chace*. Columbia, MD: Marian Chace Memorial Foundation.

Shahar-Levy, Y. (2001). The function of the human motor system in processes of storing and retrieving preverbal, primal experience. *Psychoanalytic Inquiry, 21, 3*.

Shahar-Levy, Y. (2004). *The visible body reveals the secrets of the mind: A body-movement–mind paradigm (BMMP) for the analysis and interpretation of emotive movement*. Jerusalem. Author's Hebrew edition.

Siegel, E.V. (1984). *Dance movement therapy: Mirror of our selves*. New York: Human Sciences.

Stern, D. (1985). *The interpersonal world of the infant*. New York: Basic Books.

van der Kolk, B. (2000). Trauma, coping and the body, Lecture, International Conference on Trauma, Jerusalem.

van der Kolk, B.A., & van der Hart, O. (1989). Pierre Janet and the breakdown of adaptation in psychological trauma. *American Journal of Psychiatry 146*, 12.

Winnicott, D. (1974). *Playing and reality*. London: Pelican Books.

참고자료

Anzieu, D. (1989). *The skin ego: A psychoanalytic approach to the self*. New Haven and London: Yale University Press.

Blanck, G., & Blanck, R. (1974). *Ego psychology: Theory and practice*. New York: Columbia University Press.

Chodorow, J. (1991). *Dance therapy and depth psychology: The moving imagination*. London: Routledge.

Davis, M., & Walbridge, D. (1981). *Boundary and space: Introduction to the work of D.W. Winnicott*. New York: Brunner/Mazel.

Fisher, S., & Cleveland, S.E. (1968) *Body image and personality*. New York: Dover.

Fletcher, D. (1974). The use of movement and body experience in therapy. In: *Therapeutic process: Movement as integration*. Columbia, MD: Proceedings of Ninth Annual Conference, ADTA.

Kestenberg, J. (1965). The role of movement patterns in development. *Psychoanalytic Quarterly 34*, 1–36.

Kestenberg, J.S., & Sossin, K.M. (1979). *The role of movement patterns in development*, II. New York: Dance Notation Bureau.

LeDoux J. (1996). *The emotional brain*. New York: Simon & Schuster.

Levine R.L., & Fitzgerald H.E. (1992). *Analysis of dynamic psychological systems* New York: Plenum Press.

Loman, S. (1998). Employing a developmental model of movement patterns in dance/movement therapy with young children and their families, *American Journal of Dance Therapy 20*, (2), 101–115.

Loman, S., & Merman, H. (1996). The KMP: A tool for dance/movement therapy. *American Journal of Dance Therapy 18*, (1), 29–52.

Loman, S. with Foley, F. (1996). Models for understanding the nonverbal process in relationships. *The Arts in Psychotherapy 23*, (4), 341–350.

Lowen, A. (1967). *The betrayal of the body*. London: Collier MacMillan.

Lowen, A. (1958). *The language of the body*. New York: Collier Books.

Restak, R. (1988). *The brain*. New York: Bantam.

Schilder, P. (1970). *The image and appearance of the human body*. New York: International Universities Press.

Stein, R. (1991). *Psychoanalytic theories of affect*. London: Karnac Books.

Symington, J., & Symington, N. (1996). *The clinical thinking of Wilfred Bion*. London: Routledge and Kegan Paul.

제15장

무용/동작치료의
문화적 인식과 국제적 상황

Meg Chang

도입

무용/동작치료의 목적은 창조적인 신체 움직임과 무용을 통해 몸과 마음의 통합을 촉진하는 것이다. 이를 위해 무용/동작치료사는 사회적 맥락이 치료에 어떤 역할을 하는지 보다 깊이 이해해야 한다. 국경은 빠르게 바뀌고, 문화적 정체성은 유동적이며, 다름이 규준이 되고, 이민이 전 세계적인 현상이 된 세상에서(Suarez-Orozco & Qin-Hilliard, 2004), 무용/동작치료사는 사회적인 상황에 적절히 대응하고 내재된 문화 요인을 이해하는 능력을 키워야 한다.

이 세계화된 환경 속에서 무용치료사는 모두 전통적인 가치나 세상을 이해하는 방식에 도전받고 있다(Kareem & Littlewood, 1992; Suarez-Orozco & Qin-Hilliard, 2004).

이제는 더 이상 새로운 전문 분야라고 할 수도 없을 정도로 보편화된 창조예술치료 분야, 특히 무용/동작치료는 6대륙에서 최소 37개국 이상의 치료사들에 의해 연구되고 실행되었다(Dulicai & Berger, 2005). 학생들은 무용/동작치료를 배우기 위해 다른 나라를 여행하는데 이때 대부분 모국어가 아닌 제 2외국어를 사용하며, 다른 나라에서 활동하는 교육가들로부터 지도를 받는 경우 가장 빈번하게 사용되는 언어는 영어였다. 국제 학회에서는 무용/동작치료 과정의 공통점을 다음과 같이 가정하고 있다 — 이미 확립된 무용 및 사회과학 분야 이론과 무용/동작치료 기술의 전문적인 실행이 결합되어 이루어진 치료 방식이라는 것이다. 공통된 이론 및 실제 사례를 보면 관찰 시 비언어적인 의사소통 이론을 적용하는 것, 춤을 중심으로 관계를 평가하는 것 그리고 건강 및 건강한 삶을 위한 신체 동작 등이 포함되어 있다.

전 세계 내담자의 인생 경험을 다룰 수 있도록 무용/동작치료사를 준비시키기 위해서는 사회문화적 차원에서의 공식적인 교육과 전문적인 훈련, 통상적인 무용/동작치료 임상 실습이 포함되어야 할 것이다(Jansen & van der Veen, 1997). 무용/동작치료 교육 및 임상치료에 존재하는 미묘한 인종적, 민족적, 문화적 편견을 먼저 비판적으로 검토해보아야 한다. 그렇지 않으면 사회문화적으로 다양한 학생과 교육가 간, 치료사와 환자 간, 커뮤니티 참가자와 커뮤니티 중심의 치유예술 이벤트 조력자 간의 의사소통이 단절될 위험이 있다.

인종적·민족적·문화적인 문제를 확인하고 의식적으로 인식하며 개인 및 사회적으로 충돌이 일어나는 문제의 원인을 추적함으로써 우리는 상호 간에 만족스러운 해결책을 발견하고 함께 춤출 수 있다. 일반적으로 무용/동작치료 교육이나 훈련에서 그다지 심도 깊게 다루어지지는 않지만 치료사 본인의 사회문화적 정체성에 대한 자기인식 및 친밀감은 환자, 동료, 서로 다른 배경을 가진 공동체 구성원과의 작업능력을 향상시켜주고, 그 결과 치료 범위와 효과성을 확장시켜줄 것이다.

무용/동작치료의 원리와 실제

역사적으로 무용/동작 심리치료를 위한 임상 이론과 모델은 유럽과 북미의 정신건강 개념을 토대로 하고 있다(Dokter, 1998; Sue, 1981, 2003). 미국과 영국의 무용/동작치료 분야는 20세기 중반에 무용과 심리학을 접목하여 효과를 극대화한 정신건강의 혁신적인 발명으로서 별도의 전문 분야로 공식화되었다.

북미 무용/동작치료사들의 심리발달 기본 이론은 개인 혹은 핵가족에 집중하는 것이었는데, 특히 성인기를 향한 발달 과정에서 자율성과 독립성을 강조했다(Erikson,

1963; Mahler et al., 1975). 정신역동 심리치료에서는 여기에다 개인적인 자기효능감과 주장성을 추가했다. 위에 열거한 명백히 서구적인 원리들은 단일화된 자아-정체성을 옹호했는데, 이는 심리상담에서 언어적으로 자신을 표출하고 자발적으로 대화를 이끌어가는 환자를 선호한다는 점에서 절정을 이루었다(Kareem & Littlewood, 1992; Dokter, 1998). 이런 심리학적 이론들은 북미와 유럽 도시 문화를 기반으로 하여 마치 규범적인 표준처럼 되어버렸다. 이는 진단에 영향을 미쳤고 그 결과 치료 목적을 좌우했다. 정신병원에서 무용/동작치료가 임상치료의 일부가 되면서 의학적 진단 및 치료 모델이 절대적으로 영향을 미쳤고, 그 결과 심리학적 분석 및 진단에 상응하는 동작 관찰 방법의 체계화가 촉진되었다(Stanton-Jones, 1992).

문화적 편향 ― 개인적인 이야기

나는 의도하지 않은 미묘한 문화적 편견을 개인적으로 체험한 적이 있는데, 이 사례는 이론이 어떤 식으로 실제 치료에 영향을 미치는지를 보여준다. 대학원의 무용/동작치료 실습과정 시간이었다. 우리는 자신의 무게감을 확립하기 위해 다른 사람들과 저항-밀기를 하고 있었다. 각 학생은 교수를 대상으로 교수와의 관계에서 자율성을 확립하기 위해 돌아가며 미는 동작을 하고 있었다. 15명의 반 학생 중에서 나만 동양인이었는데, 나는 선생님에게 '맞서서' 밀어 넘어뜨리는 행동을 도저히 할 수 없었다. 연습이 끝난 후 토론회에서 나는 반 학생들로부터 나의 힘(무게)을 효율적으로 활성화하지 못했다고 비판을 받았다. 가벼움을 좋아하는 나의 성향이 지적을 받은 것은 이번이 처음은 아니었다. 하지만 이 수업에서 도출된 결론은 내가 교수님을 넘어뜨릴 정도로 충분히 강한 무게를 활성화할 수 없었기 때문에 '권위자와 문제'를 갖고 있는 것이 분명하다는 것이었다. 지시를 따르지 않은 나의 동작 행동에 대한 논쟁이 지속되면서 나는 스스로 점점 더 부족하고 어울리지 않는 존재가 된 듯이 느껴졌고 무용/동작치료 그룹에서 소외감을 느꼈다. 과연 이 반에서 내 자리가 있는지 마음속으로 의문이 생겼다. 그때 다른 교수 한 분이 이런 의견을 내놓았다. "알다시피 나도 동양계인데 우리는 절대 부모나 다른 권위에 도전하거나 거스르지 말라고 배웠습니다. 아마도 이것이 그녀에게 영향을 주었을 겁니다."

바로 그 순간, 나의 다문화적 정체성과 관계 내 민족성의 중요함이 인정되었고 맥락적인 이해의 틀이 확장되었다. 나의 무의식적인 정신신체적 습성(Chang, 2006)을 결핍이라는 시각이 아니라, 내 안에 내재되어 있는 아시아계 미국인이라는 문화적 가치관으로 바라볼 수 있었다. 이 사실을 깨닫고 나자 나는 학생으로서 이해받은 느낌이었고 더 이상 내가 어떻게 통제할 수 없는 정체성—인종과 문화적 정체성—이 나타나는 것 때문에 비난받지 않았다.

위의 짧은 일화는 동작 습관을 해석하는 것이 일부 보는 이의 문화적 맥락에 좌우된다는 것을 보여준다. "문화는 종종 비언어적인 수준에서 전달되고, 내재화되고, 표현된다."(Schelly-Hill & Goodill, 2005) 이 사례는 의식적인 차별보다는 미묘한 민족 중심적 단일문화주의(Sue, 2003)가 동작이나 행동을 해석할 때 선입견을 만들어낼 수 있음을 보여준다. 동작 관찰은 장소와 시간, 또한 문화나 역사와 관련이 있으며, 동작에 부여된 의미를 제대로 이해하기 위해서는 사회적인 맥락에 대한 이해가 필요하다(Birdwhistell, 1970).

동작 및 무용 관찰

라반동작분석(LMA)(Von Laban, 1975)은 미국무용치료협회로부터 대학원 수준의 훈련을 위한 교육 가이드라인으로 승인을 받은, 동작분석 체계 중 하나이다. 하지만 다양한 문화권에서의 LMA 일반화에 대한 연구는 거의 없다.[1] "에포트/셰이프(Effort/Shape) 체계는 20세기 유럽의 동작 패턴에 대한 루돌프 라반의 분석에서부터 발전했다. 문화 간 연구와 문화 내 연구에 대한 필요를 감안할 때, 하나의 체계만으로는 부족하다."(Desmond, 1997, p. 50) 무용 이론가 제인 데즈먼드(Jane Desmond)에 의하면, 동작관찰은 동작분석 시 개인의 '미시적(신체적)' 측면과 사회문화적인 '거시적(역사적, 이념적)' 측면 모두를 포함해야 한다.

한 예비 현상학적 연구(Tepayayone, 2004)에 의하면, 문화적 차이는 동작 특성, 동작자의 성격, 동작 행동에 대한 관찰자의 해석에 영향을 준다. 연구자는 어느 한 문화의 동작관찰자가 다른 문화의 무용/동작을 관찰할 때, 다른 문화적 배경에서 온 사람의 동작을 평가하는 데 어려움을 겪는다는 것을 발견했다. 나아가 춤에 대한 문화적 이미지가 동작을 보는 시각에도 영향을 끼쳤다. 예를 들어 "아시아인과 브라질 댄스의 전통적인 동작 특성은… 카니발에서 보게 되는, 축제처럼 될 것이다."(Tepayayone, 2004,

p. 86) 설사 관찰자가 의식적으로 춤을 분류하려는 인지적인 과정을 수행하고 있다 하더라도, 이들이 동작을 평가할 때는 감정적인 반응으로 묘사했다. 예를 들면 "브라질 사람의 동작은 어지럽고 불편한 느낌이 들게 했다"(p. 91)는 식이다. 결국 평가하는 이의 문화적 인식 수준과 민족적·인종적 그룹 간의 차이가 타 문화의 무용동작을 해석할 때 영향을 미친다는 것을 알 수 있다.

인류학자 주디스 한나(Judith Hanna, 1979)의 표현을 빌려 말하자면, 춤은 무용/동작치료에서 핵심이며 춤을 추는 것은 인간이지만, 춤에 부여된 의미와 춤의 미학적 기준은 각 문화뿐만 아니라 각 지역 하위문화마다 다르다. 인류학자들은 춤은 미학적이고, 감정적이고, 모든 문화를 아우르는 상징 언어라기보다는 각 문화가 각자의 춤에 담긴 의미를 구성하는 특정 방식으로 본다(Hanna, 1979, 1990, 1999, 2006; Fuller-Snyder & Johnson, 1999). '인류학자는 발레를 민속춤의 형태로 본다'라는 세미나 기고문에서 무용민속학자 조안 케알리노호모쿠(Joann Kealiinohomoku, 1983)가 비평한 바에 의하면, 무용 역사학자들이 서구 현대 무용을 특권시하면서 발레를 유일하고도 가장 지고한 미학적 기준으로 삼는 바람에 라코타 춤, 마사이 춤처럼 지역이나 국가를 명시해야 함에도 '미국 원주민 춤', '아프리카 춤'이라는 식으로 대충 여러 다른 춤을 한데 묶어버리는 경향이 있다. 아울러 비서구권의 춤일 경우, 인종적 정체성이 분명한 춤들을 완곡하게 표현할 때도 '원시적인', '이국적인' 또는 '민족전통 춤'이라고 뭉뚱그려 칭한다는 것이다.

이 분야의 역사를 생각해보면, 무용/동작치료의 이론과 실제를 지배하고 있는 춤의 형태는 어쩔 수 없이 자기민족 중심적이다. 왜냐하면 "모든 춤의 형식은 그것이 발전되어온 문화와 전통을 반영하기 때문이다."(Kealiinohomoku, 1983, p. 533) 알다시피 무용/동작치료의 주축에 깔린 무용미학은 주로 독일, 영국, 미국의 현대 무용 전통에서 파생되었다(Levy, 1992). 여기에 이스라엘 포크댄스 안무와 1960년대와 1970년대의 감수성이 결합되었다.[2] 무용/동작치료에서 '개척자'라고 할 수 있는 마리안 체이스, 블랑쉐 이반, 트루디 스쿱, 릴리안 에스페냑, 마리 화이트하우스, 알마 호킨스(Levy, 1992)는 분명 그 시대와 장소에 문화적으로 연결되어 있다. 이 선구자들은 치료사가 되기 전에 뛰어난 무용 기술을 갖춘 현대 무용가였다. 이들은 자유로운 즉흥 움직임, 창조성, 개인적 표현이라는 서구 무용 전통에 기반을 두어 자신들의 무용치료 이론을 개발했다(Manning, 1993; Evan, 1991; Schoop, 1974).

우리가 어떻게 춤을 경험하고 관찰하는지 배우는 것은 우리가 어떻게 춤의 미학적이고도 치유적인 역할을 이해하느냐에 자연스럽게 영향을 끼친다.[3] 또한 역으로 우리도 무용치료 과정 중에 사회적인 차원과 개인적인 차원 모두에서 우리의 학생, 고객, 환자들이 어떻게 춤과 자신의 신체를 바라보는지에 영향을 미치게 된다. 신체 움직임에 대한 이토록 다양한 무의식적 연상은—비언어적인 동작관찰에서 시작되는—정신 신체적 습성의 사례다(Chang, 2006). 미학적 선호도를 포함하는 이런 형태의 형이하학적 습성(무의식적이고 전체를 아우르는 선형적 사고에서는 볼 수 없는)은 체화되어서 언어발달 이전에 주입된 몸과 마음의 원형을 둘러싸게 된다(Bourdieu, 1977).

이런 습성은 개인이나 직업의 문화적 맥락에 한정된다(Bourdieu, 1991). 흔히 춤과 무용/동작치료의 보편적인 본질에 대해 이야기할 때, 우리 모두는 이런 습성을 공통적으로 공유하고 있다고 가정한다. 그러나 반대로, 무용/동작치료는 무용과 심리학이라는 명백히 다른 분야 간의 응용으로서 서구 도시의 20세기 문화와 미학을 반영하고 있지만, 어쩌면 더 이상 그렇게 폭넓게 적용되지 않을지도 모른다. 아니, 오히려 치료사들의 이해 속에서 보다 폭넓은 세상을 포함하기 위하여 변화해야 할 필요가 있다.

문화 간 동조를 구축해야 하는 근거

인류학자이자 사회학자인 피에르 부르디외(Pierre Bourdieu, 1997)의 정의에 의하면, 습성(habitus)이란 신체적 습관 및 성향의 총체로서 특정 지리, 지역사회, 대인관계 속에서 생겨나며 강화된다. "…오랫동안 끈질기게 주입되어 만들어진 조절된 즉흥 원리… 이며 실행의 결과로 인한 관계 체계다."(Bourdieu, 1977, p. 78) 이런 체계는 오랜 기간 스며들어 있기 때문에, 습성은 급속도로 의식적 반성으로 나아가지 않는다. 홀(E. T. Hall, 1976)이 수행했던 연구가 떠오르는데, 그것은 문화의 '숨겨진 차원'으로서 일본과 미국에서의 공간 사용 및 변경 불가한 시간 인식 간 비교분석에 관한 것이다. "습성—제2의 본성으로 내재화되고 체화된 역사, 그래서 역사로서 잊혀져 버린—은 과거 전체가 적극적으로 모습을 드러낸 결과물이다. … 마치 자신의 선로를 까는 열차처럼."(Bourdieu in Lemert, 1999, p. 445)

더 나아가, 부르디외(1991)는 실재로서의 직업은 특성적인 습성, 즉 '자신만의 고유한 기능 법칙이 부여된 특별한 세상'이라고 말했으며(p. 375), 또한 교육 체계의 사회화는 2차적 습성을 만들어낸다고 주장했다(Bourdieu, 1984). 어느 한국 무용치료 학생의 표현에서 한 가지 눈에 띄는 무용/동작치료 사조를 볼 수 있다. "나는 개인적으로 몸을 통해서 나 자신이 통합되는 것을 경험했습니다. 나는 몸을 통해서 문제가 해결될 수 있다고 생각합니다. … 우리는 보통 자기 향상을 위해서 말에 너무 많이 의존합니다." 이런 특별한 체험과 함께 그녀는 '바로 이런 논리 분야에 필요한 실천적 지식, 즉 그들이 스스로를 표현하는 실천적 지식'에 대해 설명한다(Bourdieu, 1991, p. 375). 동아시아에서의 무용/동작치료 교육 사례에서 무용/동작치료를 배우는 학생들은 자신의 신체적 경험을 통해 인격적 요소와의 개인적 통합을 이루어냈고, 이 때문에 다른 사람을 돕는 데 있어서 창조적이고 심미적인 무용을 활용하고자 했으며, 이것은 무용/동작치료의 핵심적인 개념이다(Chang, 2002).

철학자, 사회학자, 인류학자가 주장하듯이 만약 무용이 지역 문화를 반영한다면(Douglas, 1970; Lomax, Bartenieff, & Pauley, 1974; Polhemus, 1975; Bourdieu, 1984) 교육자 및 치료사로서 우리는 다른 인종, 민족, 문화, 계층의 사람들과 작업할 때 무엇을 고려해야 할 것인가? 무용/동작치료사에게 어떤 종류의 교육이 필요한가?

문화의 비언어적 측면

경험과 비언어적 방법을 통해 무용/동작치료 기술을 가르치게 되는데 이는 경험적 무용 교육의 논리와 일맥상통한다. 한 무용/동작치료 학생이 자신의 학습과정을 다음과 같이 묘사했다. "다른 교육 시스템은 교재에 의지한다—이들은 항상 교과서와 자료를 사용한다. 무용/동작치료의 경우 교재가 없으며 오직 몸과 열린 마음만이 존재한다." 하지만 교육가 셸리-힐과 구딜(Schelly-Hill and Goodill, 2005)은 미국의 국제학생들을 대상으로 한 질적 예비 연구에서 미국인이 아닌 학생들은 문화의 비언어적 측면 및 '숨겨진 사회적 코드'를 내면화하는 데 큰 어려움을 겪는다는 사실을 발견했다. "농담, 즉흥적이면서 문화적으로 웃기는 동작, 손짓, 자세는 학생들로 하여금 자신이 그룹의 일원이 아닌 것처럼 느껴지게 했다."(p. 5) 비언어적인 대인 간 상호작용은 문화적 해석이 우선되어야 한다. 서구 무용/동작치료사들이 개인의 독특한 동작 선호라고 관찰한 내용이 실제로는 신체의 무의식적인 문화심리적 습성일 수도 있다(Bourdieu, 1977, Gudykunst & Kim 1992, Chang, 2002).

동작을 관찰할 때 우리가 실제로 무엇을 보느냐는 우리 문화의 정신신체적 지향, 직업 습성, 다양한 인생 경험에 의해 영향을 받는다. 예를 들어 한국인의 시각에서는 감정을 표현하는 살풀이춤을 출 때 춤추는 이의 시선이 아래를 향하는 것은 춤에 몰입해 도취되어 있는 상태 때문이라고 본다. 이런 내향적인 특징은 높이 평가되지만, 반대로 머리를 위로 치켜드는 것은 경박하고 서구적이며 부적절하다고 본다(Loken-Kim, 1989). 교육자 및 치료사들이 동작행동에는 문화적으로 조건화된 측면이 있다는 것을 의식적으로 인정하지 않는다면, 이런 성향은 감정적인 의도나 자기비하로 오해받을 것이며, '다른 사람들'의 비언어적 관례와 비교해서 이 학생이나 환자는 뭔가 부족하다고 여겨질 것이다(Gudykunst & Kim, 1992).

실증적인 문헌 및 연구 사례

여기 소개된 연구의 범위에는 한국 및 대만에서의 무용/동작치료 교수 사례연구(Chang, 2002), 미국에서의 무용/동작치료사 교육(Chang, 2000) 그리고 미국 병원에서 수많은 인종, 민족, 성별의 환자들을 연구한 임상 실제가 포함된다. 이런 경험들은 중국계 미국인이라는 나의 개인적인 시각을 통해 본 것이다. 이런 연구 결과는 한국, 중국, 대만, 태국, 아프리카계 미국인, 아프리카계 카리브해인 학생 및 환자들의 경험으로부터 일반화를 도출하려는 시도의 예비 단계이다. 여타 비주류 및 비지배층 학생과 치료사들을 대상으로 한 비교연구는 무용/동작치료의 지식기반을 풍부하게 해줄 것이다. 하지만 한국(Shim, 2003), 중국(Ho, 2005a; 2005b), 일본(Sakiyama & Koch, 2003) 및 태국(Tepayayone, 2004)으로부터 온 학생 및 치료사들의 연구는 관련 문화 그룹 간 유사성을 보여주고 있다.

이 연구는 지난 무용/동작치료의 비교문화연구(Lomax, Bartenieff, & Pauley, 1974; Fuller-Snyder, 1999; Hanna, 1990, 1999; Lewis, 1997; Dosamantes, 1997a, 1997b; Pallaro, 1997) 및 다문화 간의 무용/동작치료(Chang, 2002; Ho, 2005a, 2005b; Cummins, 2006)에 대한 최근의 관심에서 비롯되었다. 인종, 문화 및 민족성에 대해 주목하기 시작한 것은 무용/동작치료의 국제화 추세(Capello, 2006; Chang, 2002), 외상을 이겨낸 사람들의 급증(Gray, 2001), 국제적인 작업에서 무용/동작치료 활용의 증가와 함께 일어난 현상이다.

미국 대학원 무용치료 프로그램의 실용적이고 학생 중심적인 교육과 달리, 한국의 교육 환경은 위계적 관계의 유교적 원칙에 바탕을 두고 있으며 이것은 비단 교육 시스템뿐 아니라 교육을 포함한 모든 상호관계에 깊숙이 뿌리를 내리고 있다. 남자와 여자, 연장자와 젊은이 사이에 엄격한 위계관계를 고수하고 있으며 '지배자와 피지배자'의 위치가 가족 내, 친인척 간, 교사와 학생 사이에서 반드시 지켜져야 한다. 이미 규정된 관계의 질서가 가족에서부터 정부까지 모든 대인 간 상호작용을 관장한다(Reischauer & Fairbank, 1960).⁴

이와 비슷한 방식으로 한국의 예술교육은 유교적 위계관계에 기반하고 있으며 직접적인 모방을 통해 스승의 방식을 복제하는 것이 충성의 증표이자 스승에 대한 제자의 예로 여겨진다. 실제로 제자들은 자신의 작품과 스승의 작품을 구별할 수 없을 정도로 스승의 작품을 베끼며 그것이 배움이라 여긴다(Kristof, 1999). 유교적인 태도는 나이를 존중하기 때문에 60세가 넘는 한국의 무용가들은 춤의 강렬한 감정을 표현하기에 사회적으로 더 적합하고 기량이 더 높다고 여겨진다(Loken-Kim, 1989). 아울러 예술가로서 나이를 먹고 지위를 얻으면 한국 무용교사들은 자신의 제자들이 자신의 춤 양식을 모방하고, 안무를 복제하며, 무보수의 무용단 견습생이 될 것이라 기대한다. 스승을 따르는 전통을 이어가기 위해, 또한 제자의 충성심을 끌어내기 위해 스승과 스승의 춤 양식에 독점적인 관계를 요구한다. 이런 관계는 무용 교육 생태계의 전형적인 예이며 나아가 한국의 무용치료 및 창조적 예술치료 교육의 전형을 보여주기도 한다. 스승과 제자관계가 형성되고 비언어적으로 유지되면, 그것은 "생성되고 전이될 수 있으며, 형성된 곳으로부터 떨어진 다른 장소에서 다른 관례들을 낳을 수 있다."(Usher, Bryant & Johnston, 1997, p. 60)

그러므로 한국인 및 중국인 학생들은 이런 무의식적인 유교적 전통이나 습성을 또래 중심의 서구 무용/동작치료 프로그램 내 학생-교사관계에도 적용할 것이다. 이런 헌신과 학습 때문에 동양계 학생이 스승의 지식을 복제하려고 할 때, 종종 비아시아계 교사와 동료 학생들로부터 '수동적'이라고 해석된다. 한국인의 시각에서는 유능한 학생으로서의 적절한 행동이며 스승을 존중하는 행동이다. 때문에 미국에 새로 도착한 학생들은 선생님에게 질문하는 법, 자기 의사를 말로 표현하는 법 등 서구식 교실에 존재하는 낯선 기술을 배워야만 한다.

자신에 대해 더 많은 것을 배우게 할 목적으로 사용되는 현대 무용의 즉흥연기가 처음에는 이들에게 매우 '혼란스러워' 보인다. 왜냐하면 교사가 동작을 시범 보이거나 정답을 알려주지 않기 때문이다. 하지만 학생 중심의 무용동작 지시는 '언제나 정답이 있는' 유교적인 교수 중심의 수업 모델과 비교했을 때 '스스로를 이끌 수 있는' 기회를 제공한다는 점에서 가치가 있다.

인류학자 호프만(Hoffman, 1998)은 이렇게 말한다.

> 문화마다 자신과 타인 간 관계를 정의하는 방식이나 '마음'과 '몸' 사이를 구별하는 정도(또는 각각을 별도로 분류하는 정도)가 매우 다르다. 그리고 외부 혹은 내부지향으로서의 동기 및 동기 주체자를 개념화하는 방식도 각기 다르다. (Hoffman, 1998, p. 328)

호프만은 자아를 '자율적이고 개별적이며 분리된 존재로 정의하는 문화'와 반대로 '사회 속에 깊이 함몰되어 있어서 모호하고 유연한 경계와 더불어 상황에 더 많이 의존하는 문화'를 대비시켰다. 그러므로 동아시아 대학원생들은 "내 정체성은 내 성격이 아니다. 내가 누구인지는 내 가족, 내 종교, 내가 몇 살이며 어떤 학교를 나왔는지 같은 것들이다."라고 말한다. 그렇다면 전통적인 자아심리학의 개념에서 볼 때, 이 학생들은 미숙하고 형편없는 자아경계를 가진 것일까? 가치와 기준이 다른 개인 및 그룹에 적용했을 때, 정체성과 같이 고유한 개념은 놀라울 정도로 다양하면서도 각 문화에 맞게 독특한 방식으로 정의된다. 임상가로서 우리는 다른 언어를 쓰는 그룹이나 하위문화 그룹들과 상호작용할 때 문화적 · 인종적 · 민족적 차이가 혼란스럽고 자극적이라는 점을 인정할 수밖에 없다.

임상치료에서 정체성, 가족 구조, 성별의 본질을 인식함에 있어서 근본적인 불일치가 존재한다는 사실에 직면하는 것은 세상을 보는 다른 시각을 이해하고 싶어 하는 임상가에게 민감성과 지각을 높여줄 수 있다(H. Chaiklin, 2006년 10월 16일 개인적 대화). 가장 바람직한 것은 '인격적인 측면에서 진정으로 국제적인 무용/동작치료 전문가를 육성'하는 것이다(Schelly-Hill & Goodill, 2005).

무용/동작치료는 언어, 문화, 인종적인 차이를 뛰어넘어 적용될 수 있을까?

자각

무용/동작치료사들이 점점 늘어나고 있는 국제 환자들을 수용하고 치료할 수 있으려면 첫 번째 단계로 무용/동작치료사 각자의 인종, 민족, 문화, 성별, 계층 배경에 대한 자각을 높여야 한다. 문화적으로 깊이 몸에 밴 것이 아니라면 우리는 연구를 위해 신념이나 습관을 의식화해야 한다. 치료사는 어쩌면 '공포, 모호함 또는 개인적으로 침범당하는 듯한 느낌을 받는 환자를 무의식적으로 회피하고' 있는지도 모른다(Gaertner & Dovidio as cited in Dokter, 1998, p. 148). 효율적인 교육가 또는 치료사가 되기 위한 핵심적인 요소는 자신의 문화와 다른 민족, 인종 그룹을 상대하면서 자신의 의식적 편견을 탐색해보는 것이다(Carter & Qureshi, 1995). 구조화된 인종 정체성 발달 체계(Sue, 2003; Helms, 1990)에서는 인종적인 정체성이 개인의 긍정적인 자아상 발달에 핵심적인 요소라고 믿는다. 자신의 인종 · 민족 · 문화 · 계층 역사에 대한 지식은 동작유형 자기평가와 유사한데, 이것을 무용이라는 도구를 통해 탐색해볼 수 있다.

　1995년 봄 레슬리대학에서 조이 그레셤(Joi Gresham)에 의해 개발된 이 모델은 '조상들의 춤'이었다. 원래는 교육수업에서 시작되었던 반구조화된 창조적 무용 과정이었는데 무용양식을 통해 인종 정체성 이론(Helms, 1990; Sue, 1981, 2003)으로 도출되었다. 나는 무용치료사들을 위해 그녀의 작업을 약간 변형했으며 참가자에게 자기 조상들의 (이미 알고 있거나 상상 속의) 상징적인 동작들을 상상하고 몸으로 따라해보도록 격려했다. 여러 형태, 즉 전형적인 민속 포크댄스, 연장자들에 대한 개인적인 기억, 사진이나 여타 수많은 창조적 지시들을 신체로 생생하게 살려내는 것 등을 통해 몸으로 체화된 동일시가 일어날 수 있다. 이런 춤 스케치를 통해서 안무적인 요소들은 리듬 레벨, 공간 사용 및 동작 은유 차원에서 정형화된 선조들 각각의 개별 특성을 드러냈다. 참가자는 특정 가족 일원을 춤으로 표현해보면서 인종과 민족성에 대한 무지와 단순함을 극복함(Sue, 2003, p. 172)과 동시에, 자신의 인종 및 민족성에 대한 단정적이면서 정형화된 면과 직면한다. 이처럼 직접적이고도 불편한 경험을 자주 해보면서 선조의 비일관성과 부조화가 표면화된다(p. 176). 무용동작 지시에 의한 탐색을 통해(p. 180) 인종, 민족, 문화가 신체와 동작 속에 얼마나 분명히 나타나고 있는지 이에 대한 내적 성찰, 명백함, 통합적 자각에 이르게 된다(p. 182). 무용/동작치료사 각각의 동작 선호도와 결합된 신체화된 정체성은 사회 또는 환경적 맥락과 다시 통합될 수 있다. 개인적인 예로, 나는 위협을 느끼거나 적대감을 느낄 때 척추를 곧게 펴고 팽팽하게 긴장하는 동작을 하는데, 이 동작 속에는 영국인 할머니의 수직성이 나타난다.

이처럼 참가자들은 사회문화적 배경의 자기정체성을 이해함으로써 각자의 문화가 혈통 중심의 세상 인식에 어떠한 영향을 끼쳤는지를 알 수 있게 된다. 아울러 그룹 안에서 다른 인종이나 민족들과 직접적 상호작용 또는 '조상들을 통한' 간접적 상호작용을 통해 자신이 다른 이들의 눈에 어떻게 비치는지를 이해하게 된다. 그 결과 참가자들은 인종적·민족적 차별이나 인종적·문화적 정체성 혼란에 빠진 환자들의 인생 고민을 다룸에 있어서 공감능력이 현저히 향상되었다고 보고했다. 그레셤의 체화된 인종적·민족적·문화적 유산의 개념은 무용/동작치료 학생 및 전문가들에게 미국이나 서구 유럽 같은 다문화 사회에서 사회문화적 정체성이 얼마나 중요한지를 깨닫게 해주었다.

문화적인 조화

개인적이면서 체화된 정체성에 이어, 문화적으로 조화를 이루면서도 포괄적인 심리치료 모델을 고안해볼 수 있다. 영국 런던에 위치한 나비야트 다문화 치료센터(Nafsiyat Intercultural Therapy Cente)라는 '흑인, 소수민족, 이민자, 이주자 및 정치적 망명자'들을 돕는 카운슬링 센터에서(Kareem & Littlewood, 1992, p. xi) 임상가들은 경직된 경계와 비인격적인 치료를 강조하는 전통적인 정신역동 이론이 인종적, 민족적, 문화적인 오해를 보다 첨예화하는 경향이 있다는 것을 발견했다. 그 결과 모든 관계자들이 소외되는 현상이 뒤따랐다. 의식적이든 무의식적이든 치료사와 내담자 간의 사회문화적 배경의 차이가 불균형적 권력관계 속에서 발생했을 때, 내담자들은 심리치료가 효과적이지 못했다고 보고했으며 자신들의 문제에 대해서 도움을 받지 못했고 증상이 사라지지 않았다고 했다(Kareem & Littlewood, 1992). 나아가 치료사가 환자의 문화에 대한 무지를 드러냈을 때, 명백한 편견 때문인지 혹은 검토되지 않은 문화적인 오해 때문인지와는 상관없이 치료적인 개입은 받아들여지지 않았고 치료는 조기 종결되었다(Acharyya, 1992; Gilroy, 1998).

그 결과, 나비야트 센터의 치료사들은 치료 가이드를 위해 문화적 조화의 원리를 개발했다(Acharyya, 1992; Gilroy, 1998). 정의한 바와 같이, 문화적인 조화는 상호 보완적이며 협력적이다. 그것은 치료사와 내담자 양자 간의 문화적 · 정치적 맥락이 치료 과정에서 인정되고 다루어질 때 일어난다. 이런 상호 반응적 원리는 진단을 포함해서 치료 과정 전체를 통해 적용되며, 치료적인 관계 내에서 사회문화적 차이를 신중하게 조율하게 된다(Acharyya, 1992). 무용/동작치료에서 내담자의 문화를 대표하는 음악을 추측해서 연구할 수 있다. 그러나 다른 언어로 된 문화적 참고자료를 직관적으로 선택하거나 안다고 가정하기보다는, 환자에게 음악이 주는 의미를 꼼꼼하게 검토해보는 것이 더 중요하다. 예를 들어 삼바와 같은 경우, 무용/동작치료사는 각 내담자가 인종적 투사나 문화적 영향뿐만 아니라 출생국가, 성별, 나이, 계층, 교육에 따라 얼마나 연상을 달리 하는지 반드시 주의를 기울여야 한다.

상호성

무용/동작치료를 가르치거나 실행할 때 문화적 불균형이나 힘의 차이가 있는지를 암시하는 한 가지 신호는 누구의 무용/동작치료 정의가 우세한지를 탐색해보는 것이다. 아울러 무용의 의미에 관한 유연성과 움직임 상호작용의 중요성이 상호 간에 생겨나는지를 살펴보는 것이다. 거시문화의 정의가 우세한가, 아니면 미시문화의 정의가 우세한가? 마찬가지로 자기결정 명령이 어떤 종류의 그룹 정체성, 인종적 · 민족적 · 문화적 정체성에도 적용될 수 있는가? 타 문화권의 무용/동작치료사가 제시한 해석이나 의미보다 원어민들이 자기정체성에 대해 문화정보 제공자로서 제시하는 것이 더 중요하다. 다음으로, 구성원의 의견과 제안, 특히 평가와 진료에 관한 지역적 지식에 대해 존중을 표시하는 것은 매우 중요하다. 마찬가지로 특정 인종이나 특정 성별의 인생 경험을 제외하거나 인정하는 언어 사용에 주의해야 한다. 예를 들어 '파트너' 또는 '애인'을 똑같이 사용할 수 있는데도 '남편'과 '아내'라는 표현만을 사용해야 하는가? 그룹 리더를 포함해서 그 사람의 인종, 민족의 문화가 미학적이거나 특권적이지는 않은가? 의미론적인 반응들은 배울 수 있지만, 문화에 맞도록 적절하게 변형하는 작업은 직접적인 상호작용, 살아 있는 경험 또는 사례 중심 훈련과 교육을 통해서 얻을 수 있다.

'사회적인 몸이 신체적인 몸의 인식 방식에 어떤 식으로 영향을 미치는지'를 인정하는 것은 인간의 동작행동이 사회문화적 환경을 기반으로 하기 위한 가장 효율적인 방식이다(Dounglas, 1970, p. 65). 예를 들어 한국이나 일본 문화 배경을 가진 내담자와 작업을 할 때에는 서구 기준의 몸, 관계, 춤을 토대로 한 동작 관찰 시스템을 확장해서 미세한 한국의 비언어적 동작 관찰 시스템을 적용하고, 감정을 표현하는 미묘한 일본어 분류학을 응용할 수 있다. 이런 방식으로, "사람의 개념 속에 들어 있는 문화적 다양성은 메타이론, 이론, 방법 그리고 전문적인 치료를 위해 반드시 발굴되어야 한다." (Gergen et al., 1995) 미학과 생활양식의 국제적인 범위를 통합한다면 동작 관찰의 지역적, 토착적, 다문화적 적응 그리고 분류법과 진단을 촉진할 수 있을 것이며, 이를 통해 이 분야의 신체 지식을 확장할 수 있을 것이다.

결론 및 다음 단계

우리는 분명 다양한 문화 속에서 다문화적인 접촉이 보편화되어 있는 세상 속에 살아가고 있는데, 특히 무용/동작치료가 많이 보급되어 있는 도시지역일수록 그러하다. 개인적 만남과 교육적인 정보 교환이 문화 간 전파 및 문화 간 마찰을 가속화하고 있다. 이런 때에 무용/동작치료의 방법을 검토해보면서 이 작업이 현재의 문화심리학적 현실을 정확히 반영하고 있음을 확인할 수 있었는데, 이는 보다 효과적이고 편안한 인종 관련 지침을 제시하고, 아울러 무용/동작 심리치료 이론을 보다 발전적인 방향으로 이끌기 위함이다.

이런 요구에 부응하기 위해서 무용/동작치료에 특히 필요한 문화적 차이에 대한 지식을 계속해서 쌓아야만 하며, 비판적으로 평가하고, 널리 알리며, 비슷한 문화 간이나 지역에 대해 포괄적이거나 표면적인 접근을 하지 않도록 해야 한다. 예를 들어 멕시코, 아르헨티나, 칠레 혹은 기니비사우에서 온 스페인어 사용자들에게 유용한 유사성을 적용하고 뉘앙스의 차이에 민감하기 위해서는 더 이상 피상적인 연구로는 안 된다. 설사 단일 언어나 단일 문화그룹이라 할지라도, 유사한 것들 간에도 다른 단어, 이미지, 인식, 개념이 있을 수 있다. 지역 문화가 몸에 밴 사람에게는 중요한 것으로 깊이 뿌리박혀 있는 역사적 유산이나 사회적 맥락이 외부인에게는 보이지 않을 수도 있다. 왜냐하면 어떤 사람의 정신신체적 습성 때문에, 예를 들면 서구인은 동아시아 학생들의 행동을 바라보며 지나치게 단일민족적이며 수업시간에 그룹 내에서 너무 순응적이라고 생각할지도 모른다. 그러나 동아시아 학생들에게는 그룹의 조화와 위계질서에 대한 존중일 수도 있다.

무용/동작치료사에게 도전이 되는 또 다른 영역은 대인관계에 영향을 미치는 계층 차이와 같은 사회 구조를 충분히 인식하도록 교육받는 것이다. 체화된 정체성 및 문화적 자기지식을 탐색해봄으로써 어떻게 인종, 민족성, 문화 및 계층이 자신 속에서 처음 징후를 나타내 치료 환경에 영향을 주는지를 예리하게 평가해볼 수 있다. 무용/동작치료가 치료 영역의 배타성에서 벗어남에 따라, 예를 들어 공동체 예술로 발전하면서 무용 즉흥 및 창조적인 예술로서의 자기표현의 경우, 서구 계몽 전통을 넘어서서 보다 새롭고 포괄적인 재정의가 가능하게 되었다. 어떤 문화도 지배적어서는 안 된다는 태도와 함께 다양한 문화의 배우, 무용가 및 예술가의 활약이 주목을 받고 있다.

비영어권 국가에서의 임상 실습과 무용/동작치료 교육실습을 안내하기 위해 사용되고 있는 다양한 이론을 질문하고 선택하고 재결합함으로써 엄격한 수련을 유지하면서도 다양함을 아우르고 있는 국제 무용/동작치료의 전망을 알 수 있다. 한편 무용/동작치료가 많은 국가에서 전문가들의 그룹이 되면서 보편적 측면과 고유한 측면 간의 균형이 이 분야를 활성화할 수 있다. 무용/동작치료의 창조적 습성이 보여주는 두 가지가 있다. 그것은 첫째, 문화 간 요구라는 관점에서 볼 때 정신분석학적 치료를 비판적으로 평가해볼 수많은 방법이 있다는 것, 둘째, 심지어 창조성의 개념조차 상호적이고 일시적이며 의문에 개방적이라는 점이다.

임상현장에서 무용/동작치료사가 개인 정체성 작업에 전념하고 의도적으로 인종적·민족적·문화적인 자신을 잘 자리매김할수록, 사회문화적 맥락에 있는 내담자를 더 잘 만날 수 있다. 무용/동작치료 교육자 및 학생들이 다양한 문화가 공존하는 공간에서 상호작용할 때, 무용/동작치료사 자신이 스스로를 자각하고, 교육하고, 타협하지 않는 비판적인 태도를 갖기만 한다면, 문화 간 탐색 기회는 자기정체성에 대한 정형화된 틀을 벗어날 수 있을 것이다. 한편, 이것은 창조성과 예술의 자연스러운 영역이다. 그리고 전문가로서 우리가 선택할 수 있는 유일한 일은 이 모든 다양성과 세계가 포함되도록 커리큘럼을 확장하는 것이다. 그리고 동료들끼리 치유로서의 춤의 지역적인 지혜를 교환하면서 서로를 통해 배울 때 무용/동작치료 분야는 그 범위와 효율성 면에서 지속적인 성장이 있을 것이다.

후주

1. 지역적인 무용동작과 나란히 세계 여러 나라의 일상적인 동작을 분류해보려고 시도했던 것이 LMA에 기반을 둔 코레오메트릭스(Choreometrics) 프로젝트다(Lomax, Bartenieff, & Pauley, 1974). 로맥스(Lomax)의 방법은 예측적이고 평상적이며 통계적인 접근법 때문에 미국 인류학자들로부터 비난을 받아왔다(Kealiinohomoku, 1974; Seeger, 1994).

2. 로진스키(Roginsky, 2006)에 의하면 이스라엘 민속무용은 그 자체가 종합적인 춤이다.

3. 예를 들어 한국 무용/동작치료 학생들은, 만약 자신들이 감성적인 춤을 뛰어난 기교로 시연해 보인다면 정신과 환자들이 치유받을 것이라고 말했다. 이런 개념은 슬픔과 기쁨을 전달하고 공유함으로써 관객을 정화하는 판소리 방식과 밀접하게 연관되어 있다.

4. 유교사상에 대한 보다 완전한 설명을 위해서는 라이샤워와 페어뱅크(Reischauer and Fairbank, 1960)를 읽어보기 바란다.

참고문헌

Acharyya, S. (1992). The doctor's dilemma: The practice of cultural psychiatry in multicultural Britain. In Kareem, J. & Littlewood, R. (Eds.). *Intercultural therapy: Themes, interpretations and practice.* (pp. 74–82). Oxford, England: Blackwell Scientific.

American Dance Therapy Association (2006). *Committee on Approval procedural guidelines.* (Available from the American Dance Therapy Association, 2000 Century Plaza, Suite 108, Columbia, MD 21044.)

Benthall, J., & Polhemus, T. (1975). *The body as a medium of expression.* New York: E.P. Dutton.

Birdwhistell, R. L. (1970). *Kinesics and context: Essays on body motion communication.* New York: Ballantine.

Bourdieu, P. (1991). Epilogue: On the possibility of a field of world sociology. In Bourdieu, P. & Coleman, J. (Eds.). *Social theory for a changing society.* (pp. 373–387). San Francisco: Westview, Russell Sage Foundation.

Bourdieu, P. (1984). *Distinction: A social critique of the judgment of taste.* (R. Nice, Trans.). Cambridge, MA: Harvard University.

Bourdieu, P. (1977). *Outline of a theory of practice.* (R. Nice, Trans.). New York: Cambridge University.

Capello, P. P. (2006). Training dance/movement therapists: The international challenge. *American Journal of Dance Therapy 28*(1), 31–40.

Carter, R., & Qureshi, A. (1995). A typology of philosophical assumptions in multicultural counseling and training. In Ponterotto, J., Casas, J., Suzuki, L., Alexander, C. (Eds.). *Handbook of multicultural counseling.* (pp. 239–262). New York: Sage.

Chang, M. (2006). How do dance/movement therapists bring awareness of race, ethnicity, and cultural diversity into their practice? In Koch, S. & Brauninger, I. (Eds.). *Advances in dance/movement therapy. Theoretical perspectives and empirical findings,* pp. 192–205. Berlin: Logos.

Chang, M. (2002). Cultural congruence and aesthetic adult education: Teaching dance/movement therapy in Seoul, Korea. *Dissertation Abstracts International* (UMI No. 3052868).

Chang, M. (2000). Multicultural difference in dance-movement therapy: Pre-conference training seminar. 35th Annual American Dance Therapy Association Conference, Seattle, WA. October, 2000.

Cummins, L. (2006). *Awareness of racism: The responsibility of white dance/movement therapists.* Unpublished master's thesis, Pratt Institute, Brooklyn: NY.

Desmond, J. C. (Ed.). (1997). *Meaning in motion: New cultural studies of dance.* Durham, NC: Duke University.

Dokter, D. (1998). (Ed.). *Arts therapists, refugees and migrants reaching across borders.* London: Jessica Kingsley.

Dokter, D. (1998). Being a migrant, working with migrants: Issues of identity and embodiment. In Dokter, D. (Ed.). *Arts therapists, refugees and migrants reaching across borders.* (pp. 148) London: Jessica Kingsley.

Dosamantes-Beaudry, I. (1997a). Reconfiguring identity. *The Arts in Psychotherapy 24*(1), 51–57.

Dosamantes-Beaudry, I. (1997b). Embodying a cultural identity. *The Arts in Psychotherapy 24*(2), 129–135.

Douglas, M. (1970). *Natural symbols: Explorations in cosmology.* New York: Vintage.

Dulicai, D., & Berger, M. R. (2005). Global dance/movement therapy growth and development. *The Arts in Psychotherapy 32*, 205–216.

Erikson, E. (1963). *Childhood and society.* New York: W.W. Norton.

Evan, B. (1991). *Collected works by and about Blanche Evan.* San Francisco: Anne Krantz, Blanche Evan Dance Foundation.

Fuller-Snyder, A., & Johnson, C. (1999). *Securing our dance heritage: Issues in the documentation and preservation of dance.* Washington, D.C.: Council on Library and Information Resources.

Gaertner, S., & Dovidio, J. (1981). Racism among the well-intentioned. In *Manuals of Readings* (1991–1993). *Ethnocultural Issues in Social Work Practice.* New York University School of Social Work. Needham, MA: Gin.

Gray, A. (2001). The body remembers: Dance movement therapy with an adult survivor of torture. *American Journal of Dance Therapy 23* (1), 29–43.

Gergen, K., Gulerce, A., Lock, A., Misra, G. (Eds.). (1995). *Psychological science in cultural context.* http://www.massey.ac.nz/~alock/virtual/discuss.htm.

Gilroy, A. (1998). On being a temporary migrant to Australia: Reflections on art therapy education and practice. In Dokter, D. (Ed.). *Art therapists, refugees and migrants reaching across borders.* (pp. 262–277). Philadelphia, PA: Jessica Kingsley.

Gudykunst, W., & Kim, Y. (1992). *Communicating with strangers: An approach to intercultural communication* (2nd ed.). New York: McGraw-Hill.

Hall, E. T. (1976). *Beyond culture.* New York: Doubleday.

Hanna, J. L. (2006). The power of dance discourse: Explanation in self-defense. *American Journal of Dance Therapy 28* (1), 3–20.

Hanna, J. L. (1999). *Partnering dance and education: Intelligent moves for changing times.* Champaign, IL: Human Kinetics.

Hanna, J. L. (1990). Anthropological perspectives for dance/movement therapy. *American Journal of Dance Therapy 12* (2), 115–126.

Hanna, J. L. (1979). *To dance is human.* Austin, TX: University of Texas.

Helms, J. L. (1990). *Black and White racial identity: Theory, research, and practice.*

Westport, CT: Praeger.

Ho, R. (2005a). Effects of dance/movement therapy on Chinese cancer patients: A pilot study in Hong Kong. *Arts in Psychotherapy 13* (11), 337–345.

Ho, R. (2005b). Regaining balance within: Dance/movement therapy with Chinese cancer patients in Hong Kong. *American Journal of Dance Therapy 27* (2), 87–99.

Hoffman, D. (1998). A therapeutic moment? Identity, self, and culture in the anthropology of education. *Anthropology & Education Quarterly 29*(3), 324–346.

Jansen, T., & van der Veen, R. (1997). Individualization, the new political spectrum and the functions of adult education. *International Journal of Lifelong Education 16*(4), 264–276.

Johnson, C., & Fuller-Snyder, A. (1999). *Securing our dance heritage: Issues in the documentation and preservation of dance.* Washington, DC: Council on Library and Information Resources.

Kareem, J., & Littlewood, R. (1992). (Eds.). *Intercultural therapy: Themes, interpretations and practice.* Boston, MA: Blackwell Scientific.

Kealiinohomoku, J. (1983). An anthropologist looks at ballet as a form of ethnic dance. In Copeland, R. & Cohen, M. (Eds.). *What is dance: Readings in theory and criticism* (pp. 533–549). New York: Oxford.

Kristof, N. (1999, May 12). Koreans, long copiers, try a new road to creativity. *The New York Times*, E2.

Lemert, C. (1999). (Ed.). *Social theory: The multicultural and classic readings.* Boulder, CO: Westview Perseus.

Levy, F. J. (1992). *Dance movement therapy: A healing art* (2nd ed.). Reston, VA: American Alliance for Health, Physical Education, Recreation and Dance.

Lewis, P. (1997). Appreciating diversity, commonality and the transcendent through the arts therapies. *The Arts in Psychotherapy 24* (3), 225–226.

Loken-Kim, C. (1989). Release from bitterness: Korean dancer as Korean woman. *Dissertation Abstracts International* (UMI No. 9032994).

Lomax, A., Bartenieff, I., & Paulay, F. (1974). Choreometrics: A method for the study of cross-cultural pattern in film. In *CORD Research Annual VI. New Dimensions in Dance Research: Anthropology and Dance: The American Indian.* Comstock, T. (Ed.). 193–212. New York: Congress on Research in Dance.

Mahler, M. S., Pine, F., & Bergman, A. (1975). *The psychological birth of the human infant.* New York: Basic.

Manning, S. (1993). *Ecstasy and the demon: Feminism and nationalism in the dances of Mary Wigman*, Berkeley, CA: University of California.

Pallaro, P. (1997). Culture, self and body-self: Dance/movement therapy with Asian Americans. *Arts in Psychotherapy 24* (3), 227–241.

Paulay, F., & Lomax, A. (1977). *Choreometrics: Dance and human history, the longest trail, palm play, step style.* Berkeley, CA: University of California Extension, Center for Media and Independent Learning.

Polhemus, T. (1975). Social bodies. In Benthall, J. & Polhemus, T. (Eds.). *The body as a medium of expression* (pp. 13–35) New York: E.P. Dutton.

Reischauer, E., & Fairbank, J. (1960). *East Asia: The great tradition.* Boston: Houghton Mifflin.

Roginsky, D. (2006). Nationalism and ambivalence: Ethnicity, gender and folklore as categories of otherness. *Patterns of Prejudice 40* (3), 237–258.

Schelly-Hill, E., & Goodill, S. (2005). International students in American dance/movement therapy education: Cultural riches and challenges. Presented at the 39th Annual American Dance Therapy Association Conference, Nashville, TN. October, 2005.

Schoop, T. (1974). *Won't you join the dance? A dancer's essay into the treatment of psychosis.* Palo Alto, CA: National Press.

Seeger, A. (1994). Music and dance. In Ingold, T. (Ed.). *Companion encyclopedia of anthropology.* (pp. 686–705). New York: Routledge.

Shim, M. (2003). *An exploration of ethnic identity through dance/movement therapy: A phenomenological study of the 1.5 and 2nd generation Korean American young adults.* Unpublished master's thesis, Drexel University, Philadelphia: PA.

Sakiyama, Y., & Koch, N. (2003). Touch in dance therapy in Japan. *American Journal of Dance Therapy 25*(2), 79–95.

Stanton-Jones, K. (1992). *Dance movement therapy in psychiatry.* New York: Routledge.

Suarez-Orozco, M. & Qin-Hilliard, D. (Eds.). (2004). Globalization, culture and education in the new millennium. Berkeley, CA: University of California.

Sue, D. (1981). *Counseling the culturally different: Theory and practice.* New York: Wiley.

Sue, D. (2003). *Overcoming our racism: The journey to liberation.* San Francisco: Jossey-Bass.

Tepayayone, W. (2004). *Culture, perception, and clinical assessment in dance/movement therapy: A phenomenological investigation.* Unpublished master's thesis, Drexel University, Philadelphia: PA.

Usher, R., Bryant, I., & Johnston, R. (Eds.). (1997). *Adult education and the postmodern challenge: Learning beyond the limits.* New York: Routledge.

Von Laban, R. (1975). In L. Ullmann (Trans.). *A life for dance.* New York: Theater Arts.

제16장

무용/동작치료 연구의 장려

Lenore W. Hervey

도입

나의 흥미 분야는 무용/동작치료사의 연구 경험과 인식이었다. 나는 연구를 지도하고 무용/동작치료 학생들에게 연구 방법을 가르치고 미국무용치료협회의 연구분과위원회에서 수년간 일하고 있다. 연구를 통한 발견과 전문적인 경험 때문에 가치, 치료 경험, 기술, 학생들과 동료들이 공감되는 연구 방법을 개발하고 장려하는 데 힘을 쏟았다. 이런 방법론적인 다양성을 장려하는 것이 연구 참여를 촉진하는 길이라 믿게 되었다. 나는 계속해서 산출되는 정량적이고 효능적인 연구 결과에 대한 요구도 지지하지만 여전히 연구 선택권 범위의 다양성을 옹호한다. 여러분은 아마 이 장을 통해 연구 방법론에 대한 유연하고 발전적인 이해를 방해하는 편향들을 인식하게 될 것이다.

이 장의 과제는 어떻게 무용/동작치료 분야의 연구를 향상시킬 수 있는지에 대한 제안을 하는 것이다. 그래서 다양한 관점을 다루는 몇 가지 질문을 생각하게 되었다. 당연히 내가 더 많은 경험과 지식을 가지고 있는 분야와 연구 결과가 있는 분야에 더 주목할 것이다. 연구를 장려해야 할 필요성에서 나온 질문들을 고려해보는 한 가지 방법은 연구에 관한 초점을 스포트라이트와 같이 크기를 조절해보는 것처럼 상상해보는 것이다. 만약 커다랗게 질문들의 초점을 비춘다면 우리는 연구 결과에 따라 문화의 거시적인 체계의 결정 요인들을 고려해보아야 할 것이다. 이 연구 범위의 미시적인 체계에서는 어떻게 개인이 자신의 직업적 행동을 결정하는지, 심지어 내적인 정신 부분에 관한 질문을 조사하는지, 물론 거기에는 어떻게 더 큰 체계적 요소들이 작은 부분들에 영향을 미치는지에 대한 질문도 있다. 이 초점 범위 안에 있는 모든 질문을 속속들이 다루기 위해서는 평생의 작업이 필요할 수도 있다. 여기에서 나의 겸허한 목표는 질문들을 식별하고, 그 질문들에 대한 생각에 자극을 주고 할 수 있는 한 많은 제안을 제공하는 것이다.

가장 큰 질문들

무용/동작치료 분야의 연구와 출판이 복합적 · 상호적 · 맥락적 요소에 달려 있다고 말하는 것은 절제된 표현이다. 그러나 만약 우리가 어디에서인가 이런 요소들의 영향을 정리해야 한다면 가장 위에서부터 해야 할 것이다. 가장 큰 규모로 볼 때 사회, 정부, 문화는 어떻게 무용/동작치료 분야의 연구를 장려하고(또는 좌절하게 만들고) 있는가? 대단히 흥미로운 것 중 하나는 무용, 과학, 건강, 질병 및 치유 같은 핵심 개념이 문화마다 다르다는 것이다. 이런 개념에 내재된 가치는 무용/동작치료의 이론과 실제에 대한 태도에 영향을 줄 것이다. 예를 들어 그 문화가 어떻게 춤을 보는지는 무용/동작치료가 점진적으로 발전하는 방법에 영향을 줄 것이다. 또한 그 같은 문화가 치유를 어떻게 이해하는지는 치유에 춤이 어떻게 사용되었는지 또 앞으로 어떻게 사용될지에 영향을 줄 것이다. 과학에 대한 생각은—누가, 어디서, 어떻게, 왜?—어떤 종류의 연구가 유효하고 가치 있게 여겨지는지를 결정할 것이며 이런 문화적인 구조를 이해하는 것은 연구자들이 연구 프로젝트를 공개하는 데 도움을 줄 것이다. 또한 문화적 가치와 신념에 어울리는 방법으로 연구비를 지원받을 수 있게 해줄 것이다.

시스템의 정치경제적 분위기(교육기관, 정신건강 서비스 시스템 또는 정부) 또한 어떤 연구가 지지를 받는지에 따라 그 메커니즘이 지속되거나 변형될 것이다. 관료주의적 권력 계층은 누가 결정을 하고 누가 단순히 권한에 반응하는지를 좌우한다. 정책은 어떻게 연구비가 형성되고 분배되는지를 결정한다. 정치적인 이념은 어떤 질문이 던져질 수 있는지조차도 통제한다. 연구가들은 자신이 속한 시스템적 환경에 따라 격려받거나 심각하게 제지당할 수도 있다. 어느 시스템이든 그 가치를 다루고 그 시스템의 언어를 사용하는 연구자는 그 연구가 시스템에 얼마큼 중요한지 이해당사자들의 이해를 도울 수 있을 것이다. 그렇지 않으면 보다 연구에 친화적인 환경을 만드는 데 도움이 되는 행동주의가 분명 고려해볼 만한 대안이 될 것이다.

과학적 · 학문적 공동체 안의 지배적인 태도 또한 어떤 종류의 연구가 누구에 의해 출판될 수 있는지에 대해 어느 정도 통제력을 갖는다. 최근 몇 년간 한때 실증주의자들에 의해 독점되었던 인문과학연구의 방법론적 가능성이 주목할 만큼 폭넓어졌다. 교육, 양육, 사회학 및 인류학 분야는 창조적인 예술치료사들이 준비되었을 때 따라갈 수 있도록 주도적인 역할을 했다. 획기적이고 예술적인 방법들이 이제 *Qualitative Inquiry* 같은 국제 저널들에서 환영받고 있다. 전통적이지 않은 연구 논문도 받아들이는 저널이 있다는 것을 안다면 창조적 예술 분야의 연구자들이 고취되어 혁신적인 방법론을 개발하고 사용할지도 모른다.

연구 결과에 영향을 주는 다른 요소는 역사적 사건, 사회적인 추세와 치료 및 직업과의 관계이다. 예를 들어 정신적 외상을 입은 제2차 세계대전 참전용사들을 돌봐야 할 의료 시스템의 필요성이 미국 무용/동작치료의 형성 및 발달에 큰 영향을 준 것으로 인정받고 있다(Levy, 1992). 또한 미국에서 곧 나이 들어가는 '베이비부머' 인구가 크게 증가할 것이라는 사실로 어쩌면 나이 든 이들을 위한 (무용/동작치료 같은) 혁신적인 치료를 지지하는 연구에 자금이 쏟아질지도 모른다. 곧 닥칠 사회의 필요에 부응하고 연구하는 것은 이런 문제들을 다루는 위치에 있는 직업에 종사하는 이들이 무용/동작치료를 통해 그런 필요에 대응하도록 만들지도 모른다.

연구는 또한 시간이 지나면서 어떤 특정 직업과 함께 점차적으로 발전해나간다. 어떤 일이 초기 단계일 때는 과학적인 방법을 통해 실험해볼 수 있는 가설의 기반이 될 수 있는 확립된 이론이나 일관된 방법이 거의 없다. 사례연구의 연구 및 치료 과정을 정성적으로 설명하는 형식의 연구는 이론의 초기 발전과 병행되며 가장 흔하다. 과거 반세기 동안 북미의 무용/동작치료 또한 이런 방식이었다(Stark, 2002). 치료 방법이 수립되고 안정되며 이론이 명확하게 정립되고 임상적으로 가능하다고 인식되었을 때만 가설을 발전시키고 실험할 수 있다. 이것은 그 어느 복지 분야의 발전에서도 도달하기 어려운 단계이며 위에 파악했던 요소들에는 시스템적인 변화에 부응하는 실행의 유연성이 필요하기 때문이다. 이런 상황 때문에 임상가와 연구자들은 어떻게 이론이 진화하고 임상에 적용되는지를 끊임없이 관찰해야 한다. 만약 무용/동작치료사가 일하는 시스템이 예측 가능하고 치료가 반복 가능하다면 연구를 지휘하는 것은 대폭 간소화될 것이다. 안정적으로 남는 치료 측면에 초점을 맞추는 것은 연구 단계를 덜 짜증스럽게 하고 완성의 비율을 크게 높여줄 것이다.

연구자들이 대응해야만 하는 다른 시스템적인 요소는 심의위원회(IRB), 에이전시, 대학 또는 병원 안의 위원회로 연구 프로젝트가 연구 대상자에게 어떤 해도 끼치지 않는다는 것을 확실하게 하는 것이다. 연구에 대한 IRB의 태도는 제한적이고 억압적이며 연구 프로젝트의 실행에 도전적인 것처럼 보일지도 모른다. 많은 연구자들이 IRB의 기능과 운영을 이해하지 못하기 때문에 마치 이 부서를 적으로 생각하고 방어적으로 대응할 수도 있다. 연구를 제안하고 IRB의 승인을 받을 수 있는 최선의 방법은 IRB 조직 및 그 구성원들과 업무관계를 구축하는 것이다. 실제로 다른 곳보다 더 보수적인 기관 감사들이 있다. 이런 경우에는 감사위원들이 익숙하지 않은 연구의 양식을 이해할 수 있도록 교육을 하는 것이 도움이 될 것이다. (IRB를 극복하는 것과 관련된 더 많은 아이디어는 Oakes, 2002를 참조하라.)

전문기관 차원에서의 고찰

연구 결과 및 출판물에 큰 영향을 주는 체계 중 하나는 전문가 협회이다. 이것이 어떻게 미국에서 추진되었는지 다른 국가에서도 해당될 수 있는 내용을 공유하고자 한다. 미국무용치료협회(ADTA)는 이 분야 직업 종사자들의 발전을 지원하기 위해 1966년에 설립되었다. ADTA의 두 가지 기본적이고 지속적인 기능은 신체 지식의 발전 및 '무용/동작치료 훈련에 관심이 있는 이들에게 적절한 교육 기회를 추천하는 것'이다 (Stark, 2002, p. 76). *American Journal of Dance Therapy*의 진화를 추적한 논문에서 스타크(Stark)는 "우리 기관 초년에는 무용/동작치료에 대한 연구가 실제적으로 존재하지 않았으며 대학원 과정이 생겨남에 따라 연구물이 나오기 시작했다."고 보고했다. 그렇게 우리는 전문기관, 교육 및 연구 간에 상호 의존적인 관계의 증거를 본다. ADTA는 무용/동작치료 대학원 과정의 핵심적인 내용, 품질 및 안정성을 관장하고 이에 따라 연구 기반의 논문을 생산하거나 졸업 후 연구에 참여하기로 결정할 전문가를 교육한다. 이들이 연구를 기획 관리할 수 있는 능력 및 흥미는 연구 분야에서 그들이 받은 교육의 질적 수준과 직접적으로 연관되어 있다.

ADTA는 계속해서 다양한 방법을 통해 무용/동작치료 분야에서 연구를 장려하는 역할에 충실해왔다. 이사회는 창립 이래로 멤버들에게 컨퍼런스 회의록, 논문, 전문 저널 등의 형태로 출간처를 제공하는 데 헌신해왔다(Stark, 2002). 또한 ADTA 이사회는 무용/동작치료 분야의 연구 지원을 책임지는 연구분과위원회를 만들었다. 4, 5명의 연구원이자 무용/동작치료사로 구성된 이 그룹은 맡은 바 책임에 매우 적극적으로 임했으며 특히 1990년대 말부터 활발한 활동을 전개해왔다(Cruz & Hervey, 2001). 연구를 계획 중이거나 진행하고 있는 ADTA 회원들에게 무료로 개별적인 상담을 통해 어디서 연구자원을 구할 수 있는지에서부터 연구 설계에 대한 제안까지 다양한 서비스를 해주는 등의 몇 가지 시도는 아주 큰 호응을 얻었다. 위원회는 꾸준히 교육 워크숍을 주최하고 있으며 매년 국제 ADTA 컨퍼런스에서 연구 포스터 세션을 마련하고 있다. 분과위원회 또한 ADTA 웹사이트의 Research 페이지에서 참고문헌 목록, 연구를 위한 팁, 유용한 연구 링크 등을 관리하고 있다.

10년쯤 전에 나는 연구분과위원회의 대표로서 다른 전문가 대신에 무용/동작치료사들이 대학원 무용/동작치료 프로그램에서 모든 연구 과정을 가르쳐야 한다고 추천했다. 그 당시에는 이것이 흔한 일이 아니었다. 이것으로 학생들에게 역할모델을 제공하고 무용/동작치료사가 임상가일뿐만 아니라 연구자이기도 하다는 메시지가 학생들에게 전달되리라 믿었다. 이 글을 쓰는 시점에서 매년 약간의 차이는 있지만 이제 이런 과정을 대부분 박사학위 급의 경험 많은 연구가 겸 무용/동작치료사들이 가르치는 것이 관례가 되었다. 무용/동작치료 연구자들이 교육 및 ADTA 회원으로 눈에 띄는 역할을 하고 있는 것은 무용/동작치료사가 연구가 가치 있고 독자생존이 가능한 전문 활동이라는 것을 수용하는 데 기여했다.

무용/동작치료 연구의 대부분은 석사논문을 쓰는 대학원생에 의해 진행된다. 이런 작업을 다른 연구원들과 공유하고 견실하고 생산적인 전문지식 개발을 지원하고자 하는 노력의 일환으로 논문색인 및 학위논문 참고문헌 목록을 여러 권 출간했다(Leventhal, 1983; Fisher & Stark, 1992). ADTA의 마리안체이스재단 또한 수년간 저자, 주제, 날짜 및 대학원 프로그램명으로 분류된 논문 초록을 정기적으로 출간하는 등 석사논문을 보다 많은 사람이 활용할 수 있도록 하는 데 힘쓰고 있다. 다양한 프로그램이 도서관에 소장되어 있는 논문에 어떻게 접근하고 활용할 수 있는지도 이런 출간물에 포함되어 있다. 최근에는 연구분과위원회에서 학교 도서관들을 통해 보다 쉽고 안전하게 자료를 활용할 수 있도록 하기 위해서 학생들이 제출하는 모든 논문에 대해 복사허가에 동의하는 서명과 함께 출력본 및 CD로 제출하도록 하는 등의 노력을 시작했다. 월드캣(Worldcat) 같은 국제 데이터베이스에 이런 논문의 목록을 작성해 올리는 것도 계획 중이다.

교육에 대한 고찰

우리는 다양한 거대 시스템이 연구 생산을 어떻게 장려할 수 있는지 생각해보았다. 이제 우리 질문의 초점을 교육이나 훈련 같은 요소로 옮겨서 어떻게 이런 요소들이 연구 주제에 관한 흥미를 발전시키고 연구를 수행하려는 결정에 영향을 주는지 생각해보자. 많은 무용/동작치료사들은 종종 심리학과 무용 그리고 교양학과를 혼합해 자신만의 커리큘럼을 만들어내곤 한다. 대학원에서는 무용/동작치료 이론 및 실제에 전문화되면서 임상치료사가 되는 데 필요한 기술에 초점을 맞춘다. 대부분의 학생이 이 외에도 추가적으로 대학원 교육을 받는데 특히 심리치료 또는 정신분석 분야 및 다른 여러 가지 신체를 기반으로 한 실습 과정에 대한 훈련을 추가로 받는다. 이런 종류의 교육이 참여자들이 전문가로서 연구에 참여하는 경향에 어떤(어떻게) 영향을 미칠까?

나는 오랫동안 무용훈련에서 장려하는 인식론과 기술로 이들이 어떻게 연구에서 활용될 수 있는지에 마음을 빼앗겼다. (이 주제에 대해 더 확장된 논의를 보기 위해서는 Hervey, 2000을 참조하라.) 거의 대부분의 무용가들은 아마도 하워드 가드너(Howard Gardner, 1985)가 신체적 운동감각 지능이라고 부르는 쪽에 관한 한 강점을 갖고 있을 것이며 근육의 힘이나 공간지각력 또한 높을 것이다. 또한 무용/동작치료사들은 치료를 하면서 뛰어난 대인관계능력 및 자기성찰능력을 보여준다. 이는 아마도 공간, 시간 그리고 보통 음악과 함께 자신과 신체를 도구로 활용하는 매우 사회적인 예술 형태인 무용 경험과 훈련을 통해서 더 강화되었을 것이다. 연구를 장려하기 위해서 이런 기술들과 지식이 연구에 통합적이라는 생각을 지지하는 것이 중요하다. 연구자들은 자신의 강점을 활용하는 새롭고 혁신적인 방법을 개발할 수 있어야 한다. 무용/동작치료사들은 너무 자주 자신들이 가장 최근에 개발한 기술에 의지하는 연구 프로젝트를 시도하면 노력하려는 흥미를 느끼지 못하거나 의욕이 꺾이는 경우가 많다. 학생들에게 다양한 방법론을 소개하는 대학원 교육 및 이를 논문 연구에 활용할 수 있도록 지원하는 것이 자유롭게 창의적인 사고로 시작할 수 있고 무용/동작치료사가 자신만의 방법에 자신감과 열정을 갖고 문제 해결에 접근할 수 있게 해줄 것이다. 전통적인 정량적 방법론과 더불어 예술기반(McNiff, 1998) 또는 예술적 탐구(Hervey, 2000, 2004), 사례연구, 협력적 민족지학(Lassiter, 2005), 평가(Cruz, 2004), 초월주의(인간의 마음을 이해하고 정신질환을 치료하기 위해 변경된 의식 상태나 초월적인 경험에 주목하는 학문, Braud & Anderson, 1998) 행동, 현상 및 체험적 방법론(Moustakas, 1990) 등 다양한 정성적 방법을 포함한 선택 등이 있다. 인터뷰나 포커스 그룹처럼 무용/동작치료사의 대인관계 기술을 활용하는 연구 방식은 특히 그 가치를 증명할 수 있을 것이다. 마지막으로, 근감각적인 공감 및 신체적 역전이 같은 내재된 현상을 활용하는 것 또한 고려해볼 필요가 있다. 이것은 매우 가치가 있는데도 간과되고 있는 자료이다. 나는 학생들이 자신의 창의력 모두를 끌어올리는 과정에 온전히 공감할 때 연구 과제를 진심으로 대하는 것을 수없이 많이 보았다.

연구 결과에 큰 영향을 미치는 한 가지 요소는 학사교육의 성격이다. 인터넷을 통한 커뮤니케이션으로 인해 최근 대학 심지어 고등학생들 간에도 장래 희망 직업으로 무용/동작치료사에 대한 인식이 훨씬 높아졌다. 그 결과로 미국에 있는 무용/동작치료 대학원 과정의 교육가들에 의하면 더 많은 지원학생들이 예전보다 더욱 준비되어 있고 무용 및 심리학 양쪽에서 탄탄한 학사 배경을 가지고 있다. 지원자들의 학술준비 과정 중에 학사 연구 및 통계 과목이 포함되는 경우가 점점 더 늘어가고 있다.

내가 대학원 학생들과 매년 수행했던 연구에서 연구를 하는 것에 대해 모순된 감정 또는 감정의 충돌을 반영하는 태도가 지속적으로 나타나는 것을 볼 수 있었다(Hervey, 2000). 학생들은 흥분하거나 호기심을 느끼거나 하면서 동시에 두려워하고 압도되고 자신이 부적격이라고 느끼거나 연구를 하는 것에 지루함을 느꼈다. 이 연구와 ADTA 회원들을 대상으로 한 설문조사 모두에서(Cruz & Harvey, 2001) 이런 감정, 신념 또는 태도는 최소한의 교육 및 연구를 실제로 해본 경험이 거의 또는 전혀 없는 것에 기반하고 있으며 그래서 거의 대부분 예상하는 느낌 또는 상상한 경험에 근거하고 있었다. 대다수의 경우, 학생들의 반응은 연구가 무엇을 할 수 있는지에 대해 편협하고 경직된 생각을 바탕으로 하고 있었다. 나는 최근 내가 가르치는 학생들을 보면서 심리학과 연구 방법에 대해 대학원 이전에 익숙해지는 것이 직업 활동으로서의 연구에 훨씬 더 관심을 가질 수 있도록 촉진한다는 것과 연구 과정 및 논문 집필에 대한 모순된 감정과 걱정을 줄여준다는 것을 확인할 수 있었다. 이런 동향은 아마도 훈련을 마친 후에 연구에 참가하는 경우가 늘어나는 결과를 가져올 것이다.

2000년에 ADTA 회원들을 대상으로 한 설문조사는 이들의 연구와 관련된 태도, 신념, 교육, 필요 및 경험에 대한 정보를 수집했다(Cruz & Harvey, 2001). 이 설문조사를 통해 84%의 응답자가 대학원 프로그램에서 연구 과정을 받았지만 36%만이 자신이 받은 무용/동작치료 교육이 연구를 수행하기에 충분했다고 생각한다는 것이 발견되었다. ADTA는 석사과정의 무용/동작치료에서 연구 교육의 질을 개선하고자 합심해 노력했다. 연구 과정의 내용은 온전히 개별적인 대학원 과정에 맡겨졌지만 ADTA의 연구분과위원회를 통한 프로그램에 대한 권고사항이 만들어졌다. 무용/동작치료사들이 연구를 수행하는 데 특히 도움이 될 수 있는 사전교육 분야는 프로그램 분석의 정성적 · 정량적 방법, 연구자금 지원 신청을 위한 보조금 신청서 작성법 및 연구 프로젝트 승인을 위한 기관 검토 이사회 신청 방법 등이다. 마지막 분야에 관련해서 연구 훈련은 반드시 연구 참가자에 대한 윤리적 책임에 관한 교육이 포함되어야만 한다.

무용/동작치료의 대학원 과정의 목적은 치료사를 가장 높은 수준까지 훈련하는 것이기 때문에 임상적인 능력을 배우는 것에 중점을 두는 것은 이해할 수 있다. 크루즈와 하비(Cruz and Harvey, 2001)가 논의한 것처럼 이런 중점이 무용/동작치료사들의 직업적 활동과 정체성에 강력한 영향력을 행사한다. 대부분의 임상기반 전문가들, 예를 들어 카운슬링 및 창조적 예술치료는 임상가 · 연구자의 혼재된 정체성을 가지고 있으며 동료들 간에 연구를 장려한다. 하지만 만약 연구가 직업교육을 받고 있는 이들에게 진정으로 최우선과제라면, 독립적인 연구자로서의 정체성이 훈련 과정에서 대체적인 경로로 필요할 수도 있다. 이것은 작지만 소중한 연구팀이 발전할 수 있게 해줄 것이며 임상가 동료들과 비슷한 훈련 그러나 연구 및 기금 지원서 작성과 복잡한 통계 분석 등의 다른 지원 기술들을 더 많이 다루는 과정을 통해 훈련받을 수 있게 해줄 것이다.

교육 및 연구와의 관련에 대해 한 가지 더 발견한 점 또한 눈여겨볼 가치가 있다. 앞서 언급한 ADTA 설문조사는 박사학위를 가진 응답자들이 훨씬 많이 독립적인 연구 프로젝트에 참여하거나 기획하거나 수행하고 있으며 연구 논문을 제출하거나 출판했다고 응답했다. (분야에 상관없이) 박사학위를 가진 응답자들은 또한 연구 방법에 대한 이해가 덜 제한적인 것으로 나타났다(Cruz & Harvey, 2001). 이런 발견은 보다 많은 연구를 장려할 수 있는 한 가지 방법은 무용/동작치료사들을 위해 박사학위 수준의 교육을 지원하는 것이라는 점을 제시한다.

개인 중점의 고찰

ADTA 회원 설문조사의 결과는 응답자의 대부분이 직업적인 생존을 위해 연구가 필수적이라고 믿고 있지만 반대로 무용/동작치료의 개인적인 치료에는 별로 유효성이 없다고 생각한다는 것을 보여주고 있다. 연구 수행을 하지 않는 개인적인 이유는 흥미가 없어서, 동기부여가 없어서, 연구자금, 기술 또는 대학·직장의 지원이 부족해서인 것으로 나타났다. 이런 결과는 관련 분야에서 실행한 비슷한 설문조사 결과와 일치한다(Cruz & Hervey, 2001). 이제까지 이 장은 시스템적인 연구 지원 방법에 대해 다루었지만 어쩌면 이와 동일하게 중요한 것은 개인으로서 우리가 어떻게 서로 동료, 학생, 담당교수 및 우리의 직업생활에서 조사연구를 장려할 수 있는지를 고려해보는 것일 수 있다. 무용/동작치료사들이 궁금증을 조사해보겠다고 결정하게 만드는 요인은 무엇인가? 그리고 무엇이 연구 조사를 시작하고 나서 그것을 계속하고, 완성하고, 출간할 수 있게 해주는가? 연구를 장려하기 위해 우리는 개별적인 연구자들이 연구 과정의 각 단계에서 대면하게 되는 장애물과 도전과제를 이해하려는 노력을 해볼 수 있다. 이런 도전과제를 통해 어떻게 연구자를 지원할지를 알게 된다면 불안감을 줄여주고 연구 생산과 출간을 위해 보다 성공적으로 노력하도록 장려할 수 있을 것이다. 또한 나는 연구 프로젝트에서 대학 협조에 대한 논점을 제시하려고 한다. 제안부터 출간까지 연구의 전 과정을 완수하는 데 필요한 기술(이나 시간)을 모두 갖춘 사람은 매우 드물다. 개인적인 경험을 바탕으로 해서 나는 직장에서 동료들과 심지어 원거리에 있는 동료라 할지라도 함께 협력작업을 하는 것이 상호 기술보완적일 뿐만 아니라 프로젝트 완결에 대해 헌신할 수 있어 필요하다고 확신한다(Hervey & Kornblum, 2006; Cruz & Hervey, 2001). 또한 이런 종류의 연구에 대인관계적 지원을 하는 것은 무용/동작치료사들이 관계적 기술을 활용할 수 있고 연구에 참여하는 모든 이에게 전체적인 연구 과정을 보다 의미 있게 해줄 것이다.

무용/동작치료에서 가장 가능성이 많은 질의자는 인턴 치료사나 자신의 치료 작업에 대해 연구를 하고 싶은(또는 해야만 하는) 임상치료사다. 이들은 때로 질문에서부터 시작할 수 있지만 더 자주 매우 복잡한 상황에서 시작한다. 임상치료사들은 두려움을 느끼거나 호기심, 냉담함, 혼란 또는 좌절감을 느끼는 상황, 나아가서 자신이 거의 통제할 수 없는 상황에 놓였다고 느끼게 된다. 이런 통제력의 부재는 종종 임상치료사들이 자신의 치료 작업에 관한 연구를 할 수 없다고 생각하게 만든다. 이것은 임상치료사들이 부딪히는 실제적인 문제 중 하나에 불과하다.

'연구 문제'에 대한 전통적인 생각 또한 매일 환자들과 문제를 마주하며 이런 문제들과 과제로 다루어야 할 더 큰 문제와의 관계를 늘 이해할 수는 없는 임상치료사들을 고갈시킨다. 이것은 임상기반 연구에서 기본적인 장애물 중 하나이다. 임상치료사들은 대부분 각 환자들과의 관계에서 존재하는 고유한 문제나 상대적으로 작은 대인관계 문제에 관심이 있으며 이 부분에서 기능적이고 직업적인 만족을 얻는다. 개인화된 일상적인 해결책을 어떻게 일반적인 가치를 지닌 치료적인 문제로 상상해볼 것인지는 엄청난 초점의 변화이다. 여기에서도 마찬가지로 치료적인 상호관계에 대해 보다 실제적이고 깊이 있는 과제 선택권이 있음을 안다면 임상치료사들이 자신의 치료 작업에서 연구 가능성을 볼 수 있게 하는 데 도움이 될 것이다.

예를 들어 일정 기간 동안 자신의 감정, 경험, 꿈 또는 임상가로서의 개입에 대해 일지를 작성하고 그 일지를 주제별(반복되는 도전과제, 묘사하는 단어들, 은유 등)로 검토해보는 것은 임상치료사에게 중점을 둘 분야 또는 연구 과제를 제시해줄지도 모른다. 임상치료사에게 의미 있는 무언가로부터 시작해서 환자의 문제 또는 동작 습관과 연관 지어 시간을 들여 검토해보면 어떤 패턴이나 관련성이 드러나기 시작할 수도 있으며 이를 보다 공식적인 과제로 발전시켜나갈 수 있을 것이다.

연구 과제를 만드는 것은 임상적인 사건을 이론으로 발달시키는 변환을 위한 첫 번째 과정이다. 여기에는 치료적인 관계의 친밀감에서 한 발짝 떨어져서 미묘한 패턴에 호기심을 갖고 자신의 작업을 다른 방식으로 보는 시각이 필요하다. 연구 과제를 도출하기 위해서 임상치료사는 종종 각각의 특정 환자 치료에 직접적으로 도움이 안 되는 것처럼 보일 수도 있는 치료 과정의 어떤 부분에 의문을 가져볼 필요가 있다. 이렇게 초점을 전환하는 것은 자신의 연구 과제 또는 자신의 필요가 아니라 환자의 특정 필요를 충족하는 것에 중점을 두는 임상치료사들에게 갈등을 불러일으킬 수도 있다. 이런 도전과제와 갈등은 연구 조사를 시행하려는 임상치료사의 노력을 무의식적으로 산산조각낼 수도 있다.

연구 과제를 도출하려는 시도를 할 때 연구자는 때로 점점 더 거대해지는 큰 문제에서 시작하거나 점점 더 늘어만 가는 여러 가지 질문 또는 서로 첨예하게 대치되는 반대의 의문점에서 시작한다. 그러나 이를 한 연구기간 내에 완결할 수 있는 매끄러운 미세 공식으로 도출해내는 것이 연구자가 가장 먼저 씨름해야 할 과제이다.

질문들과 중점 과제를 수립하는 것이 연구를 다른 임상적 또는 창조적 활동들과 구분하는 시점이다. 경험이 많은 연구자에게 지원을 받거나 상담을 받는 것은 임상치료사가 자신의 환자들과 딜레마에서 벗어나 이를 연구 과제로 보고 실제적인 질문들을 수립하는 데 도움을 줄 것이다. 연구를 진행할 수 있게 시간을 할애해주는 것을 포함한 지도교수로부터의 지원 또한 당연히 성공 요인이 될 것이다.

초점을 명확히 하기 위한 과정 중 하나는 전에 이런 상황에 있었던 그리고 비슷한 질문을 던졌던 다른 사람을 찾아보는 것이다. 전문 문헌을 통해 연구자, 그리고 나중에는 독자들에게 동일한 질문을 던진 이들의 작업과 이 프로젝트가 어떤 관계가 있는지를 알 수 있다. 또한 이것은 다른 이들이 이미 찾아낸 결과를 모른 채 다시 동일한 영역을 탐구하는 일을 방지해준다. 연구를 하는 데 큰 장애는 주제와 관련된 논문이나 책에 접근할 수 없는 것이다. 인터넷 덕분에 이런 접근이 쉬워졌지만 대학 도서관들의 제휴가 참고문헌, 특히 연구자가 거주하는 국가 외에 있는 참고문헌을 찾는 데 가장 큰 도움이 된다. 만약 상대가 보건 서비스 에이전시나 기관에서 일한다면 해당 에이전시가 대학과 제휴해 정보와 참고문헌 사서를 활용할 수 있게 해줄 수도 있다. 참고문헌 사서와의 좋은 업무관계는 큰 도움이 된다. 이들은 대부분 지식이 풍부하며 도움을 주고 싶어 한다.

연구 과제를 도출하고 주제에 대한 지식을 이미 구축한 후에는 이 과제에 어떻게 해결책을 제시할 것인지 계획을 세워야 한다. 계획 또는 설계는 기본적으로 어떤 데이터를, 어디에서, 어떻게 수집하고 분석할 것이며 발견점을 누구에게 어떻게 보여줄지에 대한 설명이다. 연구자는 이 시점에서 자신이 이 과제에서 어떤 독창적인 기술을 가져올 수 있을지, 또 이를 어떻게 방법론의 통합 부분으로 활용할지 고려해보는 것이 도움이 될 것이다. 다시 한 번 말하지만 모든 종류의 학습자, 사고자, 실행자들을 위한 다양한 연구 방법론이 있다. 자신과 또는 자신이 하려는 연구와 잘 맞지 않는다고 생각되는 방법을 사용할 필요는 없다. 무용/동작치료사들은 동작 특성의 변화, 형태, 공간학, 리듬 측면에서의 미묘한 비언어적 의사소통, 치료사의 경험에서 나온 운동신경학적, 신체적 힌트처럼 다른 치료사와 달리 자신이 볼 수 있고 설명할 수 있는 것이 무엇인지를 생각해보아야 한다.

또한 치료사가 쉽게 접근할 수 있는 대상이 누구인지를 인지함으로써 연구가 더 쉬워질 수도 있다. 즉 샘플로 참여할 수 있는 환자 또는 동료 연구자가 누구인지를 파악해야 한다는 말이다. 환자들만이 유일한 연구 참여 대상은 아니다. 스태프, 동료, 관리자, 교육가들이 너무 자주 간과하게 되는 데이터 자원들이다. 임상 연구원들은 또한 자신이 일하고 있는 곳에서 어떤 자료가 이미 수집되어 있는지를 생각해보아야 한다. 어떤 데이터에 접근권한이 있는지 그리고 임상적인 책임의 일부로서 수집될 수 있는지 등이다. 다른 말로 하면 어디에서 정보가 오며 어떤 형태로 수집될 것인가? 환자 보고서, 연구자의 일지 또는 환자 차트의 임상 파일, 환자의 동작을 비디오로 녹화한 것, 특정 치료에 대한 그룹 멤버들의 활동을 측정한 것, 동작 관찰 또는 설문지 분석을 통한 결과인지, 그리고 자료가 숫자인지, 단어, 이미지 또는 임상 작업의 다른 결과물인지 등이다.

임상 기반의 연구를 하는 데 있어 내가 들어본 최고의 조언은 연구 보조원을 활용하고 30초 이내에 수집할 수 있는 자료를 수집하라는 것이다. 의료에서의 예술연구교육센터(Center for the Arts in Healthcare Research and Education)의 공동 관리자인 질 손크-헨더슨(Jill Sonke-Henderson)은 치료사·임상치료사가 '결코 손에 연필이나 종이를 쥐고 있으면 안 된다'고 조언한다. 만약 연구 보조원이 있어 자료를 수집할 수 있다면 예술가, 임상가들은 이전에 짚고 넘어갔던 일종의 목적적인 갈등에서 벗어날 수 있다. 빠르게 관리할 수 있으며 단순하게 자료를 수집할 수 있는 도구를 찾는 것 또한 환자 치료에 방해가 되는 것을 최소화할 수 있다. 손크-헨더슨은 5개의 찡그린 얼굴에서 웃는 얼굴까지 단계적인 표정을 보이는 '스마일리 페이스'를 리커트(Likert) 방식의 두 줄로 보여주는 도구를 설명한다. 한 줄은 기분의 변화를 측정하고 다른 한 줄은 스트레스의 변화를 측정한다. 연구 참여자들은 단지 치료를 받기 전과 받은 후에 각 줄의 어떤 얼굴표정이 자신의 현재 기분과 스트레스 수준을 반영하는지 선택하기만 하면 된다. 보조원의 도움을 받으면 전체 자료 수집 과정에는 30초 이내의 시간이 걸린다.

연구의 다음 단계인 자료 분석은 수집한 정보를 파고들고, 부여잡고, 의미가 도출되기를 기다리는 과정이다. 무의미한 것들이 혼란스럽게 섞여 있는 것처럼 보일 때에 지속적으로 관심을 기울여야 하며 그 어느 기술보다 불안관리 기술이 필요할 것이다. 이 단계를 거치는 동안 동료들 간의 이해와 지지는 특히 중요하다. 과제의 이 단계는 또한 시간이 많이 소모되기 때문에 관리를 위한 계획이 반드시 필요하다. 이 과정이 연구를 위한 시간 할애가 가장 중요한 때다.

데이터의 특성은 분석 방법에 좌우될 것이다. 정량적 데이터 또는 숫자로 표현될 수 있는 데이터는 통계적인 분석이 필요할 것이다. 정성적인 정보, 즉 인터뷰 내용, 이미지 또는 동작 분석 등 측정이 불가능한 자료들은 정성적인 분석이 필요할 것이다. 초보 연구자에게 이런 자료 분석에 도움을 주는 훌륭한 자료들이 인터넷과 출판물로 많이 나와 있다(참고문헌 참조).

최종적으로 발견한 점 또는 연구 과제에 대한 해답은 다른 이들에게 효과적으로 전달될 수 있는 형태로 정돈되어야 한다. *American Journal of Dance Therapy*의 편집자는 기고문을 출간하는 데 가장 큰 장애는 제출된 원고의 질과 재작성을 요구했을 때 작가들의 실망과 좌절감이라고 지속적으로 보고하고 있다. 편집자는 안목이 있어야 하며 작가는 원고를 수정할 준비가 되어 있어야 한다. 동료들도 초고를 읽고 편집 및 감정적인 지지를 제공해 수정본을 작성한 후에 편집자에게 다시 제출할 수 있도록 도와줄 수 있을 것이다. 그러나 작가들은 문법, 맞춤법, APA 스타일과 아이디어의 표현을 도와줄 수 있는 독립적인 편집자를 고용할 준비가 되어 있어야 한다. 이런 문제들을 해결하기 위해 전문적인 도움을 받는 것을 부끄러워할 이유가 전혀 없다. 도움을 받으면 명확하고 논리정연하며 표현력이 뛰어나고 학문적인 '목소리'를 다듬고 개발해 나갈 수 있다.

익숙한 질문의 틀에서 벗어나는 것은 새로운 방법을 만들어내는 것뿐만 아니라 새로운 독자와 장소를 찾아내는 데도 영감을 줄 수 있다. 전통적인 학술 논문지 외에도 훨씬 더 역동적이고 큰 영향력을 가진 다양한 매체에 연구 결과를 공유할 수 있는 다양한 방법이 있다. 예술적인 질문 또는 퍼포먼스 기반 연구는 아트 갤러리 또는 라이브 공연 행사를 통해 결과를 발표할 수도 있을 것이다. 또한 컨퍼런스 발표, 연구 포스터 세션, 기금 모금 이벤트 또는 기관 후원 축제 같은 형식도 포함할 수 있다.

결론

사회·문화적 차원에서 개인까지 연구 결과 및 발표에 영향을 줄 수 있는 역학을 이해하고 영향을 끼칠 수 있는 다양한 단계가 존재한다. 예를 들어 나의 경우 고유한 기술을 보유하고 고유한 상황에 처한 개별 연구자들의 동기와 좌절을 이해하고 그들이 필요한 부분에 지원하는 것이 내가 취할 수 있는 가장 효과적인 방법이었다. 이 장을 읽는 독자는 학생, 임상가, 연구원, 교육가, 관리자, 출판인, 행정 관리자를 막론하고 각자 특별한 관점과 영향력의 범위가 있을 것이다. 모쪼록 독자들이 각자 영향력을 행사할 수 있는 범위 내에서 무용/동작치료 분야의 연구를 장려해주기를 소망한다.

참고문헌

Braud, W., & Anderson, R. (1998). *Transpersonal research methods for the social sciences*. Thousand Oaks, CA: Sage.

Cruz, R. F. (2004). What is evaluation research? In R. Cruz & C. Berrol (Eds.) *Dance/movement therapists in action*. Springfield, IL: Charles C Thomas. 171–180.

Cruz, R. F., & Hervey, L. (2001). The American Dance Therapy Association Research Survey. *American Journal of Dance Therapy, 23*(2): 89–118.

Fisher, A. C., & Stark, A. (Eds.) (1992). *Dance/movement therapy abstracts: Doctoral dissertations, master's theses, and special projects through 1990*. Columbia, MD: The Marian Chace Memorial Fund.

Gardner, H. (1985). *Frames of mind*. New York: Basic Books.

Hervey, L. (2000). *Artistic inquiry in dance/movement therapy: Creative alternatives for research*. Springfield, IL: Charles C Thomas.

Hervey, L. (2004). Artistic inquiry in dance/movement therapy. In R. F. Cruz & C. F. Berrol (Eds.), *Dance/movement therapists in action*. Springfield, IL: Charles C Thomas.

Hervey, L., & Kornblum, R. (2006). An evaluation of Kornblum's body-based violence prevention curriculum for children. *The Arts in Psychotherapy*. 33(2):113–129.

Lassiter, L. E. (2005). *The Chicago guide to collaborative ethnography*. Chicago: University of Chicago Press.

Leventhal, M. B. (1983). *Graduate research and studies in dance/movement therapy 1972–1982*. Philadelphia: Hahnemann University Press.

Levy, F. J. (1992). *Dance/movement therapy: A healing art*. Reston, VA. American Alliance for Health Physical Education. Recreation and Dance.

McNiff, S. (1998). *Art-based research*. London: Jessica Kingsley.

Moustakas, C. (1990). *Heuristic research*. Thousand Oaks, CA: Sage.

Oakes, J. M. (2002). Risks and wrongs in social science research: An evaluator's guide to the IRB. *Evaluation Review*, 24: 443–478.

Stark, A. (2002). *The American Journal of Dance Therapy*: Its history and evolution. *The American Journal of Dance Therapy*, 24(2):73–96.

참고자료

Ansdell, G., & Pavlicevic, M. (2001). *Beginning research in the arts therapies: A practical guide*. London: Jessica Kingsley.

Cruz, R. F., & Berrol, C. F. (2004). *Dance/movement therapists in action*. Springfield, IL: Charles C Thomas.

Ely, M., Anzul, M., Friedman, T., & Garner, D. (1991). *Doing qualitative research: Circles within circles*. New York: Falmer Press.

Erlandson, D. A., Harris, E. L., Skipper, B. L., & Allen, S. D. (1993). *Doing naturalistic inquiry*. Thousand Oaks, CA: Sage.

Feder, B., & Feder, E. (1998). *The art and science of evaluation in the arts therapies.* Springfield, IL: Charles C Thomas.

Glesne, C. (1999). *Becoming qualitative researchers.* New York: Longman.

Grainger, R. (1999). *Researching in the arts therapies.* London: Jessica Kingsley.

Maykut, P., & Morehouse, R. (1994). *Beginning qualitative research.* Washington, D.C.: The Falmer Press.

Mertons, D. (1998). *Research methods in education and psychology.* Thousand Oaks: Sage.

Patton, M. Q. (2001). *Qualitative research and evaluation methods.* Thousand Oaks, CA: Sage.

Payne, H. (1993). *Handbook of inquiry in the arts therapies: One river, many currents.* London: Jessica Kingsley.

Sommer, B., & Sommer, R. (1991). *A practical guide to behavioral research.* London: Oxford University Press.

Strauss, A., & Corbin, J. (1990). *Basics of qualitative research: Grounded theory procedures and techniques.* Thousand Oaks, CA: Sage.

역자 소개

류분순(ARDT, BC-DMT)

국내 최초 표현예술치료학과 석 · 박사 프로그램 창안자(서울여자대학교 치료전문대학원)
현재 한국, 미국 공인무용동작치료 전문가, 슈퍼바이저
　　　한국댄스테라피협회 이사장
　　　순천향대학교 대학원 심리치료학과 무용치료 전공 교수

신금옥(RDT, KDTA 공인 무용동작치료사)

순천향대학교 대학원 심리치료학 석사(무용치료 전공)
현재 여주시 건강가정지원센터, 용인정신병원, 특수학교 무용치료사

김향숙(RDT, KDTA 공인 무용동작치료사)

부산대학교 교육심리 및 상담심리학 박사
미국 웨스트민스트 신학교 교환교수
현재 미국 리버티대학교 객원교수, 하이패밀리 가족동작치료센터 원장

박혜주(ARDT, KDTA 공인 무용동작치료 전문가)

서울여자대학교 특수치료전문대학원 무용동작치료 석사
현재 한국무용동작심리치료학회 회장

이예승(RDT, KDTA 공인 무용동작치료사)

고려대학교 교육학 석사, 고려대학교 이학박사
현재 고려대학교 체육학과 강사